MIX
Papier aus verantwortungsvollen Quellen
Paper from responsible sources
FSC® C105338

Liu Zhiyang

Die Entwicklung des Verhältnisses von Strafe und Schadensersatz in China und Deutschland

disserta
Verlag

Zhiyang, Liu: Die Entwicklung des Verhältnisses von Strafe und Schadensersatz in China und Deutschland, Hamburg, disserta Verlag, 2021

Buch-ISBN: 978-3-95935-554-4
PDF-eBook-ISBN: 978-3-95935-555-1
Druck/Herstellung: disserta Verlag, Hamburg, 2021
Covermotiv: © pixabay.com

Bibliografische Information der Deutschen Nationalbibliothek:
Die Deutsche Nationalbibliothek verzeichnet diese Publikation in der Deutschen Nationalbibliografie; detaillierte bibliografische Daten sind im Internet über http://dnb.d-nb.de abrufbar.

Hermannstal 119k, 22119 Hamburg
http://www.disserta-verlag.de, Hamburg 2021
Printed in Germany

Vorwort

Die vorliegende Arbeit wurde im Sommersemester 2018 an der Ludwig-Maximilians-Universität München als Dissertation angenommen. Der Titel meiner Dissertation war Sonderweg über Strafschadensersatz in China im Vergleich zum deutschen Recht. Sie wurde für die Drucklegung geringfügig überarbeitet.

Mein herzlicher Dank gilt Prof. Dr. Andreas Spickhoff, der die Arbeit begleitet hat.

Ich danke herzlich Sarah Kaufmann, Franziska Lermer, Laura Goebel, Sarah Beermann, Merrit Brinkmann, Alexander Wolf, Alexander Pandket, Julian Wanzen und Tim Pettenkofer. Alle haben mir sehr viel bei der deutschen Korrektur geholfen.

Meine Mutter, mein Vater, meine Schwester, mein Bruder, meine Frau waren mir auch bei der Arbeit eine unentbehrliche Stütze.

Ich danke auch der Universität Wuhan, die meine Studie unterstützt.

(本书出版受武汉大学人文社会科学青年学术重点资助团队"大健康法制的理论与实践"项目资助，在此表示感谢！)

Wuhan Universität im September 2020 Liu Zhiyang

Inhaltsübersicht

Inhaltsübersicht I

Inhaltsverzeichnis IV

Abkürzungsverzeichnis XVI

§ 1. Einleitung 1

§ 2. Die Entwicklung in Deutschland 2

A. Die germanischeZeit 2

B. Das Mittelalter 4

I. Frühmittelalter 4

II. Hochmittelalter (ca. 900-ca. 1200) 15

III. Spätmittelalter (ca. 1200-ca.1500) 23

C. Frühe Neuzeit (ca. 1500-1806) 30

I. Hintergrund 30

II. Die Entwicklung der Restitutionslehre in der Spätscholastik 33

III. Schadensersatzrecht im Usus modernus 36

IV. Schadensersatzrecht im Naturrecht (Vernunftrecht) 38

D. Schadensersatz vor dem Inkrafttreten des BGB 50

I. Überblick 50

II. Im Rechtsgebiet des preußischen Rechts 51

III. Im Rechtsgebiet des gemeinen Rechts 64

IV. Im Rechtsgebiet des sächsischen Rechts 69

E. Strafgesetzbuch des Deutschen Reichs 73

I. Beendigung der Injurienklage 73

II. Geldbuße 76

F. Die Epoche des BGB 85

I. Eckpfeiler des Schadensersatzes 85

II. Die Ersetzbarkeit des immateriellen Interesses 89

III. Geldentschädigung wegen Verletzung allgemeinen Persönlichkeitsrechts 102

IV. Schadensersatz bei mehreren Schädigern 105

V. Entwicklung des Schadensersatzes im BGB-Deliktsrecht 106

G. Zwischenergebnis 112

§ 3. Rechtsentwicklung in China 117

A. Entwicklung im antiken China 117

I. Xia (夏) Dynastie (etwa BC 2100 – BC 1600) 117

II. Shang (商) Dynastie (BC 1600 - BC 1046) 119

III. Zhou (周) Dynastie (BC 1046 – BC 221) 120

IV. Qin (秦) Dynastie (BC 221 – BC 206) 126

V. Han (汉) Dynastie (BC 202 - AC 220) 129

VI. Tang (唐) Dynastie (618-907) 133

VII. Song (宋) Dynastie (960-1279) 139

VIII. Yuan (元) Dynastie (1271-1368) 143

IX. Ming (明) Dynastie (1368-1644) 148

X. Qing (清) Dynastie (1644-1911) 157

B. Modernisierung des Zivilrechts am Ende der Qing-Dynastie 167

I. Allgemeines 167

II. Der Entwurf des Zivilgesetzbuches der Qing-Dynastie (EZGQ) 168

C. Entwicklung in der Republik China (1911-) 170

I. Allgemeines 170

II. Schadensersatz im Zivilgesetzbuch 171

D. Gesetzgebung in der Volksrepublik China (1949-) 173

I. Die erste Kodifikation des Zivilrechts (1954) 173

II. Die zweite Kodifikation des Zivilrechts (1964) 174

III. Die dritte Kodifikation des Zivilrechts (1979-2001) 175

IV. Gesetzgebung im Wirtschaftsrecht 186

V. Die vierte Kodifikation des Zivilrechts (2001-2014) 197

VI. Weiterentwicklung des Wirtschaftsrechts seit 2010 203

VII. Die fünfte Kodifikation des Zivilrechts (2014-) 206

E. Zusammenfassung des chinesischen Rechts 211

§ 4. Ergebnis 218

A. Vergleich der Entwicklungswege 218

I. Die Epoche rein traditionellen Rechts 218

II. Erneuerung durch ausländisches Recht 219

III. Phase des heute geltenden Rechts 221

B. Zivilrecht und Strafrecht 223

C. Traditionelles Recht und ausländisches Recht 224

D. Dogmatik und Funktionalismus 225

E. Wirtschaftsrecht und die ökonomische Analyse des Rechts 226

F. Soziologische Kritik und Sozialismus 227

Literaturverzeichnis 228

Inhaltsverzeichnis

Inhaltsübersicht I

Inhaltsverzeichnis IV

Abkürzungsverzeichnis XVI

§ 1. Einleitung 1

§ 2. Die Entwicklung in Deutschland 2

A. Die germanischeZeit 2

B. Das Mittelalter 4

I. Frühmittelalter 4

1. Überblick 4

2. Schadensersatzrecht im römischen Recht vor der Rezeption 6

a) Überblick 6

b) Lex Aquilia 8

c) Iniuria (Personenverletzung) 11

d) Klagenkonkurrenz 14

II. Hochmittelalter (ca. 900-ca. 1200) 15

1. Überblick 15

2. Gottesfrieden und Landfrieden 16

3. Zivilrechtliche Ahndung 17

a) Fehde 17

aa) Die ritterliche und nichtritterliche Fehde 17

bb) Die Delegitimierung der Fehde 17

b) Buße 18

a) Restitutionslehre 19

aa) Die Restitutionslehre der Frühscholastik 19

bb) Die Restitutionslehre des kanonischen Rechts 21

(a) Das Dekret Gratians(1140) 21

(b) Liber Extra (1234) 22

III. Spätmittelalter (ca. 1200-ca.1500) 23

1. Hintergrund 23
a) Rezeption des römischen Rechts 23
b) Entwicklung des Stadtrechts 23
c) Entwicklung des kanonischen Rechts 24
d) „Geburt der Strafe“ 24
2. Die Entwicklung der zivilrechtlichen Ahndung 25
a) Fehde 25
b) Buße 25
c) Schadensersatz 26
3. Die Entwicklung der Restitutionslehre 26
a) Entwicklung in der Hochscholastik 26
b) Entwicklung im kanonischen Recht 28
C. Frühe Neuzeit (ca. 1500-1806) 30
I. Hintergrund 30
II. Die Entwicklung der Restitutionslehre in der Spätscholastik 33
III. Schadensersatzrecht im Usus modernus 36
1. Materieller Schaden 36
2. Immaterieller Schaden 37
IV. Schadensersatzrecht im Naturrecht (Vernunftrecht) 38
1. Überblick 38
2. Schadensersatz in den besonderen Fällen 40
a) Totschlag 40
b) Körperverletzung 41
c) Sachbeschädigung, Diebstahl und Raub 42
d) Schädigung durch ein Tier oder einen Sklaven 44
e) Beleidigung 44
3. Naturrechtliche Kodifikationen 45
a) Allgemein 45
b) Schadensersatz im CMBC 46

aa) Schadensersatz bei Sachbeschädigung 46
bb) Zivile Sanktionen bei Schmach 48
D. Schadensersatz vor dem Inkrafttreten des BGB 50
I. Überblick 50
II. Im Rechtsgebiet des preußischen Rechts 51
1. Allgemein 51
2. Schadensersatz bei Vermögensschäden 52
3. Entschädigung bei körperlicher Verletzung 56
4. Die Entwicklung von Injurien 59
a) Schadensersatz 59
b) Privatgenugtuung 60
III. Im Rechtsgebiet des gemeinen Rechts 64
1. Überblick 64
2. Die actio Aquiliae 64
3. Die actio iniuriarum 66
4. Übrige Delikte 68
IV. Im Rechtsgebiet des sächsischen Rechts 69
1.Überblick 69
2. Materieller Schadensersatz 69
3. Immaterieller Schadensersatz 69
4. Schmerzensgeld 70
5. Wergeld 71
6. Sachsenbuße 71
7. Anspruch wegen außerehelichen Beischlafs 72
E. Strafgesetzbuch des Deutschen Reichs 73
I. Beendigung der Injurienklage 73
II. Geldbuße 76
1. Entwicklung 76
2. Voraussetzungen der Buße 79

a) Voraussetzungen in § 188 StGB 79
b) Voraussetzungen in § 231 StGB 80
c) Rechtsfolge 81
3. Die rechtliche Natur der Buße 82
a) Der wissenschaftliche Streit 82
b) Die Meinung in der Praxis 83
F. Die Epoche des BGB 85
I. Eckpfeiler des Schadensersatzes 85
1. Totalprinzip und Proportionalitätsprinzip 85
2. Naturrestitution oder Kompensation 87
II. Die Ersetzbarkeit des immateriellen Interesses 89
1. Allgemeines 89
2. Funktion des Schmerzensgeldes 92
3. Rechtsnatur des Schmerzensgeldes 95
4. Die Höhe des Schmerzensgeldes 98
III. Geldentschädigung wegen Verletzung allgemeinen Persönlichkeitsrechts 102
1. Allgemeines 102
2. Funktion einer solchen Geldentschädigung 102
3. Rechtsnatur einer solchen Geldentschädigung 103
4. Die Bestimmung der Höhe einer solchen Geldentschädigung 104
IV. Schadensersatz bei mehreren Schädigern 105
V. Entwicklung des Schadensersatzes im BGB-Deliktsrecht 106
1. Überblick 106
2. Zwecke und Funktionen im Vergleich zum Strafrecht 106
3. Stellungnahme zu punitive damages 107
4. Neue Herausforderungen im Schadensersatzrecht 108
a) Allgemeines 108
b) Wettbewerb der Schadensersatzrechsordnungen 108
c) Europäische Rechtsvereinheitlichung 109

d) Die Judikatur des EuGH 109
e) Ökonomische Analyse des Rechts 109
f) Reaktion auf die Herausforderungen 110
5. Entwicklung im Vertragsrecht 110
a) Vertragsstrafe 110
aa) Funktion 111
bb) Rechtsnatur 111
G. Zwischenergebnis 112
§ 3. Rechtsentwicklung in China 117
A. Entwicklung im antiken China 117
I. Xia (夏) Dynastie (etwa BC 2100 – BC 1600) 117
1. Geburt der Strafe 117
2. Schadensersatz 118
II. Shang (商) Dynastie (BC 1600 - BC 1046) 119
III. Zhou (周) Dynastie (BC 1046 – BC 221) 120
1. Westzhou (BC 1046 – BC 771) 120
a) Rechtsgedanke 120
b) Zhou-LI (周礼) 120
c) Strafe 121
d) Schadensersatz 122
aa) Schäden der öffentlichen Sache 122
aa) Private Sachschäden 122
2. Ost-Zhou (BC 771 – BC 221) 123
a) Rechtsgedanke des Konfuzianismus 124
b) Der Rechtsgedanke der Juristen 124
c) der Rechtsgedanke des Taoismus 125
IV. Qin (秦) Dynastie (BC 221 – BC 206) 126
1. Allgemeines 126
2. Schadensersatz 126

a) Schaden an öffentlichem Vermögen ... 126
b) Schaden an privatem Vermögen ... 127
V. Han (汉) Dynastie (BC 202 - AC 220) ... 129
1. Allgemeines ... 129
2. Konfuzianismus in der Rechtspraxis ... 129
3. Schadensersatz ... 130
a) Schäden an öffentlichem Vermögen ... 130
b) Schaden an privatem Vermögen ... 131
4. Persönlichkeitsverletzung ... 132
VI. Tang (唐) Dynastie (618-907) ... 133
1. Überblick ... 133
2. LI und die Rechtsentwicklung ... 133
3. Schadensersatz ... 134
a) Verletzungen von Vieh ... 134
b) Sachbeschädigung ... 135
4. Persönlichkeitsverletzung ... 136
VII. Song (宋) Dynastie (960-1279) ... 139
1. Allgemeines ... 139
2. Zivilrechtliche Haftung bei bestimmten Delikten ... 139
a) Wiederherstellung ... 139
b) Rückgabe ... 139
c) Schadensersatz ... 140
aa) Vermögensverletzung ... 140
bb) Entwicklung des Schadensersatzes bei Persönlichkeitsverletzung ... 141
VIII. Yuan (元) Dynastie (1271-1368) ... 143
1. Schadensersatzrecht ... 143
a) Sachbeschädigung ... 143
b) Verletzung von Tieren ... 144
c) Persönlichkeitsverletzung ... 145

aa) Heilungskosten 145
bb) Unterhaltsgeld 145
cc) Begräbniskosten 145
dd) Sühnegeld 146
ee) Sonderfälle bei der Tötung durch Tiere 147
IX. Ming (明) Dynastie (1368-1644) 148
1. Allgemeines 148
2. Schadensersatzrecht 148
a) Rückgabe 148
b) Wiederherstellung 149
c) Schadensersatz 149
3. Schadensersatz bei Sachbeschädigung 150
4. Schadensersatz bei Verletzung von Tieren 151
5. Schadensersatz bei Persönlichkeitsverletzung 152
a) Sühnegeld 152
b) Begräbniskosten 153
c) Heilungskosten innerhalb der Garantiefrist 153
d) Beschlagnahme des Vermögen 154
e) Beleidigung 155
f) Private Rache 155
6. Haftung 155
a) Leistung mit dem Vermögen der Familie 155
b) Ersatz durch den Lohn 156
c) Ersatz durch Verwandte 156
d) Ersatz durch einen zuständigen Beamten 156
X. Qing (清) Dynastie (1644-1911) 157
1. Allgemeines 157
2. Vermögensverletzung 157
a) Allgemeines 157

b) Rückgabe 157
c) Reparatur 158
e) Schadensersatz 158
aa) Sachbeschädigung 158
f) Persönlichkeitsverletzung 161
aa) Schadensersatz bei Körperverletzung durch Tiere 161
bb) Sühnegeld bei fahrlässiger Körperverletzung und Tötung 161
cc) Beschlagnahme des Vermögens 162
dd) Begräbniskosten 163
ff) Beleidigung 165
gg) Private Rache 165
g) Haftung 165
aa) Leistung mit dem Vermögen der Familie 165
bb) Ersatz mit eigenem Lohn 166
cc) Ersatz von Verwandten des Täters 166
dd) Ersatz durch einen zuständigen Beamten 166
ee) Strafe 166
B. Modernisierung des Zivilrechts am Ende der Qing-Dynastie 167
I. Allgemeines 167
II. Der Entwurf des Zivilgesetzbuches der Qing-Dynastie (EZGQ) 168
1.Überblick 168
2. Schadensersatzrecht 168
a) Materieller Schadensersatz 168
b) Immaterieller Schadensersatz 169
C. Entwicklung in der Republik China (1911-) 170
I. Allgemeines 170
II. Schadensersatz im Zivilgesetzbuch 171
1. Funktionen des Schadensersatzes 171
2. Materieller Schadensersatz 171

3. Immaterieller Schadensersatz ... 171
4. Strafschadensersatz im Verbraucherschutzgesetz (VBS) ... 172
D. Gesetzgebung in der Volksrepublik China (1949-) ... 173
I. Die erste Kodifikation des Zivilrechts (1954) ... 173
1. Allgemeines ... 173
2. Schadensersatz im Entwurf ... 173
II. Die zweite Kodifikation des Zivilrechts (1964) ... 174
1. Allgemeines ... 174
2. Schadensersatz im Entwurf ... 174
III. Die dritte Kodifikation des Zivilrechts (1979-2001) ... 175
1. Allgemeine Grundsätze des Zivilrechts der Volksrepublik China (AGZ) ... 175
a) Allgemeines ... 175
b) Schadensersatzrecht ... 176
aa) Allgemeines ... 176
bb) Materieller Schaden ... 176
cc) Immaterieller Schadensersatz ... 177
(a) Meinungsstreit vor den AGZ ... 177
(b) Regelung in den AGZ ... 178
(c) OVG-Interpretation zu den AGZ ... 179
(d) Rechtsnatur des seelischen Schadensersatzes ... 179
(e) Der Umfang des seelischen Schadensersatzes ... 180
(f) Die Betragshöhe des seelischen Schadensersatzes ... 181
(g) Entwicklung in der Praxis ... 181
(aa) OVG-Interpretation zum seelischen Schadensersatz ... 181
(bb) OVG-Interpretation zum Schadensersatz für Körperschäden ... 182
i. Schadensersatz bei Körperverletzung ... 182
ii. Behindertenentschädigung ... 183
iii. Schadensersatz bei Tötung ... 184
2. Vertragsgesetz ... 184
IV. Gesetzgebung im Wirtschaftsrecht ... 186

1. Hintergrund: Entwicklung der Wirtschaftsrechtswissenschaft seit 1978 186
2. Dritter Rechtsbereich? 187
a) Wirtschaftsrecht und privates Recht 187
b) Wirtschaftsrecht und öffentliches Recht 188
c) Herrschende Meinung in China 188
3. Rechtsfolge im Wirtschaftsrecht 189
a) Überblick 189
b) Arten der Rechtsfolgen 190
c) Stellungnahme zum Strafschadensersatz 190
aa) Forschung in China über punitive damages der USA 190
bb) Meinungszustand in China zu punitive damages 191
(a) Befürworter 191
(b) Gegner 192
4. Verbraucherschutzgesetz (VSG) 192
a) Hintergrund 192
b) Strafschadensersatz im Verbraucherschutzgesetz 1993 192
c) Kritik 193
5. Produktqualitätsgesetz (PQG) 194
a) Schadensersatz im PQG 194
b) Meinungszustand um den Strafschadensersatz 194
c) Modifizierung des PQG 195
6. Lebensmittelsicherheitsgesetz (LSG) 195
a) Allgemeines 195
b) Strafschadensersatz im LSG 2009 196
V. Die vierte Kodifikation des Zivilrechts (2001-2014) 197
1. Das Gesetz über die deliktische Haftung (GdH) 197
a) Allgemeines 197
b) deliktische Haftung 197
aa) Die Arten der deliktischen Haftung 197

bb) Totalprinzip 198
cc) Materieller Schadensersatz (物质损害) 199
dd) Immaterieller Schaden (非物质损害) 199
(a) Seelischer Schadensersatz (精神损害赔偿) 199
(b) Behindertenschadensersatz (残疾赔偿金) 200
(c) Schadensersatz bei der Tötung(死亡赔偿金) 200
(aa) Die Rechtsnatur des Schadensersatzes bei der Tötung....200
(bb) Die Betragshöhe des Schadensersatzes bei Tötung 200
c) Strafschadensersatz 201
VI. Weiterentwicklung des Wirtschaftsrechts seit 2010 203
1. Verbraucherschutzgesetz 2013 203
a) Meinungszustand zur Reform 203
b) Strafschadensersatz im VSG 204
2. LSG 2015 204
a) Kritik am Strafschadensersatz im LSG 2009 204
b) Reform 205
VII. Die fünfte Kodifikation des Zivilrechts (2014-) 206
1. Überblick 206
2. Allgemeiner Teil des Zivilgesetzbuches der VRC (ZGBC) 2017 206
a) Überblick 206
c) Die zivile Haftung 207
aa) Meinungszustand 207
bb) Die Haftung 207
cc) Strafschadensersatz 208
(a) Kritik 208
(b) Regelungen 208
E. Zusammenfassung des chinesischen Rechts 211
§ 4. Ergebnis 218
A. Vergleich der Entwicklungswege 218

I. Die Epoche rein traditionellen Rechts 218

II. Erneuerung durch ausländisches Recht 219

III. Phase des heute geltenden Rechts 221

B. Zivilrecht und Strafrecht 223

C. Traditionelles Recht und ausländisches Recht 224

D. Dogmatik und Funktionalismus 225

E. Wirtschaftsrecht und die ökonomische Analyse des Rechts 226

F. Soziologische Kritik und Sozialismus 227

Literaturverzeichnis 228

Abkürzungsverzeichnis

Hinweis: Für die allgemein gebräuchlichen Abkürzungen des deutschen Rechts siehe *Hildebert Kirchner*, Abkürzungsverzeichnis der Rechtssprache, 8. Aufl., Berlin 2015.

Abkürzung	**Rechtsnorm**	**Inkrafttreten am**
AGZ	Allgemeine Grundsätze des Zivilrechts der VR China 中华人民共和国民法通则	01.01.1987
Anti-KartellG	Anti-Kartellgesetz 中华人民共和国反垄断法	01.08.2008
ATZGBC	Allgemeiner Teil des Zivilgesetzbuches der VRC 中华人民共和国民法总则	01.10.2017
EZGQ	Der Entwurf des Zivilgesetzbuches der Qing-Dynastie 大清民法草案	
GdH	Das Gesetz der VR China über die deliktische Haftung 中华人民共和国侵权责任法	01.07.2010
LSG	Lebensmittelsicherheitsgesetz der VR China 中华人民共和国食品安全法	01.06.2009
OVG-Interpretation zu den AGZ	Interpretation des Obersten Volksgerichts zu einigen Fragen der Anwendung der AGZ 最高人民法院关于贯彻执行《中华人民共和国民法通则》若干问题的意见（试行）	02.04.1988

OVG-Interpretation zum Schadensersatz für Körperschäden	Interpretation des Obersten Volksgerichts zu einigen Fragen des Schadensersatzes für Körperschäden 关于审理人身损害赔偿案件适用法律若干问题的解释	04.12.2003
OVG-Interpretation zum seelischen Schadensersatz	Interpretation des Obersten Volksgerichts zu einigen Fragen der Haftung auf Ersatz seelischer Schäden bei zivilrechtlichen Rechtsverletzungen 最高人民法院关于确定民事侵权精神损害赔偿责任若干问题的解释	26.02.2001
PQG	Produktqualitätsgesetz der VR China 中华人民共和国产品质量法	01.09.2000
VSG	Verbraucherschutzgesetz der VR China 中华人民共和国消费者权益保护法	31.10.1993
ZGBRC	Das Zivilgesetzbuch der Republik China 中华民国民法典	05.05.1931
ZGBC	Das Zivilgesetzbuch der Volksrepublik China 中华人民共和国民法典	01.01.2021

§ 1. Einleitung

Am 28. Mai 2020 wurde das Zivilgesetzbuch der Volksrepublik China (ZGBC) verabschiedet und tritt am 1. Januar 2021 in Kraft. Dies ist die fünfte zivilrechtliche Kodifikation und auch das erste Gesetzbuch in der VR China. In § 179 II ZGBC wurde vorgeschrieben: Wenn Strafschadensersatz gesetzlich vorgeschrieben ist, findet Strafschadensersatz Anwendung. Außerdem gibt es noch drei Klausen im ZGBC, die den Strafschadensersatz spezial normieren. Genauer gesagt: § 1185 ZGBC ordnet einen Anspruch auf Strafschadensersatz im Falle der Verletzung des geistigen Eigentums an. § 1205 ZGBC normiert den Anspruch auf Strafschadensersatz bei der Produkthaftung. § 1232 ZGBC schreibt einen Anspruch auf Strafschadensersatz bei der Umweltverschmutzung und Zerstörung des Ökosystems vor.

Im Vergleich zu den Allgemeinen Grundsätzen zum Zivilrecht (AGZ), die als Errungenschaft bei der dritten zivilrechtlichen Kodifikation im Jahre 1986 galten, weist sich die neue Regelung als eine entscheidende Wende im Schadensersatzrecht aus, da in dem AGZ kein Strafschadensersatz vorgesehen war. Obwohl der Strafschadensersatz schon bei der vierten Kodifikation des Zivilrechts in einem Einzelgesetz, nämlich dem Gesetz über die deliktische Haftung (GdH) 2010, als ähnlicher Rechtssatz auftauchte,[1] stellt die erstmalige Erscheinung des Strafschadensersatzes im allgemeinen Teil vom ZGBC eine Neuerung dar. Die jetzige Kodifikation ist ausdrücklich der Änderung beim Schadensersatzrecht im Zivilrecht gefolgt. Dies bedeutet, dass Strafschadensersatz zu einer allgemeinen Haftungsart im Zivilrecht wird.[2]

Nach der vorherrschenden Meinung zahlreicher Juristen wurde das chinesische Zivilrecht seit der Modernisierung des Rechts in China am Ende der Dynastie Qing stark vom BGB beeinflußt.[3] Allerdings könne man im BGB keine Spur des Strafschadensersatzes finden, weil dieser bei der Erfassung der BGB-Entwürfe durch Entpönalisierung aus dem Privatrecht absichtlich entfernt wurde.[4]

Einer andereren Meinung nach ist der Strafschadensersatz nach dem Vorbild des common law aufgebaut. Aber im Vergleich zum common law wurde der jeweilige Betrag des Strafschadensersatzes im chinesischen Recht nicht so wie die punitive damages berechnet.[5]

Befindet sich das chinesische Schadensersatzrecht auf einer „schiefen Bahn"? Oder geht der chinesische Schadensersatz eigentlich nur einen Sonderweg? Wenn er einen Sonderweg eingeschlagen hat, welche Faktoren gibt es dann bei der Modernisierung des chinesischen Schadensersatzrechts? Meine Forschungsarbeit versucht, durch einen Vergleich des Zivilrechts der beiden Staaten eine Antwort auf diese Fragen zu geben.

---

[1] Binding, GdH, S. 46f.; Yao, Hong, GdH, S. 55.

[2] Shi, Hong, ATZGBC, S. 422; Shen, Deyong, ATZGBC, 1159f; 1177ff..

[3] Ye, Xiaoxin, Zivilrechtsgeschichte II, S. 600ff..

[4] Ebert, Pönale Elemente im deutschen Privatrecht, S. 248; Mot. II S. 17ff. = Mugdan, Materialien II, S. 10ff..

[5] Liu, Rongjun, Strafschadensersatz und Verbraucherschutz, in: Modern Law Science, 1996(05), S. 33, 35f.

§ 2. Die Entwicklung in Deutschland

A. Die germanische[6] Zeit

Das deutsche Strafschadensersatzrecht kann auf die germanischen[7] Stammesrechte zurückgeführt werden[8], deren Zweck es vor allem war, die Ordnung und Befriedung des Stammes und seiner Sippen zu regeln. Der Stamm sollte mit Hilfe der Regelungen zur Sesshaftigkeit und Zivilisierung angeleitet werden.[9] Im Sanktions- oder Kompensationssystem spielten Fehde und Sühnegeld (compositio[10]) eine große Rolle.[11]

Eine Verletzung konnte ein Fehde auslösen, wenn diese Verletzung zwischen Mitgliedern der unterschiedlichen Sippen geschehen war und einen Fall von Feindschaft darstellte. Es war rechtmäßig und auch verpflichtend, Rache bzw. Fehde[12] zu üben, wodurch Gerechtigkeit und Ehre wiederhergestellt werden können.[13] Der Verletzte kann persönlich eine Rachehandlung vollziehen. Aber im Fall der Tötung kann der Sippengenosse zur Fehde berufen werden.[14] Die Teilnahme der Sippen an dem Konflikt beruht darauf, daß der Einzelne seine Eigenschaft aus seiner Verwurzelung in der Sippe herleitet, die für ihn Friedens-, Schutz- und Rechtsverband ist.[15] Damals stellten Rache und Fehde tragende Bestandteile der germanischen Stammesrechte dar und alles andere als „Strafrecht" wurde vor allem als Unrechtsfolge angesehen. Dadurch konnte man geschehenes Unrecht vergelten. Aus der germanischen Sicht bezieht sich die Fehde nicht auf Schmerzzufügung oder Quälerei, sondern Demütigung des Verletzers und seiner Sippe.[16] Fehde und Rache sind Selbsthilfe.[17]

---

[6] Vgl. Gmür/Roth, Grundriss der deutschen Rechtsgeschichte, Aufl. 12, S. 8: Germanische Zeit (ca. 100 v. Chr. bis ca. 500 Chr.) bezeichnet eine Zeit, in der das heutige Deutschland teils von den Römern, teils von unabhängigen germanischen Völkerschaften besiedelt war; vgl. Rüping/Jerouschek, Grundriss der Strafrechtsgeschichte, S. 1: Diese Zeit wird auch als Völkerwanderung bezeichnet.

[7] Kroeschell, Deutsche Rechtsgeschichte, Aufl. 11, S. 25: „*Darstellungen der deutschen Rechtsgeschichte beginnen gewöhnlich mit einem Abschnitt über die ‚Germanische Zeit' und lassen darauf die ‚Fränkische Zeit' und das ‚Mittelalter' folgen.*" Die germanische Zeit dauert von ca. 100 v. Chr. bis ca. 500 n. Chr.

[8] Senn, Rechtsgeschichte, S. 8 ff; Ebert, Pönale Elemente im deutschen Privatrecht, S. 14 ff.

[9] Senn, Rechtsgeschichte, S. 10; Senn, Rechtsgeschichte – ein kulturhistorischer Grundriss, S. 33.

[10] Vgl. Gmür/Roth, Grundriss der deutschen Rechtsgeschichte, Aufl. 12, S. 15: compositio wurde meistens ungenau mit „Buße" übersetzt.

[11] Schmidt, Einfürung in die Geschichte der deutschen Strafrechtspflege, S. 21 ff; Senn, Rechtsgeschichte – ein kulturhistorischer Grundriss, S. 42 ff; Ebert, Pönale Elemente im deutschen Privatrecht, S. 16.

[12] Vgl. Holzhauer, „Geburt der Strafe", S. 4: Die Fehde wurde nicht als natürliche Rache, sondern als Rechtseinrichtung betrachtet.

[13] Senn, Rechtsgeschichte – ein Kulturhistorischer Grundriss, S. 42.

[14] Schmidt, Einführung in die Geschichte der deutschen Strafrechtspflege, S. 22.

[15] Schmidt, Einführung in die Geschichte der deutschen Strafrechtspflege, S. 23.

[16] Senn, Rechtsgeschichte – ein kulturhistorischer Grundriss, S. 43; Schmidt, Einführung in die Geschichte der deutschen Strafrechtspflege, S. 23 f.

Neben der Fehde kommt bei leichteren Friedensstörungen noch der Sühnevertrag in Frage[18], durch den die Sühneleistung dem Verletzten und seiner Sippe gegenüber erbracht werden kann. Bei einem allgemein vereinbarten Sühnevertrag kann man Vermögenswerte, z.B. in Form von Waffen, Pferden, Vieh usw., abtreten.[19] Wenn ein Gericht an dem Abschluß des Sühnevertrags teilgenommen hat, kann es einen Teil der Sühneleistung erhalten.[20] Wie Tacitus in Kapitel 12 von Germania geschildert hat, gebührt ein Teil des Sühnegelds dem König oder der Gemeinschaft, ein anderer Teil steht dem Verletzten zu.[21]

---

[17] E. Kaufmann, Strafe, Strafrecht, HRG Band III, Sp. 1878.

[18] Baumstark, Die Germania des Tacitus, Kap. 12; Ebert, Pönale Elemente im deutschen Privatrecht, S. 16.

[19] Rüping/Jerouschek, Grundriss der Strafrechtsgeschichte, S. 3; Schmidt, Einführung in die Geschichte der deutschen Strafrechtspflege, S. 23f; vgl. E. Kaufmann, Strafe, Strafrecht, HRG Band III, Sp. 2012.

[20] Ebert, Pönale Elemente im deutschen Privatrecht, S. 16.

[21] Baumstark, Die Germania des Tacitus, Kap. 12; vgl. Gmür/Roth, Grundriss der deutschen Rechtsgeschichte, Aufl. 12, S. 13.

B. Das Mittelalter

I. Frühmittelalter[22]

1. Überblick

Die Gesetze in der fränkischen Zeit wurden noch allgemein als Stammesrecht bezeichnet,[23] und Strafrecht und Privatrecht waren nicht klar voneinander getrennt.[24] Das fränkische Recht wurde von germanischen, römischen und christlichen Faktoren beeinflusst.[25] Im fränkischen Recht herrscht noch die Komplementarität von Fehde und Sühne. Die Änderung im Bezug auf Fehde im frühen Mittelalter besteht darin, dass an manchen Orten die Fehde auf den Täter beschränkt und Fehdehandlungen gegenüber der Verwandtschaft verboten wurden.[26] Auch taucht bereits die Regelung auf, daß die Fehde nur dann rechtmäßig ist, wenn der Verletzte eine gerichtliche Hilfe in Anspruch genommen hat.[27] Es gibt noch Sühneleistungen, wie Wergeld[28] und Buße[29], die nicht nur strafrechtlich sondern auch privatrechtlich gültig sind.[30]Bei der Sühneleistung handelt es sich darum, den entstandenen Schaden auszugleichen. Das Sühnegeld wird teils dem Verletzten, teils der öffentlichen Gewalt ausgehändigt.[31]

Die Berechnung des Sühnegeldes orientierte sich am Wundbußenkatalog und Wergeld. Die Höhe der Sühne ist zunächst nach der Größe des angerichteten Übels zu berechnen.[32] Hier gibt es ganz offensichtlich die grundlegende Konzeption, die Bußsätze nach dem Status des Opfers zu bemessen.[33] Falls die Todesstrafe durch schwere Sühne ersetzt werden sollte, wurde dann häufig die Grundtaxe vervielfacht, so insbesondere in der fränkischen und

---

[22] Vgl. Gmür/Roth, Grundriss der deutschen Rechtsgeschichte, Aufl. 12, S. 8: Das Frühmittelalter wurde auch als fränkische Zeit (ca. 500 bis zum Auseinanderfallen des Fränkischen Reiches im Jahre 888) bezeichnet. Die fränkische Zeit wird in die Merowingerzeit, ca. 500 bis ca. 751 und die Karolingerzeit, ca. 751 bis 900, gegliedert.

[23] Meder, Rechtsgeschichte, S. 128; Senn/Gschwend, Rechtsgeschichte – auf kulturgeschichtlicher Grundlage, S. 36 ff..

[24] Rüping/Jerouschek, Grundriss der Strafrechtsgeschichte, S. 4.

[25] Gmür/Roth, Grundriss der deutschen Rechtsgeschichte, S. 38.

[26] E. Kaufmann, Fehde, HRG, Band I, Sp. 1089.

[27] E. Kaufmann, Strafe, Strafrecht, HRG, Band III, Sp. 2013.

[28] Meder, Rechtsgeschichte, S. 140: Wergeld ist ein Betrag, der für den Fall einer Tötung angesetzt ist. Dabei handelt es sich um eine spezielle Buße, die an die „Sippe" des Getöteten zu leisten ist.

[29] Amira, Germanisches Recht, S. 141: Im Gegensatz zum Wergeld wurden die anderen Sühneleistungen an den Verletzten „Bußen" im engsten Sinne des Wortes genannt; vgl. Meder, Rechtsgeschichte, S. 138.

[30] Kroeschell, Deutsche Rechtsgeschichte, Aufl. 11, S. 59; Gmür/Roth, Grundriss der deutschen Rechtsgeschichte, Aufl. 12, S. 20f., 36ff.; vgl. Meder, Rechtsgeschichte, S. 138: Die Sanktionen haben im Wesentlichen den Charakter einer Privatstrafe.

[31] Amira, Germanisches Recht, S. 140f..

[32] Amira, Germanisches Recht, S. 142.

[33] Rüping/Jerouschek, Grundriss der Strafrechtsgeschichte, S. 6.

langobardischen Rechtspraxis.[34] Die Tarifbußen wurden sehr hoch angesetzt, um möglichst zu einem Fehdeverzicht zu gelangen.[35] Nach dem pactus Alamannorum (613/623), sollte jemand 12 Schillinge zahlen, wenn er einen Daumen abschlug.[36] Gemäß der Lex Ribvaria (um 613/623), wird jemand mit dreimal 300 Schillingen bestraft, wenn er einem Bischof irgendein Unrecht zufügt oder ihn verwundet oder verprügelt oder ihn lähmt.[37]

Ein Ziel der germanischen „Gesetzgebung" war die Herstellung einer primitiven Friedensordnung. Zu einer solchen barbarisch-archaischen Gesellschaftsstruktur kann lediglich eine derartige offene Vergeltungsaktion anstatt einer materiellen Versöhnungsleistung passen. Sühne statt Rache gehört deswegen zum bestimmenden und durchgängigen Inhalt der germanischen Rechte.[38] Im Gegensatz zur modernen Geldstrafe werden diese nicht an die öffentlichen Kassen, sondern an den Verletzten geleistet.[39] Durch die Zahlung von Geld oder Geldwert kann man ein zugefügtes Unrecht wiedergutmachen. In diesem Sinne ist Buße eine Art Schadensersatz, aber die Buße konnte neben dem Schadensersatz vorkommen.[40] Wenn neben dem festen Bußbetrag – wie oft in Fällen der Vermögensschädigungen - Schadensersatz zu leisten war, diente die Buße zur Genugtuung.[41] Im Prozeß übt das Gericht nicht an erster Stelle soziale Kontrolle aus, sondern bezieht sich nur auf eine Erledigung des Streites der Parteien.[42] Im Falle von Totschlag wird ein doppelter Zweck verfolgt. Zunächst einmal sollte durch eine Demütigung des Zahlenden gewissermassen die Ehre für den Verletzten wiederhergestellt werden. Zweitens konnte man durch die Zahlung einer Buße Rache, Feindschaft und die Verfolgung des Verletzters durch Eigenmacht und Geltendmachung der Strenge des Rechtes verhindern.[43]

---

[34] Amira, Germanisches Recht, S. 142.

[35] Rüping/Jerouschek, Grundriss der Strafrechtsgeschichte, S. 4. Senn/Gschwend, Rechtsgeschichte – auf kulturgeschichtlicher Grundlage, S. 16 ff: *„Nach der ‚Lex Alamannorum' war für die Tötung eines freien Mannes eine Sanktion (Wergeld, Rz. 45) von 160 Schillingen zu leisten. ... Ein Schilling bedeutet also den Sachwert einer Kuh. Schon die Leistung von einer oder mehreren Kühen im Falle einer verursachten Kopfverletzung war so hoch, dass sie nicht nur einen Einzelnen, sondern eine ganze Sippe überfordern konnte. Denn der Viehbestand war nicht Individual -, sondern Familiengut und die Versorgungsquelle der Sippe.*"

[36] Vgl. Kroeschell, Deutsche Rechtsgeschichte, Aufl. 11, S. 46; Rüping/Jerouschek, Grundriss der Strafrechtsgeschichte, S. 5.

[37] Schott, Lex Alamannorm, S. 91; vgl. Kroeschell, Deutsche Rechtsgeschichte, Aufl. 11, S. 48; Rüping/Jerouschek, Grundriss der Strafrechtsgeschichte, S. 6.

[38] Schott, Lex Alamannorm, S. 2.

[39] Meder, Rechtsgeschichte, S. 138: Friedensgeld soll ausnahmsweise der Allgemeinheit zugute kommen.

[40] Wilda, das Strafrecht der Germanen, S. 314 f.

[41] Amira, Germanisches Recht, S. 142.

[42] Holzhauer, „Geburt der Strafe", S. 9.

[43] Wilda, Das Strafrecht der Germanen, S. 314f.; vgl. Meder, Rechtsgeschichte, S. 138. Rüping/Jerouschek, Grundriss der Strafrechtsgeschichte, S. 4.

2. Schadensersatzrecht im römischen Recht vor der Rezeption

a) Überblick

Im älteren römischen Recht steht der Gedanke der Buße im Vordergrund.[44] Der Ausgangspunkt und die Grundlage des römischen Rechts war das Zwölftafelgesetz.[45] Die XII Tafeln normieren bestimmte schwere Delikte mit dem Tode, zum Beispiel Mord, Brandstiftung, zauberische Zerstörung fremder Saaten und nächtliche Grenzveränderung an fremden Feldern. Die sich gegen private Güter richtenden Straftaten wurden von Verletzten vor einem Geschworenengericht angeklagt, dann wurde der Täter dem Verletzten zur privaten Haftung überwiesen.[46] Es gibt drei Arten von Klagen: die rein pönale Klage, die auf die Verurteilung zu einer Buße abzielt; die zivile Klage, bei der es nur um den Ausgleich eines Vermögensschadens geht[47]; und die gemischte Klage, die sich gleichzeitig auf Bestrafung des Täters und Schadensausgleich für das Opfer bezieht.[48] Die Verletzung des einzelnen privaten Rechts wurde als Delikt im Privatrecht geregelt und im Zivilprozeß behandelt. Der Umfang der Straftaten gegen die Allgemeinheit war in der frühen Republik noch klein. Im weitesten Umfang ging das Gesetz vom Gedanken der privaten Rache des Verletzten aus.[49] Das ältere Strafverfahren unterscheidet sich prozessual kaum vom ältesten Deliktsverfahren. Am Anfang hängt es nur davon ab, von wem die angewendete Zwangsgewalt ausging, von der größeren Gemeinschaft oder vom Einzelnen.[50] Die Buße kann ins Gesetz gestellt sein oder dem billigen Ermessen des Richters überlassen werden. Am häufigsten geht man vom Wert der betroffenen Sache aus und berechnet die Buße nach dem ein-, zwei-, drei-, oder vierfachen Betrag dieses Schätzwertes, besonders bei Vermögensdelikten.[51] Die Vormachtstellung der Geldbuße als Folge des Delikts war das Zeichen für die ältere Zeit, aber sie entwickelte sich zum Schadensausgleich.[52] Der Zweck der Buße ist Bestrafung des Verantwortlichen und

---

[44] Kifer, Die Aquilische Haftung im ALR von 1794, S. 1.

[45] Kunkel/Schermaier, Römische Rechtsgeschichte, S. 35.

[46] Manthe, Geschichte des Römischen Rechts, S. 54f..

[47] XII Tafeln (8,2-3): Wenn jemand mit der Hand oder einem Knüppel einem Freien einen Knochen bricht, so soll er 300 As Buße zahlen, bei einem Sklaven 150. siehe: Manthe, Geschichte des Römischen Rechts, S. 55; vgl. Gaius, Institutionen 3, 223, Übersetzung siehe: Hausmaninger, Das Schadensersatzrecht der lex Aquilia, S. 129.

[48] Kaser/Knütel, Römisches Privatrecht, S. 205f.; Honsell, Römisches Recht, S. 88; Gaius, Institutionen 4, 6. Übersetzung siehe: Hausmaninger, Das Schadensersatzrecht der lex Aquilia, S. 129; vgl. von Savigny, Das Obligationenrecht als Theil des heutigen Römischen Rechts, S. 295f: Alle aus den Delikten entstandenen Klagen würden in zweiseitige Strafklagen, einseitige Strafklagen und erhaltende Klage unterschieden, je nachdem, ob die Klage den Verletzer unbedingt ärmer machen könnte. Die ersten beiden Klagen wären pönal. Die sogenannte zweiseitige Strafklage dazwischen wäre Privatstrafklage, Ihr Zweck wäre die Vergrößerung des Vermögens des verletzten Gläubigers.

[49] Kunkel/Schermaier, Römische Rechtsgeschichte, S. 35; vgl. Manthe, Geschichte des Römischen Rechts, S. 83.

[50] Hausmaninger/Selb, Römisches Privatrecht, S. 277.

[51] Kaser/Knütel, Römisches Privatrecht, S. 206.

[52] Manthe, Geschichte des Römischen Rechts, S. 83.

Genugtung für das Opfer. Anders als bei der modernen Geldstrafen, ist die römische Buße keine öffentliche Strafe, sondern Privatstrafe. Sie wurde nicht an den Staat, sondern an den Verletzten bezahlt.[53] Bei der Bestrafung für ein Delikt handelt es sich anfangs um die Rache des Verletzten oder seiner Sippe, später geht es um eine freiwillige oder erzwungene Ablösung der Rache in Geld.[54] Es gibt nur noch eine Geldverbindlichkeit, die vom Ausgleich des verursachten Schadens unabhängig ist oder ihn überschreitet. Dadurch erweist sie ihren Bußcharakter.[55] Allmählich entwickelt sie sich zur Pflicht zum bloßen Ausgleich des entstehenden Schadens, zum Beispiel damnum iniuria datum (Sachbeschädigung) der lex Aquilia.[56] Mit der zunehmenden staatlichen Verfolgung um wiederrechtliche Handlungen gewann der Gedanke des Schadensausgleichs an Gewicht.[57] In der klassischen Periode zeigte sich schon die Tendenz, den Schaden nach dem konkret Erlittenen zu berechnen.[58] Der Schadensersatz wurde bei strengrechtlichen Klagen mit *intentio certa* auf den Sachwert gerichtet. Bei Klagen auf ein incertum und bei den *bonae fidei iudicia* wurde er auf das subjektive Interesse gerichtet.[59] Trotzdem gibt es hier noch die Mischung von Ausgleich und Buße: Wenn ein Täter seine Tat leugnete, mußte er den doppelten Ersatzbetrag leisten. Mehrere Täter müssen kumulativ haften, danach ist der volle Betrag von jedem zu bezahlen.[60] Die Buße im klassischen Recht dient dazu, als Strafleistung das Unrecht zu sühnen, das der Täter dem Opfer beigebracht hat.[61] Mit der Entwicklung des öffentlichen Strafrechts verschwinden im nachklassischen Recht die reinen Strafklagen, dagegen werden die gemischten Klagen in Ersatzklagen umgewandelt oder umgedeutet.[62] Die öffentliche Strafe wurde in der Kaiserzeit zuerst insbesondere auf den Diebstahl und die Iniurie angewandt. Der Kriminalrichter hatte

[53] Honsell, Römisches Recht, S. 88f.. Gaius, Institutionen 3, 223: Die Verletzung bei Verstümmelung eines Gliedes war im 12-Tafel-Gesetz Talion, die Strafe für Brechen oder Zerschlagen eines Knochens von einem Freien waren 300 As, bei einem Sklaven waren es 150 As. Bei allen übrigen Verletzten betrug die Strafe 25 As. Diese Geldstrafe war in jener Zeit großer Armut ausreichend. Übersetzung siehe: Hausmaninger, Das Schadensersatzrecht der lex Aquilia, S. 129.

[54] Hausmaninger/Selb, Römisches Privatrecht, S. 276f.; vgl. von Savigny, Das Obligationenrecht als Theil des heutigen Römischen Rechts, S. 301f: Der Zweck der Strafe wären zuerst die juridische Vergeltung, außerdem auch die Abschreckung, die Verbesserung, die Abwendung der die Rechtsordnung störenden Selbsthilfe und der Privatrache.

[55] Honsell, Römisches Recht, S. 89; vgl. Hausmaninger/Selb, Römisches Privatrecht, S. 276f..

[56] Gaius, Institutionen 4,7. Übersetzung siehe: Hausmaninger, Das Schadensersatzrecht der lex Aquilia, S. 131; vgl. Hausmaninger/Selb, Römisches Privatrecht, S. 276f..

[57] Kifer, Die Aquilische Haftung im ALR von 1794, S. 1.

[58] Kaser/Knütel, Römisches Privatrecht, S. 204.

[59] Honsell, Römisches Recht, S. 89.

[60] Institutionen 4,9, Übersetzung siehe: Hausmaninger, Das Schadensersatzrecht der lex Aquilia, S. 131. Hausmaninger/Selb, Römisches Privatrecht, S. 276f..

[61] Kaser/Knütel, Römisches Recht, S. 205.

[62] Kaser/Knütel, Römisches Recht, S. 206: Dagegen kehrt Justinian zum Unterschied zwischen sachverfolgenden und pönalen Klagen zurück; von Savigny, Das Obligationenrecht als Theil des heutigen Römischen Rechts, S. 307.

den Ersatz des zugefügten Schadens zu verschaffen, daneben sollte er nach Ermessen die öffentliche Strafe verhängen. Der Weg der Strafklage vor dem Zivilrichter ware nunmehr verweigert worden. Die neben der Privatstrafe zur Wahl stehende öffentliche Strafe entspräche dem Bedürfnis dieser neueren Zeit mehr.[63]

b) Lex Aquilia

Nach neueren Untersuchungen wurde das Erscheinungsjahr der lex Aquilia von 286 v. Chr[64]. auf zwischen 209 und 195 v. Chr versetzt.[65] Die lex Aquilia hat das Schadensersatzrecht in 12 der Tafeln geändert, die auf eine Reihe von Sachbeschädigungen feste Bußsätze festgelegt hatten.[66] Es gibt nur drei Abschnitte in der lex Aquilia. Hat jemand einen fremden Sklaven, eine fremde Sklavin oder ein vierfüßiges Herdentier zu Unrecht getötet, verpflichtet sich der Täter, dem Verletzten soviel Geld zu bezahlen, wie dieser Sklave oder dieses Herdentier in diesem Jahr höchstens wert gewesen ist (1. Kapitel). Hat jemand einem anderen einen Schaden durch unrechtmäßiges Brennen, Brechen oder Verletzen zugefügt, so ist er verpflichtet, dem Eigentümer soviel Geld zu bezahlen, wie diese Sache in den nächsten 30 Tagen wert sein wird (3. Kapitel).[67] Die lex Aquilia setzt alle vorherigen Regelungen außer Kraft, die widerrechtlichen Schaden normieren, und zwar nicht nur in den 12 Tafeln sondern auch in anderen Gesetzen.[68] Alsbald begann die ständige Ausweitung der eine Haftung auf Grund der lex Aquilia auslösenden Tatbestände. [69] In denen steht nicht mehr die Handlung, sondern die dadurch entstandene Folge, die verursachte Vermögenseinbuße im Vordergrund. Die lex Aquilia stellt eine Wende vom Handlungs- zum Erfolgsunrecht dar.[70]

Im ersten Kapitel wird bestimmt, dass derjenige, welcher einen fremden Sklaven oder ein fremdes vierfüßiges Tier, das zum Herdenvieh gehört, widerrechtlich tötet, dem Eigentümer so viel zahlen soll, wie die Sache in diesem Jahr maximal wert gewesen ist.[71] Die Worte des

---

[63] von Savigny, Das Obligationenrecht als Theil des heutigen Römischen Rechts, S. 307.

[64] Manthe, Geschichte des Römischen Rechts, S. 83.

[65] Vgl. Selb, Römisches Privatrecht, S. 280.

[66] Digesten 9. 2. 1. Übersetzung siehe: Behrends/Knütel/Kupisch/Seiler, Corpus Iuris Civilis – Text und Übersetzung, S. 733; vgl. Hausmaninger, das Schadensersatzrecht der lex Aquilia, S. 8f..

[67] Manthe, Geschichte des Römischen Rechts, S. 83f; vgl. Hausmaninger, Das Schadensersatzrecht der lex Aquilia, S. 7f.; Kunkel/Schermaier, Römische Rechtsgeschichte, S. 34f.; Ebert, Pönale Elemente im deutschen Privatrecht, S. 35ff..

[68] Ulpian im 18. Buch seines Ediktskommentars, in: Digesten 9,2,1; vgl. Hausmaninger, das Schadensersatzrecht der lex Aquilia, S. 47.

[69] Ebert, Pönale Elemente im deutschen Privatrecht, S. 35.

[70] Kifer, Die Aquilische Haftung im ALR von 1794, S. 5.

[71] Institution 4.3, Übersetzung siehe: Behrends/Knütel/Seiler, Corpus Iuris Civilis – Text und Übersetzung I, S. 218; vgl. Übersetzung von Hausmaninger, Das Schadensersatzrecht der lex Aquilia, S. 141; vgl. Pennrich, Der Inhalt des Schadensersatzes im Naturrecht des 17. Und 18. Jahrhunderts, S. 55.

Gesetzes „wieviel die Sache in diesem Jahr maximal wert gewesen ist“ bedeuten, daß jemand, der einen Sklaven getötet hat, der zur Zeit der Tat lahm oder verkrüppelt war, aber in diesem Jahr unversehrt oder sonst wertvoll gewesen wäre, so viel haften muss, wie der Sklave in diesem Jahr maximal wert gewesen ist, nicht so viel, wie der Sklave zur Zeit der Handlung war. Aufgrund dieser Regelung hat die Klage einen pönalen Charakter, denn man verpflichtet sich zu mehr als Schaden angerichtet wurde.[72] Wurde dadurch mehr als der tatsächliche Sachwert zum Zeitpunkt der Beschädigung ersetzt, wurde dies als Buße betrachtet.[73] Nicht nach dem Gesetzeswortlaut, sondern aufgrund der Interpretation wird festgelegt, daß die Berechnung nicht nur den zerstörten Körper zu erfassen hat, sondern darüber hinaus auch das, was dem Eigentümer durch den Tod des Sklaven an Schaden zugefügt worden ist.[74] In Institution 4. 3. 10 wird noch ein Beispiel angeführt. Wenn ein Pferd aus einem Vierergespann getötet wurde, oder ein Sklave von einer Schauspieltruppe getötet wurde, erstreckt sich die Berechnung nicht nur auf das getötete Tier oder den getöteten Sklaven, sondern es wird darüber hinaus auch berechnet, wieviel die Überlebenden an Wert verloren haben.[75] Diese Berechnung ist wirtschaftlich formuliert. Mit der Entwicklung der Verkehrswirtschaft ist damit jedoch nicht der gesamte dem Geschädigten entgangene Gewinn aus der Sachverwertung erfaßt. Deswegen ist die Buße seit Julian im „Interesse“ des Geschädigten zu berechnen.[76] Es ist anzunehmen, daß das Interesse des Opfers zu berücksichtigen ist und der Täter für die gesamte Vermögensdifferenz zu haften hat.[77] Aber bei der Schadensersatzberechnung sind die Gefühlswerte (Schmerzensgeld, Wert der besonderen Vorliebe) nicht zu berücksichtigen, auch wenn der getötete Sklave der natürliche Sohn des Klägers war. Er kann nur den Marktwert in Anspruch nehmen.[78]

---

[72] Institution 4. 3. 9, Übersetzung siehe: Behrends/Knütel/Seiler, Corpus Iuris Civilis – Text und Übersetzung I, S. 220. Digesten 9. 2. 22. Behrends/Knütei/Kupisch/Seiler, Coupus Iuris Civilis – Text und Übersetzung, S. 745: „*... weil sie eine Strafklage ist, ...* “; vgl. Übersetzung von Hausmaninger, Das Schadensersatzrecht der lex Aquilia, S. 143; Pennrich, Der Inhalt des Schadensersatzes im Naturrecht des 17. Und 18. Jahrhunderts, S. 55, Fußnote 1: „ *... dass Th.(Thomasius) die actio legis Aquiliae für eine actio poenalis ansieht, ...* “.

[73] Kifer, Die Aquilische Haftung im ALR von 1794, S. 9.

[74] Institution 4. 3. 10, Übersetzung siehe: Behrends/Knütel/Seiler, Corpus Iuris Civilis – Text und Übersetzung I, S. 220; vgl. Übersetzung von Hausmaninger, Das Schadensersatzrecht der lex Aquilia, S. 143.

[75] Digesten 9. 2. 22. Übersetzung siehe: Behrends/Knütel/Kupisch/Seiler, Corpus Iuris Civilis – Text und Übersetzung, S. 744. Institution 4. 3. 10, Übersetzung siehe: Behrends/Knütel/Seiler, Corpus Iuris Civilis – Text und Übersetzung I, S. 220; vgl. Übersetzung von Hausmaninger, Das Schadensersatzrecht der lex Aquilia, S. 143.

[76] Selb, Römisches Privatrecht, S. 282.

[77] Hausmaninger, Das Schadensersatzrecht der lex Aquilia, S. 31.

[78] Digesten 9. 2. 32, Übersetzung siehe: Behrends/Knütel/Kupisch/Seiler, Corpus Iuris Civilis – Text und Übersetzung, S. 757; vgl. Selb, Römisches Privatrecht, S. 283; Kifer, Die Aquilische Haftung im ALR von 1794, S. 9.

Im Wesentlichen ist die actio legis Aquiliae eine Pönalklage.[79] Sie zeigt sich vor allem in der Litiskreszenz, nämlich der Verdopplung des vom Beklagten zu leistenden Schadensersatzes (Buße[80]) bei erfolglosem Bestreiten der klägerischen Forderung vor dem Prätor oder Richter.[81] Aber gegenüber der Bestrafung des Täters tritt bei dem Bemessen der Deliktsbuße diese Blickrichtung in den Vordergrund, sodasss vor allem dem Verletzten, dessen Interesse geschädigt wurde, der erlittene Schaden ersetzt werden soll.[82] Ulpian hielt sie für eine pönale Klage.[83] In Institution 4, 6-9 spricht Gaius von einer gemischten Funktion der actio legis Aquiliae. Er differenziert sachverfolgende, pönale und gemischte Klagen. Ein pönaler Aspekt wird im 1. Kapitel der lex Aquilia dadurch dargestellt, dass dem Beklagten der Höchstwert des getöteten Sklaven oder Tieres im vergangenen Jahr auferlegt werden sollen. Deshalb wird dem Kläger unter Umständen mehr zugesprochen, als der tatsächlich erlittene Schaden beträgt.[84] Bei Tätermehrheit kommt kumulative Haftung in Frage.[85] Paulus hielt sie wiederum für eine pönale Klage.[86] Obwohl der Bußgedanke noch immer zu erkennen ist, trat in der lex Aquilia zum ersten Mal in der Geschichte des römischen Rechts der Bußgedanke hinter den Ausgleichsgedanken zurück.[87] Diese Tendenz zeigt sich auch im justinianischen Recht. Der Schwerpunkt wurde von der Buße zum Schadensersatz verlagert.[88] Obwohl der Geschädigte ein Mehrfaches des Schadens bekommen kann, ist die Ausgleichs- und Ersatzfunktion zumindest gleichwertig neben die Bußfunktion getreten.[89]

---

79 Selb, Römisches Privatrecht, S. 280ff.; vgl. Pennrich, Der Inhalt des Schadensersatzes im Naturrecht des 17. und 18. Jahrhunderts, S. 56; von Savigny, Das Obligationenrecht als Theil des heutigen Römischen Rechts, S. 295f.

80 Selb, Römisches Privatrecht, S. 280ff..

81 Ebert, Pönale Elemente im deutschen Privatrecht, S. 35. Hausmaninger, Das Schadensersatzrecht der lex Aquilia, S. 40.

82 Hausmaninger, Das Schadensersatzrecht der lex Aquilia, S. 40.

83 D. 9. 2. 11. 2.; D. 9. 2. 23. 2.

84 Institution 3, 214.

85 Digesten. 9, 2, 11, 2; vgl. Hausmaninger, Das Schadensersatzrecht der lex Aquilia, S. 40.

86 D. 17. 2. 47ff..

87 Selb, Römisches Privatrecht, S. 283.

88 Kifer, Die Aquilische Haftung im ALR von 1794, S. 1.

89 Kifer, Die Aquilische Haftung im ALR von 1794, S. 12.

c) Iniuria (Personenverletzung[90])

In den Zwölf Tafeln gibt es vier Tatbestände[91] über die Verletzung der fremden Persönlichkeit: 1) Wer einen anderen durch üblen Zauber verhext, soll die Todesstrafe erleiden.[92] 2) Wenn jemand einem anderen ein Körperglied verstümmelt hat, soll der Täter mit Talion bestraft werden, das heißt: der Täter soll die gleiche Körperverletzung erleiden wie die, die er zugefügt hat, sofern er nicht mit dem Betroffenen ein Sühnepactum über die Ablöse der Talion geschlossen hat. 3) Wenn jemand mit der Hand oder einem Knüppel einen Knochen brach, soll, wenn der Verletzte ein Freier ist, der Täter die Buße von 300 Assen bezahlen; wenn der Verletzte ein Sklave ist, soll der Täter 150 Assen bezahlen. 4) Hat einer dem anderen andere Fälle von (weniger schwerwiegender) Injurie angetan hat, soll er zur Buße mit 25 Assen[93] bestraft werden.[94] Je nach der Schwere der Verletzung stufen sich die Strafen unterschiedlich ab. Das membrum rumpere[95] gilt als schwerstes Delikt. Hier besteht die Strafe in der Wiedervergeltung, also in dem „Auge für Auge, Zahn für Zahn, Hand für Hand, Fuß für Fuß, Brandwunde für Brandwunde, Verletzung für Verletzung, Strieme für Strieme" des mosaischen Gesetzes,[96] wenn es dem Verletzer nicht gelingt, sich mit dem Opfer über eine Buß-Summe zu einigen.[97] Dagegen könnte die Talion beim os fractum (das Zerbrechen oder Zersplittern eines Knochens) und bei den leichteren Delikten durch die obligatorische, fest bestimmte Geldbuße abgelöst werden.[98]

---

[90] Vgl. Selb, Römisches Privatrecht, S. 284: Persönlichkeitsverletzung; Kaser/Knütel, Römisches Privatrecht, S. 304: Personenverletzung.

[91] Selb, Römisches Privatrecht, S. 284; vgl. Kaser/Knütel, Römisches Privatrecht, S. 305: Überwiegend wird vermutet, daß in Tafel 8.1 das carmen malum mit der Todesfolge sanktioniert war (FIRA I, S. 52), vermutlich durch ein dem Opfer zugestandenes Tötungsrecht (vgl. Rz. 32.4, 12); vgl. Lübtow, zum römischen Injurienrecht, in: Lübtow, Schriften zur römischen Geschichte, Band 5, S. 103; Völkl, Die Verfolgung der Körperverletzung im frühen Römischen Recht, S. 12; Kübler, Geschichte des römischen Rechts, S. 183: Die zwölf Tafeln hatten drei Tatbestände; Gliedverstümmlung, Knochenbruch und sonstige Körperverletzung unterschieden.

[92] Selb, Römisches Privatrecht, S. 284; Kaser/Knütel, Römisches Privatrecht, S. 305.

[93] Lübtow, Schriften zur römischen Geschichte, Band 5, S. 113: Zur XII Tafelzeit bedeutet eine Buße von 25 Assen 25 Pfund Kupfer. Bei demaligen hohen Wert dieses noch seltenen Metalls war es eine erhebliche Summe.

[94] Vgl. Selb, Römisches Privatrecht, S. 284; Kaser/Knütel, Römisches Privatrecht, S. 305.

[95] Lübtow, Schriften zur römischen Geschichte, Band 5, S. 104: *Membrum rumpere* meint: Jemand wird durch Abreißen oder Abschlagen eines Körpergliedes verstümmelt; vgl. Watson, The Studies in Roman Private Law, S. 253: "*to break a part of body*".

[96] 2. Mose, 21: 24-25.

[97] Lübtow, Zum römischen Injurienrecht, in: Lübtow, Schriften zur römischen Geschichte, Band 5, S. 103.

[98] Lübtow, Zum römischen Injurienrecht, in: Lübtow, Schriften zur römischen Geschichte, Band 5, S. 104.

Die ursprüngliche Rechtsfolge der Injurie war die ungehemmte Privatrache.[99] Sie zeigt die Vergeltung jenes Übels, das der Täter zugefügt hatte.[100] Die Talion mußte zuerst im Interesse des Verletzten liegen. Der Wunsch, dem Täter dasselbe Leid zuzufügen, soll aus dem Streben nach Rache erwachsen.[101] In der ältesten Zeit können Straf- und Ersatzzweck nicht scharf getrennt werden. In der Talion gibt es auch Elemente, die als Schadensersatz funktionieren. Weil der durch die Talion erfolgte Zustand nichts Ursprüngliches darstellt, sollten wir im Zusammenhang mit der Talion besser von Rache als von negativer Entschädigung sprechen.[102] Mit dem Fortschritt der Kultur und der Verfeinerung des Gefühls wurde die Regelung der Iniuria-Delikte durch die Tafeln nicht zeitgemäß und ganz unzulänglich.[103] Die Talion wurde als unmenschlich angesehen.[104] Die festen Bußtaxen hängen nicht von der Schwere der begangenen Veletzungen und betreffenden Umständen ab und darin gibt es noch keine Ahndung der Verletzung der Ehre, für welche das Gefühl mit steigender Zivilisation und Bildung sich immer mehr verfeinerte.[105] Ausserdem erweist sich die Buße als zu niedrig.[106] Diese archaische Regelung wird später durch eine prätorische ersetzt, die als unmenschlich verabscheute Talion und die festen Bußsätze werden abgeschafft.[107]

Durch das Edikt *de iniuriis aestimandis* wurde die neue Regelung zur Bußberechnung geschaffen. Es wandelte die festen Bußen der XII Tafeln in bewegliche Geldstrafe um, und trug damit auch der Verschlechterung des Münzwertes Rechnung.[108] Dadurch bestimmte es die Klageformel einer körperlichen Mißhandlung. „*Der Prätor bestimmte im Edikt, er werde Rekuperatoren zwecks Abschätzung der für Injuriendelikte zu zahlenden Geldbuße einsetzen.*“[109] Die Regelung der Geldabfindung bei membrum ruptum (tab. 8.2) bot dem Prätor einen Weg, die Talion endgültig abzuschaffen. In der Nachzwölftafelzeit gelang es, die Buße durch die Gerichtspraxis nach dem Ermessen festzustellen.[110]

Um die Wende des 3. zum 2. Jh. v. Chr. können unter dem Injurienedikt unter der *iniuria* sowohl die Körperverletzung als auch die Persönlichkeitsverletzung verstanden werden. Das

---

[99] Selb, Römisches Privatrecht, S. 284.

[100] Völkl, Die Verfolgung der Körperverletzung im frühen römischen Recht, S. 49.

[101] Völkl, Die Verfolgung der Körperverletzung im frühen römischen Recht, S. 50.

[102] Völkl, Die Verfolgung der Körperverletzung im frühen römischen Recht, S. 51f..

[103] Lübtow, Zum römischen Injurienrecht, in: Lübtow, Schriften zur römischen Geschichte, Band 5, S. 113.

[104] Schulz, Classical Roman Law, S. 594; Kübler, Geschichte des römischen Rechts, S. 183; vgl. Lübtow, Zum römischen Injurienrecht, in: Lübtow, Schriften zur römischen Geschichte, Band 5, S. 113.

[105] Kübler, Geschichte des römischen Rechts, S. 183; Lübtow, Zum römischen Injurienrecht, in: Lübtow, Schriften zur römischen Geschichte, Band 5, S. 113.

[106] Kaser/Knütel, Römisches Recht, S. 305; vgl. Kübler, Geschichte des römischen Rechts, S. 183f..

[107] Kaser/Knütel, Römisches Privatrecht, S. 305.

[108] Wittmann, Die Körperverletzung an Freien im klassischen römischen Recht, S. 25f..

[109] Lübtow, Zum römischen Injurienrecht, in: Lübtow, Schriften zur römischen Geschichte, Band 5, S. 115.

[110] Institutionen, 4, 4, 7. Lübtow, Zum römischen Injurienrecht, in: Lübtow, Schriften zur römischen Geschichte, Band 5, S. 115. Kaer/Knütel, Römisches Privatrecht, S. 305.

Edikt beinhaltet neben Einzeltatbeständen ein Generaledikt über sonstige *iniuria*-Fälle.[111] Es geht um drei Edikte. Das erste Edikt betrifft öffentliche Schmähungen (convicium). Das zweite bestraft Unrecht gegen die Schamhaftigkeit (*adtemptata pudicitia*) einer ehrbaren Frau oder unerwachsener Knaben oder Mädchen. Das dritte ahndet die den guten Ruf eines Anderen schädigenden Handlungen (*ne quid infamandi causa fiat*).[112] Die Klage wegen Personen- und Persönlichkeitsverletzung (actio iniuriarum) zielt auf eine Buße, die von dem Richter durch Ermessen der Umstände des Einzelfalles bestimmt wird.[113] Bei solcher Buße trifft die Buße nur den Täter und es kommt nur dem Verletzten Genugtuung zu. Deshalb ist sie passiv unvererblich und erlischt mit dem Tode des Täters.[114]

Die lex cornelia spricht auch von Verletzung der Person und hat eine Injurienklage eingeführt.[115] Es ist umstritten, welche Strafe die *Lex Cornelia* vorgesehen hat. Die Strafe ist teils zivilrechtlich und teils öffentlich. Die zivilrechtliche Geldstrafe, die im Zivilprozess geschätzt wurde, fällt an den Ankläger. Aber die Tendenz im Gesetz, Gewaltdelikte zu verhindern, weist auf eine neben der Geldbuße stehende pönale Strafe hin. Es geht um eine gemischte Ahndung aus gesetzlicher, öffentlicher Strafe und überlieferter Geldbuße.[116]

Rechtsgrundlage der Injurienverfolgung in klassicher Zeit ist vor allem das prätorische Edikt. Daneben gibt es noch eine *lex Cornelia de iniuriis*.[117] In Institution 3, 224 wurde beschrieben, dass der Bußbetrag vom Kläger selbst geschätzt wird und der Richter nur insoweit an diese Schätzung gebunden ist. Der Richter darf nicht die vom Kläger geschätzte Höhe überschreiten.[118] Die Schätzung einer Iniuria muss sich auf die Zeit beziehen, in der sie geschehen ist.[119] Aber unklar und umstritten ist, ob und gegebenfalls inwieweit die *actio iniuriarum* ab der Klassik neben der öffentlichen Strafe die Genugtuungsfunktion des Opfers haben sollte.[120] Paulus geht von der Doppelfunktion aus: die Straffunktion der actio iniuriarum und Wiedergutmachungsfunktion.[121] Aber nach der in der heutigen Doktrin überwiegenden Meinung, dass es bei der iniuria während der gesamten Klassik häufig keinen entsprechenden Schaden gibt, kann die Buße keine Ersatzfunktion haben, da es hier häufig an einem berechenbaren Schaden fehlt. Die Buße dient dazu, dem Verletzten sein Racherecht zu nehmen. Für den

---

[111] Kaer/Knütel, Römisches Privatrecht, S. 305; vgl. Selb, Römisches Privatrecht, S. 285.

[112] Lübtow, Zum römischen Injurienrecht, in: Lübtow, Schriften zur römischen Geschichte, Band 5, S. 132.

[113] Institutionen, 4, 4, 7. Hagemann, Iniuria, S. 223. Kaer/Knütel, Römisches Privatrecht, S. 305f.; vgl. Selb, Römisches Privatrecht, S. 285f.; vgl. D. 47, 10, 18, 2.

[114] Kübler, Geschichte des Römischen Rechts, S. 187; Selb, Römisches Privatrecht, S. 286.

[115] Institutionen, 4, 7, 8.

[116] Lübtow, Zum römischen Injurienrecht, in: Lübtow, Schriften zur römischen Geschichte, Band 5, S. 139 ff; vgl. Kifer, Die Aquilische Haftung im ALR von 1794, S. 21.

[117] Raber, Grundlagen klassischer Injurienansprüche, S. 172.

[118] Institution, 3, 224; vgl. Hagemann, Iniuria, S. 223.

[119] Degisten, 47, 10, 21; Übersetzung siehe: Otto/Schilling, Das Corpus Juris Civils, S. 898.

[120] Ebert, Pönale Elemente im deutschen Privatrecht, S. 41.

[121] Liebs, Die Klagenkonkurrenz im römischen Recht, S. 241..

Täter ist die Buße nur ein Mittel, sich von der drohenden Strafe zu befreien. Deswegen hat die Buße nur Straffunktion. Aus der Sicht des Verletzten geht es hier um eine Sühnung.[122] In der Nachklassik, besonders im Vulgarrecht des Westens, rückt die Ersatzfunktion in den Vordergrund und verdrängt die Straffunktion endgültig. Die Strafe wird im Rahmen der kriminellen Verfolgung der früheren Privatdelikte verhängt. Erst in dieser Zeit der schwindenden Begriffsschärfe wird unter Ersatz nicht mehr nur materieller Schadensersatz, sondern auch persönliche Genugtuung verstanden.[123] Aber diese Meinung wird später kristisiert. Die in der Literatur des 19. Jahrhunderts von mehreren Autoren vertretene Meinung lautet, die actio iniuriarum verschaffe dem Verletzten Genugtuung.[124] In Iniuria vertritt *Hagemann* eine ähnliche Meinung: Aufgrund der allgemeinen Voraussetzungen, der Quellenlage sowie weiterer, indirekter Indizien drängt sich der Schluss auf, dass in der Klassik die *actio iniuriarum* nicht nur Straffunktion sondern auch eine Genugtuungsfunktion hat.[125]

d) Klagenkonkurrenz

Der Terminus poena erscheint früher als die Trennung zwischen Schadensersatz und Privatstrafe. Er ist deswegen für den Stand des klassischen Rechts wirklich zu weit entfernt. Es umfasst sowohl Schadensersatzleistungen mit Strafzuschlägen, z.B die poena legis Aquiliae, als auch eine Schadensersatzleistung, die nach dem Interesse berechnet wird, z.B die Leistung des dolosen Feldmessers.[126] Wer einen fremden Sklaven ermordet, handelt nicht nur gegen die *lex Aquilia*, sondern auch gegen die *lex Cornelia de sicariis et veneficis*. Die Strafanklage und der private Bußanspruch gemäß der lex Aquilia stoßen nicht gegeneinander, sondern können gehäuft werden.[127] Wenn jemand einen fremden Sklaven verprügelt, könnte seine Verletzung zwei Deliktstatbestände umfassen: damnum iniuria datum (Vermögensschaden) und iniuria (Persönlichkeitsverletzung) gegen seinen dominus. In diesem Falle werden die actio legis Aquiliae und die actio iniuriarum kumulativ angewendet.[128] Nach Meinung von *Paulus*, können die beiden Klagen gehäuft werden, aber die Anrechnung des im ersten Prozesse erstrittenen Bußbetrages verlangt eine Beachtung der Urteilssumme im zweiten Prozess.[129] Nach anderen Meinungen, können die Klage jedoch alternativ geführt werden, oder es hängt davon ab, welche Klage zuerst eingeleitet wurde. Wer schon mit der actio legis Aquiliae die aestimatio in Anspruch genommen habe, könne nicht mehr mit der actio iniuriarum klagen; der umgekehrte Prozess sei erlaubt.[130]

---

[122] Hagemann, Iniuria, S. 224.

[123] Hagemann, Iniuria, S. 225.

[124] Hagemann, Iniuria, S. 225; Ebert, Pönale Elemente im deutschen Privatrecht, S. 41.

[125] Hagemann, Iniuria, S. 229ff. 242, 247; vgl. Ebert, Pönale Elemente im deutschen Privatrecht, S. 41.

[126] Liebs, Die Klagenkonkurrenz im römischen Recht, S. 264,

[127] Degisten, 9, 2, 23, 9; vgl. Hausmaninger, Das Schadensersatzrecht der lex Aquilia, S. 42.

[128] Degisten, 47, 10, 15, 46; vgl. Hausmaninger, Das Schadensersatzrecht der lex Aquilia, S. 42; Ebert, Pönale Elemente im deutschen Privatrecht, S. 42f..

[129] D. 44, 7, 34.

[130] Wittmann, Die Entwicklungslinien der Klassischen Injurienklage, in: SZ 91(1974), S. 294ff.; Hausmaninger,

II. Hochmittelalter (ca. 900-ca. 1200)[131]

1. Überblick

Das Recht der fränkischen Zeit ging in das Hochmittelalter über.[132] Aber mit der Aufgliederung der alten Völker in viele gebietsbezogene Herrschaftsbereiche zersplitterte sich das Recht aus der fränkischen Zeit.[133] Die Auseinanderentwicklung des fränkischen Reiches wirkte sich notwendigerweise auf die Entwicklung des Lehenswesens aus.[134] Durch das Lehenswesen vertieft und verfestigt sich die Berufs- und Ständescheidung zwischen Bauern und Rittern. Daruch entsteht der berufsständisch motivierte Ritterstand.[135] Die anderen wichtigen Merkmale der Feudalgesellschaft sind: stark ausgeprägte Abhängigkeitsverhältnisse zwischen Personen. Die lange tatsächlich durchgeführte Erblichkeit der Lehen entwickelte sich zu verbindlichem Gewohnheitsrecht.[136] Das erste Lehngesetz wurde 1037 von Konrad II. erlassen.[137]

Im 12. Jahrhundert schließt sich die Bürgerschaft in der Stadt zur Stadtgemeinschaft zusammen. Ihr Träger ist der Bürger, der als eine neue soziale und ständische Gestalt entsteht. Das frühe Stadtrecht des 12. Jahrhundert wurde durch eine Schicht älteren Kaufmannsrechts beeinflußt, das Gewohnheitsrecht war und dessen Anwendung durch das Marktgericht abgesichert wurde.[138] Das Stadtrecht wurde zuerst als vom Landrecht entfernte Freiheit verstanden.[139]

Zum Anfang des 12. Jahrhunderts wurden in der Universität von Bologna für die Studierenden Studiengänge des römischen Rechts eingerichtet. Zu jener Zeit studierten schon viele Deutsche in Bologna. [140] Gleichzeitig kam es in Bologna noch zur wissenschaftlichen Pflege des kanonischen Rechts.[141] Im deutschen Reich beginnt man, das römische Recht zu rezipieren, aber im Hochmittelalter hat die Rezeption in diesem Reich noch geringen Einfluss auf die Rechtspraxis.[142]

Das Schadensersatzrecht der lex Aquilia, S. 42.

131 Gmür/Roth, Grundriss der deutschen Rechtsgeschichte, Rn. 41.

132 Gmür/Roth, Grundriss der deutschen Rechtsgeschichte, Rn. 86.

133 Köbler, Deutsche Rechtsgeschichte, Aufl. 6, S. 101.

134 Spieß, Lehen(s)recht, Lehenswesen, HRG, Band II, S. 1730.

135 J. Fleckenstein, Ritterstand, HGR, Band IV, S. 1089; Meder, Rechtsgeschichte, S. 231.

136 Gmür/Roth, Grundriss der deutschen Rechtsgeschichte, Rn. 96.

137 Spieß, Lehngesetz, HGR, Band II, S. 1719.

138 G. Dilcher, Stadtrecht, HRG, Band IV, S. 1865.

139 G. Dilcher, Stadtrecht, HRG, Band IV, S. 1866.

140 Gmür/Roth, Grundriss der deutschen Rechtsgeschichte, Rn. 58.

141 Gmür/Roth, Grundriss der deutschen Rechtsgeschichte, Rn. 60.

142 Köbler, Deutsche Rechtsgeschichte, Aufl. 6, S. 101; Gmür/Roth, Grundriss der deutschen Rechtsgeschichte, Rn. 61.

Neben dem weltlichen Recht gibt es noch das kanonische Recht. Gegenüber dem geltenden Recht ist die Kirche eine übergeordnete Rechtsquelle.[143] Das um 1140 vo Gratien vollendete Dekret bildet das neue Kirchenrecht, das schon bald als Grundlage des Rechtsunterrichts in Bolgna gilt.[144] In der zweiten Hälfte des 12. Jahrhunderts dringen die päpstlichen Dekrete immer tiefer in den Bereich des weltlichen Zivilrechts vor. Um die Hegemonieansprüche des kanonischen Rechts abzuwehren, hat der weltliche Kaiser sich nach dem römischen Recht zu wenden und sieht es als wirksames Mittel an.[145]

2. Gottesfrieden und Landfrieden

Seit dem Ende des 10. Jahrhunderts hatten sich die Gottesfrieden über das westliche Europa ausdehnt. Ihr Ziel war hauptsächlich die Bekämpfung der Ritterfehde. Die deutsche Friedensbewegung beginnt in den letzten Jahrzehnten des 11. Jahrhunderts.[146] Im Jahre 1082 wurde der erste Gottesfrieden für das Bistum Lüttich im deutschen Reich verkündet.[147] Im Unterschied zu den südfränzösischen Gottesfrieden regeln die deutschen Gottesfrieden nicht nur die kirchenrechtlichen Strafen sondern auch die alten weltlichen Strafen. Zum Beispiel im Kölner Gottesfrieden wird eine solche Strafe normiert, wegen eines Totschlages soll der Freie geächtet werden und sein Lehen verlieren.[148] Nach der Entstehung der Landfrieden verloren die Gottesfrieden allmählich ihre Bedeutung.[149] Die Landfriedensbewegung lief vom Reichslandfrieden Friedrich I (1152) bis zum Ewigen Landfrieden von 1495. Wie beim Gottesfrieden, war ihr Zweck hauptsächlich die Bekämpfung der Rechtsunsicherheit.[150]

---

143 Meder, Rechtsgeschichte, S. 231.

144 Meder, Rechtsgeschichte, S. 154.

145 Meder, Rechtsgeschichte, S. 156.

146 Gernhuber, Die Landfriedensbewegung in Deutschland bis zum Mainzer Reichslandfrieden von 1235, S. 41; Wadle, Landfrieden, Strafe, Recht, S. 42, Fn. 4.

147 Hattenhauer, Die Bedeutung der Gottes- und Landfrieden für die Gesetzgebung in Deutschland, S. 117. Gernhuber, Die Landfriedensbewegung in Deutschland bis zum Mainzer Reichslandfrieden von 1235, S. 41.

148 E. Kaufmann, Landfrieden I (Landfriedensgesetzgebung), in: HRG, Band II, Sp. 1451ff..

149 V. Achter, Gottesfrieden, in: HRG, Band I, S. 1763ff..

150 Hattenhauer, Die Bedeutung der Gottes- und Landfrieden für die Gesetzgebung in Deutschland, S. 131ff.; vgl. Wadle, Landfrieden, Strafe, Recht, S. 73; E. Kaufmann, Landfrieden I (Landfriedensgesetzgebung), II, (Landfrieden und Landfriedensbruch), in: HRG, Band II, Sp. 1451ff.; Sp. 1465ff..

3. Zivilrechtliche Ahndung

a) Fehde

aa) Die ritterliche und nichtritterliche Fehde

Mit dem Entstehen des Ritterstandes tritt auch die ritterliche Fehde in Erscheinung. In ihr wirken die alten Rechtsauffassungen der germanischen Zeit und des frühen Mittelalters.[151] Bei der ritterlichen Fehde geht es in erster Linie darum, den Bruch von Gottes- und Landfrieden zu verhindern. Dem Wesen nach gibt es keine Unterschiede zwischen der ritterlichen Fehde und der unritterlichen Fehde, sondern nur verschiedene Anwendungsfälle eines Institutes.[152] Die nichtritterliche Fehde wird hauptsächlich im Fall des Totschlags und anderer Rechtsverletzungen als Blutrache geübt.[153] Im Hochmittelalter wird Fehde als Abwehr von Unrecht und Rechtswahrung im Wege der Selbsthilfe betrachtet. Ihr Ziel ist es, durch Vergeltung, Genugtuung oder Sühne eine Wiederherstellung des Rechts zu erreichen.[154]

bb) Die Delegitimierung der Fehde[155]

Unter dem Einfluß des kanonischen Rechts kommt im späten Hochmittelalter nur mehr ein Viertel des Jahres für Fehdehandlungen in Frage.[156] Über jemanden, der Gottesfrieden gebrochen hat, wurden Geldstrafen und sogar Leibes- und Lebensstrafen verhängt.[157]

Mit der Entwicklung des Verkehrs und Handels empfindet man, dass jede große Störung des Friedens den Interessen der Wirtschaft schaden konnte. Deshalb ist es notwendig, den Streit schneller zu überwinden.[158] Die vorherige Methode ist nun kein gewöhnliches Mittel mehr. Dies geschieht besonders in den Städten. Im 12. Jahrhundert beginnt das erste Stadtrecht von Straßburg. Gemäß diesem städtischen Recht ist es nicht mehr zulässig, eigene Rechtshandlungen zur Vergeltung von Rechtsverletzungen vorzunehmen. In der Tat wird diese Reglung (1214) im zweiten Stadtrecht verändert. Außerhalb der Stadt wird die Rachehandlung dem

---

151 Schmidt, Einführung in die Geschichte der deutschen Strafrechtspflege, S. 48.

152 Schmidt, Einführung in die Geschichte der deutschen Strafrechtspflege, S. 48.

153 Schmidt, Einführung in die Geschichte der deutschen Strafrechtspflege, S. 49.

154 Wadle, Zur Delegitimierung der Fehde durch die mittelalterliche Friedensbewegung, in: Schlosser, Hans/Sprandel, Rolf/Willoweit, Dietmar(Hrsg.), Herrschaftliches Strafen seit dem Hochmittelalter, S. 9.

155 Vgl. Wege zur Rechtsgeschichte: Gerichtsbarkeit und Verfahren, S. 65: Verrechtlichung der Fehde.

156 Schmidt, Einführung in die Geschichte der deutschen Strafrechtspflege, S. 49; vgl Kroeschell, Deutsche Rechtsgeschichte, Aufl. 11, S. 186: Eine religiös begründete Waffenruhe wurde vor allem für die Sonntage und die hohen Kirchenfeste geboten.

157 Kroeschell, Deutsche Rechtsgeschichte, Aufl. 11, S. 186.

158 Jansen, Stefanie, Der gestörte Friede, in: Schlosser, Hans/Sprandel, Rolf/Willoweit, Dietmar(Hrsg.), Herrschaftliches Strafen seit dem Hochmittelalter, S. 83ff..

Verletzten und seinen Freunden gestattet, wenn der Täter nicht Sühne geleistet hat.[159] Die sich gerade im städtischen Recht ausdrückenden Gedanken gelten als Ausgangspunkt einer Rationalisierung des Rechtsgedankens.[160]

Die staatliche Einschränkung gegen die Fehde kann vor allem nur gegen die schädigenden Auswüchse der Fehde und gegen ihren Mißbrauch gerichtet werden.[161] Zum Beispiel wurde im Mainzer Reichsfrieden (1103) folgendermaßen formuliert: „*Wenn Dir unterwegs Dein Feind entgegentritt und Du ihm schaden kannst, magst du ihm schaden, wenn er aber in das Haus oder den Hof von irgend jemandem flüchtet, soll er unbehelligt bleiben.*“[162] In einigen Städten soll der vorher genannte Rechtsweg übernommen werden, soweit er in diesen Städten angeordnet wird. Eine entsprechende Regel steht im Rheinfränkischen Landfrieden Friedrich Barbarossas von 1179(Art. 2): „*Wenn jemand einen Feind hat, den er verfolgen will, mag er ihn verfolgen auf freiem Felde ohne Schaden an dessen Hab und Gut, oder er mag ihn gefangennehmen und dann sofort dem Richter vorführen.*“[163] Die Fehde wird durch die Friedensbewegung bis ins 13. Jahrhundert hinein eingedämmt und begrenzt, teilweise verboten und alternative Lösungswege für einen Rechtskonflikt bereitgestellt.[164] Die Friedensbewegung bemühte sich nicht nur um befriedete Tage und Orte. Sie hatte zugleich eine spürbare Verrechtlichung der Fehde geschaffen.[165]

b) Buße

Der frühmittelalterliche Gedanke, nach dem Unrecht durch Vertrag zwischen den Parteien oder durch ein gerichtliches Sühneurteil ausgeglichen werden kann, gilt noch als Prinzip im Hochmittelalter.[166] Im Hochmittelalter gewinnt die Buße noch keinen pönalen Charakter und der Gesichtspunkt des Schadensersatzes bleibt noch erhalten.[167] Aber mit der Kriminalisierung im Strafrecht, wird das Delikt nicht mehr als Verletzung der Rechte eines anderen

---

[159] Schmidt, Einführung in die Geschichte der deutschen Strafrechtspflege, S. 54f..

[160] Jansen, Stefanie, Der gestörte Friede, in: Schlosser, Hans/Sprandel, Rolf/Willoweit, Dietmar(Hrsg.), Herrschaftliches Strafen seit dem Hochmittelalter, S. 83.

[161] Schmidt, Einführung in die Geschichte der deutschen Strafrechtspflege, S. 50f..

[162]Wadle, Zur Delegitimierung der Fehde durch die mittelalterliche Friedensbewegung, in: Schlosser, Hans/Sprandel, Rolf/Willoweit, Dietmar(Hrsg.), Herrschaftliches Strafen seit dem Hochmittelalter, S. 24.

[163] Schmidt, Einführung in die Geschichte der deutschen Strafrechtspflege, S. 54f.. Wadle, Zur Delegitimierung der Fehde durch die mittelalterliche Friedensbewegung, in: Schlosser, Hans/Sprandel, Rolf/Willoweit, Dietmar(Hrsg.), Herrschaftliches Strafen seit dem Hochmittelalter, S. 24.

[164] Gernbuher, Landfriedensbewegung in Deutschland bis zum Mainzer Reichslandfrieden von 1235, S. 166 ff.; vgl. Wadle, Zur Delegitimierung der Fehde durch die mittelalterliche Friedensbewegung, in: Schlosser, Hans/Sprandel, Rolf/Willoweit, Dietmar(Hrsg.), Herrschaftliches Strafen seit dem Hochmittelalter, S. 25.

[165] Oestmann, Wege zur Rechtsgeschichte: Gerichtsbarkeit und Verfahren, S. 65.

[166] E. Kaufmann, Strafe, Strafrecht, HRG Band III, Sp. 2013.

[167] Vgl. E. Kaufmann, Buße, HRG Band I, Sp. 576.

betrachtet, die mit Buße zu sühnen ist, sondern muss als Friedensbruch mit „peinlicher“ Strafe, nämlich mit Leibes- oder Lebensstrafe, vergolten werden.[168] Die peinliche Strafe kann teilweise bis in die Neuzeit durch Geldleistung vertreten werden.[169]

a) Restitutionslehre

aa) Die Restitutionslehre der Frühscholastik

Die Theologen der Frühscholastik beschäftigten sich auf der einen Seite mit der Auslegung der Heiligen Schrift, auf der anderen Seite mit einer systematischen Zusammenfassung der Materialien in den Sentenzen und Summen.[170]

Die Restitutionslehre entstammt einer Übertretung des 7. Gebotes Gottes, nämlich „non furtum facies (Du sollst nicht stehlen)“(Exodus 20, 15).[171] Dieser Gedanke entspricht dem berühmten Satz des Augustinus aus einem Brief an den Bischof Macedonius, der in sein Dekret aufgenommen wurde, nämlich dass wahre Buße und damit Vergebung nur in Verbindung mit der Rückgabe der dem anderen entzogenen Sache möglich sei. Diese Formulierung des Augustinus hat bei der Entwicklung der Restitutionslehre eine entscheidende Rolle gespielt. Sie wird einerseits bei der Lehre von der Gerechtigkeit, andererseits im Verhältnis zum 7. Gebot erforscht.[172] In der weiteren Entwicklung spielte Petrus Lombardus eine große Rolle, der sie in seinem um 1150 verfaßten Libri IV sententiarum bei der Lehre vom Bußsakrament[173] behandelt. Zahlreiche Theologen haben bei der Darstellung der Restitutionslehre sein Werk zugrunde gelegt. [174]

Drei Blickwinkel dieser Restitutionslehre in der Frühscholastik sind von Bedeutung[175]: (1) Erstens geht es um den Inhalt. Die Glossa interlinearis des Anselm von Laon und die Glossa oridinaria des Walafried Strabo legen furtum im weiteren Sinn als alle unberechtigten Wegnahmen einer fremden Sache aus.[176] Die Restitutionsfälle werden allmählich erweitert. Man bezieht sich hier nicht mehr nur noch auf die Wiederherstellung für die Wegnahme, Zerstö-

---

168 Kroeschell, Deutsche Rechtsgeschichte, Aufl. 11, S. 198.

169 Holzhauer, „Geburt der Strafe“, S. 13.

170 Weinzierl, Die Restitutionslehre der Frühscholastik, S. 175.

171 Weinzierl, Die Restitutionslehre der Frühscholastik, S. 11 f..

172 Wolter, Das Prinzip der Naturalrestitution in § 249 BGB, S. 22f.; vgl. Weinzierl, Die Restitutionslehre der Frühscholastik, S. 65: Dieser geht von dem theologischen Gedanken aus: Die Restitution fremder Sachen ist die Voraussetzung für die wahre Buße. Wenn eine eigenmächtig erlangte, fremde Sache nicht zurückgegeben wird, dann wird die Buße nicht getan.

173 Vgl. Ohly, Christoph, Das Bußsakrament, in: Handbuch des katholischen Kirchenrechts, S. 1184 ff..

174 Weinzierl, Die Restitutionslehre der Frühscholastik, S. 119 ff; vgl. Wolter, Das Prinzip der Naturalrestitution in § 249 BGB, S. 23.

175 Wolter, Das Prinzip der Naturalrestitution in § 249 BGB, S. 24.

176 Weinzierl, Die Restitutionslehre der Frühscholastik, S. 11 f..

rung oder Beschädigung fremder Sachen, sondern auch auf den Wucher und dementsprechende Geschäfte. Darüber hinaus geht es dabei noch um die Wiedergutmachung der immateriellen Schäden, vor allem bei Verletzung des guten Rufs eines Anderen.[177] (2) Der zweite Blickwinkel betrifft den Umfang der Restitution. In der Literatur der Frühscholastik findet von vornherein eine Beschränkung auf den einfachen Ersatz statt, wobei die restitutio in natura im Vordergrund steht. Diese Ansicht wurde von dem Augustinus – Wort beeinflußt. In der Tat könnte man herausfinden, daß das alttestamentarische Gesetz in einzelnen Fällen dem Schuldigen eine Restitution des Mehrfachen zur Strafe auferlegt.[178] Die Glossen zur Heiligen Schrift in der Frühscholastik haben diesen Gesichtspunkt in einem übertragenen Sinne ausgelegt. Leider haben die Theologen keinen überzeugenden inneren Grund für die Beschränkung in der Frühscholastik herausgefunden.[179] (3) Der dritte Blickwinkel bezieht sich auf die Stellung der Restitution innerhalb des Bußsakraments. Die materia poenitentiae umfaßt drei Teile, nämlich die Reue (contritio cordis), das Bekenntnis (confessio oris) und die Genugtuung (operis satisfactio) durch Almosen, Fasten und Gebet. Dafür lautet die entscheidende Frage, wie die Beziehung zwischen der restitutio und der satisfactio wirkt.[180] Stephan Langton deutet die Restitution nicht als pars integralis, sondern als formalis modus satisfaciendi.[181] Anders als das alttestamentarische Deliktsrecht ließ die Erstattung der entzogenen Sache oder, bei Unmöglichkeit der Restitution, eine sonstige Genugtuung gleichen Umfangs als Schadensersatz genügen, statt hierfür vielfache Leistung zu fordern.[182] Am Ende der Frühscholastik und beim Übergang zur Hochscholastik hat *Wilhelm von Auxerre* diese Frage noch besser gedeutet, nämlich dass die Restitution zwar für die wahre Buße erforderlich ist, aber nicht als ein Teil der Genugtuung selbst, sondern als eine Voraussetzung.[183]

---

[177] Wolter, Das Prinzip der Naturalrestitution in § 249 BGB, S. 24.

[178] Weinzierl, Die Restitutionslehre der Frühscholastik, S. 177.

[179] Wolter, Das Prinzip der Naturalrestitution in § 249 BGB, S. 24.

[180] Weinzierl, Die Restitution in der Frühscholastik, S. 158 ff., 162 ff., 179, „ *...zur Nachlassung der Sünde die Restitution notwendig ist, falls die ungerecht weggenommene Sache restituiert werden kann. Ist dies aber nicht möglich, so genügt die Verabscheuung der Sünde und der Wille zur Genugtuung.*“; Ders., Die Restitution in der Hochscholastik, S. 121 f., 124 f., 127ff.; vgl. Wolter, Das Prinzip der Naturalrestitution in § 249 BGB, S. 24 f..

[181] Weinzierl, Die Restitution in der Frühscholastik, S. 179.

[182] Ebert, Pönale Elemente im deutschen Privatrecht, S. 52 f..

[183] Weinzierl, Die Restitution in der Frühscholastik, S. 179.

bb) Die Restitutionslehre des kanonischen Rechts

(a) Das Dekret Gratians[184](1140)

Der Mönch *Gratian* von Bologna hat das Kanonische Recht zu einem selbständigen Lehrfach neben der Theologie und neben dem Römischen Recht gemacht. Das Decretum Gratiani ist eine Privatarbeit von Mönch *Gratian*.[185] Mit dieser Sammlung ist es Gratian gelungen, das kirchliche Recht systematisch darzustellen. Dadurch hat er die Wissenschaft vom Kirchenrecht begründet.[186] Er spricht von der Restitutionslehre im 2. Teil seines Dekrets, wo er 36 verschiedene Rechtsfälle erwähnt und sie zu entscheiden versucht.[187] Vor allem diskutiert er über die Restitution der weggenommenen Sache. Mit der Zitierung eines Kanons findet Gratian, dass die Restitutionspflicht sich auf den ganzen entzogenen Besitz, vor allem auf die Güter, ihre Früchte und alle verlorenen Rechte erstreckt.[188] *Gratian* hat sich auch mit dem im Kanonischen Recht oft wiederholten Verbot zu beschäftigen, wonach Kirchengüter nicht verkauft werden dürfen und ihrem eigentlichen Zweck entsprechend verwendet werden müssen. Zunächst stellt er die Frage, ob die Bischöfe über Kirchengut eigenmächtig verfügen können. Aus zahlreichen Kanones zieht Gratian zusamenfassend den Schluss, dass kein Priester Kirchengut an einen anderen übergeben darf. Wer es von jemandem angenommen hat, muß es restituieren, weil die Annahme unerlaubt war.[189] Außerdem befasst sich Gratian mit der Restitution im Falle von Simonie. In diesem Fall wird jemand in ein Kloster aufgenommen, wofür sein Vater ohne sein Wissen das vom Abt geforderte Geld zahlen muss. Als er zum Bischof gewählt wurde, hatte sein Vater gleichfalls ohne sein Wissen seinen Wählern Geld gezahlt. Nach der Ansicht Gratians, besteht auch hier dafür eine Restitutionspflicht.[190] Im Dekret Gratians wird die Zins- und Wucherlehre an vielen Orten diskutiert. Er findet, dass die Restitutionspflicht nicht nur auf die Wucherzinsen beschränkt werden soll, sondern allgemein für jeden ungerechten Erwerb gilt.[191]

Gratian zweifelt nicht daran, dass für die Restitution der einfache Ersatz als Ausgleich genügend ist. Als er über die Erhaltung des Kirchenguts diskutiert, zitiert er zunächt einen

---

[184] Der Name des Dekrets war Concordia discordantium canonum. Seit dem Ende des 12. Jahrhunderts wird die Bezeichnung Decretum Gratiani verwendet. Schulte, Die Geschichte der Quellen und Literatur des canonischen Rechts, S. 48 f..

[185] Coing, Handbuch der Quelle und Literatur der neueren europäischen Privatrechtsgeschichte, S. 836. Winroth, The Making of Gratian´s Decretum, p. 2. Schulte, Die Geschichte der Quellen und Literatur des canonischen Rechts, S. 46 f..

[186] Aymans, Kanonisches Recht, S. 58; vgl. Coing, Handbuch der Quelle und Literatur der neueren europäischen Privatrechtsgeschichte, S. 837 f.. Their, Corpus Iuris Canonici, in: HRG, Band I, Aufl. 2, Sp. 896f..

[187] Weinzierl, Die Restitution in der Frühscholastik, S. 54 f..

[188] Weinzierl, Die Restitution in der Frühscholastik, S. 55, 184.

[189] Weinzierl, Die Restitution in der Frühscholastik, S. 57 f., 184 f..

[190] Weinzierl, Die Restitution in der Frühscholastik, S. 58 f., 185.

[191] Weinzierl, Die Restitution in der Frühscholastik, S. 59 f., 185 f..

Brief von Gregor I, in dem auf die hohen weltlichen Bußsummen bei Kirchendiebstahl verwiesen wird. Danach kann die Kirche nicht nur das gestohlene Kirchengut, sondern auch den Gewinn, den die Kirche an zeitlichen Gütern verloren hat, zurücknehmen.[192]

(b) Liber Extra (1234)

Liber Extra ist eine von *Gregor IX* im Jahr 1234 erlassene Dekretensammlung.[193] Darin wird eine ähnliche Behandlung der Restitutionsproblematik besprochen.[194] Im Vergleich zum Dekret Gratians werden die innerlich zusammengehörenden Fälle besser systematiert. Sie werden in einzelnen Titeln erfaßt. Es geht um die Restitution des spoliierten Besitzes (im 2. Buch), die Restitution des unrechtmäßig veräußerten Kirchengutes (im 3. Buch) und die Restitutionspflicht beim Delikt der Simonie, des Raubes, Diebstahls und Wuchers (im 2. Buch).[195] Dabei spielt die Deletale X 5. 19. 5 des Papstes *Alexander III.* eine große Rolle, die ausdrücklich auf die Augustinus-Parömie hingewiesen hat. In cap. 3 handelt es sich um einen aus Exodus 22 übernommenen Fall, in dem Ersatz in natura angeordnet wird. Ein stößiges Rind hat ein anderes Rind getötet und der Besitzer hat das agressive Rind nicht sorgfaltig beobachtet. Dafür soll das lebende für das getötete Rind übergeben werden.[196]

---

[192] Wolter, Das Prinzip der Naturrestitution in § 249 BGB, S. 31.

[193] Landau, Neuere Forschung zu Quellen und Institutionen des klassischen kanonischen Rechts bis zum Liber Sextus. Ergebnisse und ZukunftsPersperktiven, in: Linehan, Proceedings of the Seventh International Congress of Medieval Canon Law, S. 43: „ ... *unter den in die Dekretalensammlung aufgenommenen neuen Texten Gregors IX. entfallen etwa 2/3 auf echte Dekretalen und 1/3 auf abstrakte Normsetzungen, ...* “; vgl. Their, Corpus Iuris Canonici, in: HRG, Band I, Aufl. 2., Sp. 898 f..

[194] Wolter, Das Prinzip der Naturrestitution in § 249 BGB, S. 31; vgl. Coing, Handbuch der Quelle und Literatur der neueren europäischen Privatrechtsgeschichte, S. 841 f..

[195] Wolter, Das Prinzip der Naturrestitution in § 249 BGB, S. 31 f..

[196] Wolter, Das Prinzip der Naturrestitution in § 249 BGB, S. 32.

III. Spätmittelalter (ca. 1200-ca.1500)[197]

1. Hintergrund

a) Rezeption des römischen Rechts

Die Rezeption des römischen Rechts stellt einen gesamteuropäischen Vorgang dar, der im 12. Jahrhundert mit einer Frührezeption im Bereich der kirchlichen Gerichtsbarkeit anfängt. Die Rezeption wird zuerst als Bildungs- und Verwissenschaftlichungsprozeß beschrieben. Die Universitäten in Bologna und in anderen Städten spielten dabei eine große Rolle.[198] Seit dem 13. Jahrhundert begann in Deutschland die Frührezeption des römischen Rechts. Am Anfang drang das römische Recht bei häufiger Verwendung von Renuntiationen in die Urkundpraxis ein. Die Tatsache, daß schon im 14. Jahrhundert eine (halb)gelehrte Rechtsliteratur in Deutschland zustande gekommen ist, bedeutet mehr Überzeugungskraft für die Annahme einer Frührezeption.[199] Durch die Rezeption entstand allmählich das gemeine Recht (ius commune).[200] Bei der Frührezeption wurde eine umfassende Anwendung des gelehrten Rechts in Deutschland durch einen weltlichen Juristenstand nocht nicht durchgeführt, insbesondere nicht in der profanen Gerichtsbarkeit.[201] Bis zur Gründung des Reichskammergerichts 1495 hat die Rezeption eine wichtige Bedeutung in der Praxis gewonnen.[202]

b) Entwicklung des Stadtrechts

Das Stadtrecht, das sich auf den Grundlagen von Privileg, Rechtsgewohnheit, Kaufmannsrecht und automomer Rechtssetzung entwickelt, hat an der Jahrhundertwende vom 12. zum 13. Jahrhundert eine vom Landrecht getrennte Rechtsordnung eigener Art gebildet. Das Stadtrecht wurde im Spätermittelalter nach dem Vorbild der Landrechte häufig in eigenen Stadtrechtsbüchern fixiert.[203] Die Städte spielen seit dem 13. Jahrhundert eine Schlüsselrolle während der Frührezeption des römischen Rechts.[204]

---

197 Vgl. Gmür/Roth, Grundriss der deutschen Rechtsgeschichte, Rn. 63.

198 Hausmaninger/Selb, Römisches Privatrecht, S. 62 f.. S. 63: „*Glossatoren und Kommentatoren haben die Grundlage zur wissenschaftlichen Druchdringung und Darstellung aller Rechtsgebiete erarbeitet: abstrakte Begriffe, Definitionen, Distinktionen. Diese werden rezipiert und auch in der Aufbereitung des einheimischen Rechts verwendet, wo dieses der Übernahme römischrechtlicher Substanz erfolgreich Widerstand geleistet hat. Dasselbe gilt für Systemansätze, die aus den Institutionen Justinians weiterentwickelt worden sind.*“

199 Meder, Rechtsgeschichte, S. 243 ff; Hähnchen, Rechtsgeschichte, S. 173, Rn. 377.

200 Hähnchen, Rechtsgeschichte, S. 173. Rn. 377.

201 H. Kiefner, Rezeption (privatrechtlich), in: HRG, Band IV, Sp. 974.

202 Hähnchen, Rechtsgeschichte, S. 189, Rn. 406.

203 Meder, Rechtsgeschichte, S. 239.

204 Meder, Rechtsgeschichte, S. 239f.; H. Kiefner, Rezeption (privatrechtlich), in: HRG Band IV, Sp.974.

c) Entwicklung des kanonischen Rechts

Die Kirche hat das kanonische Recht stets als ihr eigenes Recht angewendet, weil sich die Zuständigkeit kirchlicher Gerichte auch auf weltliche Fälle bezog. Der rechtsgelehrte Kleriker, der nicht nur nach dem kanonischen Recht sondern auch nach dem weltlichen Recht ausgebildet wurde, hat somit die gleichen, gültigen Methoden beim judizierten Recht angewandt, wie die Kanonisten und Legisten. In der Tat hat er sich hier früh in einen Anwendungsbereich des gelehrten weltlichen Rechts in Deutschland begeben.[205]

d) „Geburt der Strafe"

Die deutsche „Friedensbewegung" im Mittelalter ist auch eine Gesetzgebungsbewegung. Dabei sind viele Gesetze entstanden,[206] die hauptsächlich gegen das alte Sanktionssystem ankämpften,[207] wodurch das alte Sanktionssystem allmählich ausgelöscht wurde.[208] Zusammen mit der „Gottesfriede" hat die „Landfriedensbewegung" dazu geführt, dass der Staat eine herrschende Rolle im Sanktionssystem spielt.[209] Dies ist allmählich an die Stelle der bisherigen privaten „Fehde" und des „Sühnegelds" getreten. Das auf Grund der peinlichen Gesetze stehende neue Sanktionssystem, die Verstaatlichung der peinlichen Strafe, die Subjektivierung der Strafe usw. charakterisieren die „Geburt der Strafe" in Deutschland.[210] Mit der im Hoch- und Spätmittelalter erfolgten „Geburt der Strafe" entstand die Trennung der strafrechtlichen und zivilrechtlichen Sanktion.[211]

---

205 H. Kiefner, Rezeption (privatrechtlich), in: HRG Band IV, Sp.974.

206 Gernhuber, Die Landfriedensbewegung in Deutschland bis zum Mainzer Reichslandfrieden von 1235, S. XIIff.; vgl. Wadle, Landfrieden, Strafe, Recht, S. 73.

207 Hattenhauer, Die Bedeutung der Gottes- und Landfrieden für die Gesetzgebung in Deutschland, S. 134 ff.; vgl. Wadle, Landfrieden, Strafe, Recht, S. 42, Fn. 4.

208 Wadle, Landfrieden, Strafe, Recht, S. 103.

209 Gernhuber, Die Landfriedensbewegung in Deutschland bis zum Mainzer Reichslandfrieden von 1235, S. 60ff..

210 Hattenhauer, Die Bedeutung der Gottes- und Landfrieden für die Gesetzgebung in Deutschland, S. 186 ff.; vgl. Wadle, Landfrieden, Strafe, Recht, S. S. 197ff., 219ff.; Achter, Geburt der Strafe, S. 9ff.. Gernhuber, Die Landfriedensbewegung in Deutschland bis zum Mainzer Reichslandfrieden von 1235, S. XIIff.. S. 137ff..

211 Gmür/Roth, Grundriss der deutschen Rechtsgeschichte, Rn. 92.

2. Die Entwicklung der zivilrechtlichen Ahndung

a) Fehde

Die Entwicklung der Fehde richtet sich weiter in Richtung der Delegitimierung.[212] Der Mainzer Reichslandfrieden von 1235 formulierte den Grundsatz der Subsidiarität der Fehde gegenüber dem gerichtlichen Prozess. Im diesem Gesetz wurde der Grund so beschrieben: „ ...Denn wo die Kraft des Rechts schwindet, wütet die grausame Willkür.“[213] Nur unter Beachtung der zum Rechtssatz erhobenen Standessitte kann die Fehde weiterhin gestattet werden. Gemäß dieser Maßgabe wird die Ritterfehde in der Folgezeit gewährt.[214] Die ritterlichen Fehden hatten zwar im ganzen Reich überhand genommen, waren aber an bestimmte Formen gebunden. Danach sollte eine Fehde durch die Zustellung eines „Absagebriefes“ angekündigt werden. Zugleich wurden Fehdehandlungen auf eine bestimmte Frist beschränkt. Außerdem wurden die Frieden in bestimmten Gebieten in Fehdezeiten beachtet.[215] Erst im Jahre 1495 wurde die Fehde im römisch-deutschen Reich grundsätzlich verboten.[216]

b) Buße

Im Spätmittelalter gewinnt die Buße einen pönalen Charakter und der Gesichtspunkt des Schadensersatzes verliert an Bedeutung.[217] Die Ablösung der Geldbußen durch die Leibes- und Lebensstrafen stellt die Entstehung des Strafrechts im heutigen Sinne dar. Hier handelt sich nicht um Genugtuung für den Verletzten, sondern um Sühne für den begangenen Rechtsbruch.[218] Dennoch konnte ein Verletzter weiterhin die gesetzliche Sühneleistung bei den Urteilen verlangen. Aber diese erfüllen nur noch eine nebensächliche, private Schadensersatzfunktion. Die Kriminalstrafe wurde zur Hauptsanktion einer Straftat.[219]

---

[212] Jansen, Stefanie, Der gestörte Friede, in: Herrschaftliches Strafen seit dem Hochmittelalter, S. 83ff.; Wadle, Zur Delegitimierung der Fehde durch die mittelalterliche Friedensbewegung, in: Schlosser, Hans/Sprandel, Rolf/Willoweit, Dietmar, Herrschaftliches Strafen seit dem Hochmittelalter, S. 23; vgl. Schmidt, Einführung in die Geschichte der deutschen Strafrechtspflege, S. 52: „Zuerst das Gericht, dann das Schwert, so lautete das Kaiserwort“ (Schnellbögl).

[213] Wadle, Zur Delegitimierung der Fehde durch die mittelalterliche Friedensbewegung, in: Schlosser, Hans/Sprandel, Rolf/Willoweit, Dietmar (Hrsg.), Herrschaftliches Strafen seit dem Hochmittelalter, S. 23.

[214] Schmidt, Einführung in die Geschichte der deutschen Strafrechtspflege, S. 48.

[215] Gmür/Roth, Grundriss der deutschen Rechtsgeschichte, Rn. 91.

[216] Wadle, Zur Delegitimierung der Fehde durch die mittelalterliche Friedensbewegung, in: Schlosser, Hans/Sprandel, Rolf/Willoweit, Dietmar (Hrsg.), Herrschaftliches Strafen seit dem Hochmittelalter, S. 9; vgl. E, Kaufmann, Landfrieden 1 (Landfriedensgesetzgebung), in: HRG Band IV, Sp. 1461: Die konkrete Fehde, nämlich Selbsthilfe, bleibt bis zum Ewigen Landfrieden von 1495 erhalten. Oestmann, Wege zur Rechtsgeschichte: Gerichtsbarkeit und Verfahren, S. 62.

[217] E. Kaufmann, Buße, in: HRG Band I, Sp. 576; W. Ogris, Schaden(s)ersatz, in: HRG Band III, Sp. 1337.

[218] Kroeschell, Deutsche Rechtsgeschichte, 11. Auflage, S. 186.

[219] Gmür/Roth, Grundriss der deutschen Rechtsgeschichte, Rn. 92.

c) Schadensersatz

Der Schadensersatz für die Hinterbliebenen im Falle der Tötung wurde dadaurch erweitert, daß der Erbe den gesamten Vermögensschaden fordern konnte, der vor dem Tode des Erblassers durch das Verbrechen verursacht worden war.[220] Im 14. Jahrhundert entstand die Lehre, die auch einen Ersatzanspruch bei immateriellen Schäden unverheirateter Frauen gewähren wollte.[221] Der Gedanke des Schadensersatzes gemäß dem Verschuldensgrad erscheint erstmals im kanonischen Recht, allerdings nicht als Verallgemeinerung.[222] Die pönalen Elemente bleiben in der Klage, insbesondere in der Litiskreszenz erhalten.[223] Die zunehmende Trennung von Buß- und Ersatzfunktion stellt sich immer deutlicher dar.[224] Eine andere wichtige Entwicklung beim Schadensrecht ist der Gedanke der Naturrestitution. Diese kirchliche Theorie gelangte über Bartolus in das Zivilrecht.[225]

3. Die Entwicklung der Restitutionslehre

a) Entwicklung in der Hochscholastik

Thomas von Aquin hat die Restitutionslehre erfolgreich vollendet.[226] Im Gegensatz zur frühen Scholastik, wo nur einzelne Restitutionsfälle aufgezählt wurden, stellt Thomas eine systematische Einteilung her.[227] In seiner 1267-73 verfaßten „Summa theologica“ , genauer gesagt, in der 62. Frage im Teil II des Buches II,[228] gelingt es *Thomas von Aquin*, in Anwendung der aristotelischen Philosophie und auch in Kenntnis des römischen und kanonischen Rechts eine innere Begründung für die Restitutionspflicht zu geben. Dadurch hat er das Wesen der Restitution erfasst.[229] Die Restitution in Summa theologica hat das Problem von Recht und Gerechtigkeit zum Inhalt, damit wird sie äußerlich durchaus vom Bußsakrament, das in anderen Fragen behandelt wird,

---

220 Wieling, Interesse und Privatstrafe vom Mittelalter bis zum BGB, S. 132; Kiefer, Die Aquilische Haftung im ALR von 1794, S. 32.

221 Wieling, Interesse und Privatstrafe vom Mittelalter bis zum BGB, S. 133; Kiefer, Die Aquilische Haftung im ALR von 1794, S. 33.

222 Kiefer, Die Aquilische Haftung im ALR von 1794, S. 33.

223 Kiefer, Die Aquilische Haftung im ALR von 1794, S. 34.

224 Lange, Schadensersatz und Privatstrafe in der mittelalterlichen Rechtstheorie, S. 144ff.

225 Lange, Schadensersatz und Privatstrafe in der mittelalterlichen Rechtstheorie, S. 148f.; Kiefer, Die Aquilische Haftung im ALR von 1794, S. 35.

226 Wolter, Das Prinzip der Naturalrestitution in § 249 BGB, S. 26.

227 Wolter, Das Prinzip der Naturalrestitution in § 249 BGB, S. 29.

228 Im Folgenden wird die vollständige, ungekürtzte deutsch-lateinische Ausgabe der „Summa theologica“ zugrunde gelegt, und zwar Bd. 18 (1953) mit dem Kommentar von A. F. UTZ.

229 Wolter, Das Prinzip der Naturalrestitution in § 249 BGB, S. 26.

getrennt.[230] Bei der Ausgleichsgerechtigkeit wird zwischen unfreiwilligen und freiwilligen Ausgleichsbeziehungen unterschieden, nämlich Obligation aus Delikt und aus Vertrag.[231] Außerdem unterscheidet er die Vergeltung von der Restitution. (1) Normalerweise wird Vergeltung geübt, nachdem einer dem anderen durch ungerechte Handlungen persönliches Leid zugefügt hat. Dabei geht es nicht um die Wiederherstellung des Opfers, sondern um die Schädigung des Täters. (2) Komplizierter wird es, wenn das Vermögen durch eine ungerechte Handlung geschädigt wird. Dann geht es nicht nur um die zivilrechtliche Restitution, sondern auch um eine Strafe. (3) Bei freiwilligen Ausgleichshandlungen wird „Vergeltung" stark beschränkt.[232]

Thomas findet, dass die Restitution der Art zu sein habe, dass sie einen wieder von Neuem in den Besitz und die Vergütungsgewalt seines Eigentums setzt. Deswegen gehört sie in den Bereich der ausgleichenden Gerechtigkeit. Sie ist ein Akt der ausgleichenden Gerechtigkeit.[233] Wenn einer die Sache eines anderen mit dessen Willen besitzt, wie bei Tausch oder Hinterlegung, handelt es sich um kein Delikt. Besitzt er die Sache jedoch gegen den Willen des anderen, wie bei Raub oder Diebstahl,[234] so bildet dieser Besitzwechsel durch Delikt den Schwerpunkt der thomasischen Argumentation.[235] Der Ausdruck restitutio setzt ein- und dieselbe Sache voraus. Es geht nicht nur um die Verletzung der körperlichen Sache, sondern auch um die Handlungen und Leiden, die mit der Entehrung oder Beleidigung einer Person oder der Verletzung eines anderen Körpers zu tun haben.[236]

Es stellt sich die Frage, ob die restitutio zum Heile notwendig ist. Nach der Ansicht von Thomas hängt es davon ab, ob die Sache ungerechterweise oder gerechterweise fortgenommen wurde. Aber wenn die fortgenommene Sache nicht durch etwas Gleichwertiges zurückerstattet werden kann, muß die entsprechende Wiedergutmachung erfolgen. Hier führt er ein Beispiel an, nämlich, wenn jemand einem anderen ein Glied fortgenommen hat, muß er es ihm durch Geld oder Ehrerweisung wiedergutmachen.[237]

Bei der Rufverletzung wird die Lösung auf drei verschiedene Weisen erzielt. Erstens, wenn man Wahres aussagt, braucht der gute Ruf nicht wiederhergestellt zu werden. Zweitens, wenn man hingegen bewusst Falsches sagt, dann hat man die Pflicht, den guten Ruf wiederherzustellen.[238] Drittens, wenn man Wahres gesagt hat, dies aber ungerechterweise, dann soll man den guten Ruf wiederherstellen.[239]

---

[230] Wolter, Das Prinzip der Naturalrestitution in § 249 BGB, S. 27; Aquin, II/II q. 62. a. 5.

[231] Aquin, II/II q. 61. a. 3, C; vgl. Lippert, Recht und Gerechtigkeit bei Thomas von Aquin, S. 87 ff..

[232] Aquin, II/II q. 61. a. 4, c; vgl. Lippert, Recht und Gerechtigkeit bei Thomas von Aquin, S. 92.

[233] Aquin, II/II q. 62 a. 1; II/II q. 62 a. 4; II/II q. 62 a. 5.

[234] Aquin, II/II q. 62 a. 1.

[235] Lippert, Recht und Gerechtigkeit bei Thomas von Aquin, S. 94.

[236] Aquin, II/II q. 62 a. 1.

[237] Aquin, II/II q. 62 a. 2; Lippert, Recht und Gerechtigkeit bei Thomas von Aquin, S. 94 f..

[238] Vgl. Lippert, Recht und Gerechtigkeit bei Thomas von Aquin, S. 94.

[239] Aquin, II/II q. 62 a. 2.

Im Falle der Hinderung anderer Pfründe, unterscheidet *Aquin* die Hinderung auf dreifache Weise. Die Restitutionspflicht geschieht nur, wenn der Täter eine Hinderung auf ungerechtfertigte Weise vollzogen hat. Hier führt Tomas ein Beispiel an, nämlich wenn es beabsichtigt ist, einen anderen an der Erlangung der Pfründe zu hindern. Ob der Schädiger zum vollen Ausgleich verpflichtet ist, hängt davon ab, ob es schon beschlossen war, einem Bestimmten die Pfründe zu geben und ob es nachweisbar ist, dass der Beschluß dadurch widerrufen wird.[240]

Thomas unterscheidet die Restitution von der Strafe.[241] Die in der Bibel erwähnten Gesetze hätten pönalen Charakter. Aber die Austauschgerechtigkeit benötigt nur den einfachen Ersatz.[242] Bei der unrechten Aneignung fremden Gutes sind zwei Dinge zu beachten. Das eine betrifft die Ungleichheit auf Seiten der Sache. Beim anderen geht um die Schuld der ungerechten Handlung. Im ersten Falle wird durch die Wiedererstattung abgeholfen. Man braucht nur einfach zurückzugeben, was man sich vom fremden Gut angeeignet hat. Wenn hingegen eine Schuld besteht, so muss der Täter die Strafe übernehmen, die der Richter dafür verhängt hat.[243] Zu den pönalen Strafen in Ex 22, 1 schreibt Thomas, dass auf Grund der Tatsache, dass das Gesetz nur weltlich sei, nach der Ankunft Christi keiner verpflichtet ist, das richterliche Gebot im alten Testament zu erfüllen.[244]

Wenn jemand einem anderen einen Schaden zugefügt hat, ist er verpflichtet den Schaden zu beheben. Deshalb ist er zur Wiedergutmachung dessen verpflichtet, worin er den anderen geschädigt hat. Das könnte in doppelter Weise geschehen. Auf der einen Seite soll man alles, was man gennommen hat, zurückgeben, und ein solcher Schaden, wie zum Beispiel die Zerstörung eines Hauses, ist in der vollen Höhe des Gleichmaßes in der Regel wiedergutzumachen. [245]Auf der anderen Seite braucht man, wenn man den anderen am Gewinn hindert, einen solchen Schaden nicht in voller Höhe wiedergutzumachen, denn der Schaden ist nicht tatsächlich. Wenn dem Geschädigten der Schaden nach dem, was hätte sein können, erstattet würde, würde er nicht nur einfach bekommen, was ihm genommen wurde, sondern ein Vielfaches davon.[246]

b) Entwicklung im kanonischen Recht

Der Liber Sextus ist eine Gesetzsammlung, die im Jahre 1298 von Papst Bonifaz VIII erlassen wurde. In ihn ist nicht nur das seit dem Liber Extra (1234) erlassene päpstliche Recht aufgenommen worden, sondern auch das konziliare Recht.[247] Bonifaz VIII geht weit über das im

---

240 Aquin, II/II q. 62 a. 2.

241 Vgl. Wolter, Das Prinzip der Naturalrestitution in § 249 BGB, S. 26.

242 Aquin, II/II q. 62 a. 3; Lippert, Recht und Gerechtigkeit bei Thomas von Aquin, S. 94.

243 Aquin, II/II q. 62 a. 3.

244 Aquin, II/II q. 62, a. 3.

245 Aquin, II/II q. 62. a. 4; vgl. Lippert, Recht und Gerechtigkeit bei Thomas von Aquin, S. 95.

246 Aquin, II/II q. 62. a. 4; vgl. Lippert, Recht und Gerechtigkeit bei Thomas von Aquin, S. 95.

247 M. Plöchl, Geschichte des Kirchenrechts, S. 422; Coing, Handbuch der Quelle und Literatur der neueren

Liber Extra befolgte Maß hinaus. Bei der Arbeit damit können die Dekretalisten sowohl dem Wortlaut als auch dem juristischen Gehalt nach die Texte nicht mehr auf ihre Originalgestalt zurückführen.[248] Diese Methode erweist den Rechtscharakter des Liber Sextus. Deswegen ist der Liber Sextus formal einem modernen Gesetz vergleichbar.[249]

Wie früher, wird die Augustinus-Parömie konsequent aufgenommen, weil bisher stets mit dem Augustinus-Wort die Restitutionslehre in ihrem Wesen zum Ausdruck gebracht worden ist. Außerdem wird mit der Regel kein neues Recht geschaffen, sondern es soll nur existierendes Recht zusammengefaßt werden. Nach dem Papst als Gesetzgeber stellt die Restitutionslehre sowohl ein theologisches Phänomen als auch ein rechtliches Wesen dar. Sie soll in das System des kanonischen Rechts eingegliedert werden.[250] Wenn man die Entwicklung vor Bonifaz VIII betrachtet, wird man keinen Zweifel daran haben, daß die Restitutionslehre zunehmend verrechtlicht worden ist. Dazu haben auch die Theologen, vor allem Thomas von Aquin, beigetragen.[251] Wie die Restitutionslehre in der Wucher- und der praescriptio- Lehre, haben die kirchliche Rechtswissenschaft und der Gesetzgeber des Liber Extra sie schon als geltendes Recht angesehen. Aber die Restitutionslehre hat volle rechtliche Anerkennung erst dadurch erhalten, dass sie von dem kirchlichen Gesetzgeber in den Katalog der Rechtsregeln aufgenommen worden ist.[252] Mit der Aufnahme der Restitutionslehre in die Rechtsregeln wechselt die Diskussion der Restitution nunmehr von den Theologen zu den Juristen über. Dies sei eine bedeutsame Grundlage für die Entwicklung des Schadensersatzes.[253]

---

europäischen Privatrechtsgeschichte, S. 843 f..

[248] Coing, Handbuch der Quelle und Literatur der neueren europäischen Privatrechtsgeschichte, S. 844.

[249] Coing, Handbuch der Quelle und Literatur der neueren europäischen Privatrechtsgeschichte, S. 844 f.; Wolter, Das Prinzip der Naturrestitution in § 249 BGB, S. 36; vgl. Landau, Neuere Forschung zu Quellen und Institutionen des klassischen kanonischen Rechts bis zum Liber Sexus. Ergebnisse und Zukunftsperspektiven, in: Linehan, Proceedings of the Seventh International Congress of Medieval Canon Law, S. 46.

[250] Wolter, Das Prinzip der Naturrestitution in § 249 BGB, S. 42.

[251] Wolter, Das Prinzip der Naturrestitution in § 249 BGB, S. 42.

[252] Wolter, Das Prinzip der Naturrestitution in § 249 BGB, S. 42.

[253] Wolter, Das Prinzip der Naturrestitution in § 249 BGB, S. 42.

C. Frühe Neuzeit (ca. 1500-1806)

I. Hintergrund

Unter diesem Begriff wird die Zeit vom Ende des Mittelalters bis zum Ende des Heiligen Römischen Reiches (1806) bezeichnet. Die das deutsche Rechtsleben dauerhaft beeinflussenden, wichtigen Ereignisse sind die Vollrezeption des Römischen Rechts, der juristische Humanismus, usus modernus, die Entwicklung des Naturrechts und Kodifikation unter dem Einfluss der Naturrechtslehre. [254]

Der Humanismus kam im 14. Jahrhundert in Italien zustande und hatte in ganz Europa an Einfluß gewonnen. Charakteristisches Zeichen ist die „Wiedergeburt (Renaissance)" der griechisch-römischen Antike. Die Renaissance-Humanisten hofften darauf, durch die Verbindung von Wissen und Tugend die menschlichen Fähigkeiten zu entfalten. Der Rückblick auf die heidniche Antike führte zum Konflikt mit der Kirche.[255] Am Ende des 15. und im 16. Jahrhundert gelang es dem Humanismus, sich im juristischen Bereich durchzusetzen. Es bestand in der Jurisprudenz die Bemühung, durch das justinianische Corpus Iuris Civilis hindurch auf das römische Recht zuzugreifen.[256] Obwohl die Humanisten Wichtiges für die (Wieder-)Entdeckung des Altertums und die Vorarbeiten zu einem juristischen System leisteten, lehnten sie den endgültigen Durchbruch in Deutschland ab.[257] Unter dem Einfluß von Humanismus und eleganter Jurisprudenz hatte sich das „römische Recht" in Deutschland eigenständig entwickelt.[258]

Mit der Entwicklung der Buchdruckerkunst verbreitete sich das römische Recht in der populären Literatur. Daneben forschten die deutschen studierten Juristen noch in der lateinischen Sprache.[259] Vollrezeption bedeutet nicht nur die theoretische Rezeption, sondern auch die praktische Rezeption. Die Gründung des Reichskammergerichts hatte eine grundlegende Bedeutung für die praktische Rezeption.[260] Im 16. Jahrhundert widmeten viele Rezeptionsjuristen und Pratiker sich der Vollrezeption des römischen Rechts. Zum Beispiel *Ulrich Zasius* (1461-1535) und seine Schüler *Johann Sichard* (1499-1552) sowie *Johann Fichard* (1512-1581). Der erste deutsche Lehrer römischen Rechts ist *Ulrich Zasius* (1461-1535). Zasius war es im 1520 in Kraft getretenen Freiburger Stadtrecht gelungen, die überkommene

---

[254] Köbler, Deutsche Rechtsgeschichte, 6. Auflage, S. 131; vgl. Gmür, Roth, Grundriss der deutschen Rechtsgeschichte, 12. Auflage, S. 98; vgl. Wesel, Geschichte des Rechts, S. 343.

[255] Meder, Rechtsgeschichte, S. 209; Lipp, Die Bedeutung des Naturrechts für die Ausbildung der Allgemeinen Lehren des deutschen Privatrechts, S. 98ff..

[256] Hähnchen, Rechtsgeschichte, S. 187.

[257] Hähnchen, Rechtsgeschichte, S. 188; Lipp, Die Bedeutung des Naturrechts für die Ausbildung der Allgemeinen Lehren des deutschen Privatrechts, S. 100f..

[258] Daniel, Gemeines Recht, S. 86 ff..

[259] Kiefer, Die Aquilische Haftung im ALR von 1794, S. 36f..

[260] Hähnchen, Rechtsgeschichte, S. 229, Rn. 484.

deutschrechtliche Tradition mit gemeinrechtlich-römischen Gedanken zu einer Einheit zu verschmelzen.[261] Die Rezeption hatte in Deutschland je nach dem politischen und sozialen Vorhandensein und der Existenz von Juristen unterschiedliche Folgen. Dabei spielte die Rechtswissenschaft eine große Rolle. Aber die Voraussetzung dafür war, dass sie etwa in Rechtslexika das Gewohnheitsrecht für die Praxis mit dem Gemeinen Recht verband oder Gesetze oder Gerichtsverfahren beeinflusste.[262]

Gegen Ende des 17. Jahrhunderts beginnt eine neue Epoche, die als Usus modernus pandectarum (moderner Gebrauch der Pandekten) bezeichnet wird.[263] Davor bedeutete „Gemeines Recht" inhaltlich nur das römische Recht.[264] In dieser Epoche bildete das durch Vermittlung der italienischen Rechtswissenschaft seit dem 13. Jahrhundert allmählich in Deutschland rezipierte römischkanonische Recht als *ius kommune* (gemeines Recht) die Grundlage von Rechtslehre und Rechtssprechung. Der Gegenstand dieser Wissenschaft stellt nicht nur das corpus iuris civilis dar, sondern römisches und germanisches Recht, modernes Gesetzrecht, Gewohnheitsrecht und die Anwendung der Normen in den Urteilen bildeten eine einheitliche, wissenschaftlich fundierte Rechtsordnung.[265] Ihre Richtung bezieht sich darauf, das römisch-gemeine Recht den gewandelten Bedürfnissen der Rechtspraxis anzupassen.[266]

Unter dem Begriff des Naturrechts kann man unterschiedliche Bedeutungen verstehen. Normativ kann es für ein überpositives Recht oder historisch für ein bestimmtes Zeitalter benutzt werden. Dieses Zeitalter erstreckt sich von *Hugo Grotius* (1583-1645) bis mindestens zu *Christian Wolff* (1679-1754).[267] Weil das römische Recht auch die dogmatische Grundlage für das moderne, überpositive Vernunftrecht bildet, überschneidet sich das Naturrecht nicht nur zeitlich, sondern auch sachlich mit dem Usus modernus.[268] Die Juristen des nationalistischen Naturrechts haben zur Ausbildung der Begriffe und des Systems der Privatrechtsordnung beigetragen.[269]

Unter dem Einfluß von den Naturrechtslehrern wurde seit dem 17. Jahrhundert die Idee der Kodifikation entwickelt, um die Vereinheitlichung, Rechtssicherheit und Verdrängung des römisch-gemeinen Rechts zu ermöglichen.[270] Zugleich erhebt der sich allein der Vernunft und

---

261 Meder, Rechtsgeschichte, S. 246ff..

262 Brauneder, Europäische Privatrechtsgeschichte, S. 78.

263 Köbler, Deutsche Rechtsgeschichte, S. 140.

264 Daniel, Gemeines Recht, S. 86; Lipp, Die Bedeutung des Naturrechts für die Ausbildung der Allgemeinen Lehren des deutschen Privatrechts, S. 104f..

265 Usus modernus, in: HRG, Band V, Sp. 628.

266 Meder, Rechtsgeschichte, S. 252. Wesel,

267 Roth, Grundriss der deutschen Rechtsgeschichte, S. 131 ff.; Meder, Rechtsgeschichte, S. 261.

268 Wesel, Geschichte des Rechts, S. 362 ff.; Meder, Rechtsgeschichte, S. 265.

269 Hausmaninger/Selb, Römisches Privatrecht, S. 63.

270 Hausmaninger/Selb, Römisches Privatrecht, S. 64.

dem Gemeinwohl widmende absolute Monarch Anspruch auf das Gesetzgebungsmonopol.[271] Aber bis ins 18. Jahrhundert hinein war das Alte Reich in der Lage, das Werk der Kodifikation zu schaffen, genauer gesagt, den Codex Maximilianeus Bavaricus Civilis (CMBC) von 1756 und das Preußische Allgemeine Landrecht (ALR) von 1794.[272]

[271] Laufs, Rechtsentwicklung in Deutschland, S. 184 ff; Roth, Grundriss der deutschen Rechtsgeschichte, S. 134; Meder, Rechtsgeschichte, S. 274 ff..

[272] Wieacker, Privatrechtsgeschichte der Neuzeit, S. 322; Meder, Rechtsgeschichte, S. 277 ff..

II. Die Entwicklung der Restitutionslehre in der Spätscholastik

Da die hauptsächlich im „Goldenen Zeitalter Spaniens“ sattfindende Spätscholastik großen Einfluss auf die Entwicklung des Naturrechts in Deutschland hat,[273] soll sie hier auch erörtert werden. Weil Grundpfeiler des scholastischen Denkens auctoritas und ratio sind, werden die Lösungen in der Regel auf eine Autorität (Bibel, Kirchenväter, Thomas usw.) zurückgehen.[274] In der Spätscholastik hat der Begriff „restituere“ einen „juristischen“ Inhalt bekommen. Die Restitutionspflicht kann nicht nur aus einer Verletzung der ausgleichenden Gerechtigkeit, sondern auch aus der austeilenden Gerechtigkeit stammen. Wie Thomas, beschäftigen sich auch die Spanier vor allem mit der Verletzung der ausgleichenden Gerechtigkeit. Darüber hinaus leitet man die Pflicht zur Ersattung aus einer Reihe von Vorschriften des Alten und Neuen Testaments, besonders aus dem 7. Gebot (Exodus 20, 15), ab. Zuletzt zitiert man den Satz des Cicero, daß niemand zu bekommen hat, was einem anderen zum Nachteil gereicht.[275] Bei den Spätscholastikern gewinnt der Begriff der Restitution einen umfassenden Inhalt dadurch, daß er die Pflicht zur Wiedererstattung aus jedem Verstoß gegen die ausgleichende Gerechtigkeit enthält. Durch das Restituieren wird der „gerechte“ Zustand bei materiellen und immateriellen Rechtsgütern wiederhergestellt.[276]

Unter unrechtmäßiger Wegnahme wurde nach der ursprünglichen Wortbedeutung noch die Herstellung jedes vorherigen Zustandes verstanden.[277] Deswegen umfasst die Restitutionspflicht auch die Früchte, die der Geschädigte zu diesem Zeitpunkt hätte erhalten können.[278] Außerdem enthält die Restitutionspflicht noch den entgangenen Gewinn. Allerdings geht es um eine Gewinnchance und nicht um einen tatsächlich erzielten Gewinn.[279] Bei Verwendung auf Sachen wird zwischen Notwendigem, Nützlichem und Luxusverwendungen unterschieden. Die Scholastiker finden, dass durch die Erstattung der vor dem schädigenden Ereignis bestehende Zustand wiederhergestellt werden muss, nämlich niemand reicher und niemand ärmer werden darf.[280] Nach dem Untergang der bösgläubig besessenen Sache besteht noch die Restitutionspflicht. Der bösgläubige Besitzer soll den Wert der Sache und den entgange-

[273] Nufer, Über die Restitutionslehre der spanischen Spätscholastiker und ihre Ausstrahlung auf die Folgezeit, S. 1 ff., 79 ff..

[274] Alonso-Lasheras, Luis de Monina´s De Iustitia et Iure, S. 125; Nufer, Über die Restitutionslehre der spanischen Spätscholastiker und ihre Ausstrahlung auf die Folgezeit, S. 9 ff.

[275] Nufer, Über die Restitutionslehre der spanischen Spätscholastiker und ihre Ausstrahlung auf die Folgezeit, S. 13; Otte, Das Privatrecht bei Francisco de Vitoria, S. 63 ff..

[276] Nufer, Über die Restitutionslehre der spanischen Spätscholastiker und ihre Ausstrahlung auf die Folgezeit, S. 13.

[277] Otte, Das Privatrecht bei Francisco de Vitoria, S. 63; Alonso-Lasheras, Luis de Monina´s De Iustitia et Iure, S. 108: „The original common property of things is for Molina, as for all the scholastics, a given.“

[278] Nufer, Über die Restitutionslehre der spanischen Spätscholastiker und ihre Ausstrahlung auf die Folgezeit, S. 19 f.; Otte, Das Privatrecht bei Francisco de Vitoria, S. 69 f..

[279] Nufer, Über die Restitutionslehre der spanischen Spätscholastiker und ihre Ausstrahlung auf die Folgezeit, S. 21.

[280] Nufer, Über die Restitutionslehre der spanischen Spätscholastiker und ihre Ausstrahlung auf die Folgezeit, S. 22.

nen Gewinn ersetzen. Aber es ist umstritten, welche Umstände diesen Wert bestimmen. Nach Meinung von Covarruvias soll der Höchstwert der Sache während der Besitzzeit des Bösgläubigen ersetzt werden. Hingegen berechnet Molina die Ersatzsumme prinzipiell nach dem Wert der Sache zur Zeit ihres Untergangs. Aber es gibt noch verschiedene Regelungen je nach den besonderen Umständen.[281]

Es herrscht Übereinstimmung, dass das geliehene Geld zurückgegeben werden soll, auch wenn dieses eventuell nicht mehr vorhanden ist.[282] Umstritten sind ein Wucherverbot und seine Grenzen. Nach der Definition der spanischen Spätscholastiker bedeutet Wucher den Gewinn, den der Darlehensnehmer dem Darlehensgeber über den geliehenen Betrag hinaus zurückzugeben hat.[283] Mit der sich vertiefenden Evolution des Wirtschaftslebens stellt sich den spanischen Spätscholastikern die Herausforderung, überkommene Lehren an der nicht mehr aufzuhaltenden Veränderung zu überprüfen und die sich ändernde Wirtschaft einer neuen Regelung anzupassen.[284] Die Spanier folgen hauptsächlich der traditionellen Wucherlehre.[285]

Bei Körperverletzung muß der Schädiger den durch das Delikt verursachten Vermögensschaden ersetzen, z. B. die Kosten für den Arzt, die Medikamente, die Pflege und andere notwendige Kosten. Außerdem soll der Verlust des Einkommens und sonstiger entgangener Gewinn ersetzt werden.[286] Bezüglich des Körperschadens herrscht bei den Spaniern Streit über die Frage, ob der Schädiger nur in Geld restituieren könne. *Molina* ist der Meinung, der Ersatz kann nur mit Geld geleistet werden, wenn der Verletzte darauf besteht, es sei denn, daß er eigentlich eine solche Genugtuung ablehnt oder er bereits durch eine pönale Klage ausreichenden Ersatz bekommen hat.[287] Diese Meinung vertritt auch Victoria.[288] *Molina* rechnet Schmerzen und Unannehmlichkeiten zu den „iniuria (Unrecht)“, die im Unterschied zu „damnum (Schaden)“ bei einer Verurteilung keine Restitutionspflicht begründen.[289]

Bei der Tötung ist, wie bei den Körperverletzungen auch, in materiellen und immateriellen Schaden zu unterteilen. Zu den Vermögensschäden gehören die vor dem Sterben entstandenen

---

[281] Nufer, Über die Restitutionslehre der spanischen Spätscholastiker und ihre Ausstrahlung auf die Folgezeit, S. 22f.; Otte, Das Privatrecht bei Francisco de Vitoria, S. 69 ff..

[282] Nufer, Über die Restitutionslehre der spanischen Spätscholastiker und ihre Ausstrahlung auf die Folgezeit, S. 26.

[283] Alonso-Lasheras, Luis de Monina´s De Iustitia et Iure, S. 127: „*where more is asked than given.*“

[284] Gratian, The Treatise on Laws with the Ordinary Gloss, S. ivff.

[285] Otte, Das Privatrecht bei Francisco de Vitoria, S. 90; Alonso-Lasheras, Luis de Monina´s De Iustitia et Iure, S. 125: „*Molina always ended up each case in which he found usury with the concluding tag line "and it is bound to restitution*".

[286] Otte, Das Privatrecht bei Francisco de Vitoria, S. 69; Nufer, Über die Restitutionslehre der spanischen Spätscholastiker und ihre Ausstrahlung auf die Folgezeit, S. 32.

[287] Nufer, Über die Restitutionslehre der spanischen Spätscholastiker und ihre Ausstrahlung auf die Folgezeit, S. 32 f..

[288] Otte, Das Privatrecht bei Francisco de Vitoria, S. 69.

[289] Nufer, Über die Restitutionslehre der spanischen Spätscholastiker und ihre Ausstrahlung auf die Folgezeit, S. 33.

Pflegekosten und der Verlust des Einkommens, das der Gestorbene hinsichtlich seiner Lebenserwartung und seiner Aufwendung vermutlich erzielt hätte. Wenn durch die Tötung ein zukünftiger Unterhalt des Dritten ausgeschlossen und dadruch ein Vermögensschaden entstanden ist, soll der Täter seinen Unterhaltsausfall ersetzen.[290] Der Umfang der Restitutionspflicht ist umstritten. Bei *Molina* und *Vitoria* erstreckt sich die Ersatzpflicht des Täters nicht nur auf den Vermögensschaden, sondern auch auf den durch die Tötung selbst entstandenen Schaden (damnum vitae), während die übrigen Autoren diese entweder nicht berühren, oder sie eine Restitution des damnum vitae bei einem freien Mann ausdrücklich verweigern.[291]

Heftig wird noch die Frage diskutiert, wie eine Schädigung der Ehre oder des guten Rufes wiedergutgemacht werden könnte. Hier geht es auch um die Unterscheidung zwischen dem aus der Ehrverletzung entstandenen Vermögensschaden und der Verletzung der Ehre und des guten Rufes selbst.[292] Der Vermögensschaden wird nach den bereits oben ausgeführten Grundsätzen in Geld ersetzt. Während eine Pflicht des Schädigers zur Abgabe einer Ehrenerklärung, eines Leumundszeugnisses oder Schuldbekenntnisses allerseits anerkannt wird, ist es streitig, ob die Ehrverletzung auch durch Geld wiedergutgemacht werden kann.[293] Nach Meinung von *Lessius*, könnte der Schädiger kompensieren, wenn er das Opfer nicht in anderer Weise restituieren kann oder will. Nach Meinung von *Vitoria*, kann der Beleidigte, wenn kein vernünftiger Grund auf Anspruch für die Leistung eines „*Schmerzensgeldes*“ besteht, um Verzeihung oder eine Ehrenerklärung zum Schadensersatz bitten.[294] Der materielle Schaden wird nach dem Ausmaß der Schädigung, dem Alter und den Erwerbsaussichten des Geschädigten berechnet. Der immaterielle Schaden wird unter Berücksichtigung der Schwere der Schädigung, des Einkommenszustands und des Sozial-Status festgelegt.[295]

---

290 Nufer, Über die Restitutionslehre der spanischen Spätscholastiker und ihre Ausstrahlung auf die Folgezeit, S. 35 f..

291 Otte, Das Privatrecht bei Francisco de Vitoria, S. 69f.. Nufer, Über die Restitutionslehre der spanischen Spätscholastiker und ihre Ausstrahlung auf die Folgezeit, S. 35.

292 Nufer, Über die Restitutionslehre der spanischen Spätscholastiker und ihre Ausstrahlung auf die Folgezeit, S. 38 f.. Otte, Das Privatrecht bei Francisco de Vitoria, S. 69 f..

293 Nufer, Über die Restitutionslehre der spanischen Spätscholastiker und ihre Ausstrahlung auf die Folgezeit, S. 39 f..

294 Otte, Das Privatrecht bei Francisco de Vitoria, S. 72. Nufer, Über die Restitutionslehre der spanischen Spätscholastiker und ihre Ausstrahlung auf die Folgezeit, S. 39.

295 Nufer, Über die Restitutionslehre der spanischen Spätscholastiker und ihre Ausstrahlung auf die Folgezeit, S. 40; Otte, Das Privatrecht bei Francisco de Vitoria, S. 69 ff.: „*z. B. bei der Verletzung der Ehre ein Adliger mehr verlangen kann als ein Bauer, ...*“

III. Schadensersatzrecht im Usus modernus

Das Zeitalter des usus modernus ist der längste und wichtigste Abschnitt der Geschichte des römischen Rechts in Deutschland. Es hat die Tradition der Gemeinrechtswissenschaft begründet.[296]

1. Materieller Schaden

Die actio legis Aquiliae hatte sich spätestens ab der Mitte des 17. Jahrhundert zur Generalklausel für materielle Schadensersatzansprüche entwickelt. Im Deliktsrecht galt das Prinzip „damna sunt praestanda". Aber in der Epoche des Usus Modernus blieb die Frage nach dem Verhältnis zwischen Geldersatz und Naturrestitution weiterhin offen.[297]

Bei der Bemessung der Höhe des Ersatzes im Rahmen der aquilischen Haftung legten die deutschen Gerichte immer den Wert der verletzten Sache zum Zeitpunkt der Verletzung zu Grunde. Aber auf die verschiedenen Rückrechnungsvarianten der lex Aquilia wurde bei der Ermittlung des Sachwerts verzichtet.[298] Im Vergleich dazu konnten die gemeinrechtlichen Autoren die Rückrechnung lange Zeit nicht ablehnen. Erst gegen Ende des 17. Jahrhundert wurden die Meinungen der Praxis in der Literatur gebilligt.[299]

Anfänglich konnte man pönale Elemente in der deutschen Praxis häufig bemerken, wenn sie nicht anders im Partikularrecht bestimmt worden waren. Zum Beispiel die Verdoppelung der Schadensersatzsumme bei der Litiskreszenz (erfolgloses Leugnen), die in Teilen Deutschlands zuerst rezipiert wurde und erst ab Mitte des 17. Jahrhunderts nicht mehr in Anwendung kam.[300] Spätestens ab dem 18. Jahrhundert hatte sich die actio legis Aquiliae allgemein allmählich zur vollständigen Entpönalisierung entwickelt. Im Vergleich dazu wurden die Veränderungen in Bezug auf die Rechtsnatur der aquilischen Haftung von der Literatur hartnäckiger ignoriert.[301]

Im Falle der kumulativen Haftung mehrerer Schädiger im Corpus iuris konnte einem Schädiger mehr Schadensersatz auferlegt und eine vorrangige Inanspruchnahme eines Schädigers wegen des größten Maßes an Verschulden bei der Verursachung des Schadens ermöglicht werden. Daraus ergibt sich eine pönale Rechtsnatur. Spätestens ab Beginn des 18. Jahrhunderts wurde die gesamtschuldnerische Haftung durchgesetzt. Im Vergleich dazu gab es über Jahrzehnte noch keine einheitliche Rechtsprechung in Bezug auf die verschuldensabhängige Rangfolge bei der Haftung.[302]

---

[296] Wieacker, Privatrechtsgeschichte der Neuzeit, S. 205.

[297] Ebert, Pönale Elemente im deutschen Privatrecht, S. 57.

[298] Ebert, Pönale Elemente im deutschen Privatrecht, S. 59.

[299] Ebert, Pönale Elemente im deutschen Privatrecht, S. 59.

[300] Ebert, Pönale Elemente im deutschen Privatrecht, S. 60.

[301] Ebert, Pönale Elemente im deutschen Privatrecht, S. 58f.

[302] Ebert, Pönale Elemente im deutschen Privatrecht, S. 60f.

2. Immaterieller Schaden

In dieser Zeit lag der Schutz der Persönlichkeit actio iniuriarum und actio legis Aquiliae zu Grunde.[303] Im gemeinen Recht im 16. bis zum 18. Jahrhundert gab es drei paralelle Systeme zur Entschädigung der Verletzten: 1) eine ausgleichsorientierte Entschädigung in Geld für die Verletzung der eng mit Körperverletzungen verbundenen Nichtvermögensschäden; 2) der allmählich aus der aquilischen Haftung entwickelte rechtliche Rahmen für Schmerzensgeld; 3) der im sächsischen Rechtskreis geltende Anspruch auf Zahlung eines Wergeldes, der von den Verletzten oder der Familie von dem Getöteten gegen den Verletzter hergestellt wurde.[304] Der Tatbestand der actio legis Aquiliae sah auch den Körper des Menschen als schützenswertes Gut in der Zeit des Usus modernus. Hingegen wurden weitere immaterielle Güter nur mit Problemen in den Tatbestand der aquilischen Klage aufgenommen. Erst zu Beginn des 18. Jahrhunderts fand Ersatz eines erlittenen Schmerzes, bei Narben und bei Entstellungen Unterstützung in der actio legis Aquiliae. Der zu begünstigende Personenkreis wurde auf unverheiratete Mädchen begrenzt. Diese Beschränkung wurde später fallengelassen und ohne Rücksicht auf Geschlecht bei Entstellungen eine Entschädigung zuerkannt. Dazu brauchte man noch ein Schwereerfordernis.[305]

Hingegen war die privatrechtliche Sanktionierung von Ehrverletzungen schwer zu erfassen und in der Praxis immer mehr umstritten. Zum einen hatte der Gekränkte nach dem deutschrechtlich-kirchenrechtlich verwurzelten Recht den Anspruch, eine Abbitte , Ehrenerklärung oder einen Widerruf vom Kränkenden zu verlangen. Zum anderen konnte der Beleidigte vom Beleidiger die Zahlung einer Privatstrafe in Anspruch nehmen.[306] Danach wurde die Entwicklung des Persönlichkeitsschutzes im Humanismus außer Acht gelassen. Der Schutz der Persönlichkeitsgüter wurde noch unter dem Begriff der iniuria behandelt. Durch die actio iniuriarum konnte nur der Schutz gegen Angriffe auf die Ehre gewährleistet werden.[307]

Um den Charakter des Ersatzes von immateriellen Schäden gab es auch Streit. Die Vertreter einer moderateren Ansicht meinten, dass es neben dem Gedanken des Schadensersatzes noch eine Genugtuung oder Strafe gäbe. Die andere Meinung war, dass die actio legis Aquilia schadensersatzgleichend und die Injurienklage strafrechtlich wäre.[308]

---

[303] Herrmann, Der Schutz der Persönlichkeit in der Rechtslehre des 16.-18. Jahrhunderts, S. 50.

[304] Ebert, Pönale Elemente im deutschen Privatrecht, S. 63.

[305] Herrmann, Der Schutz der Persönlichkeit in der Rechtslehre des 16.-18. Jahrhunderts, S. 64f.

[306] Ebert, Pönale Elemente im deutschen Privatrecht, S. 63f.

[307] Herrmann, Der Schutz der Persönlichkeit in der Rechtslehre des 16.-18. Jahrhunderts, S. 50ff.

[308] Ebert, Pönale Elemente im deutschen Privatrecht, S. 67ff; Herrmann, Der Schutz der Persönlichkeit in der Rechtslehre des 16.-18. Jahrhunderts, S. 72.

IV. Schadensersatzrecht im Naturrecht (Vernunftrecht)[309]

1. Überblick

Die scholastischen Naturrechtsdenker halten das göttliche Gesetz für die oberste Richtschnur des Naturrechts.[310] Hingegen findet der niederländische Jurist *Hugo Grotius*, der als Gründer der modernen Disziplin des Natur- und Völkerrechts angesehen wird[311] und eine entscheidende Rolle in der Entwicklung des deutschen Naturrechts spielt,[312] daß ohne Gott das Naturrecht auch gelten würde.[313] *Grotius* gründet sein Naturrecht auf die menschliche Vernunft.[314] Im Jahre 1623 veröffentlichte er sein Hauptwerk *De jure belli ac pacis libris tres*, das die Epoche des modernen Naturrechts einleitet.[315] *Grotius* begründet das Naturrecht aus der historischen Erfahrung. Aus ihr folgert er die grundlegende Eigenschaft des appetitus socialis, des Gesellungsbedürfnisses, und ihr entnimmt er auch viele grundlegende Rechtsinstitute. Inhaltlich gibt es häufig eine enge Verbindung mit der älteren Naturrechtstradition, vor allem mit der spanischen Spätscholastik.[316] Bei der Behandlung der Erstattungspflicht, des Ersatzes für immaterielle Schäden, der Restitution und auch bei der Wucherlehre ist *Grotius* weitgehend den Spaniern gefolgt.

---

[309] Vgl. Zippelius, Naturrecht, in HRG, III, Sp 933ff.; Lipp, Die Bedeutung des Naturrechts für die Ausbildung der Allgemeinen Lehren des deutschen Privatrechts, S. 62: „*... die Zeit von etwa 1600 bis zum Ausgang des 18. Jh.s. Um diese Zeitspanne, die man gemeinhin als das „Zeitalter der Vernunft“ umschreibt und die in der Rechtsgeschichte mit dem Begriff der „Naturrechtsepoche“ verbunden ist, ...* ““; 130ff.: Hier taucht der Begriff modernes Naturrecht erstmals auf.

[310] Kroeschell, Deutsche Rechtsgeschichte, Band 3, S. 54; Scattola, Das Naturrecht vor dem Naturrecht, S. 207: „*In der philosophischen Darstellung werden dagegen drei spezifische Argumente behandelt: 1. Das Naturrecht besteht aus angeborenen Ideen; 2. Das Naturrecht ist eine Wirkung des göttlichen Gesetzes, und 3. Das Naturrecht ist in den Tafeln der zehn Gebote enthalten.*“ Vgl. Lipp, Die Bedeutung des Naturrechts für die Ausbildung der Allgemeinen Lehren des deutschen Privatrechts, S. 62: „*... diese (naturrechtlichen Fragen und Problemstellungen) aber nicht als solche des Naturrechts im Sinne einer fachspezifischen Lehre, sondern als ein Teilaspekt der Theologie. Der Streit und die Auseinandersetzung um ein „natürliches Recht“ werden auf dem Wissenschaftsgebiet der Moraltheologie ausgetragen.*“

[311] Scattola, Das Naturrecht vor dem Naturrecht, S. 207.

[312] Nufer, Über die Restitutionslehre der spanischen Spätscholastiker und ihre Ausstrahlung auf die Folgezeit, S. 68; Scattola, Das Naturrecht vor dem Naturrecht, S. 209.

[313] Kroeschell, Deutsche Rechtsgeschichte, Band 3, S. 54. Scattola, Das Naturrecht vor dem Naturrecht, S. 207 f..

[314] Scattola, Das Naturrecht vor dem Naturrecht, S. 207.

[315] Kroeschell, Deutsche Rechtsgeschichte, Band 3, S. 54; Scattola, Das Naturrecht vor dem Naturrecht, S. 208 f..

[316] Kroeschell, Deutsche Rechtsgeschichte, Band 3, S. 54; vgl. Scattola, Das Naturrecht vor dem Naturrecht, S. 207: Der jüngeren Forschung gemäß folgen die Gedanken des Hugo Grotius keinesfalls der Tradition der scholastischen Lehre, sondern der Schule von Salamanca.

Deren Lösungen weichen in diesen Bereichen vom römischen Recht ab.[317]

Samuel Pufendorf benutzt im wesentlich das Material des *Grotius*, vergrößert es jedoch nur um sein Gegenwartsleben.[318] Er erhebt die Geselligkeit zum obersten Prinzip, und leitet daraus das Verbot des Diebstahls und des Mordes ab.[319] Er definiert den Schaden als jede Verletzung, Zerstörung, Minderung oder Entziehung des uns Zugehörigen, dazu gehören auch die Persönlichkeitsgüter.[320] Aber der Schadensersatz ist abhängig vom Verschuldensgrad. Je nachdem, ob der Verletzer vorsätzlich oder nur fahrlässig gehandelt hat, obligen ihm verschiedende Verpflichtungen. Danach solle der Verletzer über den bloßen Schadensersatz hinaus den berechtigten Groll und Schmerz des Verletzten beseitigen. Deswegen geht es hier auch um seelische Beeinträchigungen. In diesem Fall wird Genugtuung nur von demjenigen geleistet, der in bösem Vorsatz gehandelt hat.[321] *Johann Bahlthasar* und *Johann Gottlieb Heineccius* haben die Persönlichkeitsschutzlehre von *Pufendorf* übernommen. Unter diesen Schutz stellen beide das Leben, die Gesundheit, den Körper, die Ehre und Wertschätzung sowie die Frauenehre. In der Regelung des Schutzes der obigen Güter zeigt sich der Einfluß des Usus modernus. Der Verletzter solle „Satisfaktion" leisten.[322]

Zur gleichen Zeit führt *Christian Thomasius* das Naturrechtsdenken in eine andere Richtung. Er vertritt die Meinung, dass Naturrecht nicht zum Recht gehört, sondern zur Ethik. Denn es sei nicht zwingend.[323] Sein Beitrag zur Fortentwicklung des Schutzes der Persönlichkeit liegt darin, dass er den Begriff des angeborenen Rechts durch seine Statuslehre entwickelt und ihm zugleich eine feste Form gesetzt hat.[324] Die Anhänger von Thomasius waren *Henricus Koehler* und *Gottfried Achenwall*. Aber diese Meinung wurde von Leibniz, Christian Wolf, Heinrich von Cocceji und seinem Sohn Samuel von *Cocceji* kritisiert.[325] Samuel von *Cocceji* hält den Willen Gottes für das einzige, wahre und adäquate Prinzip des Naturrechts. Man könnte von diesem Grundsatz alle besonderen Vorschriften des Naturrechts ableiten.[326]

---

[317] Nufer, Über die Restitutionslehre der spanischen Spätscholastiker und ihre Ausstrahlung auf die Folgezeit, S. 76, 77: „*Grotius entwickelt weder ein grundlegend neues System des Restitutionssystems, noch bringt er mehr ‚Details' als die Scholastiker. Er behandelt die selben Problemene und gibt fast ausschließlich die gleichen Lösungen wie die Spanier.*"

[318] Herrmann, Der Schutz der Persönlichkeit in der Rechtslehre des 16.-18. Jahrhunderts, S. 37f.; Kroeschell, Deutsche Rechtsgeschichte, Band 3, S. 55.

[319] Pennrich, Der Inhalt des Schadensersatzes im Naturrecht des 17. und 18. Jahrhunderts, S. 71; Scattola, Das Naturrecht vor dem Naturrecht, S. 213 f..

[320] Herrmann, Der Schutz der Persönlichkeit in der Rechtslehre des 16.-18. Jahrhunderts, S. 39.

[321] Herrmann, Der Schutz der Persönlichkeit in der Rechtslehre des 16.-18. Jahrhunderts, S. 40.

[322] Herrmann, Der Schutz der Persönlichkeit in der Rechtslehre des 16.-18. Jahrhunderts, S. 40f..

[323] Kroeschell, Deutsche Rechtsgeschichte, Band 3, S. 56; Pennrich, Der Inhalt des Schadensersatzes im Naturrecht des 17. und 18. Jahrhunderts, S. 41, 48ff..

[324] Herrmann, Der Schutz der Persönlichkeit in der Rechtslehre des 16.-18. Jahrhunderts, S. 43.

[325] Pennrich, Der Inhalt des Schadensersatzes im Naturrecht des 17. und 18. Jahrhunderts, S. 63ff..

[326] Pennrich, Der Inhalt des Schadensersatzes im Naturrecht des 17. und 18. Jahrhunderts, S. 68.

Christian Wolff verbindet die von *Pufendorf* und *Thomasius* entwickelte Schadensersatzlehre in seinen Werken zu einer glücklichen Synthese.[327] Aber Christian Wolff geht über Pufendorf weit hinaus. Bei der Demonstration des Naturrechts bringt er die mathematische Methode in Anwendung. Wolff baut sein System stetig auf syllogistische Schlüsse auf, sodaß der Eindruck entstehen könnte, daß alle einzelnen Rechtssätze aus den obersten Prinzipien des Naturrechts abgeleitet würden.[328] Er ordnet den Schutz des subjektiven Rechts der allgemeinen iniuria zu.[329] Die Lehre Wolffs hat einen dauerhaften Einfluß auf die späte Naturrechtslehre im 18. Jahrhundert und über diese Eingang in die späte Kodifikation gefunden.[330]

Hinsichtlich des Inhaltes des Schadensersatzes findet sich nichts Neues in den Werken der Naturrechtslehrer des 18. Jahrhunderts. Entweder verweisen sie einfach auf ihre Vorgänger oder wiederholen die vorherigen Kenntnisse.[331] Heinrich Koehler übernimmt im wesentlichen die Ideen von Wolff. Aber seine Lehre über den Schadensersatz strebt danach, in Einklang mit der Richtung des Usus modernus zu gelangen.[332]

Das moderne Naturrecht wird nicht als geltendes Recht angesehen und gehört nicht zum Zivilrecht, sondern es gilt als eine Art theoretisches Recht, das auf einer höheren Ebene steht und eine abstrakte Bildung darstellt, die keine direkte Anwendung auf konkrete Tatbestände hat, sondern als ein reines System funktioniert, aus dem alle Normen entstammen.[333] Aus der vollkommenen Vernunftmäßkeit des modernen Naturrechts kann man zwei Schlüsse ziehen. Einerseits ist das moderne Naturrecht keine angeborene Idee, was der logischen Berechnung widersprechen würde. Andererseits handelt es sich beim Prinzip des „ius naturae" nicht um ein Gesetz, sondern um eine Urnorm, aus der sich alle weiteren Normen ergeben können. Die gewonnenen Normen werden aber durch die logische Methode deduziert.[334]

2. Schadensersatz in den besonderen Fällen

a) Totschlag

Grotius sieht das Leben, den Körper, die Freiheit und die Ehre als „Sachen" an, die zum Eigentum des Menschen gehören. Nach dem Naturrecht verpflichtet sich der schuldhafte Täter, den entstehenden Schaden zu ersetzen.[335] Nach Meinung von Grotius sollen bei Totschlag sowohl die Arztkosten des Getöteten als auch die Unterhaltskosten des Betreffen-

---

[327] Herrmann, Der Schutz der Persönlichkeit in der Rechtslehre des 16.-18. Jahrhunderts, S. 43.

[328] Kroeschell, Deutsche Rechtsgeschichte, Band 3, S. 55.

[329] Herrmann, Der Schutz der Persönlichkeit in der Rechtslehre des 16.-18. Jahrhunderts, S. 46.

[330] Herrmann, Der Schutz der Persönlichkeit in der Rechtslehre des 16.-18. Jahrhunderts, S. 46f..

[331] Pennrich, Der Inhalt des Schadensersatzes im Naturrecht des 17. und 18. Jahrhunderts, S. 87.

[332] Herrmann, Der Schutz der Persönlichkeit in der Rechtslehre des 16.-18. Jahrhunderts, S. 47.

[333] Scattola, Das Naturrecht vor dem Naturrecht, S. 211.

[334] Scattola, Das Naturrecht vor dem Naturrecht, S. 213.

[335] Herrmann, Der Schutz der Persönlichkeit in der Rechtslehre des 16.-18. Jahrhunderts, S. 36f..

den bezahlt werden. Anders als bei einem Sklaven könne das Leben bei einem freien Menschen nicht geschätzt werden.[336] Er spricht von einer Fehlerhaftigkeit der Handlung. Die fehlerhaftige Handlung führt zur Strafe, während der Schaden ersetzt wird.[337] Der Ersatz kann nach dem Wunsche des Verletzten in Geld erfolgen.[338] Pufendorf folgt der Ansicht von Grotius. Aber er lehnt es ab, den durch den vorzeitigen Tod des Getöteten entgangenen Gewinn zu ersetzen. Seine Begründung lautet, dieser Gewinn sei nicht sicher und könne daher nicht als Gewinn durch den Getöteten entstehen.[339]

b) Körperverletzung

Grotius findet, dass der Schädiger bei Körperverletzung zum Ersatz der Unkosten und der Verluste, die der Verstümmelte am Gewinn erlitten hat, verpflichtet sei. Die zurückbleibende Narbe und die Entstellung sollen hier nicht zum Ersatz verpflichten.[340] Die Zahlung einer Geldsumme wegen Ehrverletzung stellt eine reine Ersatzfunktion dar. Dabei unterscheidet er streng zwischen Strafe und Schadensersatz.[341] Diesbezüglich zitiert *Pufendorf* die jüdischen Gesetze, nämlich, dass der Täter sich zu fünffachem Schadensersatz verpflichten solle. Die hier zu betrachtenden Faktoren sind: erstens der Schaden nach Maßgabe dessen, was des Opfers Verlust sei; zweitens der Schmerz, den das Opfer erlitten habe; drittens die Heilungskosten die nur die Wundstelle betreffen, an der Dauerschäden zurückgeblieben sind; viertens der Verdienstausfall, und fünftens die Schmach aufgrund der persönlichen Verhältnisse des Verletzten.[342] *Johann Balthasar Wernher* übernimmt die Pflichten aus der Lehre *Pufendorfs*. Bei einer Körperverletzung hat der Schädiger Kurkosten, entgangenen Gewinn zu erstatten, außerdem ein Schmerzensgeld zu leisten.[343] *Stryckius* schreibt in seiner Dissertation, dass die Zubilligung eines Schmerzensgeldes an den Verletzten zwar vom Standpunkt der Justitia nicht zwingend, aber nicht unbillig sei.[344] *Samuel von Cocceji* findet, dass der Schädiger die Pflicht habe, alles an einem anderen Körper zugefügte Unrecht wieder herzustellen und den Schaden zu ersetzen.[345] Nach Meinung von *Wolf*

---

[336] Pennrich, Der Inhalt des Schadensersatzes im Naturrecht des 17. und 18. Jahrhunderts, S. 22; vgl. Nufer, Über die Restitutionslehre der spanischen Spätscholastiker und ihre Ausstrahlung auf die Folgezeit, S. 73: Grotius lehnt im „De Jure Belli ac Pacis“ einen Ersatz des damnum vitae eines freien Mannes ab.

[337] Herrmann, Der Schutz der Persönlichkeit in der Rechtslehre des 16.-18. Jahrhunderts, S. 37.

[338] Herrmann, Der Schutz der Persönlichkeit in der Rechtslehre des 16.-18. Jahrhunderts, S. 37.

[339] Pennrich, Der Inhalt des Schadensersatzes im Naturrecht des 17. und 18. Jahrhunderts, S. 37.

[340] Nufer, Über die Restitutionslehre der spanischen Spätscholastiker und ihre Ausstrahlung auf die Folgezeit, S. 73; Pennrich, Der Inhalt des Schadensersatzes im Naturrecht des 17. und 18. Jahrhunderts, S. 23.

[341] Herrmann, Der Schutz der Persönlichkeit in der Rechtslehre des 16.-18. Jahrhunderts, S. 37. Nufer, Über die Restitutionslehre der spanischen Spätscholastiker und ihre Ausstrahlung auf die Folgezeit, S. 73.

[342] Pennrich, Der Inhalt des Schadensersatzes im Naturrecht des 17. und 18. Jahrhunderts, S. 37.

[343] Herrmann, Der Schutz der Persönlichkeit in der Rechtslehre des 16.-18. Jahrhunderts, S. 40.

[344] Pennrich, Der Inhalt des Schadensersatzes im Naturrecht des 17. und 18. Jahrhunderts, S. 62.

[345] Pennrich, Der Inhalt des Schadensersatzes im Naturrecht des 17. und 18. Jahrhunderts, S. 69.

habe der Verwundete bei einer Verwundung das Recht, sowohl die Heilungskosten als auch ein Schmerzensgeld von dem Täter zu verlangen. In seinem Interesse müsse die Einbuße bei allen Gütern, nicht nur beim Vermögen, sondern auch bezüglich der Seele und des Körpers ausgeglichen werden. Hier unterscheidet er die Restitution und den Schadensersatz. Er verstehe sowohl den Schadensersatz als auch die Strafe als Genugtuung.[346] Hingegen versteht *Daniel Nettelbladt* unter Genugtuung nur den Schadensersatz und die Ersatzleistung bezüglich der anderen Interessen.[347]

Über die Art und Weise des Schadensersatzes kommen *Kahrel* und *Meister*, die beide im 18. Jahrhundert Naturrechtslehrer sind, nicht zu einer Meinung. *Kahrel* meint, der Schadensersatz beziehe sich auf soviel, wie der andere in seinem Vermögen habe, was er erhalten hätte, wenn das Schadensereignis nicht geschehen wäre. Dem römischen Recht gemäß erkennt er lediglich den Vermögensschaden als Schaden an. Deswegen wird der immaterielle Schaden, z.B. Schmerzensgeld und Ehrenverletzung ausgeschlossen. Hingegen meint er, die Rückerstattung des Entzogenen stelle die einfachste Art des Schadensersatzes oder der Genugtuung dar, wenn der Schaden dadurch ganz beseitigt würde. [348]

c) Sachbeschädigung, Diebstahl und Raub

Grotius vertritt die Meinung, dass beim Diebstahl und Raub die gestohlene oder geraubte Sache zusammen mit ihrem natürlichen Zuwachs restituiert und der Verlust am Gewinn ersetzt werden solle.[349] Wenn die Sache untergegangen wäre, müsste deren mittlerer Wert ersetzt werden. Dies betrifft auch die durch ungerechtes Urteil, falsche Anklage oder falsches Zeugnis entstehenden Schäden.[350] Wenn jemand durch *List,* Gewalt oder Drohung zu einem Vertrag oder Verbrechen gezwungen worden sei, müsse man ihm wieder den vorherigen Stand herstellen.[351] *Grotius* unterteilt die Früchte in fructus industiae und fructus rei. Davon solle der Schädiger den Schaden an den letzteren ersetzen.[352] Wenn menschliche Gesetze den Zins vorschreiben und sie innerhalb der Entschädigung als entgangenen Gewinn ansehen, verletzen sie weder das Naturrecht noch das göttliche Recht.[353] Wie *Grotius*, findet auch *Pufendorf*, dass der ganze Schaden, der durch den Dieb oder durch Raub dem Eigentümer zugefügt wurde, ersetzt werden solle. Die Schadensersatzpflicht umfasst die Rückgabe der entzogenen Sache mit ihrem natürlich Zuwachs, den

---

346 Pennrich, Der Inhalt des Schadensersatzes im Naturrecht des 17. und 18. Jahrhunderts, S. 75.

347 Pennrich, Der Inhalt des Schadensersatzes im Naturrecht des 17. und 18. Jahrhunderts, S. 78.

348 Pennrich, Der Inhalt des Schadensersatzes im Naturrecht des 17. und 18. Jahrhunderts, S. 88.

349 Nufer, Über die Restitutionslehre der spanischen Spätscholastiker und ihre Ausstrahlung auf die Folgezeit, S. 72: Wie die Spanier, bemißt Grotius bei der Erstattung des entgangenen Gewinns die Höhe des Schadensersatzes nach dem Grad der Wahrscheinlichkeit.

350 Nufer, Über die Restitutionslehre der spanischen Spätscholastiker und ihre Ausstrahlung auf die Folgezeit, S. 73f.; Pennrich, Der Inhalt des Schadensersatzes im Naturrecht des 17. und 18. Jahrhunderts, S. 25

351 Pennrich, Der Inhalt des Schadensersatzes im Naturrecht des 17. und 18. Jahrhunderts, S. 26

352 Nufer, Über die Restitutionslehre der spanischen Spätscholastiker und ihre Ausstrahlung auf die Folgezeit, S. 74.

353 Nufer, Über die Restitutionslehre der spanischen Spätscholastiker und ihre Ausstrahlung auf die Folgezeit, S. 74.

Nachfolgeschaden und den entgangenen Gewinn. Bei der Wertschätzung der untergangenen Sache ist *Pufendorf* der Meinung, dass der Gerechtigkeit halber der höchste Preis bezahlt werden solle.[354] *Achenwall*, der Anhänger von *Thomasius* ist, findet, dass die restitutio der Ersatz des Schadens ist und lediglich entsprechend dem Preis des Entzogenen erfolgt. Im Gegensatz zur satisfactio hat die Verpflichtung zur restitutio Vorrang.[355] Nach Meinung von *Samuel von Cocceji* sollen die Schäden an den Früchten der Sache, des Verzugs, der Interessen und sogar des Wertes der besonderen Vorliebe ersetzt werden. Wie im römischen Recht könnte sich die Klage des durch Diebstahl Geschädigten auf das Einfache, das Doppelte bis auf das Vierfache beziehen.[356]

Christian Wolff betrachtet den Verlust der Sache als Schaden. Er bezeichnet den entstehenden Schaden und den Verlust des Gewinns als Interesse. Zur Interessenleistung verpflichten auch Vertragsverletzungen. Der Schädiger solle den anderen Zustand wiederherstellen, in dem sich der Geschädigte vor dem schädigenden Ereignis befunden habe. Hier unterscheidet er zwischen Restitution und Schadensersatz. Wenn die Sache nicht restituiert werden kann, müsse dem anderen der Schaden in Geld geschätzt werden.[357] *Joh. Gottlieb Heineccius*, der ein Schüler von *Wolff* ist, folgt im Großen und Ganzen der Meinung von *Wolff*. Seiner Meinung nach erfordere die Natur der Sache neben der Resitution auch den Schadensersatz.[358] Joachim Georg Daries, ein anderer Schüler von *Wolff*, unterteilt auch in restitutio und satisfactio. Er sieht die satisfactio als die subsidiäre Form des Schadensersatzes an. Seiner Meinung nach muss der Verletzte mit der Genugtuung nur bei unwiederbringlichem Schaden zufrieden sein, das heißt, wenn z.B. die Hand von jemandem abgehauen oder ein Mädchen geschändet wurde. Bei der Schändung des Mädchens könne die satisfactio entweder durch Heirat oder durch Hingabe der Aussteuer geleistet werden. Dadurch würde das Übel beseitigt. Der Schadensersatz sei verhältnismässig. Es komme darauf an, ob der Schaden beseitigt werden könne, nämlich der Ersatz nicht mehr und nicht weniger als der Schaden sein solle.[359]

Zu der Frage, inwieweit der durch das Schadensereignis ausbleibende Gewinn des Geschädigten ersetzt werden soll, gehen die Meinungen von *Kahrel* und *Meister*, die Naturrechtslehrer im 18. Jahrhundert sind, auseinander. Nach Meinung von Kahrel sei nur der gewisse Gewinn zu ersetzen, während Meister den Ersatz eines sehr wahrscheinlichen Gewinns zuerkennt. Wenn es nicht gelungen ist, die Sache vollkommen zurückzugeben, könne entweder ein „Surrogat" zu leisten sein, oder man könne Geldersatz vornehmen. Der Geldersatz stellt für *Meister* eine „künstliche Lösung" dar.[360]

---

354 Pennrich, Der Inhalt des Schadensersatzes im Naturrecht des 17. und 18. Jahrhunderts, S. 39f..

355 Pennrich, Der Inhalt des Schadensersatzes im Naturrecht des 17. und 18. Jahrhunderts, S. 66.

356 Pennrich, Der Inhalt des Schadensersatzes im Naturrecht des 17. und 18. Jahrhunderts, S. 69f., 70: Diese Meinung bedeutet „*einen Rückfall ins römische Recht, der sogar über das gemeine Recht hinausgeht.*" Aus der naturrechtlichen Betrachtung ergibt sich keine neue Sache in seiner Schadensersatzrechtslehre.

357 Pennrich, Der Inhalt des Schadensersatzes im Naturrecht des 17. und 18. Jahrhunderts, S. 74ff..

358 Pennrich, Der Inhalt des Schadensersatzes im Naturrecht des 17. und 18. Jahrhunderts, S. 77.

359 Pennrich, Der Inhalt des Schadensersatzes im Naturrecht des 17. und 18. Jahrhunderts, S. 83f..

360 Pennrich, Der Inhalt des Schadensersatzes im Naturrecht des 17. und 18. Jahrhunderts, S. 87f..

d) Schädigung durch ein Tier oder einen Sklaven

Nach Meinung von *Grotius* erhalte der Geschädigte im Falle von Schäden durch Tiere oder von Schädigung durch einen Sklaven die Wahl, entweder die Übergabe des Sklaven oder eines Tieres zu verlangen, oder Ersatz für den entstandenen Schaden zu fordern.[361] Hier vertritt *Pufendorf* die gleiche Ansicht wie Grotius, nämlich dass der Eigentümer entweder den Schaden zu ersetzen habe oder dass die schädigenden Tiere oder Sklaven an den Geschädigten zu übergeben seien.[362] *Thomasius* lehnt hier die Regelung in lex Aquilia ab, die eine pönale Klage darstellt. Er wendet sich an das germanische und kanonische Recht und hält es für eine Restitution.[363]

e) Beleidigung

Durch Schläge, Schimpfworte, Verleumdung oder Spott könnte jemand die Ehre oder den guten Ruf eines Anderen verletzen. Nach Meinung von *Grotius* könnte der Schaden durch eine Ehrenerklärung, ein Schuldbekenntnis, die Ausstellung eines Unschuldszeugnisses und dergleichen Maßnahmen befriedigt werden. Dies gilt auch für den Geldersatz, weil das Geld den allgemeinen Maßstab der Dinge bedeute.[364] Hingegen findet *Pufendorf* bei einzelnen Deliktsfällen, dass Schläge, Schimpfworte, Verleumdung und Spott zur Verletzung der Ehre und des guten Rufes beitragen könnten. Er schlägt keine bestimmte Form des Schadensersatzes vor, aber er findet, dass beim Schadensausgleich ein einfacher Ersatz geleistet werden solle, auch bei Schadenszufügung durch mehrere.[365] *Johann Balthasar Wernher* entwickelt den Schutz der Persönlichkeit wie sein Vorbild aus den Verpflichtungen gegenüber anderen. Bei Verletzung der Frauenehre ist ein Betrag in der Höhe zu leisten, welcher der erlittenen Einbuße der Heiratsaussichten entspricht.[366] Nach der Lehre von *Wolff* ist die Verletztung der Ehre und des guten Rufes in einem speziellen Injurientatbestand geregelt.[367]

---

[361] Pennrich, Der Inhalt des Schadensersatzes im Naturrecht des 17. und 18. Jahrhunderts, S. 26f.: Grotius findet, diese Schadensersatzpflicht könne nicht auf das Naturrecht, sondern auf das civile Recht zurückgehen.

[362] Pennrich, Der Inhalt des Schadensersatzes im Naturrecht des 17. und 18. Jahrhunderts, S. 40f.: Anders als Grotius vertritt Pufendorf die Meinung, der Schadensersatz bei Tier- und Sklavenschädigung werde zwar nicht genau vom Naturrecht abgeleitet, habe aber doch einen naturrechtlichen Ursprung, weil er ganz mit der aequitas naturalis übereinstimme.

[363] Pennrich, Der Inhalt des Schadensersatzes im Naturrecht des 17. und 18. Jahrhunderts, S. 52ff..

[364] Pennrich, Der Inhalt des Schadensersatzes im Naturrecht des 17. und 18. Jahrhunderts, S. 27f..

[365] Pennrich, Der Inhalt des Schadensersatzes im Naturrecht des 17. und 18. Jahrhunderts, S. 44f..

[366] Herrmann, Der Schutz der Persönlichkeit in der Rechtslehre des 16.-18. Jahrhunderts, S. 40.

[367] Herrmann, Der Schutz der Persönlichkeit in der Rechtslehre des 16.-18. Jahrhunderts, S. 46.

3. Naturrechtliche Kodifikationen

a) Allgemein

„Kodifikation" ist ein Begriff, der vom Engländer *Bentham* (1748-1832) geprägt wurde.[368] Bei der naturrechtlichen Kodifikation kann man in zwei Stadien unterteilen. Zuerst wurde das überlieferte Recht in naturrechtlicher Systematik neugefasst. Dann wurde neues Recht aus der Geste der Vernunft abgeleitet.[369]

Zum ersten Stadium gehört der *Codex Maximilianeus Bavaricus Civilis* (CMBC) von 1756, der unter Kurfürst Maximilian III. von Bayern von dem Juristen *Kreittmayr* redigiert wurde.[370] *Luig, Björne* und *Schwarz* sind der Meinung, dass im CMBC eine im 18. Jahrhundert gebräuchliche Struktur von Gesamtrechtsdarstellung und zunehmende naturrechtliche Sytementwürfe verwendet würden.[371] Aber *Kreittmayr* wollte nicht vor allem Neues schaffen, sondern nur ganze Materien des Zivilrechts nach deren gemeinen und statutarischen Rechtsprinzipien zusammenfassend auf der Grundlage des Institutionssystem regeln.[372] Deswegen steht der Inhalt dieses bayerischen Zivilgesetzbuches noch unter dem Einfluß des Usus modernus Padectarum. Es gibt noch eine deutliche Diskrepanz zwischen dem aufgeklärten Ideal und der traditionellen Umsetzung.[373] Aber der gesamte Systementwurf ist ein Beispiel für das Vernunftrecht. Das Institutionssystem ist schon in einigen Punkten, zum Beispiel im Familien- und Erbrecht, überarbeitet worden.[374] Seine Struktur ist wesentlich dem System der Institutionen im Corpus iuris entlehnt.[375] Im Unterschied zu der späteren Kodifikation des Preußischen Allgemeinen Landrechts ließ der Codex die Quellen des gemeinen Rechts noch als subsidiär in Geltung.[376] In sprachlicher Hinsicht zeigt sich schon ein typisches Element des Vernunftsrechts; der Verfasser bemühte sich nämlich, alle Bürger belehren zu können.[377] Dieser

---

368 Gmür/Roth, Grundriss der deutschen Rechtsgeschichte, S. 311; Brauneder, Europäische Privatrechtsgeschichte, S. 109.

369 Kroeschell, Deutsche Rechtsgeschichte, Band 3, S. 66.

370 Kroeschell, Deutsche Rechtsgeschichte, Band 3, S. 68; Brauneder, Europäische Privatrechtsgeschichte, S. 110; vgl. Helml, Die geschichtliche Entwicklung der bayerischen Erbrechtsnormen, S. 33: „*Obwohl dieses Gesetzbuch zeitmäßig in die Epoche des späten Naturrechts fällt, werden dennoch dessen Einflüsse auf das bayerische Gesetzbuch als gering eingeschätzt.*"

371 Zimmermann, Die Monita zum Entwurf des CMBC, S. 22f..

372 Helml, Die geschichtliche Entwicklung der bayerischen Erbrechtsnormen, S. 34; Zimmermann, Die Monita zum Entwurf des CMBC, S. 23: Kreittmayr verneint, dass der CMBC ein naturrechtliches Werk war.

373 Gemür/Roth, Grundriss der deutschen Rechtsgeschichte, S. 135.

374 Hähnchen, Rechtsgeschichte, S. 238.

375 Friedl, CMBC von X. W. A. Freiherrn v. Kreittmayr, S. 2.

376 Helml, Die geschichtliche Entwicklung der bayerischen Erbrechtsnormen, S. 33.

377 Hähnchen, Rechtsgeschichte, S. 238.

Codex galt von seinem Inkrafttreten am 2. Janurar 1756 bis zum Inkrafttreten des Bürgerlichen Gesetzbuches am 1. Janurar 1900.[378]

1738 hatte Friedrich Wilhelm I. (1713-1740) Samuel von Cocceji (1679-1755) beauftragt, ein „beständiges und ewiges Landrecht“ abzufassen, das römisches Recht abschaffe und statt dessen die erlassenen Edikte aufnehme.[379] 1746 wird Cocceji befohlen, deutsches Recht, welches nur auf der Vernunft und der Landesverfassung basiert, zu erarbeiten.[380] Der von Cocceji verfasste Entwurf ist „in der Vernunft und Landes-Verfassungen“ begründet; aber darin sollte das Römische Recht nach einer natürlichen Ordnung und einem richtigen System aufgenommen werden.[381] Bis zu seinem Tod hat Cocceji die Kodifikation nicht vollenden können. Die neuen Verfasser Carmer und Svarez haben das von Cocceji hinterlasssene römischrechtliche Fragment verändert. Die Redaktoren wollten die leitenden Prinzipien dem Vernunftrecht entnehmen und das römische Recht daran messen.[382] Der Entwurf stellt eine reine Kodifikation des Naturrechts dar.[383] Am 4. Februar 1794 legte Carmer dem König den letzten Band seines Gesetzeswerkes vor. Am 5. Februrar 1794 wurde das Gesetzbuch unter dem Titel „Allgemeines Landrecht für die Preußischen Staaten“ veröffentlicht. Am 1. Juli 1794 trat das Landrecht in Kraft.[384]

b) Schadensersatz im CMBC

aa) Schadensersatz bei Sachbeschädigung

Die aus dem Verbrechen entstehende Verbindlichkeit wird im sechzehnten Kapitel des CMBC normiert. Das Verbrechen wird im CMBC definiert als alles, was man rechtswidrig und schuldig tut oder unterlässt.[385] Es wird Voll- oder Quasi- Delikt[386] unterteilt, je nachdem, ob der Täter vorsätzlich oder fahrlässig gehandelt hat.[387] Anders als im römischen Recht, wo sich nämlich das öffentliche Delikt hauptsächlich auf den Schaden des gemeinen Wesens richtet und das private Delikt alle übrigen Beschädigungen umfasst, z.B. Raub, Diestahl, werden damals beide Delikte hauptsächlich im Strafgesetzbuch sanktioniert. Nur der sogenannte Frevel und geringere Verbrechen unter dem privaten Delikt, welche nicht nach dem

---

378 Friedl, CMBC von X. W. A. Freiherrn v. Kreittmayr, S. 2f.; Zimmermann, Die Monita zum Entwurf des CMBC, S. 21.

379 Sturm, Das Preußische Allgemeine Landrecht, S. 7.

380 Sturm, Das Preußische Allgemeine Landrecht, S. 9.

381 Kiefer, Die Aquilische Haftung im ALR von 1794, S. 116f..

382 Kiefer, Die Aquilische Haftung im ALR von 1794, S. 136f..

383 Kiefer, Die Aquilische Haftung im ALR von 1794, S. 129.

384 Kiefer, Die Aquilische Haftung im ALR von 1794, S. 135.

385 CMBC, IV, 16, § 1.

386 Friedl, CMBC von X. W. A. Freiherr v. Kreittmayr, S. 130.

387 CMBC, IV, 16, § 1.

Strafgesetzbuch bestraft werden, werden nach dem CMBC geregelt.[388] Wer ein Verbrechen begeht, wird nicht nur pönale Strafe sondern auch zivilrechtliche Verbindlichkeiten übernehmen. Die zivilrechtliche Verbindlichkeit bezieht sich zuerst auf die Restitution dessen, was er durch das Verbrechen erhalten hat. Wenn der Schaden nicht durch die Restitution vergütet wird, müssen die dadurch erlittenen Schäden und Kosten ersetzt werden.[389]Die Verfolgung der Strafe wird im Strafgesetzbuch angeordnet, wenn das Vergehen außer der in CMBC IV, 16, § 3 normierten Fälle für die Bestrafung niedergerichtlicher Verbrechen liegt.[390] Die actio poenalis und persecutoria stellen zwei unterschiedliche Klagen dar. Jede hat einen eigenen Zweck und kann nicht durch die andere aufgehoben werden.[391] Die erstere bezieht sich auf eine pönale Strafe, die letztere bezieht sich auf Schadensersatz. Dieser Anspruch verjährt nach 30 Jahren und ist vollständig vererbbar.[392]

Im römischen Recht werden dem Geschädigten bei Raub und Diebstahl besondere Ansprüche eingeräumt. Aber diese Verbrechen werden nach dem Strafgesetzbuch bestraft. Dadurch wird die römische Strafe des doppelten oder vierfachen Wertersatzes beseitigt. Der Schadensersatz basiert auf der Sicht des Verlustes. Der Schaden, der von anderen an der Sache zugefügt wird, soll von dem Schädiger wiederum ersetzt und gutgemacht werden. Die Restitution steht hier im Vordergrund.[393] Damit wird ein weiterer Schritt zur „Entpönalisierung" dieser Tatbestände unternommen, und der Schadensersatz spielt in das Privatrecht hinüber, denn es gelingt ein Wandel von der pönalen Buße zum zivilen Schadensersatz hin.[394] Dieses Prinzip gilt auch bei den Schäden, die dem Menschen durch Wunden und Totschlag zugefügt werden. Der Schaden wird nur zu der Zeit geschätzt, da er verursacht wurde. Die Höhe des Verlustes wird ohne irgendeine Rückrechnung grundsätzlich ermittelt. Aber wenn es um unreife Früchte geht, wird der Schaden mit Rücksicht auf die konkreten Umstände berechnet.[395]

Der CMBC normiert im Teil IV. Kapitel 16 noch die Haftung für fremdes Verschulden. Nach dem römischen Recht ist eine Herrschaft für den von ihrem Leibeigenen (Dienstboten und Hausgesinde) verursachten Schaden verantwortlich. Dem CMBC gemäß ist die Haftung für Dienstboten und Hausgesinde wegen eines Delikts ausgeschlossen.[396] Wenn jemand durch Vieh verletzt wurde, wird der Eigentümer die Haftung für den verursachten Schaden übernehmen. Der Eigentümer hat die Wahl, dem Geschädigten Schadensersatz zu leisten oder dem Verletzten sein Vieh als Strafe zu übergeben.[397]

---

[388] CMBC, IV, 16, § 1.

[389] CMBC, IV, 16, § 2.

[390] CMBC, IV, 16, § 3.

[391] CMBC, IV, 16, § 4.

[392] Friedl, CMBC von X. W. A. Freiherr v. Kreittmayr, S. 130.

[393] CMBC, IV, 16, § 5f..

[394] Friedl, CMBC von X. W. A. Freiherrn v. Kreittmayr, S. 130.

[395] CMBC, IV, 16, § 6; vgl. Ebert, Pönale Elemente im deutschen Privatrecht, S. 106.

[396] CMBC, IV, 16, § 7; vgl. Friedl, CMBC von X. W. A. Freiherrn v. Kreittmayr, S. 131.

[397] CMBC, IV, 16, § 7.

Damnum infectum beschreibt einen Schaden, „der zwar noch nicht geschehen, aber doch sehr zu befürchten ist“.[398] Hier wird ein Beispiel über ein baufälliges Haus angeführt. Wenn eines Nachbarn Haus so baufällig und ruinös ist, dass es sehr wahrscheinlich das Vermögen des anderen schädigen könnte, dann werden dem zu beschädigenden Eigentümer Ansprüche gegeben, um die Schädigung an seinem Eigentum zu verhüten. Er kann fordern, die Gefahr zu beseitigen oder ihm für die zukünfigen Schäden Ersatz zu leisten.[399]

bb) Zivile Sanktionen bei Schmach

CMBC, IV, 17 normiert Schmach (Injuria). Hier wird Schmach als ein Verbrechen angesehen, wodurch man jemanden an Ehre und gutem Ruf angreift. Sie wird wesentlich in reales und verbales Handeln unterteilt.[400] Die Verbalinjurien beziehen sich auf Vorwürfe, die andere Personen herabsetzen könnten. Die Real-Injurien können nicht nur durch ungebührliche Schläge, Würfe, Hiebe und ähnliche Handlungen, sondern auch durch spöttische Zeichen oder Gebärden geschehen.[401] Die Injuria im CMBC wurde fast völlständig der gemeinrechtlichen Rechtsprechung entsprechend behandelt. Im Unterschied zur Praxis in Sachsen und Preußen schon Jahrzehte zuvor, beinhaltet das CMBC die Injurienklage nicht.[402] Die Tatbestandsmerkmale der Schmach im CMBC sind ähnlich wie die Tatbestandsmerkmale der heutigen Beleidigung. Sie können auch in körperlicher Schädigung bestehen. Damit steht sie Konkurrenz zur Körperverletzung.[403]

Dem Beleidigten stehen die actio iniuriarum aestimatioria und die actio recontatoria zur Verfügung. Aber die actio recontatoria kommt nur bei Verbaliniurie in Frage.[404] Der Beleidigte kann Widerruf oder Abbitte in Anspruch nehmen. Außerdem könnte er noch Buße fordern, wenn auf Grund der Injurie eine Geldsumme veranschlagt werden kann.[405] Wenn sich der Beleidigte einer Real-Injurie ausgesetzt sah, nämlich wenn er körperlich verletzt wurde, konnte er außerdem noch Ersatz für die dadurch entstehenden Schäden verlangen.[406] Alle zivilrechtlichen Ansprüche können sowohl allein, als auch kumulativ benutzt werden.[407] Die zivile Verantwortung schließt die peinliche Strafe nicht aus.[408]

Wenn dem Kläger hinsichtlich der Schmach eine Geldsumme veranschlagt werden soll, muß er beeiden, daß „*er lieber solche Summam verlohren, als die ihm zugegangene Schmach*

---

[398] CMBC, IV, 16, § 8.

[399] CMBC, IV, 16, § 10.

[400] CMBC, IV, 17, § 1ff..

[401] CMBC, IV, 17, § 3.

[402] Ebert, Pönale Elemente im deutschen Privatrecht, S. 107.

[403] Friedl, CMBC von X. W. A. Freiherrn v. Kreittmayr, S. 134.

[404] CMBC, IV, 17, § 5.

[405] CMBC, IV, 17, § 5 (1); vgl. Friedl, CMBC von X. W. A. Freiherrn v. Kreittmayr, S. 135.

[406] CMBC, IV, 17, § 5 (3); vgl. Friedl, CMBC von X. W. A. Freiherrn v. Kreittmayr, S. 135.

[407] CMBC, IV, 17, § 5; vgl. Ebert, Pönale Elemente im deutschen Privatrecht, S. 107.

[408] CMBC, IV, 17, § 5 (4, 5).

erlitten habe wollte".[409] Der Richter kann den in Anspruch genommenen Betrag nach seinem Ermessen reduzieren. Dabei spielen zwei Faktoren eine große Rolle, nämlich das Vermögen des Täters einerseits und die Größe der Schmach andererseits.[410] Diese Injurienklage stimmt mit der actio iniuriarum aestimatoria im gemeinen Recht überein. Aber ihre Rechtsnatur unterscheidet sich von derjenigen im gemeinen Recht. Es gibt zwar pönale Elemente, aber die zu zahlende Summe wurde schon bei der Ermessung nach den konkreten Umständen eingeschränkt, z.B. wenn der Täter nicht in der Lage ist, das Geld zu bezahlen, wird die Zahlungspflicht in eine körperliche Strafe umgewandelt;[411] wenn die Injurie leicht ist, könnte noch die Ehrvorbehaltsklausel in Frage kommen.[412]

Der Anwendungsbereich von Widerruf, Abbitte und Ehrenerklärung unterscheidet sich grundsätzlich nach deren Inhalt, nicht wie teils im gemeinen Recht nach der Schwere der Injurie.[413] Die Klage auf Widerruf kommt nur bei Verbalinjurien in Frage, durch die der Schädiger einer „bösen Tat" bezichtgt wurde. Bei Realinjurien findet hingegen die Ehrenerklärung oder Abbitte statt.[414] Der Widerruf kann nur persönlich vor Gericht geschehen. Die Ehrenerklärung kann nach dem Ermessen des Richters schriftlich angenommen werden.[415] Die Widerrufsklage kann nicht als reine Schadensersatzklage angesehen werden, sondern als pönale Strafe.[416] Obwohl die Widerrufskalge zur persecutorischen Klage gehört, kann sie leider nicht vererbt werden, wenn der Injuriante verstorben ist.[417] Wenn der Injurierte stirbt, kann der Erbe den Schadensersatz von dem Injurianten verlangen, aber die Klage auf Ehrenerklärung und Widerruf wird abgeschafft.[418]

---

409 CMBC, IV, 17, § 6 (1).

410 CMBC, IV, 17, § 6 (2).

411 CMBC, IV, 17, § 6 (3).

412 CMBC, IV, 17, § 6 (4).

413 Ebert, Pönale Elemente im deutschen Privatrecht, S. 107. CMBC, IV, 17, § 7.

414 CMBC, IV, 17, § 7 (1).

415 CMBC, IV, 17, § 7 (2).

416 Ebert, Pönale Elemente im deutschen Privatrecht, S. 111.

417 CMBC, IV, 17, § 10.

418 CMBC, IV, 17, § 11.

D. Schadensersatz vor dem Inkrafttreten des BGB

I. Überblick

Im 19. Jahrhundert beherrschten die deutsche private Rechtswissenschaft die historische Rechtsschule, die Pandektenwissenschaft und nationalstaatlicher Positivismus.[419] Dem Forschungsergebnis von *Roth* gemäß gab es gegen 1880 in den 25 Bundesstaaten des deutschen Reiches sieben selbständige Rechtsgebiete des Privatrechts, nämlich das Rechtsgebiet des preußischen, des gemeinen, des französischen, des sächsischen, des Jütisch Low, des friesischen und des dänischen Rechts. Von diesen wurde nur das sächsische Rechtsgebiet nach den politischen Grenzen des Landes abgeteilt. Nur das fränzösische und das sächsische Rechtsgebiet waren einheitlich gestaltet. Preußisches und gemeines Recht unterschieden subsidiäres und partikuläres Recht. In den betreffenden Gebieten war das Preußische Landrecht subsidiäres Recht der Provinzialrechte und das gemeine Recht subsidiäres Recht der Landrechte.[420] In Bezug auf eine Geldäquivalenzpflicht der erlittenen Körperschmerzen wurde durch neuere Gesetzgebungen, zum Beispiel den Code civil Art. 1382, das preuß. ALR Tl. I. Tit. 6 und das bürgerliche Gesetzbuch für Sachsen §§ 116, 773f, die Norm verallgemeinert. Dies wurde als modernes Rechtsbewußtsein betrachtet.[421]

---

[419] F. Wieacker, Privatrechtsgeschichte der Neuzeit, S. 348ff; Ebert, Pönale Elemente im deutschen Privatrecht, S. 188ff.

[420] Roth, System des Deutschen Privatrechts, S. 1f: Das Preußische Landrecht galt in Preußen, Bayern und Sachsen-Weimar. Das fränzösische Recht galt in Preußen, Bayern, Baden, Hessen-Darmstadt, Oldenburg, Elsaß-Lothringen. Das gemeine Recht galt in Preußen, Bayern, Württemberg, Hessen-Darmstadt, Oldenburg, Mecklenburg-Schwerin, Mecklenburg-Strelitz, Braunschweig, Weimar, Altenburg, Coburg-Gotha, Meiningen, Reuß Ä. L., Reuß J. L., Schwarzburg-Sondershausen, Schwarzburg-Rudolstadt, Anhalt, Lippe-Detmold, Lippe Schaumburg, Waldeck, Bremen, Lübeck, Hamburg. Das sächsische Recht galt in Sachsen. Das Jütisch Low, das friesische Recht und das dänische Recht galten in Preußen.

[421] RGZ 9, 158, 165.

II. Im Rechtsgebiet des preußischen Rechts

1. Allgemein

In Preußen gab es sechs Rechtsgebiete, genauer gesagt das Preußische Landrecht, das gemeine Recht, französisches Recht, Jütisch Low, friesisches Recht und dänisches Recht.[422] Das Preußische Allgemeine Landrecht (= ALR, 1794[423]) umfasst Privatrecht, Handelsrecht, materielles Strafrecht, Kirchenrecht und einen Teil des Verwaltungsrechts.[424] Seine Normen basieren auf den Gedanken des Naturrechts, überliefertem gemeinem Recht sowie korporativem und altständischem Recht.[425] Der Einfluß der Naturrechtslehre auf das ALR ist überall zu erkennen. Sowohl mit den materiellen Regelungen, als auch mit System und Sprache des Gesetzes war den naturrechtlichen Forderungen Rechnung getragen worden.[426] Das ALR ist gemäß dem Naturrechtssystem von Pufendorf und Wolf gegliedert.[427] Sein Zivilrecht bildet die Ius Romano-Germanicum nach, bezieht auch viel deutsches Recht in seinen naturrechtlich-logischen Aufbau ein.[428] Aber in einzelnen Fragen besteht noch das modifizierte römische Recht.[429] Kurz vor dem Inkrafttreten des BGB im Jahre 1900 galt das ALR in Preußen, Bayern und Sachsen-Weimar.[430] Erst das BGB setzte die privatrechtlichen Teile des ALR außer Kraft.[431]

Der Schadensersatz ist im sechsten Titel des ersten Teils des ALR geregelt worden. Wegen der naturrechtlichen Einflüsse stellt das Deliktsrecht in vielerlei Hinsicht einen deutlichen Bruch mit den Traditionen des gemeinen Rechts dar.[432] Das ALR reflektiert die Entwicklung der Trennung der pönalen und privaten Folge bei der Schadenszufügung.[433] Im ALR wird normiert: „*Wer durch eine freye Handlung jemandem widerrechtlich Schaden zufügt, der*

---

422 Roth, System des Deutschen Privatrechts, S. 2.

423 Kroeschell, Deutsche Rechtsgeschichte, Band 3, S. 69: Das „Allgemeine Gesetzbuch für die preußischen Staaten“ wurde im März 1791 publiziert und sollte am 1. 6. 1792 in Kraft treten. Aber einige Wochen davor wurde es wegen der heftigen Kritik des preußischen Adels von König Friedrich Wilhelm II. suspendiert. Nach der Veränderung einiger beanstandeter Sätze trat das Gesetzbuch am 1. 6. 1794 in Kraft.

424 Brauneder, Europäische Privatrechtsgeschichte, S. 111; Gmür/Roth, Grundriss der deutschen Rechtsgeschichte, S. 135.

425 Brauneder, Europäische Privatrechtsgeschichte, S. 111; Gmür/Roth, Grundriss der deutschen Rechtsgeschichte, S. 135.

426 Armasow, Schaden und Abstufung im ALR von 1794, S. 8.

427 Gmür/Roth, Grundriss der deutschen Rechtsgeschichte, S. 135f..

428 Brauneder, Europäische Privatrechtsgeschichte, S. 111.

429 Armasow, Schaden und abgestufte Haftung im ALR von 1794, S. 9.

430 Roth, System des Deutschen Privatrechts, S. 2.

431 Brauneder, Europäische Privatrechtsgeschichte, S. 112.

432 Ebert, Pönale Elemente im deutschen Privatrecht, S. 111.

433 Ebert, Pönale Elemente im deutschen Privatrecht, S. 111.

begehet ein Verbrechen, und macht sich dadurch nicht nur dem Beleidigten, sondern auch dem Staate, dessen Schutz derselbe genießt, verantwortlich".[434] Mit den §§ 1, 8 und 10 I 6 ALR wurde hier eine anspruchsbegründende Generalklausel im Deliktsrecht geschaffen.[435]

Im Vergleich zur aquilischen Haftung des gemeinen Rechts erscheinen im ALR noch die pönalen Elemente.[436] Aber im Sinne der Repönalisierung änderten sich vier Aspekte bei der Regelung des Ausgleichs von Vermögensschäden im ALR im Vergleich zum älteren Deliktsrechtssystem. Zum ersten wurde das Alles-oder-Nichts-Prinzip durch ein Proportionalitätsprinzip ersetzt.[437] Die zweite Änderung im ALR bezog sich auf die Berechnung des Wertes einer Sache, die vorsätzlich oder fahrlässig zerstört worden war.[438] Beim dritten Aspekt handelt es sich um den Umfang des Schadensersatzes, der von Angehörigen eines grob schuldhaft Getöteten in Anspruch genommen worden war.[439] Die letzte Änderung liegt im durch mehrere Schädiger vorsätzlich herbeigeführten Schaden.[440]

2. Schadensersatz bei Vermögensschäden

Wie der Codex Maximilianeus geht das ALR von dem Prinzip aus, daß jeder Schaden zu ersetzen ist.[441] Der Schaden wird in § 1 I 6 ALR definiert als "*jede Verschlimmerung des Zustandes eines Menschen, in Absicht seines Körpers, seiner Freiheit, oder Ehre, oder seines Vermögens*".[442] Dies zeigt einen umfassenden Rechtsschutz an, dessen Grundlage sich im Naturrecht findet.[443] Es stellt „*eine fast generalklauselartige Schadensersatzregelung*" dar, die nach der Regel der naturrechtlichen Zurechnungstheorie vollen Schutz bei wiederrechtlichen, schuldhaften Verletzungen jeder Art garantieren.[444] Das ALR kennt grundsätzlich den Begriff des Schadens, nur ausnahmsweise den Begriff des Interesses.[445] In den §§ 79-81 wird in Bezug auf den Inhalt des Schadensersatzanspruchs normiert. Wenn ein Schaden entstanden ist, so muss alles wieder in den Zustand gesetzt werden, welcher vor dem Schaden bestanden

---

[434] § 7 II 20 ALR; vgl. Kiefer, Die Aquilische Haftung im ALR von 1794, S. 137f: „*Im Entwurf wird der Abschnitt des Strafrechts ‚von Privat-Verbrechen überhaupt' als allgemeiner Grundsatz vorangestellt.*"

[435] Kiefer, Die Aquilische Haftung im ALR von 1794, S. 139f..

[436] Hattenhauer, ALR (Einführung zu Textausgabe), S. 18f.; Ebert, Pönale Elemente im deutschen Privatrecht, S. 116.

[437] Bornemann, Systematische Darstellung des Preußischen Civilrechts, S. 177; Ebert, Pönale Elemente im deutschen Privatrecht, S. 113.

[438] Ebert, Pönale Elemente im deutschen Privatrecht, S. 113.

[439] Ebert, Pönale Elemente im deutschen Privatrecht, S. 114.

[440] Bornemann, Systematische Darstellung des Preußischen Civilrechts, S. 178; vgl. Ebert, Pönale Elemente im deutschen Privatrecht, S. 115.

[441] § 1 I 6 ALR.

[442] § 1 I 6 ALR.

[443] Kiefer, Die Aquilische Haftung im ALR von 1794, S. 141.

[444] Ebert, Pönale Elemente im deutschen Privatrecht, S. 112.

[445] Armasow, Schaden und abgestufte Haftung im ALR von 1974, S. 88ff.

hat.[446] Das Restitutionsprinzip gilt auch bei der Verletzung oder Tötung von Menschen.[447] Wenn die Naturrestitution unmöglich ist, soll der Schaden mit Geld ersetzt werden.[448] *„Zu einer vollständigen Genugthuung"* sollen der gesamte Schaden und der entgangene Gewinn ersetzt werden.[449] Der Gewinn meint die Vorteile, die jemand ohne die fremde Handlung oder Unterlassung erhalten würde.[450] Im § 6 I 6 ALR wird der Gewinn kausal auf die Dinge beschränkt, *„die entweder nach dem gewöhnlichen Laufe der Dinge und der Geschäfte des bürgerlichen Lebens, oder vermöge gewisser schon getroffener Anstalten und Vorkehrungen, vernünftiger Weise erwartet werden konnten"*.[451]

Aber das Alles-oder-Nichts-Prinzip wurde im ALR durch ein Proportionaltätsprinzip relativiert.[452] Unter dem Alles-oder-Nichts-Prinzip ist immer der ganze Schaden zu ersetzen. Dagegen soll unter dem Proportionalitätsprinzip nur für den schuldadäquaten Schaden gehaftet werden.[453] Der Haftungsumfang wird vom Verschuldensgrad des Schädigers beeinflußt.[454]Dies ist eine relativ moderne Idee. Sie ist selten im gemeinen Recht und in der Naturrechtslehre.[455] Gemäß ALR kommt vollständiger Schadensersatz nur in Betracht, wenn einer den anderen aus Vorsatz oder grobem Versehen verletzt.[456] Wenn einer bei „mäßigem Versehen" den anderen verletzt, ist nur der daraus entstandene „wirkliche Schaden" zu ersetzen.[457] In einem solchen Fall sollte der zu ersetzende Gewinn kausal beschränkt werden, nämlich auf das, was der Beschädiger durch „den gewöhnlichen Gebrauch" des Verletzten erlangt haben würde, wenn die Verletzung nicht vorhanden wäre.[458] Beim geringen Versehen haftet der Beschädiger nur für den durch diese Fahrlässigkeit verursachten unmittelbaren Schaden.[459] Zufällige Schäden (schuldlos verursachte Schäden) sind nur dann zu ersetzen, wenn die Handlung ein Verbotsgesetz verletzt hat oder wenn sich der Täter selbst durch eine unerlaubte Handlung in die Umstände versetzt hat, auf Grund deren er die schädigende Handlung veranlaßt hat.[460]

---

[446] § 79 I 6 ALR; vgl. Bornemann, Systematische Darstellung des Preußischen Civilrechts, S. 178 .

[447] § 28 I 6 ALR.

[448] § 81 I 6 ALR.

[449] § 7 I 6 ALR; vgl. Bornemann, Systematische Darstellung des Preußischen Civilrechts, S. 178.

[450] § 5 I 6 ALR.

[451] § 6 I 6 ALR.

[452] Armasow, Schaden und abgestufte Haftung im ALR 1794, S. 36.

[453] Armasow, Schaden und abgestufte Haftung im ALR 1794, S. 34.

[454] Ebert, Pönale Elemente im deutschen Privatrecht, S. 113.

[455] Armasow, Schaden und abgestufte Haftung im ALR 1794, S. 31, 35.

[456] § 10 I 6 ALR.

[457] § 12 I 6 ALR; vgl..Fürster/Grrins, Theorie und Praxis des heutigen gemeinen preußischen Privatrechts, S. 481.

[458] § 14 I 6 ALR; Bornemann, Systematische Darstellung des Preußischen Civilrechts, S. 185f..

[459] § 15 I 6 ALR.

[460] § 16 I 6 ALR.

§§ 85-97 I 6 ALR regeln die Berechnung des Wertes einer geschädigten Sache. Nach § 85 I 6 ALR, konnte der Verletzte, wenn der Schaden aus Vorsatz oder grober Fahrlässigkeit verursacht wurde, den höchsten Wert in Anspruch nehmen, der in dem Zeitraum zwischen der Schadenszufügung und dem Datum der dem Beschädiger zugestellten Klage gerechnet wird.[461] Danach kann der Geschädigte sich für einen Zeitpunkt innerhalb der Grenzen der Verjährungsfrist entscheiden, welcher ihm günstiger erscheint. Dadurch führt diese Form der Wertermittlung jedoch in unerwünschter Weise zur Unsicherheit des Schadenswertes und zur Willkür des Geschädigten.[462] Ob es sich hier aber um pönale Elemente handelt, ist umstritten.[463] Nach Ansicht von *Ebert*, wollten die Verfasser des ALR nur „*eine möglichst umfassende Wiederherstellung der Gewinnchancen des Geschädigten vor Schadenseintritt*" schaffen, und „*die damit verbundene Gefahr einer Besserstellung des Geschädigten durch den Schadenseintritt*" sei nur eine notgedrungen in Kauf genommene Nebenwirkung.[464]

Die Verpflichtung zum Schadensersatz bei der Tötung einer Person im ALR geht auch von dem Proportionalitätsprinzip aus, obwohl das Totalprinzip im Entwurf eine dominierende Rolle spielt.[465] Im Falle des geringen Versehens bei der Tötung sind der hinterlassenen Frau und den Kindern des Getöteten die Kosten für Kur, Begräbnis und Trauer zu ersetzen.[466] Wenn einer den anderen vorsätzlich oder grob fahrlässig getötet hat, verpflichtet sich der Täter, der Witwe und den Kindern des Getöteten „*standesmäßigen Unterhalt, auch den letztern dergleichen Erziehung und Ausstattung, als sie von dem Vater nach dessen Stand und Vermögen erwarten konnten*" zu leisten.[467] Der Täter hat also nicht zu alimentieren, sondern die Hinterbeliebenen für den von ihm zugefügten Nachteil schadlos zu halten.[468] Der Entwurf wollte das Prinzip der Schadlosigkeit bei jeder Tötung aufrechterhalten. Aber der Natur nach kann diese Regelung nicht dem damnum emergen und lucrum cessan gleichen. Der Grund ist, dass jede Bemessung des entzogenen Gewinns noch im Bereich der Möglichkeiten bleibt, und es nicht um einen nur wahrscheinlich zu erwartenden gewesenen Vorteil geht.[469] Bei der Frage, wie lange der Beschädiger der Verpflichtung nachkommen soll, sei hier einem in der Billigkeit gegründeten Maßstab zu folgen. Obwohl im § 38 I 1 schon eine Vermutungsdauer genannt wird, nämlich nicht über siebzig Jahre, liegt die Ermessensfreiheit im individuellen Falle wiederum in der

[461] § 85 I 6 ALR.

[462] Gesetz-Revision. – Pensum XIV. Entwurf. -Allgemeines Landrecht Th. I. Tit. 3, 4, 5, u 6. (Berlin, 1830). Abgedruckt bei: Schubert, Gesetzrevision, II, 3, S, 263; Ebert, Pönale Elemente im deutschen Privatrecht, S. 114.

[463] Gesetz-Revision. – Pensum XIV. Entwurf. -Allgemeines Landrecht Th. I. Tit. 3, 4, 5, u 6. (Berlin, 1830). Abgedruckt bei: Schubert, Gesetzrevision, II, 3, S, 263; Ebert, Pönale Elemente im deutschen Privatrecht, S. 114.

[464] Ebert, Pönale Elemente im deutschen Privatrecht, S. 114.

[465] Armasow, Schaden und abgestufte Haftung im ALR 1794, S. 222.

[466] § 98 I 6 ALR; vgl. Armasow, Schaden und abgestufte Haftung im ALR 1794, S. 224.

[467] § 99 I 6 ALR; Fürster/Grrins, Theorie und Praxis des heutigen gemeinen preußischen Privatrechts, S. 479f..

[468] Fürster/Grrins, Theorie und Praxis des heutigen gemeinen preußischen Privatrechts, S. 480.

[469] Gesetz-Revision. – Pensum XIV. Entwurf. -Allgemeines Landrecht Th. I. Tit. 3, 4, 5, u 6. (Berlin, 1830). Abgedruckt bei: Schubert, Gesetzrevision, II, 3, S, 270; vgl. Ebert, Pönale Elemente im deutschen Privatrecht, S. 115.

Hand des Richters.[470] *Ebert* sieht diesen Paragraphen als „pönaler Elemente verdächtige Regelung“ an. Sie vertritt die Meinung, daß es auch einige pönale Regelungen im ALR gebe, um den potentiellen Schädiger abzuschrecken oder der Genugtung für die Geschädigten Priorität einzuräumen, insbesondere im Falle der Schädigung wegen erheblichen Verschuldens. Die Verfasser hätten in bestimmten Fällen absichtlich pönale Elemente als Ausnahme ins Schadensersatzrecht einfließen lassen.[471] Hingegen vertritt *Bornemann* eine andere Meinung; die Regelung solle hier nur der hinterlassenen Familie des Entleibten standesmäßigen Unterhalt und standesmäßige Erziehung zu garantieren versuchen.[472]

Der Schadensersatz bei mehreren Beschädigern differenziert sich nach dem Verschulden des jeweiligen Beschädigers. Wenn mehrere bei einer Schadenszufügung nur aus mäßigem oder geringem Versehen mitgewirkt haben, braucht jeder nur für sein eigenes Versehen zu haften.[473] Aber wenn nicht ermittelt werden kann, welchen Teil des Schadens ein jeder durch sein eigenes Versehen verursacht habe, haften sie „einer für alle, und alle für einen“.[474] Wenn mehrere zusammen einen Schaden dem anderen aus Vorsatz oder grobem Versehen zugefügt haben, haften sie „einer für alle, und alle für einen“.[475] Deswegen hat der Geschädigte das Recht, einen oder mehrere von den Schädigern auszuwählen, um seinen Schaden ersetzt bekommen zu können.[476] Wenn einer mehr als den ihm zugerechneten Teil dem Geschädigten gegenüber geleistet hat, kommt nach dem ALR unter bestimmten Umständen noch Regress in Betracht. Wie in § 33 I 6 ALR geregelt wird, hat in dem Falle, dass einer von mehreren den ganzen auf Grund des Versehens entstandenen Schaden, oder mehr als den ihm nach seinem Verschulden zugerechneten Teil ersetzt hat, die Möglichkeit, von den übrigen den von ihm mehr geleisteten Schadensersatz zu verlangen.[477] Aber wenn mehrere vorsätzlich einem anderen den Schaden zugefügt haben, kann keiner von ihnen einen Regress beanspruchen.[478] Außerdem gibt es noch eine besondere Regelung, die in § 35 I 6 ALR angeordnet wird. Danach hat jeder von den mehreren Schädigern den ihm zugerechneten Anteil der „Armencasse des Orts zur Strafe“ zu entrichten, wenn die übrigen Beschädiger von ihm in Regress

---

[470] Bornemann, Systematische Darstellung des Preußischen Civilrechts, S. 201f; vgl. Gesetz-Revision. – Pensum XIV. Entwurf. -Allgemeines Landrecht Th. I. Tit. 3, 4, 5, u 6. (Berlin, 1830). Abgedruckt bei: Schubert, Gesetzrevision, II, 3, S, 271.

[471] Ebert, Pönale Elemente im deutschen Privatrecht, S. 114f., siehe auch Fußnote 111: „*Für eine solche mehr pragmatische Sichtweise spricht auch etwa der bewusste Verzicht auf die Regelung der Unterhaltsansprüche des Witwers, der vor dem Tod seiner Frau von deren Arbeitseinkommen gelebt hatte.*“

[472] Bornemann, Systematische Darstellung des Preußischen Civilrechts, S. 203.

[473] § 31 I 6 ALR.

[474] § 32 I 6 ALR.

[475] § 29 I 6 ALR; Bornemann, Systematische Darstellung des Preußischen Civilrechts, S. 178.

[476] § 30 I 6 ALR.

[477] § 33 I 6 ALR.

[478] § 34 I 6 ALR.

genommen würden.[479] Nach der Ansicht von *Ebert*, stellt die Zahlung an die Armenkasse ein zweifelsfrei pönales Element dar. Aber das Geld wurde nicht dem Geschädigten, sondern einer öffentlichen Einrichtung gezahlt, weswegen es nicht als Privatstrafe betrachtet, sondern von der modernen Wissenschaft vielmehr als eine Geldbuße darstellt wird.[480] § 35 wurde bei der späteren Revision gelöscht. Als Grund wurde angegeben, dass in der Bestimmung eine zu starke Härte liege, „*weil dadurch der Willkür des Beschädigten zu viel eingeräumt sei*".[481] In der Gesetz-Revision (Berlin, 1830) wurde vorgeschrieben, dass der Anteil der Mitschuldigen der Ortsarmenkasse als Strafe anerkannt werde. Grundsätzlich könne die Strafe hier nicht gerechtfertigt werden. Außerdem wird noch die Meinung vertreten, dass dem Täter eine öffentliche Strafe auferlegt wird wenn eine schädigende Handlung zum Verbrechen gehört. Nebenbei kommt der Schadensersatz in Betracht, wenn ein reiner Privatanspruch erhoben wird. Insofern der Beschädigte keinen Anspruch gegenüber einem der Täter gefordert hat, gibt es keinen Grund, ihn dem Staat oder sonst anderen zuzusprechen.[482] Die geplante Veränderung bezieht sich nicht auf eine Entpönalisierung des Schadensrechts, sondern auf die Beseitigung der Willkür der unbeteiligten Dritten. Der Reformversuch von 1830 war nicht gelungen, weswegen die ursprüngliche Regelung im ganzen 19. Jahrhundert galt.[483]

3. Entschädigung bei körperlicher Verletzung

Bei körperlichen Verletzungen konnten Personen aus dem Bauern- oder gemeinen Bürgerstande wegen erlittener Schmerzen ein billiges Schmerzensgeld in Anspruch nehmen, wenn die Verletzung vorsätzlich oder grob fahrlässig verursacht worden war.[484] Als Grund dafür wurde im Entwurf angegeben, dass es unlogisch sei, dass der Verletzte wegen der geringsten Vermögensschädigung strengen Ersatz geltend machen kann, während er auf Grund der unangenehmen und schmerzhaften Empfindungen, die ihm ein anderer verursacht hat, gar keinen Ersatz fordern kann.[485] Die Personen höheren Standes konnten bei körperlichen Verletzungen kein Schmerzensgeld fordern, sie konnten nur die Bestimmung einer öffentlichen Strafe verlangen.[486] Der Grund dafür war, dass es für Personen von Stande und Erziehung unwürdig sei, Schmerzensgeld zu verlangen. Diese Meinung sei heilsam, weil sie den

[479] § 35 I 6 ALR.

[480] Ebert, Pönale Elemente im deutschen Privatrecht, S. 116.

[481] Gesetz-Revision. – Pensum XIV. Entwurf. -Allgemeines Landrecht Th. I. Tit. 3, 4, 5, u 6. (Berlin, 1830). Abgedruckt bei: Schubert, Gesetzrevision, II, 3, S, 245.

[482] Gesetz-Revision. – Pensum XIV. Entwurf. -Allgemeines Landrecht Th. I. Tit. 3, 4, 5, u 6. (Berlin, 1830), Abgedruckt bei: Schubert, Gesetzrevision, II, 3, S, 245; vgl. Ebert, Pönale Elemente im deutschen Privatrecht, S. 116.

[483] Ebert, Pönale Elemente im deutschen Privatrecht, S. 116.

[484] § 112 I 6 ALR.

[485] Zitate nach einer Note zum Entwurf des AGB, wiedergegeben in den Motiven zur Gesetz-Revision. – Pensum XIV. Entwurf. -Allgemeines Landrecht Th. I. Tit. 3, 4, 5, u 6. (Berlin, 1830), Abgedruckt bei: Schubert, Gesetzrevision, II, 3, S, 272; vgl. Ebert, Pönale Elemente im deutschen Privatrecht, S. 117.

[486] § 114 I 6 ALR; Koch, Allgemeines Landrecht für die Preußischen Staaten, I. Band, S. 312, Fn. 90.

Trieb der Ehre fördere, *„den man nicht genugsam begünstigen kann“*. Der Gesetzgeber war der Meinung, dass dieser Grund nicht für die Bauern und die anderen geringen Menschen gültig sei. Das Schmerzensgeld solle nicht nach der bloßen Willkür des Richters bestimmt werden, sondern es spiele hier der Betrag der Kurkosten eine entscheidende Rolle.[487]

Im Gegensatz dazu wurde bei den Motiven zum Gesetzes-Revisions-Entwurf von 1830 eine andere Meinung vertreten, nämlich dass das Schmerzensgeld völlig abgeschafft werden solle. Svarez führte als Grund an, dass es auch bei Bauern und anderen geringen Menschen nicht nötig sei und dass auf das Ehrgefühl Rüchsicht genommen werden solle. Erlittene Schmerzen könnten nicht durch eine Vergütung mit Geld ersetzt werden. Bestimmungen über Schmerzensgeld sollten im neuen Gesetzesvorschlag ganz weggelassen werden.[488] Diese Meinung wird auch von Koch in seinem Kommentar vertreten: *„Zu heutigen Ansichten paßt die Bestimmung nicht. Das Schmerzensgeld scheint ein Ueberrest der Kompositionen zu sein.“*[489] Somit trägt das im ALR vorgeschriebene Schmerzensgeld ausdrücklich pönale Züge.[490] Allerdings wurde im Entwurf eines Bürgerlichen Gesetzbuchs für die Preußischen Staaten folgendermaßen normiert: *„Wegen erlittener Schmerzen kann im Falle einer vorsätzlich zugefügten Verletzung ein Schmerzengeld gefordert werden, dessen Betrag der Richter nach den persönlichen und andern Verhältnissen zu bestimmen hat.“*[491] Dieser Anspruch hier ist standesunabhängig. Aber die Bemühungen um eine Reform des preußischen Privatrechts waren nicht gelungen, deswegen galten die Regeln im ALR bis zum BGB.[492] In Hinsicht auf die standesspezifische Differenzierung vertrat das Obertribunal im Jahre 1859 die Meinung, eine solche Regelung bezöge sich überhaupt nicht auf ein Standesvorrecht, sondern nur auf die gesetzliche Berücksichtigung einer tatsächlich bestehenden Differenzierung der Stände, die aber auch nicht mehr bestünden.[493]

Der Betrag des Schmerzensgeldes solle nach dem Grad der verursachten Schmerzen bestimmt werden. Dazu gibt es eine Beschränkung: der Betrag dürfe nämlich nicht unter der Hälfte und nicht über dem doppelten Betrag der erforderlichen Kurkosten liegen.[494] Dieser Anspruch ist dem römischen Recht fremd, er stammt aus der gemeinrechtlichen Praxis,

---

[487] Zitate nach einer Note zum Entwurf des AGB, wiedergegeben in den Motiven zur Gesetz-Revision. – Pensum XIV. Entwurf. -Allgemeines Landrecht Th. I. Tit. 3, 4, 5, u 6. (Berlin, 1830), Abgedruckt bei: Schubert, Gesetzrevision, II, 3, S, 272f..

[488] Die Motive zur Gesetz-Revision. – Pensum XIV. Entwurf. -Allgemeines Landrecht Th. I. Tit. 3, 4, 5, u 6. (Berlin, 1830), Abgedruckt bei: Schubert, Gesetzrevision, II, 3, S, 273f..

[489] Koch, Allgemeines Landrecht für die Preußischen Staaten, I. Band, S. 312, Fn. 90.

[490] Ebert, Pönale Elemente im deutschen Privatrecht, S. 119.

[491] § 561 Dritter Teil im Entwurf des Bürgerlichen Gesetzbuches für die Preussischen Staaten, abgedruckt in: Schubert, Gesetzrevision, II, 3, S, 985.

[492] Ebert, Pönale Elemente im deutschen Privatrecht, S. 118.

[493] Preußisches Tribunal (31. Jan. 1859), abgedruckt bei: Striethorst, Archiv für Rechtsfälle 32 (1895), S. 191.

[494] § 113 I 6 ALR; vgl. Bornemann, Systematische Darstellung des Preußischen Civilrechts, S. 206. .

genauer gesagt aus Art. 20. der peinlichen Gerichtsordnung. Dadurch handelt es sich hier um eine Nachwirkung aus den altdeutschen Privatbußen.[495]

Wenn eine Frau, die noch nicht verheiratet ist, durch eine körperliche Verletzung verunstaltet wird, und sich dadurch die Gelegenheit zu ihrer Verheiratung mindert, kann sie von dem Schädiger Ausstattung verlangen.[496]Die Ausstattung wird von dem Richter nach seinem Ermessen so bestimmt, dass die Geschädigte die Hoffnung hegen könne, sich ihrem Stande entsprechend zu verheiraten. Außerdem solle sie dadurch ihren Unterhalt bestreiten können.[497] Aber wenn hier die körperliche Verletzung nur aus geringer Fahrlässigkeit verursacht wurde, könne sie nur eine solche Ausstattung fordern, wie sie von ihrem Vater nach dessen Stand gesetzlich erhalten könne.[498] Außerdem kann jemand, wenn er am Erwachsenwerden durch eine aus Vorsatz oder grober Fahrlässigkeit zugefügte Verunstaltung gehindert wird, auch eine nach den Umständen billiggemessene Entschädigung in Anspruch nehmen.[499]

§ 1 I 6 ALR gemäß, gehört die Verletzung der Freiheit oder Ehre eines anderen auch zum Schadensumfang.[500] Diese Regelung stellt nicht nur eine Abweichung vom gemeinen Recht des Usus modernus, sondern auch vom kodifizierten preußischen Recht dar.[501] Diese Ausdehnung zeigt, daß das Recht über den Schadensersatz sich auf die vernunftrechtliche Theorie gründet.[502]

Wenn einer den anderen seiner persönlichen Freiheit in irgendeiner Weise widerrechtlich beraubt, so ist diese Freiheitsberaubung von allgemeinem Interesse.[503] Wenn ein widerrechtlicher Arrest durch die Mitwirkung eines anderen erwirkt wird, zum Beispiel durch die Vorspiegelung falscher Tatsachen des anderen oder durch eine vom Richter falsch gefällte Entscheidung, so soll die entsprechende Person für ihre Schuld haften.[504] Derjenige, der von einem anderen arrestiert worden ist, kann Entschädigung für den von ihm erlittenen Schaden und entgangenen Gewinn fordern, wenn dies eidlich bestärkt und von einem Richter vorgängig ermessen wurde.[505] Der Beleidiger soll die Verantwortung für alle Kosten übernehmen, welche zur Wiederherstellung der Freiheit des Gefangenen erforderlich sind.[506] Wenn die Wiederherstellung der Freiheit des Beleidigten unmöglich ist, können seine Frau und Kinder von dem

495 Fürster/Grrins, Theorie und Praxis des heutigen gemeinen preußischen Privatrechts, S. 483.

496 § 123 I 6 ALR.

497 § 124 I 6 ALR; Bornemann, Systematische Darstellung des Preußischen Civilrechts, S. 208.

498 § 125 I 6 ALR.

499 § 128 I 6 ALR.

500 § 1 I 6 ALR.

501 Kiefer, Die Aquilische Haftung im ALR von 1794, S. 140.

502 Kiefer, Die Aquilische Haftung im ALR von 1794, S. 140.

503 § 132 I 6 ALR.

504 § 133 I 6 ALR.

505 § 134 I 6 ALR.

506 § 135 I 6 ALR.

Beleidiger die entsprechenden Verpflegungs- und Erziehungskosten verlangen, die ihnen wegen der erfolgten Entleibung des Beleidigten durch die verlorenen Rechte entstanden sind.[507]

4. Die Entwicklung von Injurien

Injurie wird als Straftatbestand im ALR normiert. Eine Injurie wird begangen, wenn einer „*durch geringschätzige Gebärden, Worte, oder Handlungen*“ den anderen „*zu kränken, oder ihn widerrechtlich zu beschimpfen sucht*“.[508] Dabei spielt die Absicht eine entscheidende Rolle. Wenn der Täter den Anderen nicht absichtlich kränkt oder beschimpft, ist der Tatbestand der Injurie nicht erfüllt.[509] Die Tatbestände für Injurie im ALR entsprachen denen im späten gemeinen Recht.[510] Die Rechtsfolgen für die Injurien im ALR wurden stark vom Standesbewußtsein beeinflußt. Die Rechtsfolgen von Injurien betrafen hauptsächlich den rein ausgleichsorientierten Schadensersatz für Vermögensschäden, die öffentliche Strafe und Privatgenugtuung.[511]

a) Schadensersatz

Im Jahre 1713 wurde die ästimatorische Injurienklage in Preußen abgeschafft. Deswegen kam dabei die Pflicht zu finanziellen Ausgleichsleistungen des Beleidigers nur in Betracht, wenn es dabei nicht um eine Privatstrafe ging, sondern es sich um Schadensersatz handelte.[512] Der Schadensersatz, der mit Geld zu leisten ist, kann nur in solchem Umfang in Anspruch genommen werden, wie der unmittelbar aus der Ehrenkränkung entstandene Schaden beträgt.[513] Koch findet, dass die unmittelbare Beschädigung am Vermögen durch Worte (beleidigende Äußerungen) undenkbar sei. Die Regelung sei unpraktisch und nicht gerecht. Deswegen wurde die Entschädigung für die Verschlechterung des Vermögenszustandes in Anspruch genommen, aber nicht für die Verletzung der Ehre zum Vermögensstück erklärt.[514] Diese Kritik wurde jedoch letztendlich nicht in die Praxis übersetzt und übertragen.[515] Hinzugefügt wurde noch eine allgemeine Voraussetzung, nämlich die vorsätzlich begangene Schädigung.[516] Aber den Vorschriften des späteren preußischen Gesetzbuches gemäß konnte dieser Anspruch durch die Buße ausgeschlossen werden. § 188 R. StGB gemäß kann das Strafgericht in den Fällen von §§ 186 und 187 neben der

---

507 § 136 I 6 ALR.

508 § 538 II 20 ALR.

509 § 539 II 20 ALR.

510 Ebert, Pönale Elemente im deutschen Privatrecht, S. 121.

511 Motive zu §§ 213ff. des revidierten Entwurfs des Strafgesetzbuchs für die Preußischen Staaten von 1833, abgedruckt bei: Schubert/Regge, Gesetzrevision I, 3, S. 333f..

512 Ebert, Pönale Elemente im deutschen Privatrecht, S. 75f., 121f..

513 § 131 I 6 ALR.

514 Koch (Hrsg.), Allgemeines Landrecht für die Preußischen Staaten, S. 315, Fn. 6.

515 Ebert, Pönale Elemente im deutschen Privatrecht, S. 122.

516 Ebert, Pönale Elemente im deutschen Privatrecht, S. 122.

Strafe über eine an den Beleidigten zu entrichtende Buße bis zum Betrag von 6, 000 Mark entscheiden.[517]

b) Privatgenugtuung

Im Kriminalrecht wird ausschließlich die Privatgenugtuung angeordnet, die bei verübter Ehrenkränkung geleistet werden soll.[518] Im Vergleich zum älteren Recht geht es hier um eine modifizierte und ergänzte Form der Abbitte und Ehrenerklärung.[519] Wenn einer die Ehre eines anderen beleidigt hat, soll er eine Ehrenerklärung abgeben. Ob die Handlung oder Äußerung von jemandem die Ehre eines anderen wirklich verletzt hat, hängt nicht davon ab, ob der Beleidigte es an sich als Beschimpfung empfand oder ob es dabei einen Vorsatz gab, sondern hängt von der Meinung Dritter ab.[520] Je nach unterschiedlichem Standesumstand, sollte die Ehrenerklärung schriftlich[521], mündlich[522] oder gerichtlich[523] geleistet werden. Wenn jemand vorsätzlich die Ehre eines anderen beleidigt hat, so soll ihm wegen seiner Beleidigung von dem Richter in Gegenwart des Beleidigten oder dessen Bevollmächtigten ein feierlicher und nachdrücklicher Verweis erteilt werden, wenn er nicht freiwillig Abbitte geleistet hat[524]. Außerdem soll der Beleidiger die Ehre des Opfers öffentlich für ungekränkt erklären und die Kosten des Beleidigten zu seinen Lasten übernehmen.[525] Wenn das Opfer öffentlich beleidigt worden ist, soll die Verhandlung öffentlich geschehen.[526] Der Beleidigte kann zwei oder drei Personen seines Standes als Zeugen mitbringen.[527] Wenn Untertanen, Dienstboten, Kinder, Lehrlinge und Untergebene ihren Vorgesetzten beleidigt haben, müssen sie unter bestimmten Umständen den richterlichen Verweis knieend entgegennehmen.[528] Wenn eine Injurie durch Pasquille geschehen ist, muss der richterliche Verweis auf Verlangen des Beleidigten öffentlich bekannt gemacht werden. Die dadurch entstehenden Kosten entfallen auf den Beleidiger.[529] Wenn der Beleidiger vor der Leistung der Privatgenugtuung verstorben ist, muss die Ehre des Beleidigten durch Richter für ungekränkt erklärt werden.[530] Aber die Erben des Beleidigers müssen sich zum tatsächlichen Schadensersatz verpflichen

[517] Koch, Allgemeines Landrecht für die Preußischen Staaten, S. 315, Fn. 7.

[518] § 130 I 6 ALR. Diese Vorschrift wurde aber später abgeschfft.

[519] §§ 586ff. II 20 ALR..

[520] § 587 II 20 ALR.

[521] § 589 II 20 ALR.

[522] § 590 II 20 ALR.

[523] § 592 II 20 ALR.

[524] § 600 II 20 ALR.

[525] § 595 II 20 ALR.

[526] § 596 II 20 ALR.

[527] § 597 II 20 ALR.

[528] § 598 II 20 ALR.

[529] § 599 II 20 ALR.

[530] § 604 II 20 ALR.

und die wegen der Ehrenerklärung entstandenen Gerichtskosten übernehmen.[531] Wenn der Beleidiger und der Beleidigte aus dem gleichen Stand kommen, soll der Beleidiger bei leichten oder schweren Verbalinjurien unter bestimmten Umständen Arrest bekommen.[532] Wenn leichte Verbalinjurien zwischen Personen höheren Standes gegen Personen geringeren Standes geschehen sind, muss der Beleidiger mit Geldstrafe von zehn bis dreißig Talern oder entsprechend Arrest belegt werden.[533] Die Schmähschrift soll von dem Gerichtsdiener in Gegenwart des Verfassers und drei von dem Opfer gewählten Zeugen vor dem versammelten Gerichte zerrissen und mit Füßen getreten werden.[534] Ist der Verfasser unbekannt, soll das Pasquill auf Verlangen des Beleidigten durch den Henker auf öffentlichem Platze verbrannt werden.[535]

In Bezug auf die unter Offizieren und Adeligen verbreiteten Duelle, wollte der Bearbeiter diese Art der Privatgenugtuung bei der Revision des Strafrechts in dem Entwurf eines allgemeinen Gesetzbuches durch Einrichtung des Ehrengerichts ausrotten. Er ging davon aus, dass solches Übel die „öffentliche Sicherheit und bürgerliche Ordnung“ verschlechtert hätte. Es wäre von Vorurteil, wenn die gekränkte Ehre eines Offiziers oder der Edelleute durch gerichtliche Erkenntnisse und nicht nur durch Privatgenugtuung wieder hergestellt werden könne. Die Privatgenugtuung könne durch scharfe Strafen ersetzt werden und man könne den Grund dieses Vorurteils ignorieren.[536] Aber diese Empfehlungen wurden vom Ober-Kriegs-Kollegium abgelehnt. In seinem Anschreiben wurden die Gründe folgendermaßen erfasst: Zuerst wurden die Zweikämpfe in die Begriffe „Duell“ und „Renkontre“ differenziert. Duelle wurden stets verboten und mit einer gesetzlichen Strafe belegt, während Renkontre den Umständen gemäß „theils ganz übersehen, theils nur gelinde geahndet“ wurde. Der Grund dafür liegt in dem eigentümlichen Charakter der Militärperson. In jeder Gefahrensituation sollte sie unerschrocken sein, außerdem äußerst empfindlich, um eine Ehrverletzung sich selbst gegenüber zu vermeiden und einen derartigen Angriff abzuwehren. Wenn ein Offizier nicht über solche Fähigkeiten verfüge, würde er sich die Achtung von seinen Untergebenen und seinen Kameraden verscherzen. Danach könnte er die Bestimmung und den Zweck seines Standes nicht erfüllen. Diese Gründe könnten auch erklären, warum es vermehrt zu Zweikämpfen im Militärstand kam.[537]

Als Grund für die Einrichtung des Ehrengerichts gab der Großkanzler an, dass es bei den Duellen nur um die Besorgnis gehe, den eigenen Ruf bei den Standesgenossen dadurch

---

531 §§ 603, 604 II 20 ALR.

532 §§ 607ff. II 20 ALR.

533 § 610 II 20 ALR.

534 § 620 II 20 ALR.

535 § 621 II 20 ALR.

536 Schreiben des Großkanzlers v. Carmer an das Ober-Kriegs-Kollegium vom 3. Januar 1791, abgedruckt in: Kamptz Jahrbücher 52 (1838), S. 118f..

537 Schreiben des Ober-Kriegs-Kollegiums an den Großkanzler vom 4. Januar 1791, abgedruckt in: Kamptz Jahrbücher 52 (1838), S. 121f..

aufrecht zu erhalten, dass man eine an sich gerichtete Beleidigung in einer Weise durch Genugtuung aus der Welt zu schaffen suche, die unter Leuten des eigenen Standes üblich sei. Man müsse ein Ersatzmittel finden, durch welches dieser Besorgnis abgeholfen werden könne und dem Gekränkten gewährleistet würde, daß sein Ruf bei den Standesgenossen durch die Kränkung keinen Schaden erlitten habe oder dass durch eine gesetzliche Strafe Genugtuung wiederhergestellt werden könne. Aufgrund dessen würde ein Ehrengericht empfohlen, welches aus Standesgenossen der streitenden Parteien bestehen solle. Seine Aufgabe liege darin, dass es zu beurteilen habe, ob eine wirkliche Ehrenbeleidigung vorliege und wie dieselbe am schicklichsten wieder gutgemacht werde.[538] Aber diesem Vorschlag wollte das Ober-Kriegs-Kollegium in seinem Anschreiben nicht zustimmen. Dem Vorschlag nach würde das Ehrengericht ein Vorbeugungsmittel sein. Sein Zweck bestünde darin, die Zweikämpfe völlig auszumerzen. Es ähnele dem vorherigen Kriegsgericht, welches für die Untersuchungsfälle bei Duellen und Zweikämpfen der Militärpersonen zuständig war. Aber das Ehrengericht unterscheidet sich von dem Kriegsgericht darin, dass das Ehrengericht „vor dem Zweikampfe gehalten werden, und das Duell verhindern soll", während das Kriegsgericht erst für die vollbrachte oder unternommene Handlung zuständig ist. Obwohl das Duell und Renkontre bei Militärpersonen auch als ein moralisches Übel angesehen wurde, wäre es aufgrund seiner Verbundenheit mit dem eigentümlichen Militärcharakter für notwendig zu halten. Deswegen könne das Ehrengericht ebensowenig funktionieren, wie die im Duell-Mandat angeordneten Strafen. Der Grund liege darin, dass hier die Lage der Offiziere bei Verletzung ihrer Ehre oder Person und ihre Pflicht zur Aufrechthaltung ihres Charakters nicht in Betracht gezogen würden. Die Vorurteile, die über die Angehörigen des Militärs bestünden, übten einen so nützlichen Einfluß auf die Armee aus, dass deren Geist und Charakter sie auf die erste Stufe des Ruhms erhöht hätte. Aus vorgenannten Gründen könne das Ober-Kriegs-Kollegium die Veränderung der vorherigen Grundsätze nicht unterstützen.[539]

Im folgenden Anschreiben an König Friedrich Wilhelm erwähnte der Großkanzler noch einen wichtigen Grund, nämlich dass bei Zweikämpfen viele der besten und brauchbarsten Bürger ums Leben gekommen sein sollten. Es sei zu hoffen, dass Vorurteile dadurch beseitigt werden könnten, dass das Ehrengericht die gewöhnlichen Arten der Satisfaktion vertreten würde, und *„in den bedenklichsten Fällen der Beleidigte seine Genugtuung von der unmittelbaren Entscheidung seines Landesherren erwarten"* könne. Diese Vorschläge wäre damals von dem größten Teil *„des Publici"* aufgenommen worden.[540] Aber die Wirkung dieser Vorschläge wurde vom König auch angezweifelt. Er glaubte, die vollständige Ausmerzung würde nur ein Wunsch bleiben und dieser Zweck könnte nicht durch die Bildung des Ehrengerichts erlangt werden. Der König hatte einen eigenen Vorschlag, den er für ratsamer hielt, als Auftrag erteilt,

---

[538] Schreiben des Großkanzlers v. Carmer an das Ober-Kriegs-Kollegium vom 3. Januar 1791, abgedruckt in: Kamptz Jahrbücher 52 (1838), S. 119f..

[539] Schreiben des Ober-Kriegs-Kollegiums an den Großkanzler vom 4. Januar 1791, abgedruckt in: Kamptz Jahrbücher 52 (1838), S. 122f..

[540] Schreiben des Großkanzlers v. Carmer an den König Friedrich Wilhelm vom 17. März 1791, abgedruckt in: Kamptz Jahrbücher 52 (1838), S. 124f..

nämlich die Materie von den Duellen und Zweikämpfen in das neue Gesetzbuch derart einzurücken, „*daß es in Ansehung derselben überhaupt bei den einmal ergangenen Mandaten sein Verwenden behalten, und daß es in Ansehung der Duelle und Zweikämpfe unter Offiziers und Militairpersonen bei denen in der Armee bereits publizierten, oder ferner zu ertheilenden Gesetzen verbleiben solle*“.[541]

Endlich war der Versuch, das Ehrengericht zur Sanktionierung von Injurien einzurichten, gescheitert. V. Carmer beschränkte sich für das AGB und das spätere ALR auf „*die um den Verweis ergänzten traditionellen Formen der Privatgenugtuung, die Ehrenerklärung und die Abbitte*“.[542]

---

541 Schreiben des Königs Friedrich Wilhelm an den Großkanzler v. Carmer vom 21. März 1791, abgedruckt in: Kamptz Jahrbücher 52 (1838), S. 126.

542 Ebert, Pönale Elemente im deutschen Privatrecht, S. 125.

III. Im Rechtsgebiet des gemeinen Rechts

1. Überblick

Bis zum Inkrafttreten des BGB fand das gemeine Recht noch in einem Drittel des Gebiets des späteren Deutschen Reiches Anwendung.[543] Im gemeinen Recht kam das römische Recht zur Anwendung, soweit das deutsche Rechtsinstitut nicht durch Kodifikation anerkannt wurde oder durch Kodifikation im Einzelfall ausgeschlossen war.[544] Die Aufgabe der entsprechenden Rechtsprechung des 19. Jahrhunderts war einerseits die Abschaffung ungeeigneter, andererseits die Rezeption geeigneter Rechtsregeln und -gedanken aus der römischen Tradition. Die Wissenschaft des gemeinen Rechts wurde nicht nur allgemein durch den stark kasuistischen Charakter der römischen Rechtsquellen, sondern auch insbesondere durch geschilderte Gesetzgebung in diesem Bereich erschwert.[545] Eine Abweichung von den wesentlichen Zügen des gemeinen Rechts wäre die Aufhebung des pönalen Charakters der Deliktsklagen des römischen Rechts in der Praxis.[546]

2. Die actio Aquiliae

Am Ende des älteren Gemeinrechts hatte sich die actio legis Aquiliae zu einer Klage entwickelt, mit der Ersatz für rechtwidrig und schuldhaft hervorgerufene Vermögensschäden verschafft werden konnte. Sie wurde auch zum Teil im Rahmen des Vertragsrechts und bei Verletzungen von Leib und Leben benutzt.[547] Im 19. Jahrhundert lag die actio Aquiliae noch dem Schadensersatz im Deliktsrecht zugrunde.[548] Ihre hauptsächliche Aufgabe war es, „*die Rechtsgrundlage für eine deliktische Schadensersatzverbindlichkeit ganz allgemein und grob zu bezeichnen*“. In der Rechtspraxis des 19. Jahrhunderts erfaßte die aquilische Haftung sowohl Sachverletzung als auch Körperverletzung. In einzelnen Fällen versuchte man auch, diesen engen Rahmen zu überschreiten. Aber sie stellt keine allgemeine Klage für den ganzen und für jeden pekuniären Nachteil dar.[549] Nach römischem Recht konnten wegen unerlaubten

---

[543] Ebert, Pönale Elemente im deutschen Privatrecht, S. 188f.

[544] Roth, System des Deutschen Privatrechts, S. 4; Von Savigny, Das Obligationenrecht als Theil des heutigen Römischen Rechts, S. 329f.

[545] Seiler, Römisches deliktisches Schadensersatzrecht in der obergerichtlichen Rechtsprechung des 19. Jahrhunderts, in: FS Lange, S. 245, 248f.

[546] Coing, Europäisches Privatrecht, Band II, S. 512.

[547] Coing, Europäisches Privatrecht, Band II, S. 512.

[548] Ebert, Pönale Elemente im deutschen Privatrecht, S. 189.

[549] Seiler, Römisches deliktisches Schadensersatzrecht in der obergerichtlichen Rechtsprechung des 19. Jahrhunderts, in: FS Lange, S. 245, 253; 257f; vgl. Seuffert, Band 8, Nr. 137 (abgedruckt in: 2. Band (1867), S. 431f): „*Denn nach der richtigen Meinung hat es die lex Aquilia auch in ihrer späteren Ausdehnung, außer dem Falle der Körperverletzung, nur mit Schäden an Sachen zu thun*“; Seuffert, Band 21, Nr. 55 (abgedruckt in: 5. Band (1870), S. 47).

Handlungen Ersatz- oder Strafforderungen entstehen. Obwohl es einige Klagen gab, die den doppelten Wert einfordern konnten, wurden sie nicht als Strafe, sondern als ein in besonderer und positiver Weise abgeschätztes Interesse betrachtet. Zum Beispiel die actio de tigno juncto, die actio de rationibus distrahendis.[550] Der Anspruch auf Privatstrafe wäre in den meisten Fällen durch die gemeinrechtliche Praxis aufgegeben worden.[551] Die Geldstrafe aufgrund des öffentlichen Interesses wurde abgeschafft, weil sie in Verbindung mit einem gesellschaftlichen Verhältnis der Römischen Bürger stand, von dem sich in den Verfassungen des 19. Jahrhunderts keine Spur fand.[552] Die actio furti (Sachentziehung) war in römischer Zeit in Bezug auf strafrechtliche Sanktionen von geringer Bedeutung. Weil der zivilrechtliche Schadensersatz und die strafrechtliche Buße und Privatstrafe deutlich voneinander getrennt wurden, waren die alten römischen Strafklagen nicht mehr zeitgemäß. Wie das Oberappellationsgericht (OAG) Lübeck feststellt, konnte sich die actio furti in duplum dem damaligen Recht nicht mehr anpassen.[553]

Schadensersatz ist nur dann zu leisten, wenn es eine Kausalbeziehung zwischen „begangener Widerrechtlichkeit" und den entstandenen Nachteilen gab. Im Prinzip soll das ganze Interesse ersetzt werden, auch der entgangene Gewinn.[554] Die Ausnahme wäre die actio Lex Aquiliae wegen Zerstörung oder Beschädigung fremder Sachen. Der Schaden wurde nicht nach der Zeit der Verletzung ausgerechnet, sondern ab „irgend einem früheren Zeitpunkt innerhalb des letzten Jahres oder der letzten dreißig Tage" zugunsten des Opfers.[555] Die Berechnung des Schadensersatzbetrages nach dem Grad des Verschuldens des Verletzers wurde in der gemeinrechtlichen Praxis abgelehnt.[556] Die Rechtsfigur der Schadensteilung in Bezug auf das Mitverschulden des Verletzten war in der Rechtsprechung nicht einheitlich.[557] Bei einer schuldvollen Tötung wurde ein Entschädigungsanspruch der Angehörigen durch den Rechtsgebrauch unterstützt.[558] Dieser Ersatz leitete sich teils aus dem älteren deutschen Recht, insbesondere vom sächsischen Recht über das Wergeld, teils von der natürlichen Billigkeit, teils von der Entwicklung des römischen Rechts mit Rücksicht auf die Lückenfüllung der

---

[550] Von Savigny, Das Obligationenrecht als Theil des heutigen Römischen Rechts, S. 312f.

[551] Arndts, Lehrbuch der Pandekten, S. 518.

[552] Von Savigny, Das Obligationenrecht als Theil des heutigen Römischen Rechts, S. 313f.

[553] Seiler, Römisches deliktisches Schadensersatzrecht in der obergerichtlichen Rechtsprechung des 19. Jahrhunderts, in: FS Lange, S. 245, 251; von Savigny, Das Obligationenrecht als Theil des heutigen Römischen Rechts, S. 317.

[554] Seiler, Römisches deliktisches Schadensersatzrecht in der obergerichtlichen Rechtsprechung des 19. Jahrhunderts, in: FS Lange, S. 245, 254.

[555] Von Savigny, Das Obligationenrecht als Theil des heutigen Römischen Rechts, S. 326.

[556] Seiler, Römisches deliktisches Schadensersatzrecht in der obergerichtlichen Rechtsprechung des 19. Jahrhunderts, in: FS Lange, S. 245, 255f.

[557] Seiler, Römisches deliktisches Schadensersatzrecht in der obergerichtlichen Rechtsprechung des 19. Jahrhunderts, in: FS Lange, S. 245, 255.

[558] RGZ 3, 319, 320; RGZ 7, 139, 141; RGZ 22, 208ff; RGZ 33, 204ff; RGZ 51, 182ff.

praktischen Bedürfnisse her.[559] Der Entschädigungsbetrag wurde mit Rücksicht auf die Verabreichung von Alimenten nach richterlichem Ermessen bestimmt, deren Größe und Dauer sich nach den persönlichen Verhältnissen des Getöteten und den Bedürfnissen der zu Alimentierenden richtete.[560]

Schmerzensgeld aufgrund von Körperverletzung wurde erstmals vom OAG Wiesbaden in einem Urteil vom 1. Juli 1839 abgelehnt. Allerdings wurde es vom OAG Celle im Jahre 1856 anerkannt. Das OAG Celle war der Ansicht, dass in Deutschland auch nach der Rezeption des römischen Rechts eine Haftverbindlichkeit bestand, nämlich dem Opfer aufgrund einer Körperverletzung neben der Entschädigung auch eine als Schmerzensgeld bezeichnete Art der Buße zu leisten.[561] Der Rechtscharakter des Schmerzensgeldes zeichnete sich dadurch aus, dass es im Gegensatz zur Entschädigung als eine *„Privat-Pönalfolge"* betrachtet wurde.[562] In seinem Urteil vom 17. November 1882 vertrat das Reichsgericht eine ähnliche Meinung. In der damaligen gemeinrechtlichen Theorie und Praxis herrschte die allgemeine Ansicht, dass das Opfer aufgrund seines Schmerzes durch ein Delikt an seinem Körper vom Verletzer hinterher ein „Geldäquivalent" in Anspruch nehmen könne. Dieser Anspruch könnte auf ein gemeines deutsches Gewohnheitsrecht, das dem Art. 20, 21 der Carolina entstammt, zurückgehen. Angesichts der Rechtsnatur könnte das sogenannte Schmerzensgeld nicht als eine Privatstrafe im technischen Sinne anerkannt werden, sondern als ein zivilrechtlicher Ersatzanspruch aufgrund widerrechtlich erlittener Schmerzen.[563] Die Beitragshöhe des Schmerzensgelds wurde nach den Umständen im Einzelfall bemessen. Dabei sollten die „Größe, Heftigkeit und Dauer der erlittenen Schmerzen" in die Überlegungen einbezogen werden. Das richterliche Ermessen sollte nicht von der Betragshöhe der durch die Verletzung aufgelaufenen Kurkosten beeinflußt werden.[564] Der Anspruch auf Schmerzensgeld wäre durch das Reichsstrafgesetzbuch beseitigt worden.[565]

3. Die actio iniuriarum

Im 19. Jahrhundert gab es Streitigkeiten über die Definition der Injurien.[566] *Windscheid* betrachtet die Injurie als Beleidigung. Er verstand darunter *„jede bewußt rechtswidrige Handlung, welche den Ausdruck einer Mißachtung der fremden Persönlichkeit enthält"*.[567]

---

559 RGZ 7, 139, 141.

560 Seuffert, Band 11, Nr. 44 (abgedruckt in: 3. Band (1868), S. 28f); vgl. Entscheidung des Obertribunals zu Stuttgart vom 22. Febr. 1852, in: Seuffert, Band 13, Nr. 144 (abgedruckt in: 3. Band (1868), S. 465); RGZ 7, 139, 142f.

561 Seuffert, Band 13, Nr. 31 (abgedruckt in: 3. Band (1868), S. 403).

562 Seuffert, 32. Band (1877), Nr. 239.

563 RGZ 8, 117f; RGZ 9, 158, 164ff.

564 RGZ 8, 118.

565 Seuffert, 32. Band (1877), Nr. 239.

566 von Jhering, Rechtsschutz gegen injuriöse Rechtsverletzung, in: Jahrbücher für die Dogmatik des heutigen römischen und deutschen Privatrechts, 23. Band (1885), S. 155ff; Coing, Europäisches Privatrecht, Band II, S. 519.

567 Windscheid, Lehrbuch des Pandektenrechts, Band 2, 7. Auflage, S. 767.

Andere sahen die actio iniuriarum als Klage aufgrund einer vorsätzlichen Mißachtung der fremden Persönlichkeitswürde an.[568] In der gemeinen Rechtspraxis des 19. Jahrhundert gewann die actio iniuriarum nur sekundäre Bedeutung für das Schadensersatzrecht. In der Rechtspraxis könnte die Injurienklage aufgrund von Persönlichkeitsverletzungen stattfinden, die sich hauptsächlich in Form von Beleidigungen, übler Nachrede, Verleumdung, der Verbreitung verleumderischer Gerüchte durch die Presse darstellten.[569] Der Verletzte hatte das Recht der Wahl, entweder auf Geld oder auf Abbitte, Widerruf oder Ehrenerklärung zu klagen.[570] Die injuriarum actio stellt eine Pönalklage dar.[571] Das Ziel der Injurienklage wäre, dem Opfer persönlich Genugtuung zu ermöglichen. Die Höhe des Genugtuungsbetrags war oft problematisch und umstritten.[572] Die durch bloße culpa zugefügten Schäden könnten nicht in Anspruch genommen werden, nur in einzelnen Härtefällen.[573] Durch das Reichsstrafgesetzbuch wurde ein solcher Strafanspruch abgeschafft. Der Anspruch auf Ehrenerklärung, Widerruf und Abbitte, die das frühere gemeine Recht dem Beleidigten neben dem Geldanspruch gewährte, wurde auch durch das Reichsstrafgesetzbuch beseitigt.[574]

In Bezug auf Schmerzensgeld hatten die Gerichte auf die römische Tradition verzichtet und sich dem gemeinen deutschen Gewohnheitsrecht zugewandt.[575] Das OAG Kassel vertrat im Urteil vom 13. März 1847 die Meinung, dass die Klage auf Schmerzensgeld nur nach Analogie der ästimatorischen Injurienklage des römischen Rechts beurteilt werden könnte. Bei ihr ginge es nicht um Vergütung für einen erlittenen Vermögensnachteil, sondern um einen in einem Vermögensvorteil bestehenden Ausgleich für die durch tätliche Mißhandlung verursachte Körperverletzung. Dem deutschen Recht nach wäre es nur eine persönliche Genugtuung für das Opfer. Aufgrund dessen wurde die Vererbung dieser Ansprüche ausgeschlossen.[576]

---

568 von Jhering, Rechtsschutz gegen injuriöse Rechtsverletzung, in: Jahrbücher für die Dogmatik des heutigen römischen und deutschen Privatrechts, 23. Band (1885), S. 155ff; Coing, Europäisches Privatrecht, Band II, S. 519.

569 Seuffert, Band 8, Nr. 138 (abgedruckt in: 2. Band (1867), S. 431f); Seiler, Römisches deliktisches Schadensersatzrecht in der obergerichtlichen Rechtsprechung des 19. Jahrhunderts, in: FS Lange, S. 245, 251f; Seuffert, Band 8, Nr. 137 (abgedruckt in: 2. Band (1867), S. 431f); “; Seuffert, Band 21, Nr. 55 (abgedruckt in: 5. Band (1870), S. 46ff).

570 Von Savigny, Das Obligationenrecht als Theil des heutigen Römischen Rechts, S. 321; Coing, Europäisches Privatrecht, Band II, S. 512.

571 Seuffert, Band 8, Nr. 137 (abgedruckt in: 2. Band (1867), S. 432).

572 Seiler, Römisches deliktisches Schadensersatzrecht in der obergerichtlichen Rechtsprechung des 19. Jahrhunderts, in: FS Lange, S. 245, 252; Seuffert, Band 8, Nr. 137 (abgedruckt in: 2. Band (1867), S. 432): „die Strafe desto höher bestimmt, je größere Nachteile demselben aus der Beleidigung erwachsen sind“.

573 Seuffert, Band 8, Nr. 137 (abgedruckt in: 2. Band (1867), S. 432); Seiler, Römisches deliktisches Schadensersatzrecht in der obergerichtlichen Rechtsprechung des 19. Jahrhunderts, in: FS Lange, S. 245, 252.

574 Windscheid, Lehrbuch des Pandektenrechts, Band 2, 7. Auflage, S. 768.

575 Seiler, Römisches deliktisches Schadensersatzrecht in der obergerichtlichen Rechtsprechung des 19. Jahrhunderts, in: FS Lange, S. 245, 258f; RGZ 8, 117f.

576 Seuffert, Band 8, Nr. 138 (abgedruckt in: 2. Band (1867), S. 431f).

4. Übrige Delikte

Die actio de servo vorrupto, actio quod metus causa, actio redhibitoria, actio depositi, die im Römischen Recht Privatstrafe darstellten, fanden im 19. Jahrhundert keine Anwendung. [577]Jedoch die folgenden Privatstrafen blieben noch gültig: 1) Actio de effusis et auf den doppelten Wert, wenn eine Sache durch Auswerfen oder Ausgießen an einer öffentlichen Straße verletzt würde. 2) Wenn ein Legat an Kirchen oder milde Stiftungen hinterlassen würde, könnte dem Erbe zur Strafe der doppelte Wert bezahlt werden, wenn er nicht freiwillig ausgezahlt würde, sondern der Erbe auf eine Klage zu warten hätte.[578]

---

[577] Von Savigny, Das Obligationenrecht als Theil des heutigen Römischen Rechts, S. 324f.

[578] Von Savigny, Das Obligationenrecht als Theil des heutigen Römischen Rechts, S. 326f.

IV. Im Rechtsgebiet des sächsischen Rechts

1.Überblick

Nach Meinung von *Grützmann* gäbe es drei Gründe für das Bestehen eines selbständigen Privatrechts im Königreich Sachsen. Der erste sei, dass die sächsischen Rechtsbücher, nämlich der Sachsenspiegel, eine besondere Stellung in Sachsen einnähmen. Zweitens ginge es um die frühzeitige Kräftigung der sächsischen Staatsgewalt. Und drittens wäre die frühe Selbstständigkeit der sächsischen Rechtspflege gewährleistet.[579] Nach Inkrafttreten des bürgerlichen Gesetzbuches am 1. März 1865 stellte dieses die wichtigste Quelle des sächsischen Privatrechts dar. Es schaffte im Prinzip die Geltung aller früheren privatrechtlichen Rechtsquellen ab.[580]

2. Materieller Schadensersatz

Die deliktische Haftung für materielle Schäden des Sächsischen BGB hätte die im gemeinen Recht entwickelten Grundsätze zur actio legis Aquiliae rezipiert.[581] Wenn einer einem anderen an dessen Körper oder an Sachen durch eine widerrechtliche Handlung Schaden verursacht, sollte er dem Opfer Schadensersatz leisten. Bei dieser Haftung kommt es nicht darauf an, ob die Handlung vorsätzlich oder fahrlässig war. Hier gilt auch kein Proportionalitätsprinzip wie im ALR.[582] Hier geht es nur um den Ausgleichsgedanken nach dem Alles- oder Nichts- Prinzip. Pönale Elemente seien hier nicht von Bedeutung.[583] Die römische actio furti, welche eine Strafklage darstellte und zur Zahlung des vierfachen Sachwertes führen konnte, wurde auch ganz abgeschafft.[584]

3. Immaterieller Schadensersatz

Geldanspruch aufgrund der Injurien wurde schon durch das Duellmandat von 1712 beseitigt. Dieser Tradition wurde später gefolgt.[585] Durch das sächsische Criminalgesetzbuch aus dem Jahre 1838 wurde der Anspruch des Beleidigten oder Verleumdeten auf Abbitte, Ehrenerklärung und Widerruf nicht mehr anerkannt.

Die Klagen auf Abbitte, Ehrenerklärung und Widerruf entstammen der gemeinsamen Position einer deutschen Ansicht und der von der Kirche begünstigten Sicht der Notwendigkeit der Versöhnung. Eine solche erzwungene Privatgenugtuung hätte in den meisten Fällen einen

579 Grützmann, Lehrbuch des königlich Sächsischen Privatrechts, 1. Band, S. 1.

580 Grützmann, Lehrbuch des königlich Sächsischen Privatrechts, 1. Band, S. 11ff.

581 Siebenhaar, Lehrbuch des Sächsischen Privatrechts, S. 712; Ebert, Pönale Elemente im deutschen Privatrecht, S. 167.

582 §§ 1483, 1484 Sächsisches BGB; Siebenhaar, Lehrbuch des Sächsischen Privatrechts, S. 712.

583 Grützmann, Lehrbuch des königlich Sächsischen Privatrechts, 2. Band, S.178f; Ebert, Pönale Elemente im deutschen Privatrecht, S. 167.

584 Pöschmann, Commentar, S. 352.

585 Ebert, Pönale Elemente im deutschen Privatrecht, S. 168.

nachteiligen Einfluss auf die Moralität. Sie könnte nur mehr Erbitterung erregen und tatsächlich dem Beleidigten keinen wesentlichen Nutzen gewähren.[586] Das sächsische Criminalgesetzbuch schrieb noch die Privatgenugtuung vor. Art. 202 K. S. Criminalgesetzbuch gemäß hat der Verletzte in allen Fällen von Verletzungen der Ehre das Recht, eine auf Kosten des Verleumders oder Beleidigers zu fertigende, beglaubigte Abschrift des Straferkenntnisses zu erhalten. Wenn der Verletzte durch Verleumdung oder Beleidigung öffentlich beschimpft worden wäre, könnte er verlangen, die erkannte Strafe in geeigneter Weise auf Kosten des Beleidigers bekanntzumachen. Dabei müsste der Richter darauf achten, dem Beleidigten die Privatgenugtuung in dem Umfang zu erreichen, in welchem die Verletzung seiner Ehre genügend war. Auf der anderen Seite müsste er es vermeiden, eine Privatsache weiter zu verbreiten.[587]

Im sächsischen BGB wurde vorgeschrieben, dass jemand, der einem Anderen durch Verleumdung oder durch Verbreitung falscher Nachrichten über dessen Lebenswandel, persönliche Fähigkeiten, Amtsführung, Gewerbebetrieb oder sonstige Verhältnisse Schaden verursacht, nach dem Ermessen des Richters Schadensersatz zu leisten hat. Diese Bestimmung ist neu, insofern das gemeine Recht die Privatstrafe kannte; hier wurde sie jedoch als Schadensklage angeordnet.[588]

Wenn die Körperverleztung eine Verunstaltung oder Verstümmelung hervorgebracht hat, tritt neben den Heilungskosten und dem Schmerzensgeld noch das sog. „Schädengeld" in Erscheinung, welches nach richterlichem Ermessen bestimmt werden soll. Auf Grund seines höchstpersönlichen Charakters könnte es auf die Erben des Verletzten nur dann übergehen, wenn er bereits Klage bei Gericht eingereicht oder den Anspruch vertraglich festgestellt hat.[589] Es stellt keinen materiellen Schadensersatz dar, der im § 1489 Sächsisches BGB angeordnet ist, sondern immateriellen Schadensersatz für den Verlust an körperlicher Integrität.[590]

4. Schmerzensgeld

Bei Körperverletzung kann das Opfer nicht nur den Ersatz des materiellen Schadens (Heilungskosten), sondern auch eine Entschädigung für die Schmerzen wie in der herrschenden gemeinrechtlichen Praxis in Anspruch nehmen.[591] Im Vergleich zum gemeinen Sachsenrecht wird Schmerzensgeld unabhängig von dem Verschuldensgrad des Täters anerkannt. Dieser

---

[586] Held/Siebdrat, Criminalgesetzbuch, S. 284f.

[587] Held/Siebdrat, Criminalgesetzbuch, S. 285.

[588] Pöschmann, Commentar, II. Band, S. 353f; Sächsisches BGB § 1501; Siebenhaar, Lehrbuch des Sächsischen Privatrechts, S. 717.

[589] Sächsisches BGB § 1490; Siebenhaar, Lehrbuch des Sächsischen Privatrechts, S. 714; Ebert, Pönale Elemente im deutschen Privatrecht, S. 169f.

[590] Ebert, Pönale Elemente im deutschen Privatrecht, S. 170; vgl. Grützmann, Lehrbuch des Königlich Sächsischen Privatrechts, 2. Band, S. 179: Hier geht es um Schmerzensgeld.

[591] Sächsischens BGB § 1497; Siebenhaar, Lehrbuch des Sächsischen Privatrechts, S. 713; Grützmann, Lehrbuch des Königlich Sächsischen Privatrechts, 2. Band, S. 179.

spielt auch keine Rolle beim richterlichen Bemessen der Schmerzensgeldshöhe. Hier werden nur Ausmaß und Dauer der Schmerzen mit Rücksicht auf den Stand des Verletzten beim Ermessen herangezogen.[592] Das Schmerzensgeld stellt hier keine Strafe dar.[593]

5. Wergeld

Im alten sächsischen Privatrecht sollte, für den Fall, dass jemand getötet worden war, dessen Verwandten Wergeld bezahlt werden, welches nach der Verschiedenheit des Geschlechtes des Getöteten zwanzig oder zehn Thaler betrug, aber nur, wenn dem Täter keine Leibesstrafe zuerkannt wurde.[594] Gemäß Sächsischem BGB sollte der Täter im Falle eines Tötungsdelikts den Erben des Getöteten die Kosten der verursachten Heilung, der ärztlichen Untersuchung und der Beerdiung des Getöteten bezahlen.[595] Wenn der Getötete einen anderen pflichtlich ernährt hatte, sollte der Schadensersatz den Unterhalt des Ernährten mit umfassen. Dessen Höhe sollte gerichtlich bemessen werden. Die Frist sollte nicht über die vermutete Lebensdauer des Getöteten hinausgehen. Bei Bestimmung der Schadensersatzhöhe sollte die Erwerbsfähigkeit des Getöteten zur Zeit der Tötung und der Bedarf des Ersatzberechtigten berücksichtigt werden.[596] Dadurch wurde das sogenannte Wergeld stillschweigend abgeschafft.[597]

6. Sachsenbuße

Im früheren sächsischen Privatrecht wurde in Bezug auf Sachsenbuße angeordnet, dass derjenige, der durch das Verschulden der Obrigkeit oder einer Privatperson widerrechtlich in Haft gehalten worden war, neben dem Schadensersatz noch eine für jeden Tag und jede Nacht betragende Privatgenugtuung erhalten könnte.[598] Das Sächsische BGB schrieb folgendermaßen vor: neben dem Ersatz aufgrund des Vermögensschadens, zum Beispiel dem entgangenen Verdienst und allen sonst verursachten Schäden, sollte auch bei der Freiheitsberaubung die Sachsenbuße als Entschädigung für das Gefühl des Gefangenseins bezahlt werden.[599] Diese Entschädigung wurde von *Grützmann* als Ausgleich betrachtet.[600] Aber nach Meinung

[592] Ebert, Pönale Elemente im deutschen Privatrecht, S. 168f.

[593] Grützmann, Lehrbuch des königlich Sächsischen Privatrechts, 2. Band, S. 179; vgl. Ebert, Pönale Elemente im deutschen Privatrecht, S. 170ff.

[594] Haubold, Lehrbuch des Königlich-Sächsischen Privatrechts, S. 481.

[595] § 1491 Sächsisches BGB.

[596] § 1492 Sächsisches BGB.

[597] Pöschmann, Commentar, II. Band, S. 350, Fn. 1.

[598] Haubold, Lehrbuch des Königlich-Sächsischen Privatrechts, S. 481: Die Höhe der Privatgenugtuung wurde hier mit vierzig Groschen für einen Tag und jede Nacht vorgeschrieben.

[599] Sächsisches BGB § 1497, 1498; Siebenhaar, Lehrbuch des Sächsischen Privatrechts, S. 715f.

[600] Grützmann, Lehrbuch des königlich Sächsischen Privatrechts, 2. Band, S. 183: Die Höhe wurde auf 4 Mark für jeden Tag der Gefangenheit berechnet; Siebenhaar, Lehrbuch des Sächsischen Privatrechts, S. 716: „*für jeden*

Anderer wurde sie nicht als reiner Ausgleich angesehen. Die einheitlich pauschalisierte Höhe des zu zahlenden Betrags und die unwiderlegliche Vermutung des Bestehens eines Schadens zeigt schon pönale Elemente in dieser Zahlungspflicht, die jedoch nicht erheblich sind.[601]

7. Anspruch wegen außerehelichen Beischlafs

Wer mit einer unverheirateten Frau Geschlechtsverkehr ausübt, sollte ihr eine bestimmte Entschädigung nach dem Ermessen des Richters mit Rücksicht auf deren Stand und seine Vermögensverhältnisse leisten, wenn er mit ihr keine Ehe schließen will oder kann.[602] Bei dem Anspruch geht es nicht um Ausstattung, sondern um Entschädigung. Es handelt sich hier um die gewöhnliche Dotation der außerehelich Geschwächten. Dem Sächsischen BGB gemäß seien diese Ansprüche teils nach denselben Bestimmungen, teils nach den Bestimmungen über Körperverletzung zu beurteilen.[603] Diese Entschädigung wurde nicht für Erschwerung einer zukünftigen Eheschließung, sondern für die zugefügte außereheliche Schwächung bestimmt. Das Entschädigungsgeld wurde häufig auf einen Betrag zuerkannt, der nicht über 300 Mark lag.[604]

Tag einer Gefangenhaltung den Betrag von Einem Thaler zehn Neugroschen zu bezahlen."

601 Ebert, Pönale Elemente im deutschen Privatrecht, S. 173.

602 Sächsisches BGB § 1551; Grützmann, Lehrbuch des königlich Sächsischen Privatrechts, S. 183f.

603 Pöschmann, Commentar, II. Band, S. 368.

604 Grützmann, Lehrbuch des königlich Sächsischen Privatrechts, S. 183f, Fn. 3.

E. Strafgesetzbuch des Deutschen Reichs

Das Strafgesetzbuch für den Norddeutschen Bund wurde auf der Grundlage des preußischen StGB von 1851 entworfen[605] und wurde vom Reichstag am 25. Mai 1870 verabschiedet. Am 1. Januar 1871 trat es in Kraft. Nach der erforderlichen Redaktion wurde es am 15. Mai 1871 als Strafgesetzbuch für das Deutsche Reich verkündet und trat im Reich überwiegend am 1. Januar 1872 in Kraft.[606] Mit der Entwicklung des Strafrechts hatte sich auch der Strafschadensersatz verändert.

I. Beendigung der Injurienklage

Schon im Strafgesetzbuch für den Norddeutschen Bund konnte man die Injurienklage nicht mehr finden. Der Grund dafür war, dass die Injurienklage damals in den meisten norddeutschen Ländern, besonders in Preußen, schon seit langem aufgehoben worden war; auf Grund dessen wurde sie nicht mehr in das Strafgesetzbuch aufgenommen.[607] In den Staaten, in denen die Injurienklage bis 1871 zulässig war, konnte sie gemäß dem nulla poena sine lege-Verbot des § 2 I StGB[608] oder Art. 6 I EGStGB[609] beseitigt werden.[610] Das nulla poena sine lege-Verbot schließt die Strafe auf Grund des Gewohnheitsrechts und der Analogie aus. Die Strafe darf nur auf Grund eines solchen Gesetzes verhängt werden, in dem eine Strafe angeordnet ist.

Daher wurden Landesgesetze mit nicht bestimmter Strafe außer Kraft gesetzt, zum Beispiel die nach richterlichem Ermessen verhängte Strafe.[611] Außer in Württemberg war die Injurienklage seit der Einführung des StGB überall ausdrücklich oder stillschweigend aufgehoben worden.[612] Es gab in Württemberg immer noch die zweifelhafte Frage, ob diese Zivilklage wegen Beleidigung und Körperverletzung durch das Strafgesetzbuch abgeschafft worden wäre oder nicht. Es sollte ausdrücklich bestimmt werden, ob die reine römische actio aestimatoria zu beiseitigen sei.[613]

---

605 Ebert, Pönale Elemente im deutschen Privatrecht, S. 204.

606 Schubert/Vormbaum, Vorwort der Herausgeber in: Entstehung des Strafgesetzbuchs, Band 1, S. VII, Fn. 1.

607 Mainzer, Die ästimatorische Injurienklage, S. 101; Ebert, Pönale Elemente im deutschen Privatrecht, S. 204.

608 § 2 I StGB: „Eine Handlung kann nur dann mit einer Strafe belegt werden, wenn diese Strafe gesetzlich bestimmt war, bevor die Handlung begangen wurde."

609 § 6 I EGStGB: „Vom 1. Januar 1871 ab darf nur auf die im Strafgesetzbuch für den Norddeutschen Bund enthaltenen Strafarten erkannt werden."

610 Ebert, Pönale Elemente im deutschen Privatrecht, S. 204.

611 Siehe Kommentar zu § 2 StGB, in: Frank, Das Strafgesetzbuch für das Deutsche Reich nebst dem Einführungsgesetze, S. 25f..

612 Hahn, Die gesammten Materialien zur StPO, S. 1173; Ebert, Pönale Elemente im deutschen Privatrecht, S. 204f, Fn. 6.

613 Hahn, Die gesammten Materialien zur StPO, S. 1173.

Mit dem Inkrafttreten der Reichsjustizgesetze am 1. 1. 1879 durch Art. 11 I EGStPO wurde die Injurienklage im ganzen Deutschen Reich schließlich vertilgt.[614] Art. 11 Abs. 1 EGStPO gemäß konnte die Verfolgung von Beleidigung und Körperverletzung nur nach den Vorschriften der Strafprozessordnung möglich sein. Dieser Paragraph wurde hinzugefügt, damit das Verbot einer Injurienklage, die sich auf Bestrafung, Ehrenerklärung, Abbitte, Widerruf bezieht, außer Zweifel gestellt werden konnte.[615] Bei der Diskussion über den Entwurf wies der Vorsitzende darauf hin, dass „*- abgesehen von der eigentlichen Schädenklage - die Verfolgung von Injurien im Civilprozesse nicht mehr stattfinden solle*".[616] Solche Klagen wurden seit Langem nicht mehr als Mittel zur restitutio famae, nämlich als ein auf Ausgleich zielender Schadensersatz, betrachtet. Der Zwang zur Aufgabe einer solchen Erklärung wurde vielmehr nur als pönale Sanktion angesehen, die bei dem Beleidiger „das Gefühl großer Demütigung und Beschämung hervorrufen" und dadurch dem Kläger Genugtuung verschaffen sollte. Deswegen stellt sich ihre Aufnahme in den modernen Strafenkanon als problematisch und ihre Verhängung neben einer anderen öffentlichen Strafe überdies als überflüssig dar.[617]

Obwohl es in der StPO diese eindeutige Regelung gab, wurde aber die actio injuriarum von einigen deutschen Gerichten nach 1879 noch als geltendes Recht betrachtet. Allerdings wandelte sich ihre Rechtsnatur von einer Privatstrafe zur Entschädigung für erlittene ideelle Nachteile. Sie sollte dazu beitragen, dass „*die Rechtsschutzlücke bei deliktischer Rechtsverletzung ohne vermögensrechtlich relevante Folgen*" geschlossen werden könne, die bei der Vertilgung der pönalen Injurienklage entstanden war.[618] Eine Rechtsprechung dafür ist ein Urteil des OLG Hamburg von 1895. In diesem Fall forderte der Beklagte (Widerkläger) vom Kläger 500 Mark Schadensersatz, weil seine Haustüren der Mietwohnung mit Brettern vernagelt wurden, und er dadurch sowohl am Betreten der Wohnung gehindert, als auch bei der Nachbarschaft diskreditiert wurde. Dies stellte eine Injurie im rechtlichen Sinne dar. Das Gericht vertrat die Meinung, dass der Gekränkte zum damaligen Zeitpunkt nicht länger auf dem Wege privater Rechtsverfolgung vor den Zivilgerichten einen Strafanspruch auf Zuerkennung einer willkürlichen Geldsumme, deren Höhe vom Richter nach dessen Ermessen bestimmt werden sollte, in Anspruch nehmen könne. Es war nur im früheren, gemeinen Recht auf Grund der Bestimmung des römischen Rechts möglich. Aber im neuen Reichsrecht wurde es durch den § 2 des Einführungsgesetzes zum StGB und durch den Art. 11 des Einführungsgesetzes zur StPO beseitigt. Die Injurienklage als Satisfaktionsklage wurde nicht mehr im Zivilrecht, sondern im Strafrecht geregelt. „*Wo eine Strafe Platz greift, darf auf eine Privatstrafe nicht mehr erkannt werden.*" Im Gegensatz dazu wurde der Anspruch auf Schadensersatz, der durch eine Injurie hervorgerufen worden war, nicht durch die Gesetzgebung aufgehoben. Beim Ermessen der Satisfaktionssumme hätte der Richter auch den entstandenen Schaden mit zu berechnen. „*Das Schadensersatzprinzip hat mit der Ausscheidung des*

---

[614] Ebert, Pönale Elemente im deutschen Privatrecht, S. 205.

[615] Voitus, , Kommentar zur StPO 1877, S. 508; Hahn, Die gesammten Materialien zur StPO, S. 1173.

[616] Hahn, Die gesammten Materialien zur StPO, S. 1173.

[617] RGZ 60, S. 12ff., 17ff.; Ebert, Pönale Elemente im deutschen Privatrecht, S. 205.

[618] Ebert, Pönale Elemente im deutschen Privatrecht, S. 206.

Strafprinzips nicht die Daseinberechtigung verloren, sondern die Alleinherrschaft gewonnen." In diesem Falle konnte das gemietete Zimmer vom Mieter während der Mietzeit nicht benutzt werden. Sein Recht wurde durch die Vernagelung der Eingangstüren verletzt. Der durch die Vernagelung entstandene Schaden sollte ersetzt werden.[619]

[619] OLG Hamburg, Seufferts Archiv 51, S. 280ff.

II. Geldbuße

1. Entwicklung

Die Buße im heutigen Sinne erschien erstmals im preussischen Entwurf zu einem StGB aus dem Jahre 1843.[620] Nach § 281, konnte im Falle einer Beleidigung, die einen Geschäftsbetrieb oder das Fortkommen des Beleidigten betraf, auf Antrag des Beleidigten diesem eine in Geld zu leistende Genugtuung zuerkannt werden.[621] Nach § 162 des Entwurfes des Strafgesetzbuches für den Norddeutschen Bund (Entwurf Friedberg, Juli 1869) konnte jemand mit Geldbuße bis zu einhundert Talern bestraft werden, wenn er einen anderen beleidigt hatte.[622] Bei der ersten Lesung der Bundesratskommission wurde von Donandt empfohlen, „*ist es durch Wort oder Zeichen nicht öffentlich geschehen*" nach „*wird*" einzuschalten.[623] Gemäß § 195 des Entwurfs von Friedberg vom Juli 1869 konnte jemand mit einer Geldbuße bis zu dreihundert Talern bestraft werden, wenn er vorsätzlich einen anderen stößt oder schlägt oder einen Anderen mißhandelt oder körperlich verletzt hatte.[624] Bei der 1. Lesung wurde in der 18. Sitzung in Bezug auf alle vorsätzlichen Körperverletzungen ein Antrag gestellt. Wenn eine vorsätzliche Körperverletzung verübt wurde, die der Verletzte nicht durch eigene Schuld veranlasst hatte, so kann auf Antrag und vorbehaltlich der Entschädigungsansprüche desselben, dem Täter die Zahlung einer Geldentschädigung des Opfers bis zu 1.000 Talern auferlegt werden.[625] Nach § 203 des Entwurfs von Friedberg vom Juli 1869 konnte jemand mit einer Geldbuße von bis zu einhundert Talern bestraft werden, wenn er fahrlässig einen Anderen körperlich verletzt oder dessen Gesundheit geschädigt hatte.[626] Bei der 1. Lesung wurde in der 18. Sitzung das Strafmaß auf eine Geldstrafe von 300 Talern erhöht.[627] Gemäß § 23 des Entwurfs von Friedberg vom Juli 1869, konnten Geldbußen durch eine Gefängnißstrafe ersetzt werden, wenn sie wegen Unvermögens des Verurteilten nicht beigetrieben werden konnten. Aber wenn eine zu verwandelnde Geldbuße neben Zuchthaus ausgesprochen worden war, sollte die Geldbuße nicht in Gefängnißstrafe, sondern in Zuchthaus verwandelt wer-

---

[620] Rüdorf, Strafgesetzbuch für das Deutsche Reich (1. Auflage), S. 326.

[621] Rücker, Die Buße des Deutschen Reichsstrafrechts, S. 7.

[622] Entwurf eines Strafgesetzbuches für den Norddeutschen Bund (Entwurf Friedberg 1869), abgedruckt bei: Schubert/Vormbaum, Entstehung des Strafgesetzbuchs, Band 1, S. 27.

[623] Bundesratskommission, Erste Lesung, Antrag von Donandt, abgedruckt bei: Schubert/Vormbaum, Entstehung des Strafgesetzbuchs, Band 1, S. 209.

[624] Entwurf eines Strafgesetzbuches für den Norddeutschen Bund (Entwurf Friedberg 1869), abgedruckt bei: Schubert/Vormbaum, Entstehung des Strafgesetzbuchs, Band 1, S. 30.

[625] Sitzungsprotokolle der Bundesratskommission, 1. Lesung, 18. Sitzung, abgedruckt bei: Schubert/Vormbaum, Entstehung des Strafgesetzbuchs, Band 1, S. 124.

[626] Entwurf eines Strafgesetzbuches für den Norddeutschen Bund (Entwurf Friedberg 1869), abgedruckt bei: Schubert/Vormbaum, Entstehung des Strafgesetzbuchs, Band 1, S. 32.

[627] Sitzungsprotokolle der Bundesratskommission, 1. Lesung, 18. Sitzung, abgedruckt bei: Schubert/Vormbaum, Entstehung des Strafgesetzbuchs, Band 1, S. 124.

den.[628] Bei der Beratung über § 23 gelangten die Anträge von *Schwarze* und *Donandt* zur Beratung und Annahme. In den Vorträgen wurde eine Höchstdauer in Bezug auf eine Gefängnißstrafe und Zuchthausstrafe besprochen, für den Fall, dass die Geldbuße in eine solche verwandelt werden sollte.[629]

Im Entwurf eines Strafgesetzbuches für den Norddeutschen Bund (Entwurf 1. Lesung, November 1869) konnte jemand mit Geldstrafe von bis zu zweihundert Talern bestraft werden, wenn er einen Anderen beleidigt hatte.[630] Im Antrag von Leonhardt wurde dieser Paragraph dahingehend verändert, dass für den Fall, dass die Beleidigung durch eine Tätlichkeit begangen wurde, eine Geldstrafe von bis zu fünfhundert Talern verhängt werden konnte.[631] In einigen schwer wiegenden Fällen konnte die Geldstrafe von bis zu fünfhundert Talern in Kraft treten.[632] Bei einer Verleumdung kann eine Buße neben der Strafe bis zu einem Betrage von eintausend Talern zuerkannt werden.[633] Im Antrag von Leonhardt wurde empfohlen, hinter „*Thalern*" „*zu Gunsten des Beleidigten*" einzufügen.[634] Bei einer Körperverletzung könnte der Täter mit einer Geldstrafe von bis zu 300 Talern bestraft werden.[635]

In der 2. Lesung zum Entwurf wurde im Dezember 1869 die Geldstrafe wegen Beleidigung in § 183 bestimmt. Der Inhalt wurde nach dem Antrag von Leonhardt neu abgefasst.[636] Abs. 1, § 184 sah mildernde Umstände für jemanden vor, der in Bezug auf einen Anderen eine Tatsache behauptet oder verbreitet, „*welche denselben verächtlich zu machen oder in der öffentlichen Meinung abzuwürdigen geeignet ist*". Dieser könnte dann mit einer Geldstrafe von bis zu

---

[628] Entwurf eines Strafgesetzbuches für den Norddeutschen Bund (Entwurf Friedberg 1869), abgedruckt bei: Schubert/Vormbaum, Entstehung des Strafgesetzbuchs, Band 1, S. 5.

[629] Bundesratskomission, 1. Lesung, 2. Sitzung, abgedruckt bei: Schubert/Vormbaum, Entstehung des Strafgesetzbuchs, Band 1, S. 69; Bundesratskommission, Erste Lesung, Antrag von Schwarze, abgedruckt bei: Schubert/Vormbaum, Entstehung des Strafgesetzbuchs, Band 1, S. 173; Bundesratskommission, Erste Lesung, Antrag von Donandt, abgedruckt bei: Schubert/Vormbaum, Entstehung des Strafgesetzbuchs, Band 1, S. 180.

[630] § 180 des Entwurfs 1. Lesung (November 1869), abgedruckt bei: Schubert/Vormbaum, Entstehung des Strafgesetzbuchs, Band 1, S. 271.

[631] Zweite Lesung, Antrag Nr. 606, Leonhardt, Bundeskommision, abgedruckt bei: Schubert/Vormbaum, Entstehung des Strafgesetzbuchs, Band 1, S. 398.

[632] § 181 des Entwurfs 1. Lesung (November 1869), abgedruckt bei: Schubert/Vormbaum, Entstehung des Strafgesetzbuchs, Band 1, S. 271.

[633] Abs. 4 § 182 des Entwurfs 1. Lesung (November 1869), abgedruckt bei: Schubert/Vormbaum, Entstehung des Strafgesetzbuchs, Band 1, S. 271.

[634] Zweite Lesung, Antrag Nr. 606, Leonhardt, Bundeskommision, abgedruckt bei: Schubert/Vormbaum, Entstehung des Strafgesetzbuchs, Band 1, S. 398.

[635] Abs. 1 § 217 des Entwurfs 1. Lesung (November 1869), abgedruckt bei: Schubert/Vormbaum, Entstehung des Strafgesetzbuchs, Band 1, S. 275.

[636] § 183 im Entwurf eines Strafgesetzbuches für den Norddeutschen Bund (Entwurf 2. Lesung, December 1869), abgedruckt bei: Schubert/Vormbaum, Entstehung des Strafgesetzbuchs, Band 1, S. 453.

dreihundert Talern belegt werden. Zu Gunsten des Verleumdeten kann neben der Strafe auf Verlangen desselben eine Buße bis zum Betrage von eintausend Talern erkannt werden.[637] Solche Vorschriften wurden im Entwurf vom 14. Februar 1870 nicht verändert.[638] Wer vorsätzlich einen anderen körperlich verletzt, konnte mit einer Geldstrafe von bis zu dreihundert Talern bestraft werden.[639] Auf Verlangen des Verletzten konnte zugunsten desselben bei einer vorsätzlichen Körperverletzung, die nicht durch seine Schuld zugefügt worden war, neben der Strafe eine Buße bis zum Betrage von eintausend Talern bestimmt werden. Jeder haftet für diese Buße auf das Ganze.[640] Bei fahrlässiger Körperverletzung konnte der Täter mit einer Geldstrafe von bis zu dreihundert Talern bestraft werden.[641] Im Entwurf vom 14. Februar 1870 waren die Regelungen über die Geldbuße bei Körperverletzung im Großen und Ganzen unverändert geblieben.[642]

Die Buße wurde in § 188 der Entwurfsfassung nach den Beschlüssen dritter Lesung normiert. Nach dieser Vorschrift kann auf Verlangen des Beleidigten nach den §§ 186 und 187 neben der Strafe auf eine an den Beleidigten zu zahlende Buße bis zum Betrag von 2000 Talern erkannt werden, „wenn die Beleidigung nachteilige Folgen für die Vermögensverhältnisse, den Erwerb oder das Fortkommen des Beleidigten mit sich bringt“. Ein weiterer Anspruch auf Schadensersatz wird durch die erkannte Buße ausgeschlossen.[643]

Gemäß § 231 Abs. 1 in der Entwurfsfassung nach den Beschlüssen dritter Lesung kann der Verletzte im Falle von Körperverletzung neben der Strafe eine Buße bis zum Betrag von zweitausend Talern in Anspruch nehmen. Nach § 231 Abs. 2 schließt eine erkannte Buße auch die Geltendmachung eines weiteren Anspruchs für die Entschädigung aus. Laut § 231 Abs. 3 haften die zu derselben Sache Verurteilten für diese Buße als Gesamtschuldner.[644]

Im Mai 1870 wurde der aus der dritten Lesung hervorgegangene Entwurf vom Bundesrat

---

[637] § 184 im Entwurf eines Strafgesetzbuches für den Norddeutschen Bund (Entwurf 2. Lesung, December 1869), abgedruckt bei: Schubert/Vormbaum, Entstehung des Strafgesetzbuchs, Band 1, S. 398.

[638] §§ 183ff. im Entwurf vom 14. Februar 1870, abgedruckt bei: Schubert/Vormbaum, Entstehung des Strafgesetzbuchs, Band 2, S. 72.

[639] § 218 im Entwurf eines Strafgesetzbuches für den Norddeutschen Bund (Entwurf 2. Lesung, December 1869), abgedruckt bei: Schubert/Vormbaum, Entstehung des Strafgesetzbuchs, Band 1, S. 457.

[640] § 225 im Entwurf eines Strafgesetzbuches für den Norddeutschen Bund (Entwurf 2. Lesung, December 1869), abgedruckt bei: Schubert/Vormbaum, Entstehung des Strafgesetzbuchs, Band 1, S. 458.

[641] § 228 im Entwurf eines Strafgesetzbuches für den Norddeutschen Bund (Entwurf 2. Lesung, December 1869), abgedruckt bei: Schubert/Vormbaum, Entstehung des Strafgesetzbuchs, Band 1, S. 458.

[642] §§ 218ff. im Entwurf vom 14. Februar 1870, abgedruckt bei: Schubert/Vormbaum, Entstehung des Strafgesetzbuchs, Band 2, S. 75.

[643] § 188 in Fassung des Entwurfs nach den Beschlüssen dritter Lesung, abgedruckt bei: Schubert/Vormbaum, Entstehung des Strafgesetzbuchs, Band 2, S. 291.

[644] § 231 in der Fassung des Entwurfs nach den Beschlüssen dritter Lesung, abgedruckt bei: Schubert/Vormbaum, Entstehung des Strafgesetzbuchs, Band 2, S. 294.

einstimmig angenommen.[645] Nach der Gründung des Deutschen Reiches wurde das Bundesstrafgesetzbuch zum Reichsstrafgesetzbuch. Die Regelungen über Buße in § 188 und § 231 wurden nicht verändert.[646]

2. Voraussetzungen der Buße

a) Voraussetzungen in § 188 StGB

Die Voraussetzungen wurden hier materiell und prozessual differenziert.[647]

Die materiellen Voraussetzungen lauten wie folgt:

Es geht um die Fälle der §§ 186 und 187. Beide Pararaphen handeln von Verleumdung und übler Nachrede.[648] Im Falle des § 185 (hier geht es um eine einfache Beleidigung) kann deshalb nicht auf Buße erkannt werden.[649]

Die zweite Voraussetzung ist, dass dem Anspruchsteller ein Nachteil für dessen Vermögensverhältnisse, den Erwerb oder das Fortkommen durch die üble Nachrede entstanden sind oder er verleumdet wurde.[650] Dem Gericht wurde auferlegt, nach seinem Ermessen darüber zu entscheiden, „ob es von der Ermächtigung zur Zuerkennung einer Buße Gebrauch machen will".[651] Der Nachteil besteht hier nicht in der Beleidigung selbst, sondern in ihrem nachteiligen Einfluß auf die Vermögensverhältnisse des Beleidigten.[652] Die Worte „mit sich bringt" bedeuten nicht „mit sich gebracht hat". Es sei ausreichend, wenn die Beleidigung unter den konkreten Umständen geeignet war, nachteilige Folgen herbeizuführen. Es kommt nicht darauf an, ob diese Folgen zum Zeitpunkt der Erkennung der Buße wirklich entstanden waren.[653] Zuerst war zweifelhaft und in der Literatur umstritten, ob die Verurteilung zu einer Buße nach § 188 StGB auf die Umstände, die lediglich Schäden an ideellen Gütern betreffen, erweitert werden könnte. Im Jahre 1929 wurde diese Erweiterung vom Reichsgericht anerkannt.[654]

---

[645] Schwarze, Commentar zum Strafgesetzbuch für das Deutsche Reich vom 31. Mai 1870, S. 4.

[646] Rüdorf, Strafgesetzbuch für das Deutsche Reich mit Kommentar, 3. Auf., S. 33, 459f., 528.

[647] Franz, Das Strafgesetzbuch für das Deutsche Reich nebst dem Einführungsgesetze, S. 334; vgl. Liszt, Lehrbuch des Deutschen Strafrechts, S. 275f..

[648] Ebert, Pönale Elemente im deutschen Privatrecht, S. 208.

[649] Franz, Das Strafgesetzbuch für das Deutsche Reich nebst dem Einführungsgesetze, S. 334; Ebert, Pönale Elemente im deutschen Privatrecht, S. 208.

[650] Ebert, Pönale Elemente im deutschen Privatrecht, S. 208.

[651] RGSt, 42, 166ff., 167.

[652] Franz, Das Strafgesetzbuch für das Deutsche Reich nebst dem Einführungsgesetze, S. 334; RGSt, 42, 166ff., 167.

[653] Rüdorff, Strafgesetzbuch für das Deutsche Reich (3. Auflage), S. 462; Franz, Das Strafgesetzbuch für das Deutsche Reich nebst dem Einführungsgesetze, S. 334f.; RGSt, 42, 166ff., 167.

[654] Ebert, Pönale Elemente im deutschen Privatrecht, S. 210; RG Recht 1930, S. 132.

Die prozessualen Voraussetzungen sind wie folgt:

Das Urteil kann der Strafe entbehren. Deswegen könnte die Buße nicht allein im Urteil anerkannt werden, wenn das Verfahren keinen Strafantrag beinhaltet oder dieser wegen Verjährung gescheitert ist. Das gilt auch für die Situation, dass der Angeklagte nach § 199 straffrei gesprochen wird.[655] Es hängt nicht davon, „ob der bürgerlichrechtliche Entschädigungsanspruch zulässig oder beschränkt ist oder zu begründen sein würde".[656] § 444 I StPO gemäß kann der Antrag auf Zuerkennung einer Buße bis zur Verkündung des Urteils erster Instanz gestellt werden.[657]

Die Zuerkennung von Buße ist davon abhängig, ob die Buße von dem Beleidigten verlangt worden war. Nur der Beleidigte ist berechtigt, einen Antrag auf Buße zu stellen.[658] Gemäß § 444 IV StPO können die Erben des Verletzten den Anspruch auf Buße nicht erheben oder fortsetzen. Auch der gesetzliche Vertreter kann den Anspruch auf Anerkennung seiner Berechtigung zum Anschluß als Nebenkläger nicht erheben.[659]

b) Voraussetzungen in § 231 StGB

Die erste Voraussetzung ist, dass der Anspruchgegner wegen einer vollendeten Körperverletzung gegen den Anspruchsteller zu einer Kriminalstrafe verurteilt worden war.[660] Die Zuerkennung zu einer Buße wird durch einen Freispruch, eine Einstellung des Verfahrens oder eine sonstige Erledigung der Sache ausgeschlossen,[661] weil „*vor der Zuerkennung ein Anspruch auf die Buße in Wahrheit noch nicht*" vorgekommen war.[662]

Während in den Fällen der Beleidigung nach § 188 StGB neben den allgemeinen Voraussetzungen für Zuerkennung einer Buße noch die weitere tritt, daß „die Beleidigung nachteilige Folgen für die Vermögensverhältnisse, den Erwerb oder das Fortkommen des Beleidigten mit sich bringt", läßt das Strafgesetzbuch in allen Fällen der Körperverletzung die Zuerkennung einer Buße zu, ohne sie vom Nachweis des Vorkommens nachteiliger Folgen abhängig zu machen, weil der Nachteil bei der Körperverletzung schon in der Verletzung nachgewiesen sei.[663] Eine versuchte Körperverletzung wird ausgeschlossen. Die Körperverletzung könnte

---

[655] Vgl. Franz, Das Strafgesetzbuch für das Deutsche Reich nebst dem Einführungsgesetze, S. 335, wird hier als materielle Voraussetzung beschrieben; RGSt 44, 294, 295ff..

[656] RGSt 55, 187, 188.

[657] Vgl. RGSt 41, 104, 105f..

[658] Rüdorff, Strafgesetzbuch für das Deutsche Reich (3. Auflage), S. 462; Franz, Das Strafgesetzbuch für das Deutsche Reich nebst dem Einführungsgesetze, S. 335.

[659] RGSt, 140, 141.

[660] Ebert, Pönale Elemente im deutschen Privatrecht, S. 208.

[661] Ebert, Pönale Elemente im deutschen Privatrecht, S. 209.

[662] RGSt 31, S. 334ff., S. 335.

[663] §§ 443ff. StPO, siehe: Löwe, Die Strafprozeßordnung für das Deutsche Reich (3. Auflage), S. 719ff.; RGSt, 42, 166ff., 167; Rüdorff, Strafgesetzbuch für das Deutsche Reich (3. Auflage), S. 528.

auch außerhalb des 17. Abschnitts beim Kaufhandel (§ 227 StGB), Zweikampf (§ 207 StGB) und Körperverletzungen im Amt (§ 340 StGB) geschehen.[664]

Wie in § 188 setzt die Geldbuße in § 231 StGB auch ein Verlangen des Verletzten voraus. Außerdem setzt §§ 443 II, 446 StPO für die Zuerkennung einer Buße voraus, dass sich das Opfer der kriminalen Klage als Nebenkläger anschloss, sofern er das Verfahren nicht auf jeden Fall als Privatkläger betrieb.[665] Die Beantragung der Buße wird nach der Verkündigung des erstinstanzlichen Urteils nicht zulässig.[666] In der Folgezeit richtet sich diese Vorschrift nach dem prozessökonomischen Prinzip und der Umfang der Zulässigkeit wird erweitert.[667]

c) Rechtsfolge

Gemäß § 188 I StGB konnte eine an den Beleidigten zu zahlende Buße bis zum Betrag von 2000 Talern bestimmt werden. § 231 I StGB gemäß konnte die an den Verletzten zu zahlende Buße auch bis zu 2000 Talern betragen. In beiden Fällen wird die Geltendmachung eines weiteren Entschädigungsanspruchs durch eine erkannte Buße ausgeschlossen. Die Entschädigung beschränkt sich nicht nur auf eine Vergütung der dem Verletzten zugefügten rein vermögensrechtlichen Schäden, sondern umfasst auch jegliche durch die Verletzung verursachte körperliche und psychische Schäden.[668] Die Höhe der Buße kann nicht über den vom Verletzten verlangten Betrag hinausgehen.[669]

---

664 Rüdorff, Strafgesetzbuch für das Deutsche Reich (3. Auflage), S. 528; Ebert, Pönale Elemente im deutschen Privatrecht, S. 208f..

665 Vgl. Ebert, Pönale Elemente im deutschen Privatrecht, S. 211.

666 § 444 I StPO; Ebert, Pönale Elemente im deutschen Privatrecht, S. 211.

667 Ebert, Pönale Elemente im deutschen Privatrecht, S. 211.

668 RGSt 24, S. 397, 398.

669 RGSt 43, 75, 77.

3. Die rechtliche Natur der Buße

a) Der wissenschaftliche Streit

Das Wesen der Buße in §§ 188, 231 war wissenschaftlich sehr umstritten.[670] Es wird in Straftheorie, Entschädigungstheorie und Kombinationstheorie unterteilt.[671]

Gemäß der Straftheorie trägt die Buße den Charakter einer Privatstrafe. Die Gründe sind wie folgt: Erstens befinden sich die Regelungen über die Buße im Strafgesetzbuch. Zweitens lässt sich an ihrer Entwicklung erkennen, dass sie als eine Privatstrafe aufzufassen ist. Drittens kann Buße jegliche weitere Entschädigungsansprüche ausschließen, weswegen sie nicht als Schadensersatz angesehen werden kann.[672] Rüdorff vertritt diese Meinung erstmals in der ersten Auflage seines Kommentars für das StGB, welches im Jahre 1871 erschien. Hier stand: *„Nach dem Wortlaut in Verbindung mit der vorangegebenen Entstehungsgeschichte des Paragraphen hat die Buße den Charakter einer (Civil)-Strafe.* „ ... , *daß die Buße als eine Strafe anzusehen, ...* (ist)“.[673] Aber in der dritten Auflage wurde diese Meinung geändert.[674]

Eine andere Theorie heißt Kombinationstheorie. *Wächter* vertritt die Meinung: Die Buße stellt eine Kombination der Strafe und des Schadensersatzes dar.[675] Es gibt vier Begründungen für diese Theorie: Erstens gibt es einen Maximalbetrag. Zweitens handelt es sich bei der Buße in den Entwürfen um eine reine Privatstrafe. Drittens wird hier der Begriff *„Buße“* verwendet. Viertens findet man das Instrument der Buße nur im Strafgesetzbuch.[676] *Oppenhoff* vertrat auch diese Meinung in seinem Kommentar für das Strafgesetzbuch im Jahre 1876: „ ... *„Buße“ charakterisirt sich zwar als eine (Civil-) Strafe, ist aber gleichzeitig und hauptsächlich als Ersatz für den zugefügten Vermögensschaden anzusehen*“.[677]

Die Vertreter der Entschädigungstheorie finden, dass die Buße in den Entwürfen zwar die Natur einer Privatstrafe habe, aber der Reichstag hat hier wesentliche Änderungen vorgenommen. Danach hat die Buße nur noch den Charakter einer Entschädigung. Die Richtigkeit dieser Theorie basiert auf drei wichtigen Gründen: Erstens hat der Gesetzgeber die Zuerkennung einer Buße von dem Entstehen eines Schadens abhändig gemacht. Zweistens weist das Gesetzbuch die Worte neben dem Begriff Strafe auf. Drittens schließt die erkannte Buße die Geldtendmachung eines weiteren Entschädigungsanspruches aus. Dies zeigt, dass das Ver-

---

[670] Frank, Das Strafgesetzbuch für das Deutsche Reich, S. 44f.; von List, Lehrbuch des Deutschen Strafrechts, S. 276; Wächter, Die Buße bei Beleidigungen und Körperverletzungen, S. 3f., 30.

[671] Rücker, Die Buße des Deutschen Reichsstrafrechts, S. 13ff..

[672] Rücker, Die Buße des Deutschen Reichsstrafrechts, S. 13f.; Rüdorff, Strafgesetzbuch für das Deutsche Reich, S. 327f..

[673] Rüdorff, Strafgesetzbuch für das Deutsche Reich (1. Auflage), S. 327f.

[674] Rüdorff, Strafgesetzbuch für das Deutsche Reich (3. Auflage), S. 416f.

[675] Wächter, Die Buße bei Beleidigungen und Körperverletzungen, S. 43.

[676] Rücker, Die Buße des Deutschen Reichsstrafrechts, S. 18.

[677] Oppenhoff, Das Strafgesetzbuch für das Deutsche Reich (5. Aufgabe), S. 366.

langen der Buße im Wesentlichen ein Entschädigungsanspruch ist.[678] In der dritten Auflage des Kommentars für das StGB von *Rüdorf* vertritt dieser diese Meinung.[679] In dieser Auflage steht: *„Nach dem Wortlaut in Verbindung mit der vorangegebenen Entstehungsgeschichte des Paragraphen hat die Buße – wie ich in Ueberinstimmung mit der namentlich von Dochow vertretenen Ansicht annehme – in ihrem Grundzuge den Charakter einer Entschädigung des Verletzten.*"[680] *„Die RstPO geht bei ihren Bestimmungen über die Buße davon aus, daß dieselbe ihrer rechtlichen Natur nach nicht sowohl als Strafe, denn als Entschädigung aufzufassen sei.* "[681] *Frank* betrachtet die Buße auch nicht als Strafe, sondern als Entschädigung.[682] Diese Meinung wird von *Oppenhoff* in der vierzehnten Auflage seines Gesetzbuches im Jahre 1901 vertreten.[683] *Von List* vertritt in seinem Lehrbuch ebenfalls diese Meinung.[684]

Nach Meinung von *Schwarze* kann die Buße nicht als Geldstrafe verstanden werden, weil sie in der Bundeskommission lediglich als Geldstrafe bezeichnet wurde und der Ausdruck „Geldbuße" hier vermieden wird.[685]

b) Die Meinung in der Praxis

Im Urteil des II. Strafsenats vom 20. Juni 1882 hieß es, dass Buße in gewissem Umfang den Charakter einer Privatstrafe habe, weil die festzusetzende Entschädigung den berechenbaren Schaden des Verletzten übersteigen könnte.[686] Diese Meinung wurde im Urteil vom 29. November 1883 des I. Strafsenats nicht verneint. Darin stand, es sei in Theorie und Praxis sehr umstritten, *„inwieweit der Charakter der Buße ein strafrechtlicher und inwieweit ein privatrechtlicher ist*". Obwohl kein Zweifel an der in §§ 188, 231 StGB vorgeschriebenen Regelung, nämlich dass eine erkannte Buße die Geltendmachung eines weiteren Entschädigungsanspruches ausschließen kann, besteht, steht aber die umgekehrte Regelung, nämlich ob eine auf dem Zivilrechtsweg erhaltene oder schon geleistete Entschädigung die Zuerkennung einer Buße ausschließen kann, noch nicht außer Zweifel.[687]

Im Urteil vom 22. Mai 1885 vertrat der II. Strafsenat eine andere Meinung. Er betrachtete die Buße nicht als eine Strafe, sondern nur als Entschädigung.[688] Das Reichsgericht hat am 7.

---

678 Rücker, Die Buße des Deutschen Reichsstrafrechts, S. 14f.; Frank, Das Strafgesetzbuch für das Deutsche Reich, S. 44f..

679 Rüdorff, Strafgesetzbuch für das Deutsche Reich (1. Auflage), S. 461ff, 528.

680 Rüdorff, Strafgesetzbuch für das Deutsche Reich (3. Auflage), S. 461f.

681 Rüdorff, Strafgesetzbuch für das Deutsche Reich (3. Auflage), S. 462f.

682 Frank, Das Strafgesetzbuch für das Deutsche Reich, S. 45.

683 Oppenhoff, Strafgesetzbuch für das Deutsche Reich (14. Auflage), S. 469.

684 von List, Lehrbuch des Deutschen Strafrechts, S. 276.

685 Schwarze, Kommentar zum Strafgesetzbuch für das Deutsche Reich, S. 452.

686 RGSt 4, S. 398, 399f..

687 RGSt 9, S. 223, 225f..

688 RGSt 12, S. 223, 224: „ *..., aber zugleich auf Buße erkannt werden kann, weil letztere keine Strafe, sondern*

März 1887 in einem Urteil diese Meinung wiederholt ausgesprochen. In diesem Fall trat der Angeklagte dem Verletzten mit dem Fuß in die Geschlechtsteile, wodurch der Verlust der Zeugungsfähigkeit verursacht wurde. Das Instanzgericht hat neben der Strafe auf eine Buße von 800 Mark erkannt, genauer gesagt, „*300 Mark als Entschädigung für Verpflegungskosten, Lohnverluste und ausgestandene Schmerzen*" und „*500 Mark als Vergütung für den Verlust „des großen Gutes der Zeugungsfähigkeit*"". Die Revision wurde aus folgenden Gründen abgelehnt: Die Buße stelle keine Strafe dar, sondern sie sei nur „eine in der Entschädigung des Verletzten bestehende Genugthuung", die im Strafverfahren neben der Strafe bestimmt werden kann. Obwohl der Entwurf die Buße zuerst als eine Privatstrafe angesehen hatte, wurde dieser Charakter durch die Beschlüsse des Reichstages verändert. Aus den Bestimmungen in §§ 188, 231 ergibt sich, dass die Buße den Charakter einer Entschädigung zeigt, weil sie in § 188 davon abhängig gemacht wird, dass „*die Beleidigung nachteilige Folgen für die Vermögensverhältnisse, den Erwerb oder das Fortkommen des Beleidigten*" hervorrufe, und „*eine erkannte Buße die Geltendmachung eines weiteren Entschädigungsanspruches ausschließe*". Die letzte Regelung ist auch in § 231 aufgenommen worden. Der Einwand, dass die erkannte Buße auch ein Schmerzensgeld umfasse, wurde auch verworfen weil das Gericht beim Ermessen des körperlichen und psychischen Schadens unterschiedliche Gesichtspunkte angewendet hat, nämlich die bei dem Verletzten entstandenden Schmerzen und der durch die Verletzung hervorgerufene Verlust der Zeugungsfähigkeit.[689] Dieser Meinung folgte der Reichstag in seinen späteren Urteilen des Reichtstags.[690]

Entschädigung ist, ... ".

[689] RGSt 15, S. 352, 352ff.

[690] RGSt 17, S. 178; RGSt 17, 190ff.; RGSt 24, S. 397, 398; RGSt 30, 367, 368; RGSt, 31, 334, 335: „ ... *Buße ist gleichwohl ihrer rechtlichen Natur nach nicht eine Strafe, sondern, ... , eine privatrechtliche Entschädigung des Verletzten, ...* "; RGSt 42, 166: „ ... *Buße, die eine in der Entschädigung des Verletzten bestehende Privatgenugtuung darstellt, ...* "; RGSt 60, 12, 12ff; BGHZ 17, 223, 224.

F. Die Epoche des BGB

I. Eckpfeiler des Schadensersatzes

Entpönalisierung im BGB war deutliches Ziel des BGB-Gesetzgebers.[691] Um dieses Ziel zu ermöglichen, hatte der BGB-Gesetzgeber dafür seine Rechtsgedanken über die Grundlage des Schadensersatzes in den Motiven zum Entwurf zum Ausdruck gebracht.[692] Es geht hier um die Entwicklung der folgenden Eckpfeiler im Schuldrecht:

1. Totalprinzip und Proportionalitätsprinzip

Zuerst geht es um den Umfang der Haftungszurechnung. Hier wird Bezug auf das Schicksal des Proportionalitätsprinzips genommen.[693] Die Idee der Proportionalität ist als „ein klares Produkt" im 19. Jahrhundert erfunden worden.[694] Ursprünglich diente es dazu, eine Abstufung der Ersatzleistung nach der Art der Anspruchsgründung, z.B. nach dem Verschuldensgrad (Proportionalitätsprinzip), vorzunehmen.[695] Unter dem Hinweis auf die Regelungen in mehreren vorherigen Kodifikationen, nämlich die „Abstufung des Umfanges der Schadensersatzpflicht je nach der Art oder dem Grade des Verschuldens", nahm der Gesetzgeber einen Vergleich mit dem Grundsatz im gemeinen Recht vor, wonach „*lediglich der Umfang des verursachten Schadens*" für „*den Umfang des zu leistenden Schadensersatzes*" entscheidend ist. Hier wurde das Proportionalitätsprinzip moralisierend und strafrechtlich charakterisiert. Darauf sollte bei den zivilrechtlichen Folgen der unerlaubten Handlungen auf jeden Fall verzichtet werden. Hier könnte das Alles-oder-Nichts-Prinzip für den Schadensersatz geeignet sein.[696] Dieser Rechtsgedanke hatte sich in §§ 218, 220 im ersten Entwurf durchgesetzt. Danach umfaßt der zu ersetzende Schaden nicht nur die erlittene Vermögenseinbuße sondern auch den entgangenen Gewinn, „wie im gemeinen Recht und dem bisherigen Handelsrecht",[697] weil der Schuldner „das volle Interesse" zu ersetzen hat.[698] § 218 E I wurde leicht durch den II. Entwurf korrigiert und durch das BGB in §§ 249, 252 normiert.[699] § 220 E I diente dazu, den Grundsatz der Totalreparation gegenüber dem preußischen Recht zu verdeutlichen, obwohl diese in Bezug auf § 218 E I als entbehrlich erscheinen könnte. Im zweiten

---

691 Ebert, Pönale Elemente im deutschen Privatrecht, S. 248.

692 Mot. II S. 17ff. = Mugdan, Materialien II, S. 10ff..

693 Mot. II S. 17f. = Mugdan, Materialien II, S. 10.

694 Armasow, Schaden und abgestufte Haftung im ALR 1794, S. 31.

695 Staudinger/Schiemann (2005), § 249, Rn. 2; vgl. Lange, Gutachten für den 43. Deutschen Juristentag, S. 20.

696 Mot. II S. 17f. = Mugdan, Materialien II, S. 10.

697 Mugdan, Materialien II, S. III; Oertmann, Das Recht der Schuldverhältnisse, S. 38.

698 Mugdan, Materialien II, S. 12, IV: § 220 E I: „*Ist als Schadensersatz der Werth eines Gegenstandes zu ersetzen, so ist nicht blos der gemeine Verkehrswerth, sondern auch derjenige Werth massgebend, welchen der Gegenstand für den Gläubiger nach den besonderen Verhältnissen hatte (ausserordentlicher Wert)*".

699 Mugdan, Materialien II, S. III; Staudinger/Schiemann (2005), § 249, Rn. 1ff..

Entwurf wurde sie deshalb abgeschafft.[700] Das Totalreparationsprinzip bedeutet, dass das ganze Interesse ersetzt werden soll.[701] Es stellt hier der Schadensersatzzurechnung „einen einheitlichen und einfachen Ausgangspunkt" zur Verfügung. Dadurch wurde die traditionelle Trennung zwischen positivem Schaden (*damnum emergens*) und entgangenem Gewinn (*lucrum cessans*) abgeschafft.[702] Die Ausnahmefälle dafür finden sich in den §§ 254, 829, 1298 BGB.[703]

Nach Inkrafttreten des BGB ist in der Literatur der Grundsatz der Totalreparation ständig diskutiert worden.[704] In der Praxis ist auch dieser Grundsatz aufgelockert worden, weil diese Regeln des BGB so starr sind, dass sie in der Rechtsprechung nicht leicht umgesetzt werden könnten. Unter der Perspektive der Schadensbegrenzung hat auch der BGH den Grundsatz der Totalreparation gemildert.[705] Das Prinzip wurde durch zahlreiche Bestimmungen des Handelsrechts ersetzt, zB. §§ 430, 611 HGB; § 47 PatGes usw..[706] Dies geschieht auch in allgemeinen Geschäftsbedingungen in Bezug auf die totale Freizeichung oder im Arbeitsrecht unter dem Aspekt der Emanzipation.[707] Der Deutsche Juristentag empfahl, 1. „*die Haftung für schuldhaft verursachte Schäden zu begrenzen*". 2. „*für den Umfang der Ersatzpflicht auf die Schwere des Verschuldens abzustellen*" und 3. „*die Schadensersatzpflicht auf die Tragweite der verletzten Norm abzustellen*".[708] Bei allen drei Empfehlungen handelt es sich um eine Minderung der Ersatzpflicht, um das Prinzip der Totalreparation im Schadensrecht aufzulockern.[709] Aber eine Minderung der Ersatzpflicht sollte nur dann in Betracht kommen, wenn der Ersatzpflichtige lediglich fahrlässig war und der verursachte Schaden außergewöhnlich hoch ist. In diesem Falle sollte der Richter das Recht haben, „*die Ersatzpflicht nach billigem Ermessen bis zu dem Betrage des gewöhnlichen Schadens herabzumindern*". Aber diese Empfehlung gilt nicht für alle auf leichter Fahrlässigkeit des Schuldners beruhenden Fälle. Im Vertragsrecht beschränkt sich die EinBuße, für die Haftung zu übernehmen ist, auf die durch den Vertrag geschützten Interessen des Gläubigers. Im Deliktsrecht wird die Beschränkung der Haftung auf den Schaden ausgeschlossen, der wegen Verletzung des durch die jeweilige Haftungsnorm geschützten Rechtsgutes herbeigeführt worden war. Aber dies beinhaltet nicht die Schadensfolgen, die für die Aufstellung der verletzten Pflichten sinnlos sind, wenn das Verhalten des Schädigers nicht als rechtswidrig betrachtet wurde.[710]

---

700 Mugdan, Materialien II, S. IV, 12.

701 HKK/Jansen, §§ 249-253, 255, Rn. 41.

702 Staudinger/Schiemann (2005), § 249, Rn. 2.

703 Lange, Gutachten für den 43. Deutschen Juristentag, S. 21; Oertmann, Das Recht der Schuldverhältnisse, S. 38.

704 Armasow, Schaden und abgestufte Haftung im ALR 1794, S. 32.

705 Lange, Gutachten für den 43. Deutschen Juristentag, S. 16ff..

706 Lange, Gutachten für den 43. Deutschen Juristentag, S. 16, Fn 26.

707 Lange, Gutachten für den 43. Deutschen Juristentag, S. 16f..

708 Lange, Gutachten für den 43. Deutschen Juristentag, S. 59f..

709 Armasow, Schaden und abgestufte Haftung im ALR 1794, S. 33.

710 Lange, Gutachten für den 43. Deutschen Juristentag, S. 60.

2. Naturrestitution oder Kompensation

Zweitens geht es um die Art der Haftungszurechnung. Hier geht es um die Zuordnung der Naturrestitution im Schadensersatzrecht. Im ersten Entwurf wurde der Grundsatz aufgestellt, „*der Schadensersatz ist dadurch zu leisten, daß der frühere Zustand wiederherzustellen (ist)*".[711] Die Gründe dafür lauten, dass die entsprechenden Bestimmungen der modernen Gesetzgebung auch wesentlich auf diesem Prinzip basiert hätten, dass auch das gemeine Recht erkannt hätte, dass „*der Anspruch auf Leistung des Interesse den Anspruch auf Wiederherstellung des früheren Zustandes in sich schließt*".[712] Gemäß § 219 E I sollte der Ausgleich in Geld erfolgen, wenn die Wiederherstellung nicht möglich oder zur vollständigen Entschädigung des Verletzten nicht ausreichend ist. Hier geht es um einen „*Anspruch auf Leistung des Interesse*" aus der wirtschaftlichen Perspektive. Die Naturalrestitution hat allerdings den Vorrang der Wiederherstellung zum Inhalt. Dies reflektiert die Natur der Sache und entspricht der Rechtslogik.[713] Der Rechtsgedanke wird in § 249 BGB normiert. Danach sollte es hier um ein Ausgleichsprinzip gehen. Der Geschädigte hat das Recht, einen vollen Ausgleich für die erlittene Einbuße in Anspruch zu nehmen.[714] Das volle Interesse hat einen Vermögenswert zum Inhalt, nämlich „*de(r)n Werth, welchen der zu ersetzende Gegenstand für den Gläubiger nach den besonderen Verhältnissen hatte*". Diese Vorschrift unterscheidet sich von der Regelung im preußischen Recht, nach der die Ersatzpflicht des außerordentlichen Wertes von dem Grade des zu vertretenden Verschuldens abhängt. Die andere wichtige Bedeutung dieser Vorschrift besteht in Zusammenhang mit dem § 825, in dem die Vermutung über die Gleichheit des Wertes der Sache mit dem Besitzwert aufgestellt wird. Diese Vorschrift sollte auch im Falle des Schadensersatzes wegen Sachentschädigung und Sachentziehung gelten.[715] §§ 249-251 BGB zufolge bewertet das Gesetz die Naturrestitution als Regelfall. Geldersatz kommt nur bei im Gesetz ausdrücklich vorgeschriebenen Fällen in Betracht. Aber in der Praxis war dieses Regel-Ausnahme-Verhältnis umgekehrt worden. Meistens wird der Schadensersatz vor eine Restitution gestellt.[716]

§ 251 II gemäß, ist der Ersatzpflichtige berechtigt, Ersatz in Geld zu leisten, wenn die Restitution „*mit unverhältnismäßigen Aufwendungen*" geschehen ist. Die Ersatzbefugnis setzt nicht die Entscheidung voraus, ob die Herstellung angefangen wurde oder ob diese schon fertig ist.[717] Die Aufwendung wird als unverhältnismäßig betrachtet, wenn das Verhältnis von den Aufwendungen zum Herstellungserfolg in Hinsicht auf berechtigte Belange des Gläubigers unvernünftig ist. Hier genügt es nicht, dass die Kosten der Herstellung über den Kosten

---

711 Mot. II S. 19 = . Mugdan, Materialien II, S. 11.

712 Mot. II S. 19f. = Mugdan, Materialien II, S. 11.

713 Mot. II S. 19f. = Mugdan, Materialien II, S. 11.

714 Lange/Schiemann, Schadensersatz, S. 9f..

715 Mot. II S. 21 = Mugdan, Materialien II, S. 12.

716 MüKoBGB/Oetker, § 249 Rn. 320; HKK/ Jansen, §§ 249-253, 255, Rn. 33f..

717 Soergel/Ekkenga/Kuntz, § 251 Rz 15; Lange/Schiemann, Schadensersatz, S. 237; RGZ 71, 212; BGHZ 115, 375; OLG Hamm NJW-RR 2001, 1390.

der Neubeschaffung liegen.[718] Die Regelung korrigiert die Rechtsfolge des § 249. Das Integritätsinteresse des Geschädigten wird im Schadensersatz nur anerkannt, wenn es den Grundsätzen von Treu und Glauben entspricht.[719] In Buzug auf die Belange muss das Integritätsinteresse des Geschädigten zurücktreten, wenn dessen Wiederherstellung über die für den Schuldner zumutbare „Obergrenze" hinausgeht.[720] Der Grad des Schädigerverschuldens und die Vermögensverhältnisse der Beteiligten ist hier nicht entscheidend. Die Heranziehung des Verschuldens stellt dabei nur die Einführung „*einer systemfremden Pönalisierungsfunktion des Schadensersatzrechts*" dar.[721] Hier handelt es sich um eine Konkretisierung des Grundsatzes von Treu und Glauben im Schadensersatz.[722]

Die in § 251 I 1 normierte Begrenzung des Herstellungsaufwandes gilt nicht im Fall der Personenverletzung, weil die Gesundheit als immaterielles Gut angesehen wird und die Norm nicht dafür anwendbar ist. Wenn bei einer Körperverletzung ausnahmsweise die Wiederherstellungskosten abgelehnt werden, kann der bleibende Schaden noch mittels einer Erhöhung des Schmerzensgeldes ausgeglichen werden.[723]

Im Falle der Unverhältnismäßigkeit bei Kfz-Schäden gilt eine 130%-Grenze in der Praxis. Ein wirtschaftlicher Totalschaden wird bestimmt, wenn die Reparaturkosten eines beschädigten Kfz den Wiederbeschaffungswert um mehr als 30 Prozent übersteigen.[724] Der herrschenden Meinung nach, bieten die §§ 249 ff. dem Geschädigten nicht die freie Wahlmöglichkeit zwischen Restitution und Kompensation. Vielmehr normiert § 251 II BGB, dass der Ersatzanspruch des Gläubigers im Falle von unverhältnismäßigen Herstellungskosten auf das Wertinteresse des Gläubigers beschränkt werden soll. Der Gläubiger soll nur insoweit zum Ausgleich verpflichtet sein.[725]

§ 251 II 2 BGB gemäß kann man die durch die Heilbehandlung eines verletzten Tieres herbeigeführten Aufwendungen nicht als unverhältnismäßig betrachten, wenn sie den Wert des Tieres erheblich übersteigen. Die bei Kfz-Schadensersatzrecht geltende 130%-Grenze kann nicht auf Tiere übertragen werden.[726] Die ersatzfähige Höhe der Behandlungskosten kann nicht davon abhängen, ob die Behandlung erfolgreich war oder nicht.[727]

---

[718] Lange/Schiemann, Schadensersatz, S. 237.

[719] MüKoBGB/Oetker, § 251 Rn. 35.

[720] MüKoBGB/Oetker, § 251 Rn. 35.

[721] Soergel/Ekkenga/Kuntz, § 251 Rz 17.

[722] MüKoBGB/Oetker, § 251 Rn. 35.

[723] Soergel/Ekkenga/Kuntz, § 251 Rz 16.

[724] MüKoBGB/Oetker, § 249 Rn. 43ff; Soergel/Ekkenga/Kuntz, § 249 Rz 151ff, § 251 Rz 19f; Voit/Geck, NJW 2010, 117; BGHZ 115, 364, 371.

[725] MüKoBGB/Oetker, § 249 Rn. 43; BGH NJW 1997, 520.

[726] Soergel/Ekkenga/Kuntz, § 251 Rz 22; MüKoBGB/Oetker, § 251 Rn. 59.

[727] MüKoBGB/Oetker, 7. Auflage 2016, § 251 Rn. 60.

II. Die Ersetzbarkeit des immateriellen Interesses

1. Allgemeines

Drittens geht es um die Ersetzbarkeit des immateriellen Interesses. § 221 E I besagt, dass die Entschädigung in Geld außerhalb des Vermögensschadens auf die im Gesetz bestimmten Fälle beschränkt werden soll.[728] Obwohl ein vermögensrechtliches Interesse nicht zum Wesen oder der Gültigkeit und Wirksamkeit eines Schuldverhältnisses gehört, kann daraus aber nicht das Ergebnis abgeleitet werden, dass die Verletzung eines nicht vermögensrechtlichen Interesses durch Verstoß gegen eine obligatorische Verpflichtung oder das Delikt zum Anspruch auf Ersatzpflicht in Geld führen sollte. Danach dürfen bei dem zu leistenden Schadensersatz „*das sog. Affektionsinteresse*" oder „*der Werth der besonderen Vorliebe*" nicht in Betracht gezogen werden, welche das preußische Recht in Ansehung der ethischen oder strafrechtlichen Gesichtspunkte bei der vorsätzlichen Verletzung dem Opfer zugebilligt hatte.[729] Der Entwurf I folgte der herrschenden Lehre des Gemeinen Rechts, obwohl sie von *Jhering*, *Dernburg*, *Gierke*, *Hartmann* kritisiert worden war.[730] §§ 218, 220 E I gemäß kommt nur das vermögensrechtliche Interesse bei Leistung des vollen Interesses in Betracht. Aber das in § 221 E I (später in § 253 a.F. BGB) ausgedrückte Prinzip, nämlich „*wegen eines anderen als eines Vermögensschadens kann eine Entschädigung (E II in Geld)*" in Anspruch genommen werden, kommt auch im Falle des durch Delikt herbeigeführten Anspruches auf immateriellen Schadensersatz (§ 728 E I, § 847 a.F. BGB) zur Anwendung.[731]

Der Entwurf setzte nicht die Buße in den Vorschriften der Reichsgesetze außer Kraft, sondern erkannte sie in § 721 E I wiederholt an.[732] Eine Neuerung gegenüber dem gemeinen Recht und den meisten neueren Gesetzgebungszwecken findet sich in § 728 E I. Abs. 1 (§ 847 a.F. BGB). Danach kann jemandem auch wegen eines anderen als eines Vermögensschadens eine billige Geltentschädigung zugesprochen werden, dessen Körper verletzt oder dem die Freiheit entzogen worden war.[733] In Hinsicht auf die Beziehung zwischen dieser Vorschrift und der Bestimmung des § 231 a.F. StGB wurde als Motiv angeführt, dass durch diese neue Vorschrift die Bestimmung in StGB eine Anerkennung gefunden habe; genauer gesagt, dass von dem strengen Grundsatz, nämlich dass „*wegen eines anderen als eines Vermögensschadens Entschädigung nicht gefordert werden kann*", im Falle der Körperverletzung abgewichen werden sollte und eine vom Gericht zu bestimmende Geldentschädigung ausnahmsweise unter den gegebenen Umständen zugelassen werden sollte. Diese Befugnis sollte wie im

---

[728] Protokolle, S. 515 = Mugdan, Materialien II, S. IV.

[729] Mot. II S. 21f. = Mugdan, Materialien II, S. 12.

[730] Oertmann, Kommentar zum BGB II, 2. Auflage 1906, S. 40.

[731] Mot. II S. 21f. = Mugdan, Materialien II, S. 12.

[732] Protokolle 1099ff. = Mugdan, Materialien II, S. CXXVII.

[733] Mot. II S. 799 = Mugdan, Materialien II, S. 446; Oertmann, Das Recht der Schuldverhältnisse, Band II, 2. Auflage 1906, S. 998.

StGB auch dem Zivilrichter eingeräumt werden.[734] Aber in der Praxis kann die Geltendmachung des Anspruchs aus § 847 a.F. BGB ausgeschlossen werden, wenn die Buße schon im Strafverfahren anerkannt wurde, selbst wenn die erkannte Buße den nachweislichen Schadensbetrag nicht ganz ausgeglichen hat.[735]

In Bezug auf den Ersatz des nicht vermögensrechtlichen Schadens, der bei einigen unerlaubten Handlungen beim Verletzten hervorgerufen worden war, gewährt der Entwurf dem Verletzten den Anspruch auf eine Geldentschädigung, welche nach dem freien Ermessen des Richters berechnet wird.[736] Die genannten Fälle umfassen die in § 726 E I beschriebene Verletzung des Körpers oder der Gesundkeit (§ 726 E I),[737] die Entziehung der Freiheit eines anderen (§ 727 E I),[738] die Verletzung durch ein Tier (§ 734 E I), Schaden wegen der Sorgfaltsverletzung des Grundstücksbesitzers im Fall des § 735 E I[739] und die Verletzung durch einen Beamten (§ 736 E I) [740]. Alle diesbezüglichen Vorschriften wiesen hier auf den § 728 E I Abs. 1 hin.[741] Aber die allgemeine Bestimmung über einen Entschädigungsanspruch wegen Verletzung eines nicht vermögensrechtlichen Interesses könnte auch zu einem Problem im prozessuellen Rechtsbereich führen, weil der § 260 ZPO dem Richter die Befugnis gegeben hat, nach freier Überzeugung die Entscheidung darüber zu treffen, ob ein Schaden hervorgerufen wurde und in welcher Höhe der zu ersetzende Schaden geleistet werden soll.[742] Wenn einem Richter freies Ermessensrecht anvertraut würde, könnte der Revisionsrichter im konkreten Fall eine ungeeignete Ausübung der unbeschränkten Gewalt des Richters nicht korrigieren.[743] Um die Willkür des Richters zu vermeiden, schreibt § 728 Abs. 1 E I vor, dass „*eine billige Geldentschädigung*“ zugesprochen werden soll, obwohl die Wirkung dessen noch in Zweifel gezogen wurde.[744]

Aber die Sicherung der sog. ideelen Rechte gegen widerrechtliche Verletzung sollte nicht nur durch das Strafrecht ermöglicht werden. Der Verletzte sollte auch durch den Postulaten der Gerechtigkeit schadlos gehalten werden. In der Doktrin vergrößerten sich die Stimmen für die Berücksichtigung nicht vermögensrechtlichen Schadens in Schadensprozessen; dennoch wurde eine allgemeine und deshalb unbestimmte Rechtsnorm, nach welcher ein durch das freie Ermessen des Richters zu bestimmender Schadensersatz wegen deliktischer Verletzung nicht vermögensrechtlichen Interesses in Geld gefordert werden könnte, abgelehnt, weil dies

734 Mot. II S. 800 = Mugdan, Materialien II, S. 447.

735 Oertmann, Das Recht der Schuldverhältnisse, Band II, 2. Auflage 1906, S. 999.

736 Mot. II S. 799 = Mugdan, Materialien II, S. 446.

737 Siehe: Mugdan, Materialien II, S. CXXVIII.

738 Siebe: Mugdan, Materialien II, S. CXXVIII.

739 Siehe: Mugdan, Materialien II, S. CXXX f..

740 Siehe: Mugdan, Materialien II, S. CXXXI f..

741 Siehe: Mugdan, Materialien II, S. CXXX ff..

742 Mot. II S. 22, 801 = Mugdan, Materialien II, S. 12, 447.

743 Mot. II S. 22 = Mugdan, Materialien II, S. 12.

744 Mot. II S. 801 = Mugdan, Materialien II, S. 447.

auf den meisten und größten Rechtsgebieten zu einer wesentlichen Änderung führen könnte. In dem Entwurf wurde ein gemischter Weg empfohlen, nämlich Genugtuung durch die Vorschriften des Gesetzbuches über die Buße und die gesetzlichen Vorschriften über den Schutz des geistigen Eigentums und daneben noch durch den im Entwurf beschriebenen Schadensersatz für die Verletzung nicht vermögensrechtlichen Interesses in bestimmten Fällen. Der Anspruch auf Wiederherstellung des früheren Zustandes kann auch hier in Betracht kommen. Demgegenüber schließt der bestimmte Ersatz die spätere Zuerkennung einer Buße formell nicht unbedingt aus, aber der Richter hat bei der Bemessung des Bußbetrags auf die schon im Zivilprozess erkannte Entschädigung Rücksicht zu nehmen.[745]

Im Gemeinen Recht war es noch schwierig, die Frage, ob der Anspruch auf Schmerzensgeld vererblich sei, zu beantworten, weil diese Antwort mit der Antwort auf eine andere Streitfrage, nämlich ob das Schmerzensgeld als Strafe oder als Entschädigung betrachtet werde, zusammenhängt. Obwohl der BGB-Gesetzgeber dem Anspruch den Charakter der Entschädigung zuerkannt hat, schloß er die Vererblichkeit und Übertragbarkeit aus anderen Erwägungen aus, es sei denn, dass er im Vertrag vereinbart oder rechtsabhängig geworden sei.[746]

Mit dem Inkrafttreten des Zweiten Gesetzes zur Änderung schadensersatzrechtlicher Vorschriften vom 19. 7. 2002 wurde § 253 BGB mit dem Absatz 2 hinzugefügt. Absatz 2 fasst die früheren Vorschriften in § 847 unter dessen gleichzeitiger Aufhebung zusammen.[747] Das Gesetz folgt nicht ganz den Wandlungen, die sich durch richterliche Rechtsfortbildung entwickelt haben. Vielmehr wurden die von den BGB-Vätern des 19. Jahrhunderts eng gezogenen Grenzen weiter eingehalten, ohne das ursprüngliche Konzept grundlegend zu verändern.[748] Danach hat der Anspruch auf Schmerzensgeld eine neue systematische Einordnung und dadurch einen erheblich größeren Anwendungsbereich erhalten.[749] Absatz 2 gemäß soll Schmerzensgeld nicht nur bei unerlaubten Handlungen, sondern auch bei Vertragsverletzung und bei Gefährdungshaftung gezahlt werden.[750] Der § 847 Abs. 1 Satz 2 a.F. BGB, welcher die Vererblichkeit und Übertragbarkeit einschränkte, wurde im Jahre 1990 abgeschafft. Dies geschah auch im LuftVG, BGSG, und AtG.[751] Das deutsche Schadensersatzrecht schreibt heute nicht wie früher dem Angehörigen eines Verletzten oder Getöteten einen Schmerzensgeldanspruch zu, obwohl dies im Schrifttum schon scharf kritisiert wurde.[752]

---

745 Mot. II S. 22f.. = Mugdan, Materialien II, S. 12.

746 Mot. II S. 802 = Mugdan, Materialien II, S. 447f; Oertmann, Das Recht der Schuldverhältnisse, Band II, 2. Auflage 1906, S. 999f.

747 MüKoBGB/Oetker, 7. Auflage 2016, § 253 Rn. 2.

748 Katzenmeier, JZ 2002, 1029, 1035.

749 Staudinger/Schiemann (2017) § 253 Rn. 1.

750 Deutsch, JZ 2002, 588ff; Katzenmeier, JZ 2002, 1029.

751 BT-Drs. 11/4415; vgl. Lepa, Die Wandlungen des Schmerzensgeldanspruchs und ihre Folgen, in FS Müller (2009), S. 113, 116.

752 Katzenmeier, JZ 2002, 1029, 1034.

2. Funktion des Schmerzensgeldes

Kurz nach dem Inkrafttreten des BGB brachte *Strauss* seine Meinung in seiner Dissertation zum Ausdruck, dass man nicht sagen dürfe, das Zivilrecht müsse alle strafpolitischen Aufgaben ausschließen. Das Zivilrecht sollte auch die Aufgabe des Schutzes der Rechtsordnung durch Kampf gegen das Unrecht erfüllen. Durch Einführung eines Schadensersatzes für immaterielle Sachen brächte das Zivilrecht eine gewisse Zuchtfunktion mit sich. Durch die Privatstrafe würde dem Verletzten eine Genugtuung erteilt.[753] Dieser Meinung folgten auch *Kuhlenbeck*, *Kober* und *Engelmann*. Sie vertraten unter dem Hinweis auf die Meinung von *Strauss* eine ähnliche Ansicht, nämlich dass die Vorschrift des § 847 auf der Erwägung nach § 231 StGB beruhen sollte.[754]

In der Rechtsprechung war nach dem Inkrafttreten des BGB ständig die Meinung von *Windscheid* vertreten worden, es handele sich hier um eine wirkliche Entschädigung.[755] Der III. Zivilsenat erkannte im Urteil vom 29. September 1952 dem Schmerzensgeld nur die Ausgleichsfunktion zu. Er ging davon aus, dass die Regelung über die Buße bei Körperverletzung im Strafrecht die Aufnahme in den Ersten Entwurf des Bürgerlichen Gesetzbuches grundlegend beeinflußt hätte. Ebenso wie beim Ausgleich des Vermögensschadens, könnte auch beim Ermessen des Schmerzensgelds nur der Entschädigungsbetrag ausreichen, der zur Beseitigung des hervorgerufenen Nachteiles notwendig sei. Eine Schadensersatzleistung für immaterielle Schäden sei deshalb nur auf dem Wege einer Wiederherstellung in Natur im konkreten Falle möglich. Der Anspruch auf Schmerzensgeld unterscheidet sich von anderen Schadensansprüchen nur insoweit, als der Schaden nicht am Vermögen oder an vermögenswerten Gütern entstanden sei. Bei der Bemessung des Schmerzensgelds gilt der Grundsatz, wie beim Ausgleich des Vermögensschadens nur den Entschädigungsbetrag zu bestimmen, der zur Beseitigung des entstandenen Nachteils nötig sei.[756]

Bisher war der Schmerzensgeldanspruch in der Praxis nur unter dem Aspekt der „Ausgleichsfunktion" erforscht worden. Die oben genannte Meinung wurde bald vom Großen Senat für Zivilsachen (GSZ) des BGH durch den Beschluß vom 6. Juli 1955 verändert.[757] Am 6. Juli 1955 drückte der GSZ seine Meinung in der Rechtsprechung aus, dass der Anspruch auf Schmerzensgeld nach § 847 a.F. BGB kein gewöhnlicher Schadensersatzanspruch sei, sondern ein Anspruch eigener Art mit einer doppelten Funktion. Er sollte dem Geschädigten einen angemessenen Ausgleich für die nicht vermögensrechtlichen Schäden verschaffen,

[753] Strauss, Die Buße des deutschen Strafrechts und der Ersatz des nicht vermögensrechtlichen Schadens im Bürgerlichen Gesetzbuch, S. 33f..

[754] Staudinger/Kuhlenbeck (1906) § 847 (a.F.) S. 952; Staudinger/Kober/Engelmann (1908) § 847 (a.F.) S. 1542; Staudinger/Kober/Engelmann (1910) § 847 (a.F.) S. 1733; Staudinger/Kober/Engelmann (1912) § 847 (a.F.) S. 1854; Staudinger/Kober/Engelmann (1929) § 847 (a.F.) S. 1985.

[755] Stryk, JZ 1987, 120ff.; Staudinger/Schiemann (2017) § 253 Rn. 28.

[756] BGHZ 7, 223ff..

[757] Hartung, NJW 1957, 125, 126; BGHZ 18, 149ff.; Staudinger/Schiemann (2017) § 253 Rn. 29.

wobei zugleich der Gedanke eine Rolle spiele, dass der Schädiger dem Geschädigten Genugtuung für das, was er ihm zugefügt hat, schuldet.[758] Die Begründungen dafür sind wie folgt: 1. Aus der Rechtsgeschichte ergibt sich, dass das Schmerzensgeld auf das Strafrecht zurückgeht - seine strafrechtliche Herkunft wirkte noch in den Patikularrechten der neueren Zeit nach. Bis zum Anfang der Dreißiger Jahre wurde in den Rechtsprechungen und in der Literatur zu § 847 a.F. BGB noch die Ansicht vertreten, dass bei Bemessung des Schmerzensgelds alle Umstände zu berücksichtigen seien. 2. Die Wiederherstellungsfunktion des Schmerzensgeldes in § 847 a.F. BGB stelle nicht das Gleiche wie die Naturalherstellung von Vermögensschäden, nämlich eine wirkliche Wiedergutmachung, dar. Eine alleinige Ausgleichsfunktion passt unmöglich zu immateriellen Schäden, weil es hier keine *„in Geld meßbare(n) Güter“* gäbe. Bei der Entschädigung für immaterielle Schäden könnte die Genugtuungsfunktion nicht weggelassen werden. 3. Der Schmerzensgeldsanspruch des § 847 ist nicht vererbbar und nicht übertragbar.[759]

Die vom GSZ des BGH bestimmten allgemeinen Voraussetzungen des Schmerzensgeldes bezogen sich weniger auf die Erfordernisse, welche das BGB in den Regelungen über Schmerzensgeld zum Ausdruck gebracht hat, sondern auf die Beziehung von Rechtsfolge und Tatbestand, die nämlich durch den Normzweck aufgestellt wurden.[760] Dem vom GSZ festgesetzten Grundsatz wurde danach bei vielen Rechtsprechungen Folge geleistet.[761] Dieser Grundsatz hat sich in der Praxis als brauchbar erwiesen.[762] Unter dem Einfluss der ständigen Rechtsprechungen, bei denen dem Schmerzensgeld die Doppelfunktion anerkannt wurde, insbesondere beim Beschluss des GSZ des BHG vom 6. 7. 1955,[763] wurde eine Doppelfunktion des Schmerzensgelds in der Literatur mehrfach vertreten.[764] Dem hat *Deutsch* zugefügt, dass § 847 a.F. BGB eine Billigkeitsnorm sei. Diese Grundlage des Anspruchsumfangs hätte den Genugtuungscharakter des Schmerzensgelds mit einer präventiven und sanktionierenden Wirkung ermöglicht.[765] Der 45. Deutsche Juristentag hatte vorgeschlagen, dass der Genugtuungsgedanke bei der Bemessung des Geldersatzes für immateriellen Schaden gegebenfalls mit berücksichtigt werden sollte.[766] Dementsprechend schlug der Referentenentwurf eines

---

[758] BGHZ 18, 149.

[759] BGHZ 18, 149, 155ff.; vgl. Staudinger/Schiemann (2017) § 253 Rn. 29.

[760] Deutsch, Schmerzensgeld und Genugtuung, JuS 1969, 197.

[761] BGH NJW 1976, 1148; 1981, 1837; VersR1966, 144; 1967, 256; 1978, 36, 37; vgl. Bötticher, MDR 1963, 353; Staudinger/Schiemann (2017) § 253 Rn. 29; HKK/Jansen, §§ 249-253, 255, Rn. 146, Fn. 1019: *„Die Genugtuungsfunktion ist seit der Entscheidung des Großen Senats ständige Rechtsprechung“*.

[762] Staudinger/Schäfer (1986), § 847, Rn. 9.

[763] BGHZ 18, 149ff.; BGH VersR 1966, 144; 1967, 256; HKK/Jansen, §§ 249-253, 255, Rn. 146.

[764] Deutsch/Ahrens, Deliktsrecht, S. 237; Staudinger/Schäfer (1975), § 847 (a.F.) Rn. 2ff.; Lepa, Die Wandlungen des Schmerzensgeldanspruchs und ihre Folge, in: FS Müller (2009), S. 113ff.; Deutsch, Schmerzensgeld und Genugtuung, JuS 1969, S. 197, 202.

[765] Deutsch, Schmerzensgeld und Genuggtung, JuS 1969, 197, 202.

[766] 45. DJT, Band 2: Sitzungsberichte, S. C 128.

Gesetzes zur Änderung und Ergänzung schadensersatzrechtlicher Vorschriften 1967 eine neue Fassung des § 847 a.F. vor. Darin wurde die Genugtuungsfunktion hervorgehoben, nämlich dass im Falle der Verletztung des Körpers oder auch wegen des Schadens, der nicht Vermögensschaden ist, der Verletzte eine angemessene Entschädigung in Geld einschließlich einer Genugtuung für das ihm zugefügte Unrecht verlangen könne.[767] Nach ständiger Rechtsprechung und herrschender Lehre wurde die dem Schmerzensgeld beigemessene Doppelfunktion förmlich zum Ausdruck gebracht.[768]

Es gibt auch andere Meinungen, die die oben genannte Ansicht kritisieren.[769] *Bötticher* vertrat die Meinung, die Herausarbeitung der Genugtuungsfunktion hätte die Grenze zur strafrechtlichen Buße schon verwischt. Das Zivilrecht sollte die Genugtuungsfunktion vermeiden und die Aufgabe in der Hand des Strafrichters belassen.[770] Auch *Niemeyer* vertrat eine ähnliche Ansicht.[771] Mit der Entwicklung der Rechtsprechung hätte das Schmerzensgeld jetzt eine „*Tripelfunktion*", die Abschreckung sollte neben die „*Rache*" treten. In den letzten Jahrzehnten hätte die Rechtsprechung zum Schmerzensgeld eine deutliche Pönalisierungstendenz gezeigt. Der GSZ dürfte nicht das Genugtuungsprinzip einführen.[772] Wenn der BGH immer weiter auf generalpräventive Momente abstellte, würde das zivilrechtliche Haftungssystem gesprengt. Es wäre eine schadensersatzrechtliche Anomalie. Dies stellte eine Fehlentwicklung in Rechtsprechung und Lehre dar.[773]

Die Funktion des Schmerzensgeldes wurde vom Oberlandesgericht München im Berufungsprozess verkürzt.[774] Eine Neubestimmung des auszugleichenden Schadens wäre im Urteil zum Ausdruck gebracht worden. Dadurch würde die Genugtuungsfunktion nicht als wesentliches Element des Schmerzensgeldanspruchs betrachtet.[775] Die Gründe dafür waren, dass die Klägerin zwar noch empfindungsfähig wäre, aber sowohl körperlich als auch seelisch keine Beziehung zwischen der Beeinträchtigung und der Schmerzensgeldzahlung hergestellt und auch keine Genugtuung empfunden werden könnte. Wenn die Zahlung eines Schmerzensgeldes in diesen Fällen garantiert würde, könnte dies dem Gedanken entspringen, dass dem Opfer als zeichenhafte Sühne zumindest eine Art symbolische Wiederherstellung zugesprochen werden solle. Obwohl diese Meinung ihr Vorbild in der Rechtsprechung des Senats hätte finden können, lehnte der VI. Senat für Zivilsachen diesen Ausgangspunkt des Berufungsgerichts im Urteil vom 13. Oktober 1992 ab. Er war der Meinung, dass Verletzungen von

---

[767] Vgl. Staudinger/Schäfer (1986), § 847, Rn. 9, 169.

[768] Katzenmeier, JZ 2002, 1029, 1031; Staudinger/Schäfer (1986), § 847, Rn. 169.

[769] Honsell, VersR 1974, 205ff.; Hiemeyer-Hupfer, NJW 1976, 1792; Schwerdtner, JuS 1978, 295; LG Frankfurt, NJW 1985, 201f..

[770] Bötticher, MDR 1963, 353, 359f..

[771] Niemeyer, NJW 1976, 1792.

[772] Honsell, VersR 1974, 205ff..

[773] Schwerdtner, JuS 1978, 289, 296.

[774] BGHZ 120, 1ff.

[775] Lepa, Die Wandlungen des Schmerzensgeldanspruchs und ihre Folgen, in: FS Müller (2009), S. 113, 116.

solchem Ausmaß, wie es hier geschehen war, im Hinblick auf die verfassungsrechtliche Wertentscheidung in Art. 1 GG eine stärkere Gewichtung fordern und eine einfach symbolhafte Bewertung ausschließen könnten. Die Ausgleichsfunktion des Schmerzensgeldes könnte sich nicht in der Förderung des psychischen Wohlbefindens zur Kompensation seelischen Leids oder sonstiger psychischer Mißempfindungen erschöpfen.[776] In der Praxis erschien es als eine neue Richtung, die Ausgleichsfunktion des Schmerzensgeldes immer mehr in den Vordergrund zu stellen.[777]

Nach Wortlaut des § 253 n.F. und der systematischen Einordnung in §§ 249 ff. wird die allgemeine Funktion privater Ersatzleistung, der Schadensausgleich, hervorgehoben.[778] Daneben gibt es noch eine Genugtuungsfunktion. Genugtuungs- und Ausgleichsfunktion zeigen sich hier wie zwei Seiten derselben Medaille.[779] Dabei steht die Person des Geschädigten für die Genugtuung im Vordergrund.[780] Aber es gibt nicht mehr den dem Zivilrecht fremden Gedanken der Pönalisierung eines Verhaltens.[781] Außerdem bedeutet der Schadensersatz noch eine Wiedergutmachung im neuen Sinne, nämlich eine „*Reaktion*" auf den Eingriff in Rechte oder rechtlich geschützte Interessen und erfüllt damit den Zweck, deren Annerkennung zu bewirken.[782] Es gibt auch keine (selbständige) Präventionsfunktion bei der Zahlung eines Schmerzensgeldes wie dies bei deutlich verzögerter Schadensregulierung der Fall ist.[783]

3. Rechtsnatur des Schmerzensgeldes

Nach zunächst ungefähr übereinstimmender Meinung bezieht sich das Schmerzensgeld nur auf eine Kompensation der subjektiv erlittenen Schmerzen. Mit dieser Lehre war im 19. Jahrhundert die Ansicht der Unmessbarkeit mit gleichem Maß von immateriellem Schaden und materieller Entschädigung widerlegt worden, und es gelang, dies bei der Anwendung des BGB zugrunde zu legen.[784] *Strauss* erkannte die Meinung an, dass ein Privatstrafe eine über den Ersatz des Vermögensschadens hinausgehende Entschädigungsverpflichtung darstellen solle. Der Begriff „*Buße*" hätte schon die gemeinsamen Berührungspunkte von Ersatz und

---

776 BGHZ 120, 1ff; NJW 1976, 1147 = VerR 1976, 660.

777 BT-Dr. 14/7752, S. 15.

778 Staudinger/Schiemann (2017) § 253 Rn. 28ff.; Soergel/Ekkenga/Kunz (2014) § 253 Rz. 10; MüKoBGB/Oetker (2016) § 253 Rn. 10.

779 Soergel/Ekkenga/Kunz (2014) § 253 Rz. 10; Deutsch/Ahrens, Deliktsrecht, Rn 698; MüKoBGB/Oetker (2016) § 253 Rn. 11; BGHZ 118, 312, 339; vgl. Lepa, FS Müller (2009), S. 113, 120: Es gebe nur eine Ausgleichsfunktion.

780 MüKoBGB/Oetker (2016) § 253 Rn. 11; BGHZ 118, 312, 339.

781 Soergel/Ekkenga/Kunz (2014) § 253 Rz. 10.

782 Staudinger/Schiemann (2017) § 253 Rn. 33a; MüKoBGB/Oetker (2016) § 253 Rn. 13.

783 Staudinger/Schiemann (2017) § 253 Rn. 33; vgl. MüKoBGB/Oetker (2016) § 253 Rn. 14.

784 HKK/Jansen, §§ 249-253, 255, Rn. 142.

Strafe zum Inhalt.[785] Außerdem sollte die an die Braut billig gezahlte Geldentschädigung im Sinne von § 1300 BGB auch als Strafe betrachtet werden.[786] *Kuhlenbeck* sah die Geldentschädigung im Sinne von § 847 a.F. als „*Buße*" an.[787] Dieser Meinung folgten später *Kober und Engelmann* in nachfolgenden Kommentaren zu Staudinger.[788]

Der BGH hat die kompensatorischen, gefühlsbezogenen Ansätze in seiner Judikatur zunächst verstärkt. Zugleich hat er gezeigt, dass es sich um einen Ausgleich von Verletzungen an höchstrangigen Rechtsgütern handelt.[789] Am 29. September 1952 brachte der III. Senat die Meinung im Urteil zum Ausdruck, dass es bei der Auferlegung der Buße nicht um eine Bestrafung des Verpflichteten gehe, sondern um die Zuerkennung eines rein privatrechtlichen Anspruchs, der nur die sogenannten Straftaten voraussetzt und gegen den im Prinzip nur ausgleichen kann, was dem pönalen Charakter widrig sei. Die systematische Einordnung der Vorschrift des § 847 a.F. in den Zusammenhang der Regelung der Rechtsfolgen unerlaubter Handlungen hat den Charakter als echten Schadensersatzanspruch deutlich anerkannt.[790] Diese Meinung wurde vom Großen Senat für Zivilsachen im Beschluß vom 6. Juli 1955 kritisiert. Der Große Senat meinte, die strafrechtliche Herkunft des Schmerzensgeldes hätte noch teilweise nachgewirkt. Obwohl es keinen unmittelbareren Strafcharakter mehr gebe, bringe doch der Ausgleichsgedanke heute noch etwas vom Charakter der Buße oder der Genugtuung mit sich.[791] Dieser Auffassung wurde vom VI. Zivilsenat in den Urteilen vom 18. März 1959 und 19. September 1961 gefolgt.[792]

Hartung fand, dass der GSZ durch die Genugtuungsfunktion die Ausgleichsfunktion so erheblich eingedämmt würde, dass dabei vom Aspekt des Schadensersatzes nichts mehr übrigbliebe, sondern ein „*Anspruch eigener Art*" entstünde. Nicht die wirtschaftliche Funktion, sondern allein die rechtliche Determination sei für den Charakter des Anspruchs entscheidend. Aber der GSZ sollte dem Schmerzensgeld nicht die Natur einer Kriminalstrafe verleihen.[793] Diese Meinung wurde von der später vorherrschenden Meinung abgelehnt. Man vertrat dann die Ansicht, dass der Anspruch aus § 847 a.F. BGB als deliktischer Schadensersatzanspruch

---

[785] Strauss, Die Buße des deutschen Strafrechts und der Ersatz des nicht vermögensrechtlichen Schadens im Bürgerlichen Gesetzbuch, S. 33.

[786] Strauss, Die Buße des deutschen Strafrechts und der Ersatz des nicht vermögensrechtlichen Schadens im Bürgerlichen Gesetzbuch, S. 36.

[787] Staudinger/Kuhlenbeck (1906) § 847 S. 952f.;

[788] Staudinger/Kober/Engelmann (1908) § 847 S. 1542; Staudinger/Kober/Engelmann (1910) § 847 (a.F.) S. 1733; Staudinger/Kober/Engelmann (1912) § 847 (a.F.) S. 1854; Staudinger/Kober/Engelmann (1929) § 847 (a.F.) S. 1985.

[789] HKK/Jansen, §§ 249-253, 255, Rn. 142, 145.

[790] BGHZ 7, 223, 224.

[791] BGHZ 18, 149, 155.

[792] BGHZ 30, 7ff; BGHZ 35, 363ff.

[793] Hartung, Haftpflichtversicherung und Schmerzensgeld, NJW 1957, 125ff.

betrachtet werden sollte.[794] Obwohl der GSZ die rechtliche Besonderheit des Schmerzensgeldanspruchs, „*nämlich das ihn von dem vermögensrechtlichen Schadensersatzanspruch unterscheidende Merkmal der Genugtuungsfunktion*“ betont hätte, wolle er aber deshalb dem Schmerzensgeld nicht den Charakter eines Schadensersatzanspruchs aberkennen. Wie eine rechtliche Determination, sei die Genugtuungsfunktion für den Rechtscharakter des Schmerzensgeldes mitbestimmend. Entscheidend sei nur der Entstehungsgrund. Der GSZ beabsichtigte hier nur, dass sich der Schmerzensgeldsanspruch bei seelischem Schaden von dem gewöhnlichen vermögensrechtlichen Schadensersatzanspruch differenzieren solle.[795]

Diese Ansicht vom GSZ wurde später vom Oberlandesgericht München durch einen Urteilsspruch verändert. Danach wurde eine dem Verletzten als zeichenhafte Sühne zugebilligte symbolische Wiedergutmachung für gerechtfertigt gehalten.[796] Aber diese Auffassung wurde vom BGH abgelehnt. Er meinte, der Gedanke der Sühne, der für das zivilrechtliche Haftungs- und Schadensersatzrecht allgemein nicht tragfähig sei, wäre weniger von Bedeutung. Er könnte bei Fahrlässigkeitstaten nur eine untergeordnete Rolle spielen. Er fand auch, nur die entsprechende Erleichterung des Lebens des Verletzten und die Bereitung der Freude durch menschliche Zuwendung würde der Rechtsnatur des Schmerzensgeldes nicht ausreichend gerecht.[797]

Dem Wortlaut des § 253 n.F. gemäß ist der Gegenstand der dort vorgeschriebenen Geldleistung ein Schadensersatz für einen Nichtvermögensschaden. Eine derartige Formulierung und die systematische Einordnung in §§ 249 ff. zeigt eine dogmenhistorische Entscheidung von großer Tragweite des Gesetzgebers: einerseits die Möglichkeit eine Privatstrafe abzuwenden und andererseits mit dem Schadensausgleich übereinzustimmen.[798] Auch *Deutsch* vertritt eine ähnliche Meinung, dass das Schmerzensgeld nicht als Privatsstrafe betrachtet werden dürfe, sondern als ein Schadensausgleich anzusehen sei.[799] Trotzdem wird noch kritisiert, dass es pönale Elemente im Haftungsrecht gibt, wenn das Schmerzensgeld nicht mehr vom Verschulden des Schädigers abhängt, sondern auf einer Gefährdungshaftung basiert.[800]

---

[794] Clasen, Zur rechtlichen Natur des Schmerzensgeldanspruches, NJW 1957, 697; Staudinger/Schärfer (1975) § 847 (a.F.), Rn. 7; Staudinger/Schärfer (1986) § 847 (a.F.), Rn. 7; HKK/Jansen, §§ 249-253, 255, Rn. 145.

[795] BGHZ 118, 312, 339f; Clasen, Zur rechtlichen Natur des Schmerzensgeldanspruches, NJW 1957, S. 697.

[796] Vgl. BGHZ 120, 1ff

[797] BGHZ 120, 1ff; vgl. Lepa, Die Wandlungen des Schmerzensgeldanspruchs und ihre Folgen, in: FS Müller (2009), S. 113, 116.

[798] Staudinger/Schiemann (2017) § 253 Rn. 28; MüKoBGB/Oetker (2016) § 253 Rn. 15f..

[799] Deutsch/Ahrens, Deliktsrecht, Rn 724.

[800] MüKoBGB/Oetker (2016) § 253 Rn. 12, 14: „*Darüber hinaus wird dem „Schmerzensgeld“ teilweise die Aufgabe zugesprochen, eine Prävention vor Eingriffen in die in Abs. 2 aufgezählten Rechtsgüter zu schaffen.*“

4. Die Höhe des Schmerzensgeldes

Beim Bemessen des Schmerzensgeldes kommt es normalerweise häufig auf die Bestimmung der Funktion und der Rechtsnatur des Schmerzensgeldes an. Sehr umstritten ist, welche Faktoren beim Bemessen der Höhe des Schmerzensgeldes in Betracht bezogen werden sollen.[801] In seiner Dissertation hatte *Strauss* die Meinung geäußert, dass gemäß § 847 BGB dem Verletzten nur der unmittelbar zugefügte immaterielle Schaden durch eine billige Entschädigung in Geld geleistet werden könnte.[802] *Kuhlenbeck* vertrat eine ähnliche Meinung, nämlich dass die Bemessung des Umfangs der auf Grund § 847 zuzusprechenden Geldentschädigung in der Hand des Richters läge. Der Ausdruck „*billig*" sollte nicht dazu führen, die Zubilligung zu niedrig zu bemessen.[803] Dieser Meinung folgten später auch Staudingers Kommentare.[804]

Der Ansicht des Reichsgerichts nach, müsse durch die Entschädigung des § 847 a.F. „billig" auf alle Umstände Rücksicht genommen werden. Danach sollten sowohl der stets in den Vordergrund zu stellende Umfang und die Dauer der Schmerzen, Entstellungen, Leiden und Eingriffe, als auch die Verhältnisse des Geschädigten und des Schädigers, der Grad des Verschuldens und die zum Schaden führenden Umstände berücksichtigt werden.[805]

Der III. Zivilsenat hatte in seinem Urteil vom 29. September 1952 die Meinung vertreten, dass bei der Bemessung der Höhe des Schmerzensgeldes die Vermögensverhältnisse des Verpflichteten nicht zu berücksichtigen wären. Das Bestehen einer Haftpflichtversicherung zugunsten des Verpflichteten spiele deshalb keine Rolle.[806] Er begründete seine Meinung dadurch, dass die Zweckbestimmung des Schmerzensgeldes nicht damit übereinstimme, dass bei dessen Bemessung die Vermögensverhältnisse des Schädigers berücksichtigt werden. Es widersprach auch der das gesamte Schuldrecht beherrschenden grundsätzlichen Meindung, dass der Umfang einer Verpflichtung eigentlich nicht von der Leistungsfähigkeit des jeweiligen Schuldners abhängig sei (vgl § 279 BGB).[807] Der III. Zivilsenat lehnte die hisher vorherrschende Meinung ab, dass die in § 827 BGB vorgeschriebene Formulierung „*billig*" im Einzelfall nur dann als Entschädigung sei, wenn sie auch die Leistungsfähigkeit des Schädigers berücksichtige. Dem könnte hiernach nicht zugestimmt werden. Diese Ansicht konnte weder im Wortlaut des Gesetzes, weder in seiner Entstehungsgeschichte noch in den

---

801 BGHZ 7, 223ff; BGHZ 18, 149ff.

802 Strauss, Die Buße des deutschen Strafrechts und der Ersatz des nicht vermögensrechtlichen Schadens im Bürgerlichen Gesetzbuch, S. 31.

803 Staudinger/Kuhlenbeck (1906) § 847 S. 953;

804 Staudinger/Kober/Engelmann (1908) § 847 (a.F.) S. 1544; Staudinger/Kober/Engelmann (1910) § 847 (a.F.) S. 1735; Staudinger/Kober/Engelmann (1912) § 847 (a.F.) S. 1854; Staudinger/Kober/Engelmann (1929) § 847 (a.F.) S. 1986ff..

805 BGBZ 18, 149, 150ff.

806 BGHZ 7, 223.

807 BGHZ 7, 223, 227.

für das Schadensersatzrecht maßgebenden systematischen Grundlagen eine Unterstützung finden. Der III. Senat drückte in seinem Urteil die Gegenmeinung aus, dass die Entschädidung nur „*billig*“ sei, wenn sie der billig bemessenen Höhe, nämlich der durch die Rücksichtnahme auf den entstandenen nicht vermögensrechtlichen Schaden angemessen berechnet worden war. Der Begriff „*Billigkeit*“ sollte hier ganz anders als die im § 829 BGB verwendete Formulierung „*Billigkeit*“ verstanden werden. Der in § 829 BGB vorgeschriebene Anspruch des schuldlosen Schädigers nahm nur auf die Leistungsfähigkeit Rücksicht und wird nicht von der Art des angerichteten Schadens, insbesondere nicht davon, ob der Schaden materiell oder immateriell ist, abhängig gemacht.[808]

Im Beschluß vom 6. Juli 1955 vertrat der Große Senat eine völlig andere Meinung. Genauer gesagt, 1. bei der Bemessung der billigen Entschädigung sollte grundsätzlich auf alle in Betracht kommenden Umstände des Falles Rücksicht genommen werden, darunter auch auf den Grad des Verschuldens des Schädigers und die wirtschaftlichen Verhältnisse beider Parteien. Der Grund dafür lautet, die Entstehungsgeschichte des § 1300 BGB zeige, dass der Gesetzgeber davon ausgegangen sei, dass die zur „*billigen Entschädigung nach § 1300*“ vom ihm angestellten Erwägungen auch für die „billige“ Entschädigung des § 847 a.F. BGB gelten sollten. Es könnte je nach den Umständen und den Reaktionen des Verletzten Auswirkungen haben, ob ein Schaden grob fahrlässig, vorsätzlich oder geringer fahrlässig verursacht wurde. Obwohl diese Bemessungsmethode im deutschen Vermögensrecht nicht stattfindet, sei es aber nicht auszuschliessen, eine billige Entschädigung für immaterielle Schäden so zu ermitteln. 2. Dabei sollten auch die Höhe und das Ausmaß der Lebensbeeinträchtigung (Größe, Heftigkeit und Dauer der Schmerzen, Leiden und Entstellung) unbedingt in den Vordergrund gestellt werden, während das Rangverhältnis der anderen Umstände nach den Besonderheiten des Einzelfalles festgestellt wird. 3. Wenn die Leistung des Verpflichteten durch einen Ausgleichsanspruch oder durch eine Haftpflichtversicherung ersetzt würde, sollte diese bei der Beurteilung seiner Wirtschaftslage berücksichtigt werden.[809] Diese Ansicht vom Großen Senat wurde von I. Zivilsenat in seinem Urteil vom 14. Februar 1958 anerkannt. Alle in Betracht kommenden Umstände des Falles könnten bei der Festsetzung der Entschädigung berücksichtigt werden.[810] Später zeigt sich deutlich eine objektive Orientierung, nämlich den Ersatz vorrangig nach der objektiven Art und Schwere oder der objektiv feststellbaren Personenverletzung zu bemessen.[811]

Das Oberlandesgericht München hat die vorgenannte Meinung in einem Fall geändert. Es vertrat die Ansicht, dass das Empfinden eine zentrale Rolle bei der Bemessung des Schmerzensgeldes spiele. In diesem Falle wäre die Persönlichkeit fast ganz zerstört oder die Basis für deren Entfaltung genommen worden. Die Klägerin könnte keine Genugtuung empfinden. Ein Fundament des immateriellen Schadens könne darin bestehen, dass das Opfer sich seiner

---

808 BGHZ 7, 223, 229ff; vgl. BGHZ 18, 149, 151.

809 BGHZ 18, 149ff.

810 BGHZ 26, 349, 358.

811 HKK/Jansen, §§ 249-253, 255, Rn. 143.

Verletzung bewußt sei und deswegen in besonderem Maße unter ihr leide. Die Entschädigung für den immateriellen Verlust im Sinne von § 847 a.F. BGB sollte „*billig*" sein. Die vorgenannte Meinung wurde vom BGH abgelehnt. Der VI. Senat für Zivilsachen vertrat eine andere Ansicht. Die immateriellen Schäden im Sinne von § 847 a.F. BGB bestehen nicht nur in körperlichen oder seelischen Schmerzen, sondern auch in Mißempfindungen, in Unlustgefühlen oder der Beschädigung der Gesundheit. Die Einbuße der Persönlichkeit sei nicht davon abhängig, inwieweit der Verletzte die Beeinträchtigung empfunden hätte. Die zukünftige Einbuße, die für sich einen immateriellen Schaden darstellt, sollte auch durch eine billige Entschädigung in Geld ausgeglichen werden. Der Richter müsse aus einer Gesamtschau heraus die entsprechende Entschädigung bestimmen. Der Verletzer sollte auch die Verantwortung für die weitgehende Zerstörung der Grundlagen für die Wahrnehmungs- und Empfindungsfähigkeit tragen. Dieser Gesichtspunkt könnte daher bei der Bemessung des Schmerzensgeldes vollständig zu Grunde gelegt werden.[812]

Dem Wortlaut des § 253 Abs 2 gemäß gilt die Billigkeit auch noch als Maßstab für die Geltentschädigung. Danach sollte die Höhe des Schmerzensgeldes durch die Bemessung des Richters bestimmt werden.[813] Beim Bemessen könnte der Richter nach „*freier*" Überzeugung im Sinne des § 287 Abs 1 S 1 ZPO[814] alle maßgeblichen Faktoren in sein Kalkül einbeziehen, genauer gesagt „*Art und Dauer der Schäden,*[815] *die individuellen Umstände des Geschädigten,*[816] *die Tatsituation einschließlich der eigenen Mitwirkung des Geschädigten, die wirtschaftlichen Belange des Ersatzpflichtigen*„[817] und „*die in vergleichbaren Fällen bisher gewährten Beträge*".[818] Darüber hinaus wird das Verschulden des Schädigers und das Mitverschulden des Opfers bei der Bemessung der Entschädigung auch mit einbezogen.[819] Dabei spielt das Maß der durch das haftungsbegründende Ereignis hervorgerufenen körperlichen und seelischen Beeinträchtigungen des Opfers eine entscheidende Rolle für die Höhe des

---

812 BGHZ 120, 1ff..

813 Staudinger/ Schiemann (2017) § 253 Rn. 34; Soergel/Ekkenga/Kunz (2014) § 253 Rz. 14.

814 Soergel/Ekkenga/Kunz (2014) § 253 Rz. 14; vgl. BGH NJW-RR 2002, 166ff..

815 Vgl. BT-Dr. 14/7752, S. 16: Der Entwurf schrieb ausdrücklich eine Bagatellgrenze für die Gewährung von Schmerzensgeld vor; Katzenmeier, JZ 2002, 1029, 1033: keine Bagatellschwelle mehr; BGHZ 132, 341: Wenn das Schadensereignis ganz geringfügig ist (Bagatelle), und sich nicht auf die Schadensanlage des Verletzten bezieht, sollte es nicht in Betracht gezogen werden.

816 Vgl. BGHZ 132, 341: Der Schädiger muss für seelisch bedingte Folgeschäden einer Verletzungshandlung einstehen.

817 Soergel/Ekkenga/Kunz (2014) § 253 Rz. 19: „*Angesichts der Genugtuungsfunktion der Entschädigung reicht bei fehlender Versicherung ein niedrigeres Schmerzensgeld aus ‚den Schädiger die Folgen seines Handelns zur Zufriedenheit des Geschädigten spüren zu lassen.*"; vgl. BGH NJW 2006, 1068, 1069.

818 Staudinger/ Schiemann (2017) § 253 Rn. 34; Deutsch/Ahrens, Deliktsrecht, Rn 697, 705 ff; Soergel/Ekkenga/Kunz (2014) § 253 Rz. 15ff.: Es gibt ausführliche Aufzählungen.

819 MüKoBGB/Oetker (2016) § 253 Rn. 11; Deutsch/Ahrens, Deliktsrecht, Rn 708.

Schmerzensgelds.[820] Der BGH hat die Meinung zum Ausdruck gebracht, dass bei der Festsetzung für angemessen gehaltenes Schmerzensgeld dem Richter nach § 308 ZPO durch die Angabe eines Mindestbetrages oder einer Größenordnung nach oben keine Grenzen gezogen wären.[821] Danach sollten die in den gängigen Schmerzendsgeldtabellen erfassten heutigenVergleichsbeträge weiterhin eine nützliche Rolle spielen.[822]

Darüber hinaus vertrat *Oetker* noch die Meinung, dass sich die Entschädigung nicht auf symbolische Beträge beschränken dürfe, sondern deren Höhe so bemessen sein müsse, dass sie eine abschreckende Wirkung entfalte.[823] Wenn Prävention und Sanktion vorrangige Ziele des Schmerzensgeldes in der Genugtuungsfunktion darstelle, könnte diese von parallelen Sanktionen beeinflusst werden. Wenn für eine Tat eine öffenliche Strafe verhängt worden wäre, sollte die Genugtuungsfunktion nicht mehr in voller Höhe ausgesprochen werden.[824]

---

[820] Soergel/Ekkenga/Kunz (2014) § 253 Rz. 15.

[821] BT-Dr. 14/7752, S. 15; Soergel/Ekkenga/Kunz (2014) § 253 Rz. 14; BGHZ 132, 341.

[822] Staudinger/ Schiemann (2017) § 253 Rn 34.

[823] MüKoBGB/Oetker (2016) § 253 Rn 14.

[824] Deutsch/Ahrens, Deliktsrecht, Rn 724.

III. Geldentschädigung wegen Verletzung allgemeinen Persönlichkeitsrechts

1. Allgemeines

In Bezug auf die Regelung hinsichtlich der Verletzung der allgemeinen Persönlichkeit, die vom Gesetzgeber des Bürgerlichen Gesetzbuchs abgelehnt worden war, hatte das Bundesverfassungsgericht die Auffassung vertreten, dass sich das allgemeine Persönlichkeitsrecht im Laufe der Entwicklung der langen Erforschung in der Wissenschaft durchgesetzt hätte und nach den betreffenden Rechtsprechungen des Bundesgerichtshofs nunmehr zum festen Bestandteil der deutschen Privatrechtsordnung geworden wäre.[825] Die Entschädigung in Geld als Rechtsfolge in Bezug auf haftungsrechtliche Persönlichkeitsrechtsverletzung wurde zuerst aus einer Rechtsanalogie zu § 847 a.F. BGB abgeleitet. Danach ging die Rechtsprechung davon aus, dass es sich dabei nicht um Schmerzensgeld nach § 847 a.F. BGB handelt, sondern um ein anderes Recht, das auf der Grundlage der Artikel 1 und 2 Abs. 1 GG beruht.[826] Das allgemeine Persönlichkeitsrecht und seine besonderen Erscheinungsformen dienten vor allem dem Schutz ideeller Interessen, insbesondere dem Schutz des Wert- und Achtungsanspruchs der Persönlichkeit. Die Rechtsfigur des allgemeinen Persönlichkeitsrechts diente auch dazu, diesen Schutzzweck dadurch zu ermöglichen, dass bei der Beeinträchtigung solcher Rechte neben Abwehransprüchen auch Schadensersatzansprüche garantiert werden. Diese Ansprüche bezögen sich nicht auf den Schmerzensgeldanspruch nach § 847 a.F. BGB, sondern auf einen Rechtsbehelf, der direkt aus dem Schutzauftrag nach Art. 1 und 2 Abs. 1 stamme. Hier gehe es um eine Ausfüllung der Lücken im Persönlichkeitsschutz. § 823 Abs. 1 BGB stelle hier ein „allgemeines Gesetz“ im Sinne des Art. 5 Abs. 2 GG dar.[827] Die Zuerkennung einer Geldentschädigung im Falle einer schweren Persönlichkeitsbeeinträchtigung liege dem Gedanken zugrunde, dass es keine Sanktion geben könnte, wenn kein solcher Anspruch bei Verletzungen der Würde und Ehre des Menschen angelegt sei. Der Rechtsschutz könnte daher nicht mehr geltend gemacht werden.[828] Auch das Zweite Gesetz zur Änderung schadensersatzrechtlicher Vorschriften betrifft nicht die Verletzung des allgemeinen Persönlichkeitsrechts.[829]

2. Funktion einer solchen Geldentschädigung

Der I. Senat erkannte auch die Genugtuungsfunktion im Urteil vom 14. Februar 1958 an. In diesem Fall wurde ein vom Kläger auf einem Reitturnier aufgenommenes Photo ohne seine Einwilligung auf einem Plakat abgebildet. Dabei handelte es sich um die Verletzung des durch das Grundgesetz Art 1, 2 geschützten allgemeinen Persönlichkeitsrechts. Die Ansicht des Gesetzgebers des Bürgerlichen Gesetzbuches, die ein durch BGB geschütztes allgemeines Persönlichkeitsrecht ablehnte, würde durch das Grundgesetz verändert. Da es um die Ent-

---

825 BVerfGE 34, 269, 282ff.

826 BT-Dr. 14/7752, S. 24f..

827 BVerfGE 34, 269, 282ff; vgl. BGHZ 143, 214, 218f; BGHZ 160, 298ff.

828 BGHZ 160, 298, 302.

829 BT-Dr. 14/7752, S. 24f..

schädigung für immateriellen Schaden gehe, bestehe auch hier eine Genugtuungsfunktion.[830] Der IV. Senat hätte eine dem Standpunkt des I. Zivilsenats zumindest nicht entgegentretende Auffasung im Urteil vom 18. März 1959 ausgedrückt.[831] Am 19. September 1961 bestätigte der VI. Zivilsenat nochmals eine ähnliche Auffassung, genauer gesagt, bei Verletzungen des allgemeinen Persönlichkeitsrechts trat die Genugtuungsfunktion neben der Entschädigungsfunktion in den Vordergrund.[832]

Im Urteil vom 15. November 1994 betrachtete der VI. Zivilsenat unter Verweis auf die Meinung des Bundesverfassungsgerichts[833] eine Entschädigung wegen Verletzung des allgemeinen Persönlichkeitsrechts nicht als ein Schmerzensgeld nach § 847 a.F. BGB, sondern als einen „*Rechtsbehelf, der auf den Schutzauftrag aus Art. 1 und 2 Abs. 1 GG*" zurückginge. Beim Anspruch auf eine Geldentschädigung aufgrund einer Verletzung des allgemeinen Persönlichkeitsrechts stehe der Blickwinkel der Genugtuung des Verletzten im Vordergrund. Außerdem gehe es hier um den Rechtsgedanken der Prävention.[834] Diese Meinung wurde auch vom Kammergericht Berlin bezüglich der unbefugten Veröffentlichung von Bildern von Prinzessin Caroline von Hannover und Prinz Ernst August von Hannover anerkannt. Es vertrat die Ansicht, dass die Höhe der Geldentschädigung eine Genugtuungsfunktion und eine spezielle präventive Wirkung reflektieren solle. Allerdings sei der Präventionsgedanke nur ein Bemessungsfaktor für die Entschädigung, der je nach Umstand des Falles verschieden ausfallen solle.[835]

Darüber hinaus gibt es eine Präventionsfunktion vor allem bei der Verletzung des allgemeinen Persönlichkeitsrechts durch Massenmedien.[836] Eine präventive Funktion stellt eine erwünschte Nebenwirkung dar, obwohl der Ausgleich des erlittenen immateriellen Schadens in diesem Falle im Vordergrund steht.[837]

3. Rechtsnatur einer solchen Geldentschädigung

Die Zuerkennung einer Geldentschädigung aufgrund einer schweren Verletzung der Persönlichkeit könnte Ihre Wurzel im Verfassungsrecht und Zivilrecht finden. Sie stelle keine strafrechtliche Sanktion im Sinne des Art. 103 Abs. 2 GG dar.[838] Dies hat auch nichts mit punitive damages in den USA zu tun.[839]

---

830 BGHZ 26, 349ff.

831 BGHZ 30, 7ff; vgl. BGHZ 35, 336, 366.

832 BGHZ 35, 363, 369.

833 Vgl. BVerfGE 34, 269, 282/292 = NJW 1973, 1221, 1223/1226.

834 BGHZ 128, 1, 15; Soergel/Ekkenga/Kunz (2014) § 253 Rz. 11.

835 BGHZ 160, 298, 300f.

836 BGHZ 128, 1, 15 = NJW 1995, 861; BGHZ 160, 298, 307 = NJW 2005, 215; BGH NJW 2014, 2029 Rn. 38.

837 MüKoBGB/Oetker (2016) § 253 Rn. 14.

838 BverfGE 34, 269, 294=NJW 1973, 1221, 1226; BGHZ 160, 298, 302f.

839 Soergel/Ekkenga/Kunz (2014) § 253 Rz. 11.

4. Die Bestimmung der Höhe einer solchen Geldentschädigung

Zur Bestimmung des Präventionszweckes hatte der VI. Senat im Urteil vom 15. November 1993 bei der Bemessung der Geldentschädigung vier Faktoren in Betracht gezogen. Zuerst sollte „*die Erzielung von Gewinnen aus der Rechtsverletzung*" bei der Bemessung der Höhe der Geldentschädigung berücksichtigt werden; zweitens sollte „*ein echter Hemmungseffekt*" für die Vermarktung der Persönlichkeit nicht außer Betracht gelassen werden; drittens sollte man „*die Intensität der Persönlichkeitsverletzung*" im Auge haben; schließlich müsse man berücksichtigen, dass die Höhe der Geldentschädigung die Pressefreiheit nicht unverhälnismäßig einschränken dürfe.[840] Am 5. Oktober 2004 schrieb der VI. Senat in seinem Urteil, dass in den Fällen, in denen der Verletzer die Beeinträchtigung der Persönlichkeit eines anderen als Mittel zur Auflagensteigerung nutze und dadurch eigene kommerzielle Interessen verfolge, die Erzielung des Gewinns aus der Rechtsverletzung als Bemessungsfaktor bei der Entscheidung über die Höhe der Geldtentschädigung betrachtet werden solle. In solchen Fällen dürfe man den Hemmungseffekt bei der Bemessung der Höhe der Geldentschädigung nicht außer Betracht lassen. Zugleich solle auch auf die Intensität der Persönlichkeitsrechtsverletzung sowie auf die Wirtschaftsverhältnisse beider Parteien Acht gegeben werden. Die Höhe der Geldentschädigung dürfe die Pressefreiheit nicht unverhältnismäßig einschränken.[841]

---

[840] BGHZ 128, 1, 15f..

[841] BGHZ 160, 298, 307.

IV. Schadensersatz bei mehreren Schädigern

Schließlich hat sich der Gesetzgeber auch im Hinblick auf den Schadensersatz im Falle der konkurrierenden Fahrlässigkeit des Geschädigten für eine mit der bestehenden Gegetzgebung in Einklang stehende Regelung ähnlich entschieden. In diesem Falle hat der Richter das Recht, den Umfang des Schadensersatzes je nach dem Grad des Verschuldens bei der Verwirklichung des Schadens zu ermessen.[842]

Ob bei mehreren Schädigern noch die Wirtschaftsverhältnisse berücksichtigt werden sollen, ist ebenfalls stritig. Bei der Beantwortung dieser Frage kommt es auch häufig auf die Bestimmung der Rechtsnatur des Schmerzensgeldes an. Wenn Schmerzensgeld als reiner Schadensersatz angesehen wird, werden auch die wirtschaftlichen Verhältnisse der mehreren Schädiger nicht berücksichtigt. Ansonsten werden sie in Betracht gezogen.[843]

---

[842] Mot. II, S. 23 = Mugdan, Materialien II, S. 13.

[843] BGHZ 7, 233ff; BGHZ 18, 149ff.

V. Entwicklung des Schadensersatzes im BGB-Deliktsrecht

1. Überblick

Das BGB verzichtete auf die im Vorentwurf zum BGB normierte Generalklausel[844] wie im fränzösisischen Recht, sondern hat sich letztendlich für drei *„kleine Generalklauseln“* entschieden. Die drei *„kleinen Generalklauseln“* bestehen aus § 823 I, § 823 II und § 826.[845] Sie beinhalten einander ergänzende Schutzrichungen. § 823 I stellt eine in gewissem Sinne stiltypische und stilbildende Norm des deutschen Haftungs- und Deliktsrechts dar. Sie regelt die rechtwidrige und schuldhafte Verletzung bestimmter Rechte und Rechtsgüter.[846] § 823 II bezieht sich auf die Existenz eines Schutzgesetzes.[847] Durch Anknüpfung an die guten Sitten normiert § 826 das Rechts- und sozialethische Minimum.[848] Bei den drei „kleinen Generalklauseln“ handelt es sich um eine Rechtsfolgenorm, nämlich dem anderen den daraus entstandenen Schaden zu ersetzen.[849]

2. Zwecke und Funktionen im Vergleich zum Strafrecht

Da die unerlaubte Handlung des Schädigers nicht nur zu einer Bestrafung durch den Staat sondern auch zu privatrechtlichem Schadensersatz zugunsten des Geschädigten führen kann, stellt sich die Frage nach der Abgrenzung des Privatrechts vom Strafrecht unmittelbarer und nachdrücklicher als in anderen Rechtsbereichen.[850] Die beide Rechtsgebiete widmen sich dem Rechtsgüterschutz, deswegen nähern sich die Zwecke des zivilen Haftungs- und des Strafrechts wieder an. Neben der Ausgleichsfunktion des zivilen Deliktsrechts ist es längst zu einer Präventionsfunktion gekommen.[851] Auch teilen beide die Herkunft aus der privaten Sühne.[852] Der Gesetzgeber strebt in wirklich extremer Weise nach einer Trennung von Strafe und Schadensersatz.[853] Die Ausgleichsfunktion stellt den Ausgangspunkt des Deliktsrechts dar. [854]Privatstrafe, die in der Geschichte insbesondere als Rechtsschutz gegen Persönlich-

---

[844] Mugdan, Materialien II, S. CXXIIf..

[845] Soergel/Spickhoff, Vor § 823 Rz. 3f.; Staudinger/J Hager (2017) Vorbem. 1 zu §§ 823 ff Rn 19; vgl. Grossfeld, Privatstrafe, S. 116ff.

[846] Soergel/Spickhoff, § 823 Rz. 1ff.; Staudinger/J Hager (2017) Vorbem 1 zu §§ 823 ff Rn 19;

[847] Soergel/Spickhoff, Vor § 823 Rz. 3f.; Staudinger/J Hager (2017) Vorbem 1 zu §§ 823 ff Rn 19;

[848] Deutsch/Ahrens, Deliktsrecht, S. 8, Rn 17; Soergel/Hönn, § 826 Rz. 1f.; Staudinger/J Hager (2017) Vorbem 1 zu §§ 823 ff Rn 19.

[849] Deutsch/Ahrens, Deliktsrecht, S. 6, Rn 11.

[850] Ebert, Pönale Elemente im deutschen Privatrecht, S. 409; vgl. Deutsch, Haftungsrecht und Strafrecht, in: FS Wahl, S. 349.

[851] Soergel/Spickhoff, Vor § 823 Rz. 37.

[852] Deutsch, Haftungsrecht und Strafrecht, in: FS Wahl, S. 349.

[853] Ebert, Pönale Elemente im deutschen Privatrecht, S. 410f.

[854] Staudinger/J Hager (2017) Vorbem 1 zu §§ 823 ff Rn 9.

keitsrechtsverletzung diente, wurde abgeschafft. Die Naturrestitution wurde vor die Geldentschädigung gesetzt. Der Grundsatz der Totalreparation, der nur durch § 254 BGB durchbrochen wird, schließt jede Möglichkeit zur Abstufung der Haftung nach dem Verschuldensgrad aus.[855] Die Funktion des privatrechtlichen Deliktsrechts wird lediglich durch das Ausgleichsprinzip beherrscht, nach dem der dem Opfer herbeigeführte Schaden wiedergutgemacht wird. Eine über die Ausgleichsfunkton hinausgehende Präventionsfunktion zeigt sich nur als eine Nebenfunktion.[856] Bei Persönlichkeitsverletzungen hat das Deliktsrecht in seinen Funktionen noch pönale Elemente, obwohl sie kein Ziel des Deliktsrechts darstellen.[857] Trotzdem könnte die Genugtuungsfunktion von parallelen Sanktionen beeinflusst werden. Dies könnte eine Kriminalstrafe, Disziplinarmaßnahmen oder erhebliche Regressforderungen des Versicherungsträgers sein.[858]

3. Stellungnahme zu punitive damages

Die entscheidende Stellungnahme in der Praxis sei die vom IX. Zivilsenat im Urteil vom 4. Juni 1992 zum Ausdruck gebrachte Ansicht.[859] Dieser Ansicht nach sollte ein US-amerikanisches Urteil auf Strafschadensersatz (punitive damages) in nicht unerheblicher Höhe, „*der über den Ausgleich erlittener materieller und immaterieller Schäden hinaus pauschal*" zugesprochen wird, in Deutschland nicht regelmäßig aufgrund des materiellen ordre public gemäß §§ 723 II 2 Nr. 4 ZPO vollstreckt werden.[860]

Die wichtigsten Gründe dafür sind folgende: 1) Die moderne deutsche Zivilrechtsordnung schreibt keine Bereicherung des Geschädigten vor, sondern nur den Schadensausgleich als Rechtsfolge einer unerlaubten Handlung. Die Bestrafung und Abschreckung („*im Rahmen des Schuldangemessenen*") gehört zu den möglichen Zielen der Kriminalstrafe (§§ 46 f. StGB), die als Geldstrafe dem Staat, nicht dem bürgerlichen Recht, zugeordnet werden. Hierbei geht es um eine generalpräventive Wirkung, wenn dem Opfer eine Vergünstung zugesprochen wird. Dies führt dazu, dass der Einzelne als „*privater Staatsanwalt*" anstelle des Staates auftritt, was in Deutschland nicht mit dem „*Bestrafungsmonopol des Staats und den dafür eingeführten besonderen Verfahrensgarantien*" übereinstimmt. Das Genugtuungsbedürfnis des Klägers im Streitfall geht über den Ausgleich der immateriellen Schäden hinaus. Eine volle Berück-

---

[855] Ebert, Pönale Elemente im deutschen Privatrecht, S. 410f.

[856] Soergel/Spickhoff, Vor § 823 Rz. 37; Staudinger/J Hager (2017) Vorbem 1 zu §§ 823 ff Rn 10; Ebert, Pönale Elemente im deutschen Privatrecht, S. 411; vgl. HKK/Jansen, §§ 249-253, 255, Rn. 144: „*Wahrscheinlich findet das seinen Grund auch darin, dass das Gericht den Gedanken der (subjektiv verstandenen) Genugtuung nicht aufgeben mag*".

[857] Staudinger/J Hager (2017) Vorbem 1 zu §§ 823 ff Rn 11.

[858] Deutsch/Ahrens, Deliktsrecht, Rn. 724.

[859] Behr, Strafschadensersatz im deutschen Recht – Wiederauferstehung eines verdrängten Phänomens, ZJS 2010, S. 292ff.

[860] BGHZ 118, 312ff.

sichtigung der Genugtuungsfunktion ist hier von hoher Bedeutung.[861] 2) Bei der Verhängung des Strafschadensersatzes verfolgen US-amerikanische Gerichte häufig andere Ziele als deutsche. Zum Beispiel werden im Staat New York bei der Jury-Belehrung nur Bestrafung und Abschreckung als Ziele des Strafschadensersatzes verfolgt.[862] 3) Eine maßgebliche Voraussetzung für den US-amerikanischen Strafschadensersatz stellt nur der gesteigerte Schuldvorwurf dar. Die privaten Interessen des Opfers spielen dabei keine Rolle. Infolgedessen gibt es keine meßbare allgemeine Beziehung der zu bestimmenden Beiträge zu den erlittenen Schäden. Der Ausgleichsgedanke ist hier nicht von Bedeutung.[863] 4) Der pauschal zugesprochene Strafschadensersatz ist nicht mit den wesentlichen Grundsätzen des deutschen Rechts vereinbar. Erstens richtet er sich gegen den dem Rechtsstaatsprinzip folgenden Grundsatz der Verhältnismäßigkeit, der auch im Zivilrecht gilt. Zweitens widerspricht er dem Strafmonopol des Staates.[864]

4. Neue Herausforderungen im Schadensersatzrecht

a) Allgemeines

Nach Meinung von *Wagner* gäbe es vier Herausforderungen im heutigen deutschen Schadensersatzrecht. Genauer gesagt: Wettbewerb der Schadensersatzrechtsordnungen, Europäische Rechtsvereinheitlichung, die Judikatur des EuGH in Bezug auf Rechtsdurchsetzung durch Schadensersatz und eine Ökonomische Analyse des Rechts.[865]

b) Wettbewerb der Schadensersatzrechsordnungen

Der Wettbewerb in diesem Bereich entsteht aus unterschiedlichen Schadensersatzrechtsordnungen in verschiedenen Ländern, die zum unterschiedlichen Niveau des Schadensersatzbetrags führen könnten. Zum Beispiel gewährt das französische Recht dem Angehörigen des Opfers Schmerzensgeld. Darüber hinaus ist Strafschadensersatz in vielen Staaten des USA auch möglich. Ein typischer Beispiel dafür ist der Fall des Absturzes einer Concorde-Maschine der Air France in Paris.[866]

---

[861] BGHZ 118, 312, 338ff.

[862] BGHZ 118, 312, 341.

[863] BGHZ 118, 312, 342f.

[864] BGHZ 118, 312, 343ff.

[865] Wagner, Gutachten zum 66. DJT(2006) Band I, S. A 16ff.

[866] Wagner, Gutachten zum 66. DJT (2006) Band I, S. A 16; ausführliche Beschreibungen zu diesem Fall sehe: Jeinsen, VersR 2002, 30ff.

c) Europäische Rechtsvereinheitlichung

Bei der zweiten Herausforderung geht es um den Einfluß der europäischen Integration auf das deutsche Schadensersatzrecht.[867] Als eine Entwicklungsfolge der europäischen Rechtseinheit hat der Gesetzgeber des Zweiten Schadensersatzrechtsänderungsgesetzes den Schmerzensgeldanspruch auf die Gefährdungs- und Vertragshaftung ins deutsche Zivilrecht eingeführt, der eine lange Tradition des deutschen Rechts gebrochen hat.[868]

d) Die Judikatur des EuGH

Die dritte Herausforderung entstammt der Judikatur des EuGH. In der Praxis geht es um Schadensersatz aufgrund geschlechtsbedingter Diskriminierung beim Zugang zum Beruf nach Maßgabe der Richtlinie 76/207/EWG. In der grundlegenden Entscheidung aus dem Jahre 1984 verpflichtet der Gerichtshof die Mitgliedstaaten, beim Umsetzen der Richtlinien begründete Schadensersatzansprüche des diskriminierten Bewerbers so vorzuschreiben, dass eine „*wirklich abschreckende Wirkung gegenüber dem Arbeitgeber*" bestimmt werden soll.[869] Außerdem erschien der Abschreckungsgedanke auch im europäischen Wettbewerbsrecht. Der EuGH bezeichnet eine Schadensersatzklage wegen einer Sanktionierung als ein Instrument, um damit einen wirksamen Wettbewerb in der Gemeinschaft zu gewährleisten.[870] Das Schadensersazrecht widmet sich hier der praktischen Durchsetzung des EG- Rechts, weil es wirtschaftlich zur Einhaltung gemeinschaftsrechtlicher Verhaltensnormen anreizt.[871]

e) Ökonomische Analyse des Rechts

Nach ökonomischer Analyse des Rechts besteht die Herausforderung für den deutschen Schadensersatz darin zu überlegen, ob der suprakompensatorische Schadensersatz weggedacht werden kann.[872] Die grundlegenden Ansichten dafür sind die folgenden: 1) Der Zweck des Haftungsrechts erschöpft sich nicht darin, die Kosten der geschehenen Schadenseignisse umzuverteilen, sondern seine Funktion ist in die Zukunft gerichtet.[873] 2) Das Paradigma der Ökonomie als „*Wissenschaft vom effizienten Einsatz knapper Güter*" betrifft nicht nur „*ein*

[867] Wagner, Gutachten zum 66. DJT (2006) Band I, S. A 17.

[868] BT-Drucks. 14/7752, S. 15.

[869] EuGH v. 10. 4. 1984, Rs. 14/83, Slg. 1984, 1891, 1908; EuGH v. 10. 4. 1984, Rs. 79/83, Slg. 1984, 1921, 1941 Nr. 23; Wagner, Gutachten zum 66. DJT, Band I, S. A 18.

[870] EuGH v. 20. 9. 2001, Rs. C-453/99, Slg. 2001, I-6297, 6323 Nr. 26; EuGH v. 17. 9. 2002, Rs. C-253/00, Slg. 2002, I-7289, 7321f. Nr. 28ff; vgl. Wagner, Gutachten zum 66. DJT, Band I, S. A 18.

[871] Wagner, AcP 206, 352, 421; Wagner, Gutachten zum 66. DJT, Band I, S. A 19.

[872] Wagner, Gutachten zum 66. DJT, Band I, S. A 20ff.

[873] Schäfer/Ott, Lehrbuch der ökonomischen Analyse des Zivilrechts, 4. Aufl. 2005, S. 121ff; vgl. Wagner, Gutachten zum 66. DJT, Band I, S. A 20.

Maxium an Prävention", sondern „*das effiziente Maß an Schadensverteilung*".[874]

Diese Methode hat folgende Einflüsse auf den Schadensersatz. 1) Das Schadensersatzrecht müsse danach der ökonomischen Steuerungsfunktion gerecht werden.[875] 2) Nach der ökonomischen Analyse werden Vermögensschäden und Nichtvermögensschäden als gleichberechtigt angesehen. Sie sind ganz auf geldwerte Güter fixiert und vernachlässigte höchstrangige Rechtsgüter wie Leben, Körper, Gesundheit, Freiheit und nicht-physische Persönlichkeitsinteressen.[876] 3) Die vollständige Kompensation sämtlicher Schäden sei nicht nur ein Gebot der ausgleichenden Gerechtigkeit, sondern im Gegensatz zur Kompensation nach der Totalreparation führt der suprakompensatorische Schadensersatz zu übermäßiger Sorgfalt. Um die gewünschte Anreizwirkung zu ermöglichen, solle Schadensersatz in bestimmten Ausnahmefällen über die vollständige Kompensation hinausgehen. Im Interesse wirksamer Verhaltenssteuerung sei die Überkompensation im konkreten Fall hinzunehmen.[877]

f) Reaktion auf die Herausforderungen

Hier werden einfach die Beschlüsse des 66. DJT als Antwort auf diese Frage genannt.

Die Empfehlung, neben dem Ausgleich entstandener Schäden die Verhaltenssteuerung im Interesse der Prävention dem Schadensersatzrecht im Allgemeinen und in Sonderbereichen zu beauftragen, wurde im Allgemeinbereich mit 32:55:0 abgelehnt, und in Sonderbereichen mit 53:32:3 angenommen.[878]

Die Empfehlung, dass für Einzelfälle Strafschadensersatz vorzusehen sei, wurde mit 14:74:4 abgelehnt. Dieses Ergebnis führte dazu, dass sich die Empfehlung, dass Strafschadensersatz dem Geschädigten im vollem Umfang oder nur teilweise zugute kommen sollte, erübrigte.[879]

5. Entwicklung im Vertragsrecht

a) Vertragsstrafe

Gemäß § 339 S. 1 BGB kann der Gläubiger eine Vertragsstrafe in Anspruch nehmen, wenn der Schuldner ihm „*die Zahlung einer Geldsumme als Strafe*" für den Fall, dass er seine Verbindlichkeit nicht oder nicht in gehöriger Weise erfüllt, versprochen hat.[880]

---

[874] Wagner, Gutachten zum 66. DJT, Band I, S. A 20.

[875] Wagner, Gutachten zum 66. DJT, Band I, S. A 21.

[876] Wagner, Gutachten zum 66. DJT, Band I, S. A 22.

[877] Wagner, Gutachten zum 66. DJT, Band I, S. A 21ff.

[878] 66. DJT, Band II/1, S. L 89.

[879] 66. DJT, Band II/1, S. L 92.

[880] Medicus/Lorenz, Schuldrecht I (2015), S. 267; Looschelders, Schuldrecht AT (2015), Rn. 768ff.

aa) Funktion

Der Vorstellung des Gesetzgebers nach hat die Vertragsstrafe eine Doppelfunktion: Strafe und Ersatz.[881] Der BGH äußert hingegen in ständiger Rechtsprechung die Meinung, dass der Gesetzgeber die Vertragsstrafe mit einer doppelten Zielrichtung geschaffen hätte. Einerseits solle sie als Druckmittel dem Schuldner angeordnet werden, damit er die versprochene Leistung ordnungsgemäß erbringen könne. Andererseits garantiert sie dem Gläubiger eine Möglichkeit, im Verletzungsfall eine erleichterte Schadloshaltung ohne Einzelnachweis zu beschaffen.[882] Nach Meinung von *Rieble*, könnte die Straffunktion in Prävention vor dem Verstoß und Repression nach dem Verstoß unterteilt werden. Neben der Ersatzfunktion könnte es noch eine (wettbewerbliche) Befriedungsfunktion geben.[883]

bb) Rechtsnatur

Zum Rechtscharakter der Vertragsstrafe vertrat der IX. Senat im Urteil vom 4. Juni 1992 die Meinung, dass, obwohl das Rechtsinstitut der Vertragsstrafe in gewissem Umfang Betrafungsfunktion besitzt, sie jedoch eine entsprechende willkürliche Vereinigung zwischen dem Gläubiger und dem Schuldner voraussetze und deswegen für die Umschreibung der deutschen Grundsätze im Deliktsrecht sinnlos sei.[884] Dieser Meinung schloss sich *Schäfer* an. Er ist der Ansicht, dass die Vertragsstrafe nicht direkt auf dem Gesetz beruht, sondern auf einem Vertrag basiert. Deshalb kann sie nicht für das poenale Prinzip in die Pflicht genommen werden. Sie ist auch kein Schadensersatz, sondern genauer gesagt eine Art Ersatzpauschale.[885] *Rieble* vertrat auch eine ähnliche Meinung, nämlich dass die Vertragsstrafe keine Privatstrafe sei, wie sie im anglo-amerikanischen Rechtskreis mit den punitive oder exemplary damages erscheint. Die Vertragsstrafe beruht auf der Privatautonomie des Strafschuldners. Im Gegensatz dazu bedarf die Privatstrafe nicht der Zustimmung des Täters, sondern ist gesetzlich festgelegt.[886]

---

[881] Staudinger/Rieble (2015) Vorbem zu §§ 339 ff, Rn. 16.

[882] NJW 2000, 2106, 2107; NJW 1998, 2600ff; BGHZ 85, 305, 312f; Looschelders, Schuldrecht AT (2015), Rn. 771, 782; Medicus/Lorenz, Schuldrecht I (2015), S. 576; Staudinger/Rieble (2015) Vorbem zu §§ 339 ff, Rn. 16.

[883] Staudinger/Rieble (2015) Vorbem zu §§ 339 ff, Rn. 17.

[884] BGHZ 118, 312, 339.

[885] Schäfer, AcP 202(2002), 397, 400f.

[886] Staudinger/Rieble (2015) Vorbem zu §§ 339 ff, Rn. 146.

G. Zwischenergebnis

Das deutsche Strafschadensersatzrecht kann auf die germanischen Stammesrechte zurückgeführt werden. Im Stammesrecht herrscht noch die Komplementarität von Fehde und Sühne. Im Sanktions- oder Kompositionssystem wurden Fehde und Sühneleistung, wie Wergeld und Buße vor allem als Unrechtsfolge angesehen, die sowohl strafrechtlich als auch privatrechtlich gültig waren. Im Gegensatz zur modernen Geldstrafe wurde das Sühnegeld teils dem Verletzten, teils der öffentlichen Gewalt gegenüber ausgehändigt.

Im Hochmittelalter wird Fehde als Abwehr von Unrecht und Rechtswahrung im Wege der Selbsthilfe betrachtet. Ihr Ziel ist es, durch Vergeltung, Genugtuung oder Sühne eine Wiederherstellung des Rechts zu erreichen. Im Hochmittelalter gewinnt die Buße keinen pönalen Charakter und der Gesichtspunkt des Schadensersatzes bleibt noch erhalten. Aber mit der Kriminalisierung des Strafrechts, wird das Delikt nicht mehr als Verletzung der Rechte eines anderen betrachtet, das mit Buße zu sühnen ist, sondern als Friedensbruch mit „peinlicher“ Strafe. Die peinliche Strafe kann teilweise bis in die Neuzeit durch Geldleistung entrichtet werden.

Die Scholastiker hatten die Restitutionslehre entwickelt. Die Restitution ist zwar für die wahre Buße erfordlich, aber nicht als ein Teil der Genugtuung selbst, sondern als eine Voraussetzung. Der Mönch Gratian von Bologna hat das Kanonische Recht zu einem selbständigen Lehrfach neben der Theologie und neben dem Römischen Recht gemacht.

Seit dem 13. Jahrhundert begann in Deutschland die Frührezeption des römischen Rechts. Im älteren römischen Recht steht der Gedanke der Buße im Vordergrund. Die Buße kann ins Gesetz gestellt sein oder dem billigen Ermessen des Richters überlassen werden. Am haüfigsten geht man vom Wert der betroffenen Sache aus und berechnet die Buße nach dem ein-, zwei-, drei-, oder vierfachen Betrag dieses Schätzwerts, besonders bei Vermögensdelikten. Die Vormachtstellung der Geldbuße als Folge des Delikts war das Zeichen für die ältere Zeit. Der Zweck der Buße ist Bestrafung des Verantwortlichen und Genugtung für das Opfer. Anders als bei der modernen Geldstrafe, ist die römische Buße keine öffentliche Strafe, sondern Privatstrafe. Sie wurde nicht an den Staat, sondern an den Verletzten bezahlt. Die Buße im klassischen Recht dient dazu, als Strafleistung das Unrecht zu sühnen, das der Täter dem Opfer beigebracht hat. Mit der Entwicklung des öffentlichen Strafrechts verschwinden im nachklassischen Recht die reinen Strafklagen, dagegen werden die gemischten Klagen in Ersatzklagen umgewandelt oder umgedeutet. Die öffentliche Strafe wurde in der Kaiserzeit zuerst insbesondere auf den Diebstahl und die Iniurie angewandt. Der Kriminalrichter hätte den Ersatz des zugefügten Schadens zu verschaffen, daneben sollte er nach dem Ermessen die öffentliche Strafe verhängen. Der Weg der Strafklage vor dem Zivilrichter wäre nunmehr verweigert worden. Die neben der Privatstrafe zur Wahl stehende öffentliche Strafe entspräche dem Bedürfnis dieser neueren Zeit mehr.

Die Buße gewann im Spätmittelalter einen pönalen Charakter und der Gesichtspunkt des Schadensersatzes hat an Bedeutung verloren. Die Ablösung der Geldbußen durch die Leibes-

und Lebensstrafen stellt die Entstehung des Strafrechts im heutigen Sinne dar. Hier handelt es sich nicht um Genugtuung für den Verletzten, sondern um Sühne für den begangenen Rechtsbruch. Eine andere wichtige Entwicklung beim Schadensrecht ist der Gedanke der Naturrestitution. Diese kirchliche Theorie gelangte über Bartolus in das Zivilrecht. Mit der im Hoch- und Spätmittelalter erfolgten „Geburt der Strafe" entstand die Trennung der strafrechtlichen und zivilrechtlichen Sanktion.

Die wichtigsten Ereignisse, die das deutsche Rechtsleben in der frühen Neuzeit dauerhaft beeinflussten, sind die Vollrezeption des Römischen Rechts, der juristische Humanismus, usus modernus, die Entwicklung des Naturrechts und die Kodifikation unter dem Einfluss der Naturrechtslehre.

In der Spätscholastik hat der Begriff „Restituere" einen „juristischen" Inhalt bekommen. Bei den Spätscholastikern gewinnt der Begriff der Restitution eine umfassende Bedeutung dadurch, daß er die Pflicht zur Wiedererstattung aus jedem Verstoß als ausgleichende Gerechtigkeit enthält.

Das Zeitalter des usus modernus ist der längste und der wichtigste Zeitraum der Geschichte des römischen Rechts in Deutschland. Er hat die Tradition der Gemeinrechtswissenschaft geschaffen. Die actio legis Aquiliae hatte sich spätestens ab der Mitte des 17. Jahrhundert zur Generalklausel für materielle Schadensersatzansprüche entwickelt. Bei der Bemessung der Höhe des Ersatzes im Rahmen der aquilischen Haftung legten die deutschen Gerichte immer den Wert der verletzten Sache zum Zeitpunkt der Verletzung zu Grunde. Am Anfang konnte man pönale Elemente in der deutschen Praxis häufig bemerken, wenn sie nicht anders im Partikularrecht bestimmt worden waren. Spätestens ab dem 18. Jahrhundert hatte sich die actio legis Aquiliae allmählich allgemein zur vollständigen Entpönalisierung entwickelt. In dieser Zeit lag der Schutz der Persönlichkeit dem actio iniuriarum und dem actio legis Aquiliae zu Grunde. Im gemeinen Recht im 16. bis 18. Jahrhundert gab es drei paralelle Systeme zur Entschädigung der Verletzten. Der Tatbestand der actio legis Aquiliae sah auch den Körper des Menschen als schützenswertes Gut in der Zeit der Usus modernus an. Hingegen wurden weitere immaterielle Güter nur unter Schwierigkeiten in den Tatbestand der aquilischen Klage aufgenommen. Erst zu Beginn des 18. Jahrhunderts fanden Ersatz eines erlittenen Schmerzes, Narben und Entstellungen in der actio legis Aquiliae Unterstützung.

Durch die Kodifikaion wurde das überlieferte Recht in naturrechtlicher Systematik neugefasst. Dann wurde neues Recht aus der Geste der Vernunft abgeleitet. Der Codex Maximilianeus Bavaricus civilis galt von seinem Inkrafttreten am 2. Janurar 1756 bis zum Inkrafttreten des Bürgerlichen Gesetzbuches am 1. Januar 1900. Anders als im römischen Recht, das nämlich das öffentliche Delikt hauptsächlich auf den Schaden des Gemeinwesens richtet, bedeutet das private Delikt alle übrigen Beschädigungen, z.B. Raub, Diebstahl, und beide Delikten wurden damals hauptsächlich im Strafgesetzbuch sanktioniert. Nur der sogenannte Frevel und geringere Verbrechen unter dem privaten Delikt, welche nicht nach dem Strafgesetzbuch bestraft werden, werden nach dem CMBC regelt. Die zivilrechtliche Verbindlichkeit bezieht sich zuerst auf die Restitution dessen, was durch das Verbrechen verursacht wurde. Wenn der Schaden nicht durch die Restitution vergütet werden kann, können der erlittene Schaden und die Kosten ersetzt werden. Die actio poenalis bezieht sich auf eine pönale Strafe, die actio persecutoria bezieht sich auf Schadensersatz. Die Injuria im CMBC wurde fast vollständig gemäß der gemeinrechtlichen Rechtsprechung entsprechend behandelt.

Das Preußische Allgemeine Landrecht (= ALR, 1794) umfasst Privatrecht, Handelsrecht, materielles Strafrecht, Kirchenrecht und Teil des Verwaltungsrechts. Seine Normen basieren auf den Gedanken des Naturrechts, überliefertem gemeinem Recht sowie korporativem und altständischem Recht. Im Sinne der Repönalisierung änderten sich vier Aspekte bei der Regelung des Ausgleichs von Vermögensschäden im ALR im Vergleich zum älteren Deliktsrechtssystem. Zum einen wurde das Alles-oder-Nichts-Prinzip durch Proportionalitätsprinzip ersetzt. Die zweite Änderung im ALR bezog sich auf die Berechung des Wertes einer Sache, die vorsätzlich oder fahrlässig zerstört worden war. Beim dritten Aspekt handelt es sich um den Umfang des Schadensersatzes, der von Angehörigern eines grob schuldhaft Getöteten in Anspruch genommen worden war. Die letzte Änderung liegt im durch mehrere Schädiger vorsätzlich herbeigeführten Schaden. Injurie wird als Straftatbestand im ALR normiert. Die Rechtsfolge für die Injurien im ALR wurden tief von dem Standesbewußtsein beeinflußt. Die Rechtsfolgen von Injurien betrafen hauptsächlich den rein ausgleichsorientierten Schadensersatz für Vermögensschäden, die öffentlichen Strafe und Privatgenugtuung.

Im 19. Jahrhundert beherrschten in die deutsche private Rechtswissenschaft historische Rechtsschule, Pandektenwissenschaft und nationalstaatlicher Positivismus. Am Ende des älteren Gemeinrechts hatte sich die actio legis Aquiliae zu einer Klage entwickelt, mit der Ersatz für rechtswidrig und schuldhaft hervorgerufene Vermögensschäden verschafft werden konnte. In der Rechtspraxis des 19. Jahrhunderts erfaßte die aquilische Haftung sowohl Sachverletzung als auch Körperverletzung. Aber sie stellt keine allgemeine Klage für einen umfassenden und jeden pekuniären Nachteil dar. Der Anspruch auf Privatstrafe wäre in den meisten Fällen durch die gemeinrechtliche Praxis aufgegeben. Die Geldstrafe aufgrund des öffentlichen Interesses wurde abgeschafft, weil sie in Verbindung mit einem gesellschaftlichen Verhältnis der Römischen Bürger stand, wovon sich in den Verfassungen des 19. Jahrhunderts keine Spur fand. Die Berechnung des Schadensersatzbetrags nach dem Grad des Verschuldens des Verletzers wurde in der gemeinrechtlichen Praxis abgelehnt. Der Entschädigungsbetrag wurde mit Rücksicht auf die Verabreichung von Alimenten, deren Größe und Dauer nach dem durch die persönlichen Verhältnisse des Getöteten und den zu Alimentierenden nach richterlichem Ermessen bestimmt.

Schmerzensgeld in Hinsicht auf die Körperverletzung wurde zuerst in der Praxis abgelehnt. Allerlings wurde es später anerkannt. In den Urteilen wurde die Meinung vertreten, dass es eine allgemeine Ansicht in der damaligen gemeinrechtlichen Theorie und Praxis wäre, nachdem das Opfer aufgrund seines Schmerzens durch ein Delikt an seinem Körper vom dem Verletzer „Geldäquivalent" in Anspruch nehmen konnte. Angesichts der Rechtsnatur konnte das sogenante Schmerzensgeld nicht als eine Privatstrafe im technischen Sinne anerkannt werden, sondern als ein zivilrechtlicher Ersatzanspruch aufgrund widerrechtlich erlittener Schmerzen. Die Beitragshöhe des Schmerzensgelds wurde nach den Umständen im einzelnen

Fall bemessen. Dabei sollten die „Größe, Heftigkeit und Dauer der erlittenen Schmerzen“ in die Überlegungen einbezogen wurden. Das richterliche Ermessen sollte nicht von der Betragshöhe der durch die Verletzung aufgelaufenen Kurkosten beeinflußt werden. Der Anspruch auf Schmerzensgeld war durch das Reichsstrafgesetzbuch beseitigt worden.

In der gemeinen Rechtspraxis des 19. Jahrhundert gewann die actio iniuriaum nur sekundäre Bedeutung für das Schadensersatzrecht. Durch das Reichsstrafgesetzbuch wurde ein solcher Strafanspruch abgeschafft. Der Anspruch auf Ehrenerklärung, Widerruf und Abbitte, die das frühere gemeine Recht dem Beleidigten neben dem Geldanspruch gewährte, war auch durch das Reichsstrafgesetzbuch beseitigt worden.

Die actio de servo vorrupto, actio quod metus causa, actio redhibitoria, actio depositi, die im Römischen Recht eine Privatstrafe darstellten, fanden im 19. Jahrhundert keine Anwendung.

Die deliktische Haftung für materielle Schäden des Sächsischen BGB hatte die im gemeinen Recht entwickelten Grundsätze zur actio legis Aquiliae rezipiert. Beim Schadensersatz geht es nur um Ausgleichsgedanken nach dem Alles-oder-Nichts-Prinzip. Die römische actio furti, welche eine Strafklage darstellte und zur Zahlung des vierfachen Sachwertes führen konnte, wurde auch ganz abgeschaft. Geldanspruch aufgrund der Injurien wurde schon durch das Duellmandat 1712 beseitigt. Durch das sächsische Criminalgesetzbuch 1838 wurde der Anspruch des Beleidigten oder Verleumdeten auf Abbitte, Ehrenerklärung und Widerruf nicht mehr anerkannt. Bei Körperverletzung kann das Opfer nicht nur den Ersatz des materiellen Schadens (Heilungskosten), sondern auch eine Entschädigung für die Schmerzen wie in der herrschenden gemeinrechtlichen Praxis in Anspruch nehmen. Im Vergleich zum gemeinen Sachsenrecht wird Schmerzensgeld unabhängig vom Verschuldensgrad des Täters anerkannt. Das Schmerzensgeld stellt hier keine Strafe dar. Das sogenannte Wergeld wurde stillschweigend abgeschafft. Aber die Sachenbuße bei Freiheitsberaubung als Entschädigung für das Gefühl des Gefangenseins bezahlt werden. Die einheitlich pauschalierte Höhe des zu zahlenden Betrags und die unwiderlegliche Vermutung des Bestehens eines Schadens zeigt schon pönale Elemente in dieser Zahlungspflicht, obwohl diese nicht erheblich ist. Bei dem Dotationsanspruch geht es nicht um Ausstattung, sondern um Entschädigung.

Mit dem Inkrafttreten der Reichsjustizgesetze am 1. 1. 1879 durch § 11 I EGStPO wurde die Injurienklage im ganzen Deutschen Reich schließlich getilgt. Obwohl es in der StPO diese eindeutige Regelung gab, wurde aber die actio injuriarum von einigen deutschen Gerichten nach 1879 noch als geltendes Recht betrachtet. Allerdings wandelte sich ihre Rechtsnatur von einer Privatstrafe auf die Entschädigung für erlittene ideelle Nachteile. Die Regelungen über Buße wurde später in § 188 und § 231 StGB angeordnet. In beiden Fällen wird die Geltendmachung eines weiteren Entschädigungsanspruchs durch eine erkannte Buße ausgeschlossen. Die Entschädigung beschränkt sich nicht nur auf eine Vergütung der dem Verletzten zugefügten rein vermögensrechtlichen Schäden, sondern umfaßt auch jeden durch die Verletzung verursachten körperlichen und psychischen Schaden. Die Höhe der Buße kann nicht über den vom Verletzten verlangten Betrag hinausgehen.

Entpönalisierung im BGB war deutliches Ziel des BGB-Gesetzgebers. Um dieses Ziel zu ermöglichen, hatte der BGB-Gesetzgeber dafür seine Rechtsgedanken über die Grundlage des Schadensersatzes in den Motiven zum Entwurf zum Ausdruck gebracht. Es handelt sich um die Entwicklung der folgenden Eckpfeiler im Schuldrecht: Zuerst betrifft es den Umfang der Haftungszurechnung. Hier wurde das Proportionalitätsprinzip moralisierend und strafrechtlich charakterisiert. Darauf sollte bei den zivilrechtlichen Folgen der unerlaubten Handlungen auf jeden Fall verzichtet werden. Hier konnte das Alles-oder-Nichts-Prinzip für den Schadensersatz geeignet sein. Zweitens geht es um die Art der Haftungszurechnung. Dies betrifft die Zuordnung der Naturrestitution im Schadensersatzrecht. Drittens handelt es sich um die Ersetzbarkeit des immateriellen Interesses.

In Bezug auf die Rechtsnatur des Schmerzensgeldes gibt es fortwährend Streit. Nach dem Wortlaut des § 253 n.F. und der systematischen Einordnung in §§ 249 ff. wird die allgemeine Funktion privater Ersatzleistung, der Schadensausgleich hervorgehoben. Daneben gibt es noch eine Genugtuungsfunktion. Genugtuungs- und Ausgleichsfunktion zeigen sich hier wie zwei Seiten derselben Medaille.

In Bezug auf die Verletzung der allgemeinen Persönlichkeit, die vom Gesetzgeber des Bürgerlichen Gesetzbuchs abgelehnt worden war, hatte das Bundesverfassungsgericht die Auffassung vertreten, dass sich das allgemeine Persönlichkeitsrecht mit der Entwicklung der langen Erforschung in der Wissenschaft durchgesetzt hätte und nach den betreffenden Rechtsprechungen des Bundesgerichtshofs nunmehr zum festen Bestandteil der deutschen Privatrechtsordnung geworden wäre. Die Zuerkennung einer Geldentschädigung im Fall einer schweren Persönlichkeitsbeeinträchtigung liege dem Gedanken zugrunde, dass wenn kein solcher Anspruch bei Verletzungen der Würde und Ehre des Menschen angelegt würde, es keine Sanktion geben könnte. Bei den Funktionen einer solchen Geldentschädigung bezieht man sich auf Genugtuungsfunktion und Präventionsfunktion. Sie stelle jedoch keine strafrechtliche Sanktion dar. Dies habe auch nichts mit punitive damages in den USA zu tun.

Die entscheidende Stellungnahme zu punitive damages war die vom IX. Zivilsenat im Urteil vom. 4. Juni 1992 zum Ausdruck gebrachte Ansicht. Dieser Ansicht nach sollte ein US-amerikanisches Urteil auf Strafschadensersatz (punitive damages) von nicht unerheblicher Höhe, „der über den Ausgleich erlittener materieller und immaterieller Schäden hinaus pauschal“ zugesprochen wird, in Deutschland regelmäßig aufgrund des materiellen ordre public gemäß §§ 723 II 2 Nr. 4 ZPO nicht vollstreckt werden.

Dennoch gibt es vier Herausforderungen im heutigen deutschen Schadensersatzrecht: Wettbewerb der Schadensersatzrechtsordnungen, europäische Rechtsvereinheitlichung, die Judikatur des EuGH in Bezug auf Rechtsdurchsetzung durch Schadensersatz und ökonomische Analyse des Rechts. Die Empfehlung, für Einzelfälle ist Strafschadensersatz vorzusehen, wurde bei dem 66. DJT mit 14:74:4 abgelehnt. Dieses Ergebnis führte dazu, dass die Empfehlung, dass sich Strafschadensersatz dem Geschädigten im vollem Umfang oder nur teilweise zugute kommen sollte, erübrigte.

§ 3. Rechtsentwicklung in China

A. Entwicklung im antiken China

I. Xia (夏) Dynastie (etwa BC 2100 – BC 1600)

1. Geburt der Strafe

Es gibt folgende Meinungen über die Geburt der Strafe in China:
Die erste Meinung ist, dass die Strafe dem Willen Gottes entstamme. Gott bestrafte jemanden, der eine Sünde begangen hat. Die Regierung hat das Recht, solche Personen zu bestrafen, weil Gott ihr ein derartiges Recht erteilt hätte. Die Heiligen hätten nach diesem Gedanken die Strafe formuliert.[887]
Der zweiten Meinung nach hatte die Sippe Xia(夏) die Strafe von der Sippe Miao(苗) rezipziert. *Chiyou*, der der Führer der Sippe Miao war, folgte diesem geistlichen Gedanken nicht länger und erfand die weltliche Strafe, um seine Soldaten zu regieren. Die Sippe Miao hatte fünf Strafen entwickelt, genauer gesagt: Zeichengravieren auf das Gesicht(墨); Abschneiden der Nase(劓); Entfernen der Kniescheibe(膑); Zerstörung des Geschlechtsorgans(宫) und Tötung(大辟). Nachdem *Chiyou* im Krieg gegen die Sippe Xia verloren hatte, wurde die Strafe von der Sippe *Xia* rezipiert.[888] Dies ist die vorherrschende Meinung.[889]
Der dritten Meinung nach entstand die Strafe im Krieg. In der Frühzeit Chinas gab es häufig Kriege unter den Sippen. Die Sippe *Xia* kämpfte gegen die Sippe *Youhushi*. Die Sippe Xia entwickelte eine pönale Strafe für ihre Armee, um ihre Soldaten so zu beherrschen, dass sie den Krieg gewinnen konnte. [890]
In der Literatur heißt das erste, nach dem Namen des Gründers der Dynastie Xia benannte Strafgesetzbuch in China, Yu-Strafen(禹刑). Darin gab es 3000 Paragraphen und fünf Arten von Strafen, nämlich die aus der Sippe *Miao* rezipierten fünf Strafen.[891] Dieses Strafgesetzbuch wurde nicht veröffentlicht, weil der Machthaber glaubte, wenn das Volk die Strafe nicht kannte, hätte das Volk Angst davor, durch eine unbekannte Strafe sanktioniert zu werden, wenn es sich nicht anständig verhielte. Unter den 3000 Paragraphen wurde das Nichtehren der eigenen Eltern als schwerstes Vergehen angesehen. Jemand, der seine Eltern nicht ehrte, sollte getötet werden. Auch derjenige, der Raub und Tötung beging, sollte getötet werden.[892]

---

[887] Zhang, Jinfan/Lin, Zhong, Strafrechtsgeschichte Chinas, S. 17; vgl. Yang, Yifan, An Overview of China´s Legal History, S. 27.

[888] Zhang, Jinfan/Lin, Zhong, Strafrechtsgeschichte Chinas, S. 17f; vgl. Yang, Yifan, An Overview of China´s Legal History, S. 27.

[889] Zeng, Xianyi/Zhao, Xiaogen, The Legal History of China, S. 16; vgl. Yang, Yifan, An Overview of *China´s Legal* History, S. 27.

[890] Zhang, Jinfan/Lin, Zhong, Strafrechtsgeschichte Chinas, S. 16.

[891] Zhan, Maohua, Rechtsgeschichte Chinas, S. 20.

[892] Zhan, Maohua, Rechtsgeschichte Chinas, S. 24ff.

2. Schadensersatz

Anhand der heutigen schriftlichen Quellen aus der Dynastie *Xia* und *Shang* lässt sich nichts über Schadensersatz zur damaligen Zeit sagen.[893]

[893] Tian, Zhenhong, Forschungen zum traditionellen Schadensersatzrecht Chinas, S. 36.

II. Shang (商) Dynastie (BC 1600 - BC 1046)

Die Gesetze in der Dynastie *Shang* hatten sich vermehrt. Über das Strafgesetz und Militärgesetz hinaus gab es noch Zivilgesetze, die sich auf Eigentum des Bodens, die Ehe und auf Erben bezogen. Den Schadensersatz wegen eines Delikts kann man in der Literatur noch nicht finden.[894]

Das Strafgesetzbuch in der Dynastie Shang heißt Tang-Strafen(汤刑). Es war nach dem Namen eines Königs der Dynastie benannt worden. Der König formulierte diese Tang-Strafen, um seiner Regierung Erleichterungen zu verschaffen. Die Tang-Strafe wurde nach dem Vorbild der Yu-Strafe geschaffen. Dieses Strafgesetzbuch galt bis zum Ende der Dynastie.[895]

Wie bei den Yu-Strafen gab es auch in diesem Gesetzbuch fünf Arten der normalen Strafe. Darüber hinaus gab es noch weitere, besondere Strafen, wie zum Beispiel das Abhacken einer Hand. Für den Adel gab es noch das Sühnegeld(赎刑). Der Adel konnte mit Seide dafür bezahlen, wenn er sich bestimmten Regelungen im Strafgesetz widersetzt hatte.[896]

In der Dynastie *Shang* herrschte der Rechtsgedanke, dass Strafen nach dem Willen Gottes wären. Bei den Urteilen und bei der Bemessung der Strafe wurde Wahrsagung (占卜) genutzt.[897]

---

[894] Zhu, Yong, Rechtsgeschichte Chinas, S. 34.

[895] Zhan, Maohua, Rechtsgeschichte Chinas, S. 20f.

[896] Zhan, Maohua, Rechtsgeschichte Chinas, S. 23.

[897] Zeng, Xianyi/Zhao, Xiaogen, The Legal History of China, S. 19f.

III. Zhou (周) Dynastie (BC 1046 – BC 221)

Die Dynastie Zhou wurde in Westzhou (BC 1046 – BC 771) und Ostzhou (BC 771 – BC 256) unterteilt.[898]

1. Westzhou (BC 1046 – BC 771)

a) Rechtsgedanke

Der Rechtsgedanke des Gottesrechts in der Dynastie Shang wurde von Zhou rezipiert und entwickelt. Der Beherrscher Zhou Gong (周公) glaubte, dass Gott (oder Himmel) nicht nur ein Geist für eine bestimmte Sippe, sondern der Geist für alle Sippen sei. Nach seiner Gottes Gnadentumslehre sollte ein Herrscher eine Moral haben, die der Gnade Gottes entsprach. Die zwei Aufgaben des Beherrschers wären, Gott zu verehren (敬天) und die Völker zu schützen (保民). In der Judikatur sollte der Richter die Moral fördern und die Strafe beschränken (明德慎罚).[899]
Der andere wichtige Rechtsgedanke war der in der LI (礼) reflektierte Gedanke, nämlich die Familie und besonders die Eltern zu lieben (亲亲), Herrscher zu respektieren (尊尊), die älteren Generationen zu achten (长长) und reine Beziehungen zwischen Frauen und Männern aufrechterzuhalten (男女授受不亲).[900] In verschiedenen Klassen galten verschiedene Li (礼不下庶人) und in verschiedenen Klassen galten verschiedene Strafen (刑不上大夫). Dieser Rechtsgedanke war das Wesen der Regierung durch LI und hatte großen Einfluß auf die Judikatur. Die Adeligen hatten nach der LI viele Sonderrechte und wurden normalerweise nicht durch Strafen sanktioniert.[901]

b) Zhou-LI (周礼)

Ungefähr im Jahre BC 3000 bezog sich LI lediglich auf Opferhandlungen. LI bestand anfänglich aus Regelungen, die bestimmten, wie man sich beim Opfern richtig verhalten sollte, um Gottes Segen zu erhalten.[902] Allmählich entwickelte sich LI zu umfassenderen Regelungen, die das allgemeine Leben der Menschen bestimmten. Die Könige des Alten Chinas verkündigten die LI. Ihre Regelungen umfassten einen allgemeinen und einen besonderen Teil. Der allgemeine Teil befasste sich mit dem Geist und den Prinzipien der LI, mit den Regelungen über die Verhältnisse der Familienangehörigen zueinander, der Ehe und den Regelungen beim Essen. Der besondere Teil bestraf die Opferregelungen. Beim Opfern sollte man LI einhalten, sonst würde man bestraft.[903]

---

898 Yang, Yifan, An Overview of China´s Legal History, S. 28, 31.

899 Zeng, Xianyi/Zhao, Xiaogen, The Legal History of China, S. 29f.

900 Zeng, Xianyi/Zhao, Xiaogen, The Legal History of China, S. 30.

901 Ye, Xiaoxin, Zivilrechtsgeschichte Chinas, S. 33; Zeng, Xianyi/Zhao, Xiaogen, The Legal History of China, S. 30.

902 Li, Zhimin, Zivilrecht im alten China, S. 4.

903 Ye, Xiaoxin, Zivilrechtsgeschichte Chinas, Band I, S. 12.

In der Dynastie West-Zhou (BC 1064 bis BC 770) schuf Regent *Zhou Jidan* die Zhou-Li auf Basis der LI aus der letzten Dynastie *Shang* und der damals geltenden Gewohnheiten. Ihr Inhalt umfasste Sachregelungen über Grundstücke, Erbrecht, Familienrecht und sonstige Regelungen über die Aristokratie.[904] Das Wesen der LI ist inzwischen umstritten. Nach Meinung einiger Juristen sollte LI aus heutiger Sicht als Zivilrecht betrachtet werden.[905] Andere hingegen vertreten die Meinung, dass man LI als eine Vermischung des privaten und öffentlichen Rechts betrachten müsse. Der Grund dafür sei, dass ein Verhalten, welches LI widerspreche, nicht nur zivilrechtliche Sanktionen sondern auch eine öffentliche Strafe hervorrufen konnte.[906]

Der Zweck der Zhou LI war eine Vermeidung von unerlaubten Handlungen.[907] Als Sanktionen gegen Delikt gab es Schadensersatz, Geld- oder Sachstrafen sowie den Täter beleidigende Strafen. In der Praxis wurden Diebstahl und Raub von den anderen Delikten unterschieden. Diebstahl und Raub wurden auch außerhalb der zivilrechtlichen Haftungen normalerweise noch mit Strafe sanktioniert. [908]

Die private Rache wurde in der Dynastie Zhou verboten. Der Streit wurde von einem Richter durch Vermittlung geschlichtet. Private Rache wurde mit Tötung bestraft.[909] Wenn jemand jedoch Rache für seine Eltern genommen hatte, konnte der Täter aufgrund der Ehrenregelungen gegenüber den eigenen Eltern leichter bestraft werden.[910]

c) Strafe

Am Anfang der Dynastie Zhou wurden die sogenannten „Neun-Strafen (九刑)“ verfasst. Es handelte sich dabei um ein Gesetzbuch, das sich aus insgesamt neun Kapiteln zusammensetzte. Seine Hauptaufgabe lag darin, die neue Regierung zu stabilisieren. [911] Während der Regierung des Königs *Wu* wurde auf Empfehlung des Fürsten *Lü* ein neues Strafgesetzbuch namens „Lü-Strafen (吕刑)“ verfasst. In diesem Strafgesetzbuch wurden nach den Rechtsgedanken der Moralförderung und der Strafbeschränkung viele gewaltsame Strafen abgeschafft.[912]

Nach dem Strafrecht wurde das Nichtehren der eigenen Eltern und das Nichtrespektieren der eigenen älteren Brüder oder Generationen als das schwerste Delikt betrachtet und am stärksten bestraft, weil solche Vergehen die Kernbeziehung der damaligen Gesellschaften verletzten.[913] Diebstahl, Raub und Beleidigung wurden pönal bestraft.[914]

904 Kong, Qinmin, Zivilrechtsgeschichte Chinas, Band I, S. 6ff.

905 Ye, Xiaoxin, Zivilrechtsgeschichte Chinas, Band I, S. 13.

906 Kong, Qinmin, Zivilrechtsgeschichte Chinas, Band I, S. 12.

907 Li, Zhimin, Zivilrecht im alten China, S. 186.

908 Kong, Qinmin, Zivilrechtsgeschichte Chinas, Band I, S. 30.

909 Li, Zhimin, Zivilrecht im alten China, S. 186.

910 Yin, Xiaohu, Spiegel der Dynastie Qin, S. 90.

911 Zeng, Xianyi/Zhao, Xiaogen, The Legal History of China, S. 31.

912 Zeng, Xianyi/Zhao, Xiaogen, The Legal History of China, S. 31.

913 Zeng, Xianyi/Zhao, Xiaogen, The Legal History of China, S. 34.

d) Schadensersatz

aa) Schäden der öffentlichen Sache

Im Zhou-Li wurden einige Regelungen über den Ersatz für Schäden an öffentlichen Sachen getroffen. Danach sollte man ausgleichenden Schadensersatz leisten, wenn man einen Schaden an einer öffentlichen Sache verursacht hatte.[915]

So brauchte zum Beispiel der Krieger, dem Bogen und Armbrust zur Verfügung gestellt wurden, keinen Ersatz zu leisten, wenn ihm diese im Krieg verloren gegangen waren. Wenn er jedoch Bogen oder Armbrust nicht durch die Benutzung verloren hatte, sollte der Krieger dafür Schadensersatz leisten.[916] Wenn ein Beamter ein Pferd des Staates benutzte, und das Pferd innerhalb von 10 Tagen zu Tode käme, sollte der Beamte den gesamten Schaden nach dem Marktpreis eines lebendigen Pferdes ersetzen. Wenn das Pferd innerhalb von 11 bis 20 Tagen zu Tode käme, sollte der Beamte den Preis für den Schaden nach dem Marktpreis eines toten Pferdes bezahlen. Wenn das Pferd nach mehr als 20 Tagen zu Tode käme, brauchte der Beamte keinen Schadensersatz zu leisten. Der Grund dafür lag darin, dass man beim Benutzer ein großes Verschulden am Tode des Pferdes vermutete, wenn das Tier bei der Benutzung innerhalb von 10 Tagen verstorben wäre. Wenn ein Pferd erst innerhalb von 11 bis 20 Tagen verstorben wäre, rechnete man dem Benutzer ein geringes Verschulden an. Nachdem er jedoch ein Pferd länger als 20 Tage benutzt hätte und das Pferd ermüdet gewesen sein sollte, wurde dem Benutzer kein Verschulden am Tode des Pferdes gegeben, und er brauchte deswegen keine Verantwortung zu übernehmen.[917] Bei der Berechnung des Schadensersatzbetrags spielten subjektive Faktoren eine große Rolle. Der Grad des Verschuldens hatte Einfluß auf den zu zahlenden Schadensersatzbetrag. [918]

aa) Private Sachschäden

In den Gesetzen der Dynastie West-Zhou findet sich keine Regelung bezüglich des Schadensersatzes bei der Verletzung von Privatinteressen. Auch in der Zhou-Li gab es keine klare Norm, nach der man Ersatz für private Sacheschäden leisten musste. [919] Wenn private Sachschäden verursacht worden wären, sollte dies durch eine Vermittlung geregelt werden. Ob ein Verletzer den Schadensersatz leisten sollte, hing von dem Ergebnis der Vermittlung ab.[920] Aber nach dem Gewohnheitsrecht musste man aufgrund des Sachschadens, den man

---

914 Zeng, Xianyi/Zhao, Xiaogen, The Legal History of China, S. 34f.

915 Tian, Zhenhong, Forschungen zum traditionellen Schadensersatzrecht Chinas, S. 37.

916 Zheng, Xuan/Jia, Gongyan, Auslegung zur Zhou-Li, S. 1239; Tian, Zhenhong, Forschungen zum traditionellen Schadensersatzrecht Chinas, S. 37.

917 Zheng, Xuan/Jia, Gongyan, Auslegung zur Zhou-Li, 1149; Tian, Zhenhong, Forschungen zum traditionellen Schadensersatzrecht Chinas, S. 37f.

918 Tian, Zhenhong, Forschungen zum traditionellen Schadensersatzrecht Chinas, S. 38.

919 Tian, Zhenhong, Forschungen zum traditionellen Schadensersatzrecht Chinas, S. 39, 41.

920 Zheng, Xuan/Jia, Gongyan, Auslegung zur Zhou-Li, S. 505; Tian, Zhenhong, Forschungen zum traditionellen Schadensersatzrecht Chinas, S. 39.

einem anderen zugefügt hatte, Ersatz leisten. Es gab einen Fall, in dem ein gewisser *Ji Zigao* den Reis auf dem Feld eines Anderen vernichtet hatte, als er seine Frau begrub. Ein Zeuge forderte, dass er dem Eigentümer des Reisfeldes Schadensersatz leisten müsse.[921]

In einem anderen Fall ließ ein Adliger während einer Hungersnot seine Sklaven den Weizen vom Feld eines Anderen stehlen, worauf ihn der Geschädigte verklagte. Der Beamte forderte den Adligen auf, den Geschädigten um Verzeihung zu bitten. Falls dieser ihm nicht vergeben könnte, sollte der Adlige bestraft werden. Der Geschädigte vergab ihm nicht. So wurde der Adlige nicht nur dazu verurteilt, eine entsprechende Menge an Weizen als Schadensersatzleistung zu übergeben, sondern er musste außerdem auch noch eine äquivalente Menge an Weizen als Strafe liefern. Weil im laufenden Jahr eine Hungersnot herrschte, war der Schadensersatz erst im darauffolgenden Jahr zu leisten. Für den Fall, dass er dieser Forderung nicht nachkäme, sollte er das Vierfache leisten.[922] In einem anderen Fall wurde das Land eines Adligen zerstört. Der Täter wurde dazu verurteilt, dem Opfer ein entsprechendes, eigenes Landstück als Ersatz für den Verlust zur Verfügung zu stellen.[923]

Die Regelungen über die Vermittlung in der Zhou-Li beauftragten den Vermittler noch mit der Aufgabe, bei Streitfragen bezüglich fahrlässiger Persönlichkeitsverletzung und Verletzung von Tieren zu vermitteln, um in solchen Fällen eine Harmonisierung der Gesellschaft zu erreichen. Der genaue Betrag des zu leistenden Schadensersatzes wurde in solchen Fällen nicht klar vorgeschrieben, weil die Vermittlung nach dem freien Willen der beiden Parteien vorgenommen wurde. Aber nach der Auslegung von *Zheng Xuan* sollte der Verletzte durch die Vermittlung zufriedengestellt werden.[924]

Außerdem wurde eine Vertragsverletzung auch als eine Rechtsverletzung bewertet. In einem solchen Falle wurde das Vermögen des Vertragsverletzers vom Staat enteignet und der Vertragsverletzer mit beleidigender Strafe sanktioniert.[925]

2. Ost-Zhou (BC 771 – BC 221)

Im Jahre BC 770 hatte König *Zhou Pingwang* die Hauptstadt nach *Luoyang* verlegt, wonach die Dynastie Zhou als Ost-Zhou bezeichnet wurde. Die Macht des Königs ging allerdings nach und nach verloren, sodass die Fürsten seit dem Jahre BC 475 gegeneinander um die Herrschaft kämpften. Während dieser Zeit hatte sich China allmählich von der Sklavengesellschaft zu einer feudalen Gesellschaft gewandelt.[926] Im Jahre BC 836 veröffentlichte der Vasallenstaat *Zhen* sein Gesetz, welches das erste veröffentlichte Gesetz in China wurde.[927]

---

921 Tian, Zhenhong, Forschungen zum traditionellen Schadensersatzrecht Chinas, S. 41.

922 Li, Zhimin, Zivilrecht im alten China, S. 187; Kong, Qinmin, Zivilrechtsgeschichte Chinas, Band I, S. 27; Tian, Zhenhong, Forschungen zum traditionellen Schadensersatzrecht Chinas, S. 40.

923 Kong, Qinmin, Zivilrechtsgeschichte Chinas, Band I, S. 28.

924 Zheng, Xuan/Jia, Gongyan, Auslegung zur Zhou-Li, S. 505.

925 Kong, Qinmin, Zivilrechtsgeschichte Chinas, Band I, S. 30.

926 Zhan, Maohua, Rechtsgeschichte Chinas, S. 65.

927 Zeng, xianzi/Zhao, Xiaogen, The Legal History of China, S. 47.

a) Rechtsgedanke des Konfuzianismus

In der Dynastie West-Zhou hielten sich die Bürger nicht länger an die Zhou-Li. Die Fürsten kämpften gegeneinander, um den Staat zu beherrschen. Wegen der Kriege zwischen den Fürsten hatte *Kong Qiu* (Konfutse) den Gedanken geäußert, dass Zhou-Li wiederhergestellt werden sollte.[928] Die Kerngedanken der Meinung von *Kong Qiu* sind:
Erstens sollte der Staat durch LI reguliert werden. LI hatte die soziale Stellung der Menschen und Verhaltensregeln vorgeschrieben. Jeder sollte LI folgen. Zweitens wollte er durch LI die Moral stärken und die sozialen Konflikte mildern. Er tritt gegen eine Regierungsweise ein, bei der die Regierung nur durch Politik und Strafe ausgeübt wird. Kongfutse glaubte, dass für die Bewahrung der Regierungsordnung das Regieren mit Liebe und Moral besser sei als gewaltsame Unterdrückung und Drohungen.[929]

b) Der Rechtsgedanke der Juristen

Die Juristen kritisierten die Meinungen des Konfuzianismus. Sie vertraten die Ansicht, dass der Staat durch Recht reguliert werden sollte.[930] Die Kerngedanken der Juristen sind die folgenden:
Erstens sollte jede Angelegenheit nach dem Recht beurteilt werden. Der Staat sollte das Recht beachten. Das Recht wäre für den Staat so etwas wie ein Lineal für den Schreiner. Die Juristen forderten, auch der Beherrscher habe die Gesetze zu befolgen, damit das Gesetz in der Regierung besser funktionieren könne. Jeder sei vor dem Gesetz gleich.[931]
Zweitens sollten in einer chaotischen Gesellschaft strengere Strafen zur Anwendung kommen. Die Juristen schätzten die Drohfunktion sehr hoch ein. Sie glaubten, durch strenge Strafen könnten Straftaten reduziert werden.[932] Die Juristen kritisierten die Meinung des Konfuzianismus, dass zu strenge Strafen die Bürger verletzen könnten. Sie glaubten, dass leichtere Strafen die Bürger eher verletzen könnten.[933]
Fajing (法经) war das erste systematisch geschriebene Gesetzbuch in China. Fajing verkörperte den Rechtsgedanken der Juristen und beinhaltete viele strengen Strafen. Wenn man zum Beispiel ein Ding auf seinem Wege fand und dieses in Beschlag nahm, sollte einem der Fuß abgehackt werden.[934] Inzwischen sind die Dokumente, die Fajing enthielt, verlorengegangen

[928] Ma, Zuowu, Rechtsgeschichte Chinas, S. 39.

[929] Ma, Xiaohong/Jiang, Xiaomin, History of Chinese Legal Thoughts, S. 44f; Zhan, Maohua, Rechtsgeschichte Chinas, S. 67.

[930] Zeng, Xianzi/ Zhao, Xiaogen, The Legal History of China, S. 45f; Ma, Xiaohong/Jiang, Xiaomin, History of Chinese Legal Thoughts, S. 57f; Zhan, Maohua, Rechtsgeschichte Chinas, S. 70.

[931] Ma, Xiaohong/Jiang, Xiaomin, History of Chinese Legal Thoughts, S. 59f; Zhan, Maohua, Rechtsgeschichte Chinas, S. 70f.

[932] Zhan, Maohua, Rechtsgeschichte Chinas, S. 71.

[933] Zhan, Maohua, Rechtsgeschichte Chinas, S. 71.

[934] Zhang, Jinfan, Strafrechtsgeschichte, S. 47f; Zhan, Maohua, Rechtsgeschichte Chinas, S. 79.

und man besitzt nur noch wenige Informationen darüber.[935] Insgesamt bestand es aus 6 Kapiteln, wovon der erste Teil das Recht über die Vermögensverletzungen und der zweite Teil das Recht über Persönlichkeitsverletzungen behandelte. Die Juristen glaubten, für die Regierung eines Königs wären Diebstahl und Raub am gefährlichsten. Deswegen sollte eine Person, die eine Vermögensverletzung oder eine Persönlichkeitsverletzung begangen hätte, mit einer sehr strengen Strafe sanktioniert werden.[936] Von fast allen Strafen konnte man sich mit Geld freikaufen. Das heißt, wenn man zur Todesstrafe verurteilt worden war, konnte man dem Staat Geld dafür bezahlen, dass man nicht bestraft wurde.[937] Fajing galt zuerst im Vasallenstaat Wei, später wurde es vom Vasallenstaat Qin übernommen.[938]

c) der Rechtsgedanke des Taoismus

Laotse, der Begründer des Taoismus, glaubte, dass der Grund für Chaos in der Gesellschaft darin läge, dass der Herrscher zuviel geregelt hätte. Je weniger der Herrscher geregelt hätte, desto besser würde sich die Gesellschaft entwickeln. *Laotse* war gegen die Gesetzgebung und glaubte, dass sie nutzlos sei. Je mehr man gesetzlich festgelegt hätte, umso mehr Diebe und Räuber gäbe es in der entsprechenden Gesellschaft.[939]

---

[935] Zhan, Maohua, Rechtsgeschichte Chinas, S. 77.

[936] Zhang, Jinfan, Strafrechtsgeschichte, S. 47f; Zhan, Maohua, Rechtsgeschichte Chinas, S. 78.

[937] Zeng, Xianyi/Zhao, Xiaogen, The Legal History of China, S. 50; Zhan, Maohua, Rechtsgeschichte Chinas, S. 82.

[938] Zhan, Maohua, Rechtsgeschichte Chinas, S. 80.

[939] Zhan, Maohua, Rechtsgeschichte Chinas, S. 70.

IV. Qin (秦) Dynastie (BC 221 – BC 206)

1. Allgemeines

Im Jahre BC 361 hat *Shang Yang* (BC 390 – BC 338) das Gesetzbuch Fajing in den Vasallenstaat Qin mitgebracht. Das Gesetzbuch wurde von diesem Vasallenstaat Qin anerkannt und veröffentlicht.[940] Im Jahre BC 221 besiegte der Vasallenstaat Qin alle anderen Vasallenstaaten der Dynastie Ost-Zhou, und die Dynastie Qin wurde gegründet. Nach der Gründung dieser Dynastie hat der König die Rechtsgedanken der Juristen weiterentwickelt. In der Dynastie Qin wurden 18 Gesetze veröffentlicht, die sich mit Kriminalität, Zivilsachen, Wirtschaft, Verwaltung usw. befassten. [941] Unter dem Einfluß der Rechtsgedanken der Juristen aus der Dynastie Qin wurden Täter, denen man Tötungsdelikte oder Vermögens- bzw. Körperverletzungen zur Last legte, als die gefährlichsten betrachtet und mit strenger Strafe sanktioniert.[942] Die private Rache in der Dynastie Qin wurde unter dem Einfluss des Rechtsgedankens der Juristen streng verboten.[943]

2. Schadensersatz

a) Schaden an öffentlichem Vermögen

In der Dynastie Qin war es ein allgemeines Prinzip, dass Schaden an öffentlichem Vermögen ersetzt werden sollte, obwohl es dazu keinen Generalpharagraphen gab.[944] Wenn ein Pferd oder ein Rind, das dem Staat gehörte, tot (an Krankkeit oder getötet) oder verlorengegangen war, sollte der Verantwortliche laut Gesetz den Schaden dafür ersetzen.[945] Für den Fall, dass ein Pferd beim Züchten zu Tode gekommen war, sollte der Verursacher sofort das tote Pferd der örtlichen Regierung überbringen. Wenn er dies mit zeitlicher Verzögerung getan hatte, musste er den entstandenen Schaden, zum Beipiel eine Preisminderung durch Verwesung, ersetzen.[946] Wenn Getreide des Staates wegen Pflichtverletzung des zuständigen Beamten verfault, verbrannt oder gestohlen worden war, musste der Verantwortliche den entstandenen Schaden ersetzen.[947] Die Betragshöhe des Schadensersatzes wurde nach dem konkreten Schaden berechnet.[948]

---

940 Ma, Zuowu, Rechtsgeschichte Chinas, S. 51.

941 Ma, Zuowu, Rechtsgeschichte Chinas, S. 54.

942 Ye, Xiaoxin, Zivilrechtsgeschichte Chinas, Band I, S. 144f.

943 Li, Longshien, An Analytical Study of Revenge and the Law from the Han Dynasty to the Southern and Northern Dynasties, in: Humanitas Taiwanica, 2008(05), S. 39, 47.

944 Siehe: Tian, Zhenhong, Forschungen zum traditionellen Schadensersatzrecht Chinas, S. 42ff.

945 Tian, Zhenhong, Forschungen zum traditionellen Schadensersatzrecht Chinas, S. 42.

946 Tian, Zhenhong, Forschungen zum traditionellen Schadensersatzrecht Chinas, S. 42f.

947 Tian, Zhenhong, Forschungen zum traditionellen Schadensersatzrecht Chinas, S. 44.

948 Tian, Zhenhong, Forschungen zum traditionellen Schadensersatzrecht Chinas, S. 44ff..

b) Schaden an privatem Vermögen

Täter wurden wegen einer Sachbeschädigung nicht nur bestraft, sondern sie mussten darüber hinaus auch noch Schadensersatz leisten.[949] Wenn jemand einem anderen etwas gestohlen hatte, so wurde der Täter nicht nur nach dem Wert der gestohlenen Sache pönal bestraft, sondern er musste die gestohlene Sache außerdem dem Opfer zurückgeben. Wenn die Sache verkauft worden war, sollte der Täter dem Opfer das durch den Verkauf gewonnene Geld zahlen.[950] Aber der Schadensersatz in Bezug auf privates Vermögen ist nicht so streng geregelt wie der Schadensersatz bei öffentlichem Vermögen. Eine bestimmte Regelung dafür bestand nicht.[951] Ein Beispiel dafür stellt der folgende Fall dar: Ein Stück Vieh einer Person war in das Haus einer anderen Person eingedrungen und wurde dann dort getötet. Der Täter, welcher das Tier getötet hatte, wurde lediglich zu einer Geldstrafe verurteilt - weiteren Schadensersatz brauchte er nicht zu leisten.[952] In einem zweiten Falle wurde ein Pferd von jemandem erschreckt, weswegen das Pferd das Getreide eines Dritten zerstörte. Der Eigentümer des Pferdes sollte dafür nur den Schadensersatz leisten, nicht jedoch bestraft werden, weil er nicht vorsätzlich oder fahrlässig gehandelt hatte.[953] In einem weiteren Falle wiederum wurde ein Rind vom Eigentümer eines Feldes seinem Besitzer mit Gewalt weggenommen, als dieser Besitzer des Rindes das Feld mit seinem Tier überqueren wollte. Der Eigentümer des Feldes wurde bestraft, weil er mit seiner Handlung gegen das Strafrecht verstoßen hatte. Er sollte jedoch keinen Schadensersatz leisten.[954]

Wegen Körperverletzung, die zum Beispiel im Abschneiden von Haaren, Ohren oder der Nase bestand, wurde der Täter normalerweise pönal bestraft; es wurde jedoch kein Schadensersatz dafür geleistet.[955]

Es gab keinen immateriellen Schadensersatz. Wenn jemand einen Anderen beleidigte, wurde er pönal bestraft. Wenn jemand eine andere Person verleumderisch verklagt hatte, sie zum Beispiel des Diebstahls bezichtigt hatte, wurde er mit einer Strafe sanktioniert, die dem entsprach, auf Grund dessen er den Anderen auf verleumderische Art verklagt hatte – in diesem Falle wegen Diebstahls.[956]

Es gibt drei Möglichkeiten des Ersatzes, nämlich die Beseitigung des Delikts, die Restitution und den Schadensersatz.[957] Nur der unmittelbare, konkrete Schaden wurde beim Bemessen in Betracht gezogen. Die Betragshöhe des Schadens sollte nach dem normalen Marktpreis berechnet werden. Auch der Grad des Verschuldens des Täters spielte beim Bemessen der

---

949 Kong, Qinming, Zivilrechtsgeschichte, S. 97; Ye, Xiaoxin, Zivilrechtsgeschichte Chinas, Band I, S. 145.

950 Tian, Zhenhong, Forschungen zum traditionellen Schadensersatzrecht Chinas, S. 60.

951 Kong, Qinming, Zivilrechtsgeschichte, S. 103.

952 Ye, Xiaoxin, Zivilrechtsgeschichte Chinas, Band I, S. 145.

953 Ye, Xiaoxin, Zivilrechtsgeschichte Chinas, Band I, S. 145.

954 Ye, Xiaoxin, Zivilrechtsgeschichte Chinas, Band I, S. 145.

955 Tian, Zhenhong, Forschungen zum traditionellen Schadensersatzrecht Chinas, S. 76.

956 Kong, Qinming, Zivilrechtsgeschichte, S. 97f.

957 Kong, Qinming, Zivilrechtsgeschichte, S. 103.

Betragshöhe eine gewisse Rolle. Wenn der Schuldner zur Leistung des Schadensersatzes nicht fähig war, sollte er innerhalb eines bestimmten Zeitraums für den Staat arbeiten, oder er wurde statt dessen mit anderen Strafen, zum Beispiel mit Stockschlägen, belegt.[958] Wenn die Strafe dem Täter durch den Staat jedoch erlassen wurde, sollte auch die Pflicht zum Schadensersatz erlöschen.[959] Eine Person, die nicht in der Lage war, ihren Vertragspflichtungen nachzukommen, sollte pönal bestraft werden.[960]

---

[958] Tian, Zhenhong, Forschungen zum traditionellen Schadensersatzrecht Chinas, S. 71ff; Kong, Qinming, Zivilrechtsgeschichte, S. 100.

[959] Kong, Qinming, Zivilrechtsgeschichte, S. 97.

[960] Ye, Xiaoxin, Zivilrechtegeschichte, S. 139.

V. Han (汉) Dynastie (BC 202 - AC 220)

1. Allgemeines

Unter dem Einfluß der Rechtsgedanken der Juristen in der Dynastie Qin wurden zahlreiche Gesetze veröffentlicht, in denen es viele strenge Strafen gab. Dies führte zu Aufständen, zum Umsturz der Dynastie Qin und zur Gründung der Dynastie Han im Jahre BC 202.[961] Aus der Erfahrung des schnellen Umsturzes der Dynastie Qin hat der König der Dynastie Han die Gedanken der Juristen abgelehnt und sich dem Taoismus zugewandt.[962] Bereits zu Beginn der Dynastie Han setzte der König eine Politik durch, in der Moral vor Strafe stand und die sich durch wenige Strafen und wenig Kontrolle auszeichnete, damit die Bürger freie politische Umstände hatten und in Ruhe leben konnten. Diese Politik führte zu einer guten Entwicklung der Wirtschaft.[963] Da die Könige die Vasallenstaaten nur wenig kontroliert hatten, gefährdeten diese immer stärker werdenden Vasallenstaaten allmählich die zentrale Regierung. Unter der Herrschaft des Königs *Wu* (BC 156 – BC 87) hatten die Könige Schritt für Schritt den Taoismus aufgegeben und ihn durch den Konfuzianismus ersetzt. Zu Zeiten des Königs *Yuan* wurde der Konfuzianismus als die einzige Theorie für die Regierung anerkannt.[964]

2. Konfuzianismus in der Rechtspraxis

Seit der Dynastie *Han* hat sich der Konfuzianismus zur Hauptrichtung in der chinesischen Kultur entwickelt. Der Gedanke des Konfuzianismus hatte auch großen Einfluss auf das Recht. Er wurde zur Grundlage für die Judikatur.[965]

Dem Rechtsgedanken des Konfuzianismus nach sollten der Beherrscher und die Beamten gutherzig sein. Sie sollten bei den Bürgern eine innerliche Wandlung durch Moral bewirken und den Streit durch LI beseitigen, damit die Ursache des Streits erlöschen und Harmonie und Stabilisierung des Sozialwesens ermöglicht werden konnte. Wenn es an irgendeinem Ort zu einem Streit kam, wurde der Bürgermeister dafür verantwortlich gemacht, weil man es nicht gut fand, dass er seiner Verpflichtung zur moralischen Erziehung der Gemeinde schlecht nachgekommen war. Einige Bürgermeister waren deshalb bereit, die Schuld auf sich zu nehmen und ihr Amt niederzulegen. Der Bürgermeister versuchte, Streitfälle durch Vermittlung zu lösen und die Streitenden zu besänftigen. Bei der Vermittlung ging es nicht darum, den Streit zu unterbinden, sondern um die Erhöhung des Niveaus der Volksmoral, damit die Zahl an Streitigkeiten von vornherein verringert werden konnte. Das Ziel war es, einen Zustand der Gesellschaft zu erreichen, in dem es garnicht mehr zu Streit kam.[966] In der

---

[961] Zeng, xianyi/Zhao, Xiaogen, The Legal History of China, S. 72.

[962] Zeng, xianyi/Zhao, Xiaogen, The Legal History of China, S. 72.

[963] Zeng, xianyi/Zhao, Xiaogen, The Legal History of China, S. 72f.

[964] Zeng, xianyi/Zhao, Xiaogen, The Legal History of China, S. 74.

[965] Ye, Xiaoxin, Zivilrechtsgeschichte, S. 170.

[966] Ye, Xiaoxin, Zivilrechtsgeschichte, S. 170.

Judikatur jedoch wurden die Fälle nach den geltenden Gesetzen beurteilt und Urteile ausgesprochen.[967]

Der Konfuzianismus hatte einen großen Einfluß auf die Rechtsstellung der privaten Rache. Nach ihm sollte Rache, die man für seine Angehörigen genommen hatte, moralisch gelobt werden, obwohl die Rache gesetzlich verboten war. Im konkreten Falle wurde Rache jedoch normalerweise verhältnismäßig gering oder garnicht bestraft.[968] Im Jahre 179 hatte sich Frau Z für ihren Vater gerächt. Nach dem Gesetz wurde sie bestraft. Der Richter fand, die Rache für ihren Vater solle gemäß den Regeln des Konfuzianismus beurteilt werden. Er konnte diesen Fall nicht entscheiden und wandte sich an den König. Der König fand die Rache der Frau Z lobenswert, weswegen Frau Z nicht bestraft wurde. Da die Rache in der Dynastie Han nicht verboten wurde, breitete sie sich allmählich aus, was zu einer Gefährdung der sozialen Ordnung und der Autorität der Regierung führte. Während der Regierungszeit des Königs *He* (88-106) wurde Rache verboten.[969]

Ein anderer Einfluss des Konfuzianismus auf die Judikatur war, dass das Motiv des Täters beim Urteil eine entscheidende Rolle spielte. Wenn der Täter in böswilliger Absicht gehandelt hatte, wurde er strenger, wenn er jedoch ein gutes Motiv hatte, wurde er leichter bestraft.[970]

3. Schadensersatz

a) Schäden an öffentlichem Vermögen

Im Vergleich zu den früheren Gesetzen wurden Schadensersatzregelungen teils im Strafgesetz, teils durch verschiedene andere Gesetze normiert.[971] Hinsichtlich des Schadensersatzrechts in Bezug auf das Vermögen des Staates hatte die Dynastie Han den Rechtsgedanken der Dynastie Qin übernommen. Beim Bemessen eines Schadens an öffentlichem Vermögen sollte nur der unmittelbare und konkrete Schaden in Betracht gezogen werden. Hier galt auch die sogenannte Differenzhypothese. Der Schaden war nach dem Marktpreis zu ersetzen. Wenn es mehrere Verantwortliche gab, sollte jeder je nach der eigenen Verantwortung einen Teil des ganzen Schadens ersetzen. Wenn es beispielsweise im Falle eines toten Pferdes noch einen Rest bzw. ein Überbleibsel gab, reduzierte sich der zu leistende Schadensersatz entsprechend.[972]

---

[967] Ye, Xiaoxin, Zivilrechtsgeschichte, S. 172.

[968] Li, Longshien, An Analytical Study of Revenge and the Law from the Han Dynasty to the Southern and Northern Dynasties, in: Humanitas Taiwanica, 2008(05), S. 39, 46.

[969] Zeng, Xianzi/Ma, Xiaohong, Li und Recht, S. 323.

[970] Zeng, Xianzi/Zhao, Xiaogen, The Legal History of China, S. 93.

[971] Xu, Shihong, Sanktionen außerhalb des Strafgesetzes in der Han Dynastie, in: Liu, Liyan: Legal Concepts and Practice in Traditional China, S. 318.

[972] Tian, Zhenhong, Forschungen zum traditionellen Schadensersatzrecht Chinas, S. 43.

b) Schaden an privatem Vermögen

Nach dem Gewohnheitsrecht wurde Schadensersatz als Schuld angesehen. Der Richter hatte dabei Ermessensfreiheit.[973] Im Falle der Wegnahme von Sachen ging es zuerst um Restitution.[974] In Bezug auf die Höhe des Schadensersatzes aufgrund von Sachbeschädigungen galt das Totalprinzip. Die Höhe des Schadensersatzes konnte nach dem normalen Marktpreis und dem verlorenen Gewinn berechnet werden. Wenn der Verurteilte den Schadensersatz nicht leisten konnte, musste er eine sogenannte Reallast leisten.[975] Als Beispiel dafür sei folgender Fall zitiert: L hatte das Haus eines Anderen aus Fahrlässigkeit angezündet. Als Schadensersatz wollte er alle seine Schweine zur Verfügung stellen. Dem Opfer war dies jedoch nicht genug, worauf L anbot, über einen gewissen Zeitraum bei ihm zu arbeiten und so seine Schuld zu begleichen. Das Opfer stimmte dem zu.[976]

Im Falle des zivilrechtlichen Schadensersatzes gab es prinzipiell keinen pönalen Faktor. Nur der konkrete, unmittelbare Schaden wurde beim Bemessen in Betracht gezogen.[977] Eine Ausnahme stellte der folgende Fall dar, in dem es um die Beschädigung von Setzlingen ging. In einem Urteil wurde ein Tierhalter neben dem Schadensersatz noch mit einem Liang (500 g) Gold bestraft, weil sein Pferd die Setzlinge eines Anderen gefressen hatte.[978] In einem anderen Fall wurden die Tierhalter wegen des Fressens von Setzlingen durch ihre Tiere zu 5 Dou (15 Liter) Reis als Schadensersatz verurteilt, wobei jeder Tierhalter seinen eigenen Anteil nach den konkreten Umständen zu leisten hatte. Hier handelte es sich lediglich um Ersatz von zukünftigen Schäden.[979] Eine andere Ausnahme stellte der Fall der Zerstörung eines Hauses dar. Jemand hatte fahrlässig das Haus eines Anderen in Brand gesteckt und wurde zu vier Liang (2 kg) Gold als Schadensersatz verurteilt. Diese Summe war doppelt so hoch wie der konkrete Schaden.[980]

Wenn ein Tier einen Sachschaden bei jemand Anderem verursachte, musste der Tierhalter den gesamten Schaden ersetzen. Kämpften zwei Tiere gegeneinander und wurde ein Tier dadurch

---

973 Ye, Xiaoxin, Zivilrechtsgeschichte, S. 145.

974 Xu, Shihong, Sanktionen außerhalb des Strafgesetzes in der Han Dynastie, in: Liu, Liyan: Legal Concepts and Practice in Traditional China, S. 332.

975 Xu, Shihong, Sanktionen außerhalb des Strafgesetzes in der Han Dynastie, in: Liu, Liyan: Legal Concepts and Practice in Traditional China, S. 316.

976 Ye, Xiaoxin, Zivilrechtsgeschichte, S. 145.

977 Tian, Zhenhong, Forschungen zum traditionellen Schadensersatzrecht Chinas, S. 76.

978 Xu, Shihong, Sanktionen außerhalb des Strafgesetzes in der Han Dynastie, in: Liu, Liyan: Legal Concepts and Practice in Traditional China, S. 332.

979 Xu, Shihong, Sanktionen außerhalb des Strafgesetzes in der Han Dynastie, in: Liu, Liyan: Legal Concepts and Practice in Traditional China, S. 332.

980 Xu, Shihong, Sanktionen außerhalb des Strafgesetzes in der Han Dynastie, in: Liu, Liyan: Legal Concepts and Practice in Traditional China, S. 332.

getötet, sollte der Tierhalter dem Anderen nur ein Drittel des Schadens ersetzen, weil dem Halter kein Verschulden nachzuweisen war.[981]

In der Dynastie Han konnte man eine Schuld dadurch begleichen, dass man Arbeit leistete.[982] Darüber hinaus konnte der Schuldner auf Grund seiner Nichtleistung verwaltungsrechtlich oder pönal bestraft werden. Wegen Nichtleistung einer zivilrechtlichen Schuld konnte ein Fürst sogar entthront werden.[983] Ein Fürst in Heyang, der im Jahre 177 BC seine Schuld 6 Monate lang nicht beglichen hatte, wurde entthront.[984] Ein Fürst in der Stadt Zhouyang hatte ein Haus eines Anderen im Jahre BC 120 nicht zurückgegeben. Auch er wurde entthront.[985] Die örtliche Regierung hatte in bestimmten Fällen auch die Pflicht, den Ersatz für jemanden aus ihrem Bezirk gegenüber einem Geschädigten zu leisten.[986]

4. Persönlichkeitsverletzung

In der Han Dynastie wurde eine Persönlichkeitsverletzung, zum Beispiel Körperverletzung und Tötung sowie Beleidigung pönal bestraft. Aber bei der Körperverletzung entstand eine neue Regelung: für die Verletzungsfolgen wurde eine Garantie gewährt, die zivilrechtlichen Charakter hatte. Für diese Garantie wurde im konkreten Fall eine Frist gesetzlich vorgeschrieben. Der Täter sollte für alle innerhalb der Frist entstandenen Verletzungsfolgen verantwortlich sein. Einerseits konnte die Kausalität bei der Körperverletzung leicht und klar bestimmt werden, andererseits wurde dem Täter eine Gelegenheit gegeben, seinen Fehler wieder gutzumachen. Er konnte das Opfer innerhalb der Garantiefrist heilen und pflegen lassen, damit es zu keinen schwerwiegenden Verletzungsfolgen kam und er milder bestraft werden konnte.[987]

---

981 Tian, Zhenhong, Forschungen zum traditionellen Schadensersatzrecht Chinas, S. 59.

982 Ye, Xiaoxin, Zivilrechtsgeschite, S. 145.

983 Xu, Shihong, Sanktionen außerhalb des Strafgesetzes in der Han Dynastie, in: Liu, Liyan: Legal Concepts and Practice in Traditional China, S. 332.

984 Ban, Gu, Han Buch 18, S. 561.

985 Ban, Gu, Han Buch 18, S. 686.

986 Xu, Shihong, Sanktionen außerhalb des Strafgesetzes in der Han Dynastie, in: Liu, Liyan: Legal Concepts and Practice in Traditional China, S. 316.

987 Dai, Yanhui, China´s Traditional System of Civil and Criminal Law, S. 497f.

VI. Tang (唐) Dynastie (618-907)

1. Überblick

Das erste Gesetzbuch der Dynastie Tang, das im Jahre 624 veröffentlicht wurde, heißt *Wude*-Gesetz. Es besteht aus insgesamt 12 Kapiteln und 500 Paragraphen. Später wurde dieses Gesetzbuch entsprechend der Entwicklung des Gemeinwesens geändert und im Jahre 637 als *Zhenguan*-Gesetz veröffentlicht. Etwas später, im Jahre 651, wurde auf der Basis des *Zhenguan*-Gesetzes das Yonghui-Gesetz festgelegt. Es beinhaltet 12 Kapitel und 502 Paragraphen. Wegen des unterschiedlichen Rechtsverständnisses der verschiedenen Gerichte ließ der König zu jedem Paragraphen noch eine Interpretation hinzufügen. Die Interpretationen wurden im Jahre 653 nach der Genehmigung des Königs veröffentlicht und haben die gleiche Kraft wie das Gesetzbuch. Das Gesetzbuch ist eine Mischung aus Straf-, Verwaltungs- und Zivilgesetzen.[988] Beim *Yonghui*-Gesetz und seiner Interpretation handelte es sich um einen wichtigen Vertreter des chinesischen Rechtkreises; es wurde später in Tang Gesetz umbenannt.[989]

2. LI und die Rechtsentwicklung

In den Gesetzen der Dynastie Tang verkörperte sich LI erstmals. Die Gesetze der Dynastie Tang waren der durch LI vorgenommenen Ordnung der Klassen und Sozialbeziehungen gefolgt. Es ging hier um die Sonderrechte von Beamten und des Hausvaters.[990] Nur bei Beamten, die der oberen Klasse angehörten, konnte die gegen sie ausgesprochene Strafe durch Geldzahlungen ersetzt werden, damit sie dieser Strafe entgingen. Die Todesstrafe kostete beispielsweise ca. 60 kg Kupfer. Das Geld stand jedoch nicht dem Opfer, sondern dem Staat zu.[991] Die Familie war die Grundlage der Gesellschaft des alten Chinas. Der Hausvater vertrat in seiner Familie die Stellung eines Monarchen. Er hatte die absolute Autorität in seiner Familie und für den Fall, dass ein Angehöriger dieser Familie ihn verletzt hätte, wäre der Täter streng bestraft worden.[992]

Im Falle der privaten Rache bestand zwischen LI und dem Recht ein Konflikt. Es gab in den Gesetzen keine bestimmte Regelung über die Rache. Der Grund lag darin: Wenn das Gesetz Rache verbot, wendete es sich gegen einen Kerngedanken der LI, worin ein sehr großer Wert auf die Familie gelegt wurde. Wenn man jedoch Rache nicht gesetzlich verboten hätte, hätte sie überhand genommen und die Gesellschaftsordnung hätte deswegen zerstört werden können.[993] Aber die Rache wurde durch die Regelungen über Mord oder vorsätzliche Tötung

---

988 Ma, Zuowu, Rechtsgeschichte Chinas, S. 101.

989 Zhan, Maohua, Rechtsgeschichte Chinas, S. 185f..

990 Zhan, Maohua, Rechtsgeschichte Chinas, S. 184.

991 Ma, Zuowu, Rechtsgeschichte Chinas, S. 105.

992 Ma, Zuowu, Rechtsgeschichte Chinas, S. 109f..

993 Li, Longshien, An Analytical Study of Revenge and the Law During the Sui and Tang Dynasties, in: Chinese Journal of National Cheng Kung University, 2008(04), S. 79; Ma, Xiaohong/Jiang, Xiaomin, History of Chinese Legal Thoughts, S. 123.

verurteilt.[994] Es gab einen bekannten Fall: L hatte sich für seinen Vater gerächt. Der König konnte sich nicht dafür entscheiden, wie der Täter verurteilt werden sollte. Dieser Fall löste Disskussionen über die Rache aus.[995] Eine Meinung besagte, der Täter solle wegen der von ihm verursachten Tötung nach dem Gesetz und nach der LI getrennt beurteilt werden. Einerseits solle er bestraft werden, andererseits solle er jedoch nach der LI belobigt werden.[996] Eine andere Meinung besagte, dass Rache auch von der LI eigentlich verboten werden müsste. Dadurch hätte der oben genannte Täter in diesem Falle gesetzlich zweifelsfrei bestraft werden können.[997] Eine dritte Meinung war, dass die Rache zwar einem Kerngedanken der LI entspreche, sie aber als eine widerrechtliche Handlung darzustellen wäre. Der Täter sollte daher nicht mit der Todesstrafe sondern milder bestraft werden. [998] Schließlich wurde der Täter in diesem konkreten Fall milder bestraft, was auch in darauffolgenden, ähnlichen Fällen geschah.[999]

3. Schadensersatz

a) Verletzungen von Vieh

In der Dynastie Tang wurden Rinder und Pferde als besonderes Vieh betrachtet und geschützt, da Rinder für Agrarbetriebe und Pferde für den Krieg von Bedeutung waren. Wenn jemand Rinder und Pferde vorsätzlich tötete, wurde der Täter pönal bestraft. Außerdem musste der Täter den konkreten Schaden ersetzen. Wenn ein Tier fahrlässig getötet wurde, sollte der Täter nicht pönal bestraft werden, er sollte jedoch den konkreten Schaden ersetzen. Dieser konkrete Schaden wurde nach der Differenzhypothese, nämlich der Differenz zwischen dem Wert eines Pferdes vor und nach der Tötung, berechnet.[1000] Wenn man ein Rind oder ein Pferd tötete, das einem nahen Verwandten gehörte, brauchte man keinen Schadensersatz zu leisten. Diese letztgenannte Regelung wurde durch Li beeinflußt.[1001]

Wenn ein Hund ein Stück Vieh getötet hatte, musste der Besitzer des Hundes den konkreten Schaden ersetzen. Hatte ein Stück Vieh ein anderes im Kampf getötet, musste der Besitzer den konkreten Schaden ersetzen. Für den Fall, dass dem Besitzer eine vorsätztliche Tötung nachgewiesen werden konnte, sollte er außerdem noch bestraft werden.[1002]

Beamte, die Tiere züchteten, sollten alle maßgeblichen Bestimmungen beachten. Für den Fall, dass ein solcher Beamter auf Grund von Außerachtlassung dieser bestimmten Regelungen den

---

[994] Zeng, Xianyi/Mao, Xiaohong, Li und Recht, S. 323.

[995] Li, Longshien, An Analytical Study of Revenge and the Law During the Sui and Tang Dynasties, in: Chinese Journal of National Cheng Kung University, 2008(04), S. 79, 92ff.

[996] Chen, Zi Ang, Meinungen zur Rache, in: Zeng, Zhe, Quellen des chinesischen Rechtskreises, S. 165ff.

[997] Liu, Zongyuan, Kritik zur Rache, in: Zeng, Zhe, Quellen des chinesischen Rechtskreises, S. 172ff..

[998] Han, Yu, Rache, in: Zeng, Zhe, Quellen des chinesischen Rechtskreises, S. 243ff..

[999] Zeng, Zhe, Quellen des chinesischen Rechtskreises,S. 177.

[1000] § 203 Tang Gesetz; Qian, Daqun, Kommentar, S. 480f.

[1001] § 205 Tang Gesetz; Qian, Daqun, Kommentar, S. 483ff.

[1002] § 206 Tang Gesetz; Qian, Daqun, Kommentar, S. 485f.

Tod oder die Verletzung eines Tieres verursachte, sollte er neben der Strafe auch noch Schadensersatz leisten.[1003] Wurden Tiere vermisst, hatte der Züchter, einem Befehl der Dynastie Tang gemäß, die Pflicht, diese Tiere innerhalb von 100 Tagen wiederzufinden. War ihm dies nicht gelungen, musste er den Schaden nach dem Marktpreis ersetzen. Wenn der Züchter nicht in der Lage war, das nötige Geld zu bezahlen, konnte der Schadensersatz statt dessen durch eine Strafe beglichen werden.[1004]

b) Sachbeschädigung

Wenn eine Sache beschädigt worden war, sollte der Täter nicht nur strafrechtlich belangt werden, sondern auch zivilrechtlich haften. Wenn eine religiöse Statue zerstört worden war, musste der Täter neben der Strafe noch eine Restitution leisten.[1005] Beim Bemessen der Betragshöhe sollten dabei die konkreten Umstände in Betracht gezogen werden. Hier spielte das Verschulden des Täters eine entscheidende Rolle. Ein von J getragener Wasserkrug wurde von Y fahrlässig zerstört. Der Richter urteilte, dass Y nur den halben konkreten Schaden zu ersetzen habe.[1006]

Wenn ein Tier einen Gegenstand, der einem Anderen gehörte, beschädigt hatte, musste der Tierhalter den konkreten Schaden ersetzen. War das Tier ausgeliehen worden, musste der Ausleiher Schadensersatz leisten.[1007] Es durften keine Schadensersatzansprüche gestellt werden, die über den konkreten Schaden hinaus- gingen. In einem bestimmten Fall hatte das Rind von *Yi* das Feld des *Chou* überquert und Setzlinge in dessen Feld zerstört. Chou eignete sich das Rind als Schadensersatz an; der Richter befand jedoch, dass der Wert des Rindes offensichtlich über den konkreten Schaden hinausginge und *Yi* nur diesen konkreten Schaden zu ersetzen bräuchte.[1008]

Die Beziehung zwischen Restitution und Schadensersatz wurde im Gesetz nicht geregelt. In einem bestimmten Fall hatte Y eine Perle von J ausgeliehen. Die Perle wurde bei Y von einer Maus zerstört. J forderte Y auf, ihm seine Perle zurückzugeben. Der Richter urteilte, dass seine Perle nicht mehr vorhanden wäre und dass deswegen ein Schadensersatz nur mit Geld geleistet werden könnte.[1009] Für den Fall, dass jemand das Ackerland eines Anderen ohne Genehmigung desselben bebaute, musste der Täter über die Strafe hinaus dem Opfer auch noch die Früchte zurückgeben.[1010]

Wenn ein Gegenstand gestohlen oder geraubt worden war, musste der Täter neben der Strafe nicht nur die gestohlene oder geraubte Sache zurückgeben, sondern, wenn dies möglich war,

---

[1003] §§ 196, Tang Gesetz; Qian, Daqun, Kommentar, S. 467ff.

[1004] Tian, Zhenhong, Forschungen zum traditionellen Schadensersatzrecht Chinas, S. 90f..

[1005] § 445, Tang, Gesetz; Qian, Daqun, Kommentar, S. 911f.

[1006] Tian, Zhenhong, Forschungen zum traditionellen Schadensersatzrecht Chinas, S. 112.

[1007] § 204 Tang Gesetz; Qian, Daqun, Kommentar, S. 482f.

[1008] Tian, Zhenhong, Forschungen zum traditionellen Schadensersatzrecht Chinas, S. 109.

[1009] Tian, Zhenhong, Forschungen zum traditionellen Schadensersatzrecht Chinas, S. 112.

[1010] § 165 Tang Gesetz; Qian, Daqun, Kommentar, 414f.

dem Opfer auch noch einen dem Wert der Sache entsprechenden Geldbetrag bezahlen. Für den Fall, dass ein solcher Täter aus Geldgier gehandelt hatte, musste er den doppelten Schadensersatz leisten. [1011] Doppelter Schadensersatz galt außerdem in folgenden Fällen: (1) Wenn ein Staatsangestellter etwas aus seinem privaten Besitz gegen etwas aus Staatsbesitz austauscht und der Wert des privaten Besitztums niedriger ist als der des Staatsbesitzes.[1012] (2) Wenn jemand einen Sklaven raubt oder ihn sich durch Betrug aneignet.[1013] Doppelter Schadensersatz wurde jedoch in den folgenden, konkreten Fällen ausgeschlossen: (1) Der Täter wurde zum Tode verurteilt oder des Landes verwiesen;[1014] (2) dem Täter wurde seine Strafe erlassen;[1015] (3) der Täter hatte Gegenstände aus dem Besitz seiner Verwandten gestohlen oder geraubt;[1016] (4) der Täter stellte sich;[1017] (5) es liegt nicht in der Natur der Sache, dass doppelter Schadensersatz zu leisten wäre, zum Beispiel: öffentliche Papiere, Beschlüsse, verbotene Bücher usw..[1018]

4. Persönlichkeitsverletzung

Im Falle von Persönlichkeitsverletzung sollte der Täter pönal bestraft werden. Der Schadensersatz auf Grund von Persönlichkeitsverletzung kommt nur in folgenden Fällen in Betracht: (1) als sogenanntes Sühnekupfer (赎铜), ein die ausgesprochene Strafe vertretender Geldbetrag, der bei fahrlässiger Körperverletzung oder Tötung zu entrichten ist; [1019] (2) Heilungskosten als Garantie für die körperlichen Verletzungsfolgen (保辜);[1020] (3) Körperverletzung durch Tiere; [1021](4) Strafe wegen Fehlverurteilung.[1022]

Sühnegeld war eine besondere Geldstrafe im traditionellen chinesischen Recht, die als Ersatz für fast alle anderen ergangenen Strafen entrichtet werden konnte. Wenn eine Strafe nicht ersatzweise durch eine Geldzahlung abgegolten werden durfte, wie zum Beispiel bei vorsätzlicher Körperverletzung oder bei Tötung, konnte der Täter sich dafür nicht „freikaufen". Anfangs gehörte die geleistete Sühnegeldzahlung dem Staat.[1023] In der Dynastie Tang wurde das Sühnegeld im Falle von fahrlässiger Körperverletzung oder Tötung der Familie des Opfers ausgehändigt. Wenn jemand fahrlässig eine andere Person getötet oder verletzt hatte,

---

1011 § 33 Tang Gesetz; Qian, Daqun, Kommentar, S. 142ff.

1012 § 290 Tang Gesetz; Qian, Daqun, Kommentar, S. 634.

1013 § 293 Tang Gesetz; Qian, Daqun, Kommentar, S. 640.

1014 § 33 S. 1 Tang Gesetz; Qian, Daqun, Kommentar, S. 143.

1015 § 33 S. 2 Tang Gesetz; Qian, Daqun, Kommentar, S. 143.

1016 § 287 Tang Gesetz; Qian, Daqun, Kommentar, S. 628.

1017 § 37 Tang Gesetz; Qian, Daqun, Kommentar, S. 160.

1018 § 445 S. 3 Tang Gesetz; Qian, Daqun, Kommentar, S. 911.

1019 § 339 Tang Gesetz; Qian, Daqun, Kommentar, S. 738f.

1020 § 304ff Tang Gesetz; Qian, Daqun, Kommentar, S. 662ff.

1021 § 207 Tang Gesetz; Qian, Daqun, Kommentar, S. 486f.

1022 § 44, S. 4 Tang Gesetz; Qian, Daqun, Kommentar, S. 188f.

1023 Shen, Jiaben, Forschungen zum Strafrecht der chinesischen Dynastien I, S. 385ff.

konnte er sich von der Strafe, zu der verurteilt worden war, durch einen entsprechenden Geldbetrag „freikaufen“. Das Gesetz Tang schrieb die entsprechende Betragshöhe für die jeweilige Strafe vor. Wenn jemand zum Beispiel wegen fahrlässiger Körperverletzung an einen anderen Ort verbannt worden war, der 3000 km von seiner Heimat entfernt lag, konnte er stattdessen ungefähr 50 kg Kupfer bezahlen, um damit die Strafe zu umgehen. Es kam dabei nicht darauf an, wie schwer das Opfer verletzt worden war.[1024] Das Sühnegeld im Falle der fahrlässigen Körperverletzung oder Tötung war hauptsächlich als Strafe gedacht, trägt jedoch außerdem noch einen Schadensersatzcharakter.[1025]

In der Dynastie Tang wurde die Garantie für die Verletzungsfolgen im Falle von Körperverletzung entwickelt. Seitdem bestanden drei Arten von Garantien: die Kausalitätsgarantie, die Strafminderungsgarantie und eine schwerere Strafe im Falle von Abtreibung.[1026] Die Garantie ist nicht nur strafrechtlich, sondern auch privatrechtlich von Bedeutung.[1027] Wenn zum Beispiel eine schwangere Frau geschlagen worden war, musste der Täter sich für den Tod des Nasciturus verantworten, wenn dieser innerhalb der Garantiefrist auftrat; ansonsten brauchte sich der Täter dafür nicht zu verantworten. Die Garantiefrist ist eine Frist, die dem Täter gesetzt wird, um seine Fehler zu bereuen. Innerhalb dieser Garantiefrist hatte der Täter die Möglichkeit, aktiv zur Heilung des Verletzten beizutragen, um somit ein milderes Urteil zu erlangen, falls sich der Zustand des Verletzten wirklich gebessert hatte. Bei der Heilung entstandene Kosten wurden vom Täter übernommen; der Täter war jedoch nicht gezwungen, den Verletzten zu pflegen und zu heilen.[1028]

Da Tiere manchmal gefährlich sein konnten, kam es vor, dass eine Person verletzt wurde. Deswegen schrieben die Tang-Gesetze bestimmte Pflichten für die Tierhalter vor. Wenn ein Tier eine Person verletzt oder getötet hatte, wurde der Halter pönal bestraft. Der Halter wurde auf Grund der fahrlässigen Verletzung oder Tötung bestraft und konnte statt seine Strafe zu verbüssen, eine bestimmte Geldzahlung leisten. Das gezahlte Geld sollte dem Opfer gehören. Hatte der Tierhalter vorsätzlich eine oder mehrere Personen durch seinen Hund verletzen lassen, wurde er pönal bestraft. Zudem übernahm er eine 20-tägige Garantie für die Verletzungsfolgen.[1029]

Wenn jemand zu Unrecht verurteilt und bestraft worden war, musste ihm der Staat Schadensersatz leisten. Diese Regelung zu Fehlurteilen bezog sich nur auf Freiheits- und Verweisungs-

---

1024 § 1ff Tang Gesetz; Qian, Daqun, Kommentar, S. 12ff.

1025 Tian, Zhenhong, Forschungen zum traditionellen Schadensersatzrecht Chinas, S. 132ff..

1026 Dai, Yanhui, China´s Traditional System of Civil and Criminal Law, S. 499.

1027 § 307 Tang Gesetz; Qian, Daqun, Kommentar, S. 668f; Lin, Ming/Zhou, Yuntao, Das System und der Gedanke der Garantie für die körperliche Verletzungsfolge im traditionellen chinesischen Recht, in: Law and Social Development, 2005(05), S. 138ff.

1028 Dai, Yanhui, China´s Traditional System of Civil and Criminal Law, 500f; Tian, Zhenhong, Forschungen zum traditionellen Schadensersatzrecht Chinas, S. 139ff.; Lin, Ming/Zhou, Yuntao, Das System und der Gedanke der Garantie für die körperliche Verletzungsfolge im traditionellen chinesischen Recht, in: Law and Social Development, 2005(05), S. 138ff.

1029 § 207 S. 2 Tang Gesetz; Qian Daqun, Kommentar, S. 486f.

strafen. Der entstandene Schaden sollte nicht mit Geld ausgeglichen werden, sondern künftige Steuerzahlungen oder der Betrag der zu zahlenden Geldstrafe wurden entsprechend reduziert.[1030]

In der Dynastie Tang wurde ein Sklave gesetzlich genauso wie Vieh betrachtet. Wäre ein Sklave verletzt worden, hätte der Täter einen Schadensersatz leisten müssen. Wenn ein Sklave geraubt oder durch Betrug in Besitz genommen wurde, oder wenn jemand einen entlaufenen Sklaven verbotenerweise in seine Gewalt bekommen hatte, so musste dieser Täter doppelten Schadensersatz leisten.[1031]

1030 § 44 Tang Gesetz; Qian, Daqun, Kommentar, S. 187ff.

1031 § 293 Tang Gesetz; Qian, Daqun, Kommentar, S. 640f.

VII. Song (宋) Dynastie (960-1279)

1. Allgemeines

Auch in der Dynastie Song wurde der Konfuzianismus als grundlegende, öffentliche Ideologie festgelegt, er wurde jedoch leicht vom Taoismus und Buddhismus beeinflusst.[1032] Im August 963, kurz nach der Gründung der Dynastie Song, wurde das damals wichtigste Gesetzbuch, das „Strafgesetzbuch Song (StGBS)" gedruckt und veröffentlicht. Es ist das erste auf Papier gedruckte Gesetzbuch in China. Dieses Gesetzbuch wurde später leicht korrigiert und war für den ganzen Zeitraum der Dynastie Song gültig.[1033] Es war ein Strafgesetzbuch, das nach dem Vorbild des Tang Gesetzes festgelegt worden war und schrieb nicht nur öffentliche Strafen sondern auch zivilrechtliche Haftung bei bestimmten Delikten vor.[1034]

2. Zivilrechtliche Haftung bei bestimmten Delikten

Es gab keinen allgemeinen Paragraphen über die zivilrechtliche Haftung aufgrund eines Delikts. Genauso wie die pönale Strafe, wurde die zivilrechtliche Haftunge für konkrete Fälle vorgeschrieben. Dabei gab es drei Arten von Zivilrechtshaftung, genauer gesagt: Wiederherstellung, Rückgabe und Schadensersatz.[1035]

a) Wiederherstellung

Die Wiederherstellung als eine zivilrechtliche Haftung wurde nur in einigen bestimmten Fällen vorgeschrieben. Wenn man vorsätzlich Gedenksteine oder religöse Symbole zerstörte, musste man neben der Strafe auch noch gewährleisten, dass die zerstörte Sache wiederhergestellt wurde. Wenn man fahrlässig einen Gedenkstein oder ein religöses Symbol zerstört hatte, wurde man nicht bestraft, musste jedoch für die Wiederherstellung sorgen.[1036]

b) Rückgabe

Für den Fall, dass ein Gegenstand geraubt oder gestohlen und dieser Gegenstand noch nicht verbraucht oder zerstört worden war, sollte der Täter dem Eigentümer diesen Gegenstand zurückgeben.[1037]

[1032] Zhan, Maohua, Rechtsgeschichte Chinas, S. 214f.

[1033] Zhan, Maohua, Rechtsgeschichte Chinas, S. 213f..

[1034] Dou, Yi/Yue, Chunzhi, Song Criminal Code, S. 1; Zhu, Yong, Rechtsgeschichte Chinas, S. 174; Ma, Zuowu, Rechtsgeschichte Chinas, 128.

[1035] Kong, Qingmin, Zivilrechtsgeschichte Chinas, S. 401ff; Tian, Zhenhong, Forschungen zum traditionellen Schadensersatzrecht Chinas, S. 168ff.

[1036] Kong, Qingmin, Zivilrechtsgeschichte Chinas. S. 403f.

[1037] StGBS, IV, § 3, Abs. 2.

Wenn ein Pachtbauer einen vergrabenen Gegenstand fand, musste er diesen dem Grundherren zurückgeben. Wenn er das nicht tat, wurde er bestraft.[1038]
Wenn jemand einen verlorenen Gegenstand gefunden hatte, musste er diesen innerhalb von 5 Tagen der örtlichen Regierung vorlegen, ansonsten wäre er bestraft worden. [1039]

c) Schadensersatz

aa) Vermögensverletzung

i) Ausgleichender Schadensersatz

In der Dynastie Song galt das Prinzip, dass entstandener Schaden ausgeglichen werden musste, wobei jedoch das Verschulden eine entscheidende Rolle spielte. Wenn jemand vorsätzlich Vermögensverletzung begangen hatte, sollte er neben der Strafe noch einen ausgleichenden Schadensersatz leisten. Wenn jemand fahrlässig Vermögensverletzung begangen hatte, sollte er im Normalfall nicht bestraft werden, sondern nur einen ausgleichenden Schadensersatz leisten.[1040]
In der Dynastie Song wurden Schäden an Pferden und Rindern gesetzlich besonders geregelt. Wenn man vorsätzlich ein Pferd oder ein Rind getötet hatte, musste man außer der Strafe noch den entstandenen Schaden in Geld ersetzen. Der Schadensbetrag wurde nach dem Marktpreis berechnet. Hatte man fahrlässig oder im Notfall ein Pferd oder ein Rind getötet, brauchte man nur Schadensersatz gemäß dem Marktpreis zu leisten; man wurde jedoch nicht bestraft.[1041]
Wenn ein anderes Stück Vieh dabei getötet wurde, während es das Eigentum des Staates oder einer anderen Person zerstörte, musste jede betroffene Partei der jeweils anderen Partei den entstandenen Schaden ersetzen. Wurde jedoch ein Tier dabei getötet, als es eine Person angriff, brauchte man keinen Ersatz für den entstandenen Schaden zu leisten. [1042] Hatte ein Hund andere Tiere verletzt, war der Halter verpflichtet, den dadurch beigebrachten Schaden zu ersetzen. Wenn ein Tier durch ein anderes Tier verletzt worden war, brauchte der Halter nur den halben Schadensersatz zu leisten. Wenn man aber sein Vieh vorsätzlich ein anderes Stück Vieh angreifen ließ, hatte der Täter den ganzen Schaden zu ersetzen.[1043]
Wenn ein Gegenstand mit Vorsatz verbrannt worden war, musste der Verursacher den ganzen Schaden ersetzen, hatte er den Gegenstand jedoch lediglich fahrlässig verbrannt, brauchte er keinen Schadensersatz zu leisten.[1044] Wenn ein Beamter insgeheim einen der Öffentlichkeit

---

[1038] Kong, Qingmin, Zivilrechtsgeschichte Chinas. S. 404.

[1039] Kong, Qingmin, Zivilrechtsgeschichte Chinas. S. 404f.

[1040] StGBS, XXVII, § 8f; Tian, Zhenhong, Forschungen zum traditionellen Schadensersatzrecht Chinas, S. 168ff; Kong, Qingmin, Zivilrechtsgeschichte Chinas. S. 401ff.

[1041] StGBS, XV, § 4 Abs. I; Kong, Qingmin, Zivilrechtsgeschichte Chinas, S. 401f.

[1042] StGBS, XV, § 4 Abs. II.

[1043] StGBS, XV, § 4 Abs. I.

[1044] StGBS, XXVII, § 4.

gehörenden Gegenstand auslieh und diesen später nicht zurückgeben konnte, musste er zum Ausgleich Schadensersatz leisten.[1045]

ii) Strafschadensersatz

Wenn ein Gegenstand geraubt oder gestohlen worden war, musste der Täter dem Eigentümer doppelten Schadensersatz leisten. Der Grund dafür war, dass das Motiv des Räubers oder Diebes zur Aneignung fremden Vermögens ein sehr böswilliges sei, weswegen der Täter Strafschadensersatz leisten sollte.[1046] Wenn ein zuständiger Beamter insgeheim Staatseigentum auslieh, wurde dies wie Diebstahl betrachtet. Auch er musste doppelten Schadensersatz leisten.[1047] Strafschadensersatz kam nicht zur Anwendung, wenn sich jemand öffentliches oder privates Eigentum durch Betrug angeeignet hatte.[1048] Wenn man sich aber etwas durch Fälschung von öffentlichen oder privaten Papieren aneignete, um dadurch seinen Betrug zu verdecken, musste man unter Verweisung auf die Regelung über Diebstahl den doppelten Schadensersatz leisten.[1049]

bb) Entwicklung des Schadensersatzes bei Persönlichkeitsverletzung

Die Persönlichkeitsverletzung wurde in der Dynastie Song im Wesentlichen pönal bestraft. Wie in der Dynastie Tang wurde die private Rache gesetzlich prinzipiell verboten, sie wurde jedoch aufgund des Kofuzianismus milde oder garnicht bestraft.[1050]

Der Schadensersatz entwickelte sich wie folgt:

An erster Stelle stand das Sühnegeld (Sühnekupfer), welches dazu diente, sich von der Strafe, zu der man verurteilt war, „freizukaufen". Seit der Dynastie Song sollte das festzulegende Sühnekupfer dem Opfer hauptsächlich nur bei Verleumdung, fahrlässiger Körperverletzung und Tötung ausgezahlt werden.[1051] Außerdem wurde es in der Dynastie Song noch in zwei vorsätzlichen Tötungsfällen angewandt. In einem Fall tötete ein 9 jähriges Kind eine andere Person. Nach dem Gesetz drohte dem Kind die Todesstrafe, der König aber fand, dass die Todesstrafe nicht verhängt werden sollte, weil der Täter nur ein Kind war. Der König befahl stattdessen, dass der Familie des Opfers ungefähr 60 kg Kupfer zu zahlen seien.[1052] In der Dynastie Song konnten sich im Normalfall nur zwei Personenkreise mit einem Sühnegeld von der verhängten Strafe „freikaufen": (1) Die Mitglieder der Familie des Königs und bestimmte

---

[1045] Dou, Yi/Yue, Chunzhi, Song Criminal Code, S. 207.

[1046] StGBS, IV, § 3, Abs. 2, S. 3; Dou, Yi/Yue, Chunzhi, Song Criminal Code, S. 62.

[1047] StGBS, IV, § 3, Abs. 2, S. 3; Dou, Yi/Yue, Chunzhi, Song Criminal Code, S. 62.

[1048] StGBS, XXV, § 3, Abs. 1; Dou, Yi/Yue, Chunzhi, Song Criminal Code, S. 336f.

[1049] StGBS, XXV, § 3, Abs. 2; Dou, Yi/Yue, Chunzhi, Song Criminal Code, S. 337.

[1050] Li, Longshien, An Analytical Study of Revenge and the Law from the Song to Qing Dynasties, in: Chinese Journal of National Cheng Kung University, 2014(03), S. 155, 161ff; Tian, Zhenhong, Forschungen zum traditionellen Schadensersatzrecht Chinas, S. 179.

[1051] Dai, Jianguo, Überblick über Sühnegeld in der Dynastie Song, in: Chinese Journal of Law, 1994(01), S. 83f; Teng, Jian/Wan, Chuan, Charakter und Entwicklung des gesetzlichen Sühnegeldes in der Dynastie Song, in: Journal of Chinese People´s Public Security University (Social Sciences Edition), 2009(02), S. 68f.

[1052] Tian, Zhenhong, Forschungen zum traditionellen Schadensersatzrecht Chinas, S. 179.

höhere Beamte, wozu das gesellschaftliche Klassensystem führte; (2) Kinder im Alter von weniger als 15 Jahren und Menschen, die über 80 Jahre waren, wobei diese Altersangaben vom Kofuzianismus beeinflußt waren.[1053] Der Betrag des Sühnegeldes wurde nicht nach dem konkreten Schaden sondern nach der verhängten Strafe berechnet. Der Sühnegeldbetrag wurde entsprechend der konkreten Strafe vorgeschrieben. So wurden zum Beispiel für Freiheitsstrafen von einem Jahr, 1,5 Jahren, 2 Jahren, 2,5 Jahren, 3 Jahren die entsprechenden Mengen von ungefähr 10 kg, 15 kg, 20 kg, 25, kg, 50 kg Sühnekupfer vorgeschrieben. Man konnte sich mit 120 Jing (≈ 60 kg) Kupfer von seiner Todesstrafe „freikaufen". Im Normalfall gehörte das Sühnegeld dem Staat. Nur bei Verleumdung und fahrlässiger Körperverletzung stellte das Sühnekupfer nicht nur eine Strafe sondern auch einen Schadensersatz dar.[1054]
Zweitens ging es um den Ersatz der Begräbniskosten. Wenn jemand getötet worden war, mussten seine Verwandten in der Vergangenheit normalerweise die Kosten für das Begräbnis tragen. Aber in der Dynastie Song gab es einige Ausnahmen: wenn zum Beispiel die Verwandten des Getöteten nicht dazu in der Lage waren oder wenn der Getötete keine Verwandten hätte, musste der Täter den zu zahlenden Betrag übernehmen. Die Begräbniskosten wurden nach den konkret entstandenen Kosten berechnet. Diese neue Regelung ist für die Entwicklung des künftigen Schadensersatzes bei Todesfällen von Bedeutung.[1055]

[1053] StGBS, II, § 2; Dou, Yi/Yue, Chunzhi, Song Criminal Code, S. 18ff; Teng, Jian/Wan, Chuan, Charakter und Entwicklung des gesetzlichen Sühnegeldes in der Dynastie Song, in: Journal of Chinese People´s Public Security University (Social Sciences Edition), 2009(02), S. 68, 69.

[1054] StGB I, § 1; Dou, Yi/Yue, Chunzhi, Song Criminal Code, S. 1ff.

[1055] Tian, Zhenhong, Forschungen zum traditionellen Schadensersatzrecht Chinas, S. 180.

VIII. Yuan (元) Dynastie (1271-1368)

Im Jahre 1271 übernahmen die Mongolen die Regierung in China. Sie bezeichneten ihren Staat als Yuan. Während sie ihre eigene traditionelle Ordnung mitbrachten, rezipierten sie auch die Erfahrungen des chinesischen Rechts. Deswegen waren die Gesetze der Dynastie Yuan eine Vermischung der Rechtsordnungen beider Nationen.[1056] Weil die Mongolen an den Buddhismus und Taoismus glaubten, hatte der Kofuzianismus seinen entscheidenden Einfluß verloren. Li diente hauptsächlich als Gewohnheitsrecht innerhalb der Han-Nationalität.[1057] Das Schadensersatzrecht machte insbesondere im Bereich der Persönlichkeitsverletzung Fortschritte.[1058]

1. Schadensersatzrecht

a) Sachbeschädigung

Beim Schadensersatzrecht der Dynastie Yuan geht es hauptsächlich um Schäden bei der Lagerung von Staatseigentum, um die Zerstörung von Gebäuden und die Aneignung öffentlichen und privaten Vermögens.[1059]

Die Leistungsarten umfassen die Reparatur, die Rückgabe und den Schadensersatz. Wenn ein Gebäude, welches dem Staat gehörte, zerstört wurde oder einfiel, sollte es der darin wohnende Beamte reparieren.[1060] Wenn ein Gegenstand gestohlen wurde, sollte der gestohlene Gegenstand zurückgegeben werden.[1061] Wenn ein Gegenstand beschädigt wurde, musste der Täter Schadensersatz leisten.[1062]

Der Umfang des Schadensersatzes bezog sich zunächst einmal auf den konkreten Schaden. Wenn ein Beamter bei der Lagerung von Staatseigentum widerrechtlich einen Schaden hervorgerufen hatte, sollte er neben der öffentlichen Strafe auch den durch sein Verhalten entstandenen Schaden ersetzen.[1063] Wenn er beispielsweise Setzlinge beschädigt hatte, musste er zusätzlich den indirekten Schaden begleichen. Das Feld von Y wurde durch drei Rinder zerstört. Der Richter hatte geurteilt, dass der Halter der drei Rinder den dadurch entstandenen künftigen Verlust von Y ersetzen sollte.[1064]

Strafschadensersatz galt hauptsächlich im Falle von Diebstahl und Raub. Wenn etwas gestohlen oder geraubt worden war, musste der Täter neben dem konkreten Schadensersatz

---

1056 Kong, Qinmin, Zivilrechtsgeschichte Chinas, S. 462f..

1057 Ye, Xiaoxin, Zivilrechtsgeschichte Chinas, S. 456f.

1058 Ye, Xiaoxin, Zivilrechtsgeschichte Chinas, S. 478f.

1059 Tian, Zhenhong, Forschungen zum traditionellen Schadensersatzrecht Chinas, S. 188.

1060 Tian, Zhenhong, Forschungen zum traditionellen Schadensersatzrecht Chinas, S. 196.

1061 Tian, Zhenhong, Forschungen zum traditionellen Schadensersatzrecht Chinas, S. 208.

1062 Tian, Zhenhong, Forschungen zum traditionellen Schadensersatzrecht Chinas, S. 199.

1063 Tian, Zhenhong, Forschungen zum traditionellen Schadensersatzrecht Chinas, S. 189.

1064 Tian, Zhenhong, Forschungen zum traditionellen Schadensersatzrecht Chinas, S. 200.

noch den gleichen Wert an Geld als Strafschadensersatz leisten.[1065] Auch bei der Sachbeschädigung gab es Strafschadensersatz, insbesondere wenn der Täter vorsätzlich gehandelt hatte. Im Jahre 1294 erließ der König ein Edikt, welches besagte, dass man doppelten Schadensersatz leisten müsse, wenn man Setzlinge zerstört hatte.[1066]

b) Verletzung von Tieren

Weil die Mongolen Monaden waren, legten sie besonderen Wert auf das Vieh und auf andere Tiere. Die Dynastie Yuan hatte viele Gesetze erlassen, um Pferde, Rinder usw. zu schützen. Wer ein Pferd oder ein Rind usw. verletzt hatte, wurde schwer bestraft und musste Schadensersatz leisten.[1067]

Hauptsächlich ging es um den Schadensersatz des Hirten, der die Pferde hütete. Wenn drei Pferde aufgrund des Verschuldens eines solchen Hirten aufgrund einer Krankheit gestorben wären, hätte dieser Hirt ein Pferd als Schadensersatz zu leisten gehabt. Wenn zwei Pferde aufgrund des Verschuldens eines Hirten an den Folgen einer Krankheit gestorben wären, hätte der Hirt dafür ein zweijähriges Pferd als Schadensersatz bezahlen müssen. Wenn ein Pferd aufgrund seines Verschuldens an einer Krankheit gestorben wäre, hätte er als Schadensersatz ein Schaf beschaffen müssen.[1068]

Außerdem wurde der Schadensersatz bei der Benutzung von Tieren geregelt. Wenn ein Pferd wegen ordnungswidriger Benutzung gestorben war, musste der Verantwortliche Schadensersatz leisten; so zum Beispiel ein Beamter, wenn er auf einem Pferd ritt, welches während der Benutzung gestorben wäre. Handelte es sich aber um dringende Militärangelegenheiten, auf Grund deren er das Tier benutzte, so brauchte er keinen Schadensersatz zu leisten.[1069]

Schließlich musste auch ein Täter Strafschadensersatz leisten, der ein Pferd, ein Kamel, ein Rind, ein Maultier oder einen Esel gestohlen hatte. Wenn sogenannte „Tiere des Staates" gestohlen wurden, hatte der Täter den neunfachen Geldbetrag als Schadensersatz aufzubringen.[1070] War ein Nutztier aus Privatbesitz gestohlen worden, musste der Täter zwei gleichartige Tiere als Schadensersatz leisten.[1071]

[1065] Song, Lian, Geschichte der Dynastie Yuan-Strafrecht III, S. 2656.

[1066] Tian, Zhenhong, Forschungen zum traditionellen Schadensersatzrecht Chinas, S. 200.

[1067] Tian, Zhenhong, Forschungen zum traditionellen Schadensersatzrecht Chinas, S. 194ff..

[1068] Tian, Zhenhong, Forschungen zum traditionellen Schadensersatzrecht Chinas, S. 195.

[1069] Tian, Zhenhong, Forschungen zum traditionellen Schadensersatzrecht Chinas, S. 195.

[1070] Song, Lian, Geschichte der Dynastie Yuan-Strafrecht III, S. 2657.

[1071] Tian, Zhenhong, Forschungen zum traditionellen Schadensersatzrecht Chinas, S. 195f; vlg. Song, Lian, Geschichte der Dynastie Yuan-Strafrecht III, S. 2657, Hier sollte der Täter auch neunfachen Strafschadensersatz leisten.

c) Persönlichkeitsverletzung

In der Dynastie Yuan war der Schadensersatz hinsichtlich der Persönlichkeitsverletzung weiter entwickelt worden. Sein Umfang hatte sich während dieser Zeit vergrößert. Es gab nicht nur das Sühnegeld, welches als Ersatz für eine Verurteilung und Strafe gezahlt werden konnte, sondern auch eine Garantie für körperliche Verletzungsfolgen, wie Heilungskosten, Unterhaltszahlung und Übernahme der Begräbniskosten.[1072]

aa) Heilungskosten

Wenn jemand im Kampf am Auge verletzt wurde, besagte das Gesetz, dass der Täter neben der Strafe dem Opfer noch ein bestimmtes Heilungsgeld zu zahlen habe. Dieses Geld wurde nicht nach den konkret entstanden Heilungskosten berechnet, sondern nach einer vom Gesetz bestimmten Geldsumme (50 Ding ≈ 2,5 kg Silber). Solche Heilungsgelder kamen jedoch nur im Falle einer Augenverletzung in Betracht. War der Geschädigte auf dem anderen Auge bereits blind, sollte er nunmehr als verkrüppelt betrachtet werden.[1073]

bb) Unterhaltsgeld

Wurde eine Person als Folge einer Körperverletzung verkrüppelt, musste der Täter ihr auch ein Unterhaltsgeld bezahlen. Der Betrag dieses Unterhaltsgeldes wurde im konkreten Fall vom Gesetz ebenso wie die Strafe vorgeschrieben. Es wurde nicht nach dem konkreten Schaden berechnet.[1074] Das Gesetz besagte, dass ein Täter, der eine andere Person im Kampfe verkrüppelt hatte, neben der Strafe noch ungefähr 25 kg Silber als Unterhaltsgeld zahlen musste. Hatte er aber seinen Vater gerächt, sollte er neben der Strafe nur das halbe Sühnegeld von ungefähr 12.5 kg Silber bezahlen.[1075] Wenn das Opfer schwer verkrüppelt war, betrug das Unterhaltsgeld für den Täter etwa 50 kg Silber.[1076] Wenn jemand als Folge eines Raubüberfalls verkrüppelt wurde, wurden ihm etwa 50 kg Silber als Unterhaltsgeld gezahlt.[1077]

cc) Begräbniskosten

In der Dynastie Yuan musste der Täter gegenüber den Verwandten eines Opfers für die Begräbniskosten aufkommen, wenn er eine andere Person vorsätzlich oder fahrlässig getötet hatte.[1078] Bei der Bemesssung dieser Begräbniskosten spielte das Verschulden des Täters

---

[1072] Tian, Zhenhong, Forschungen zum traditionellen Schadensersatzrecht Chinas, S. 216ff..

[1073] Song, Lian, Geschichte der Dynastie Yuan-Strafrecht IV, S. 2673f; Tian, Zhenhong, Forschungen zum traditionellen Schadensersatzrecht Chinas, S. 220.

[1074] Song, Lian, Geschichte der Dynastie Yuan-Strafrecht IV, S. 2673.

[1075] Song, Lian, Geschichte der Dynastie Yuan-Strafrecht IV, S. 2673; Tian, Zhenhong, Forschungen zum traditionellen Schadensersatzrecht Chinas, S. 217.

[1076] Song, Lian, Geschichte der Dynastie Yuan-Strafrecht IV, S. 2673.

[1077] Tian, Zhenhong, Forschungen zum traditionellen Schadensersatzrecht Chinas, S. 217f..

[1078] Zhan, Maohua, Rechtsgeschichte Chinas, S. 277.

keine Rolle. Wenn man vorsätzlich oder fahrlässig getötet hatte, musste man den Verwandten des Opfers für die anfallenden Begräbniskosten nach dem Gesetz im Regelfall etwa 2.5 kg Silber bezahlen.[1079] Der Betrag für das jeweilige Begräbnis war unabhängig vom konkreten Schaden fest vom Gesetz vorgeschrieben und überstieg oft wesentlich die tatsächliche Summe der Begräbniskosten. Er konnte deshalb sowohl als Schadensersatz als auch als eine Art Genugtuung angesehen werden. Wurde einem Verurteilten später seine Strafe erlassen, sollte er die doppelten Begräbniskosten zahlen, um dadurch die Verwandten des Opfers zu beruhigen - hier kam dem doppelten Geldbetrag noch eine Genugtuungsfunktion zu.[1080] Wenn ein Arzt einen Patienten durch die Verabreichung von falschen Medikamenten fahrlässig getötet hatte, musste er der Familie des Opfers 2.5 kg Silber für die Begräbniskosten leisten.[1081]

In einigen Fällen brauchte der Täter nur die halben Begräbniskosten zu bezahlen. Dies war zum Beispiel so, wenn er in der Nacht mit einem Wagen fuhr und dabei eine Person fahrlässig getötet hatte.[1082] Auch wenn jemand seinen Bruder getötet hatte, sollte er die Hälfte der Begräbniskosten übernehmen – Regelungen, die stark durch den Konfuzianismus beeinflußt wurden.[1083]

Jemand, der eine Person, die bestraft werden sollte, getötet hatte, brauchte keine Begräbniskosten zu bezahlen. Es gab auch ein Beispiel, wo eine Person namens F jemanden tötete, der mit seiner Frau Beischlaf gehalten hatte; in diesem Falle wurde F nicht dazu verurteilt, die Begräbniskosten zu zahlen.[1084] Auch wenn das Opfer keine Verwandten hatte, brauchte der Täter keine Begräbniskosten zu bezahlen. Der Grund dafür lag darin, dass Begräbniskosten dazu da waren, den Verwandten des Opfers den entstandenen materiellen Schaden zu ersetzen und sie zu beruhigen.[1085]

dd) Sühnegeld

In der Dynastie Yuan konnte der Täter nur in einigen Fällen Sühnegeld zahlen, um sich von der Strafe „freizukaufen“, zu der er verurteilt worden war. Wie zuvor wurde dieses Sühnegeld entsprechend der konkreten Strafe gesetzlich vorgeschrieben.[1086] Im Falle der fahrlässigen Tötung sollte der Täter das Sühnegeld den nahen Verwandten des Opfers zahlen, wobei es als Schadensersatz und Genugtuung für das Opfer galt. In einem bestimmten Fall hatte *Zhao* im Wald beim Jagen eine andere Person fahrlässig getötet, und wurde dann zur Zahlung von

---

[1079] Song, Lian, Geschichte der Dynastie Yuan-Strafrecht IV, S. 2675ff.

[1080] Song, Lian, Geschichte der Dynastie Yuan-Strafrecht IV, S. 2675ff; Tian, Zhenhong, Forschungen zum traditionellen Schadensersatzrecht Chinas, S. 222.

[1081] Song, Lian, Geschichte der Dynastie Yuan-Strafrecht IV, S. 2678.

[1082] Song, Lian, Geschichte der Dynastie Yuan-Strafrecht IV, S. 2678.

[1083] Song, Lian, Geschichte der Dynastie Yuan-Strafrecht IV, S. 2676; Tian, Zhenhong, Forschungen zum traditionellen Schadensersatzrecht Chinas, S. 226.

[1084] Tian, Zhenhong, Forschungen zum traditionellen Schadensersatzrecht Chinas, S. 228.

[1085] Tian, Zhenhong, Forschungen zum traditionellen Schadensersatzrecht Chinas, S. 230.

[1086] Song, Lian, Geschichte der Dynastie Yuan-Strafrecht I, S. 2609.

etwa 2.5 kg Silber als Sühnegeld verurteilt. Im Urteil stand, dass dieses Geld den Verwandten auch für die Begräbniskosten des Opfers zur Verfügung gestellt werden sollte.[1087] Hatte ein Junge, der unter 15 Jahre alt war, einen anderen Jungen im Kampf fahrlässig getötet, sollte er nicht bestraft werden, er musste jedoch der Familie des Getöteten Sühnegeld zahlen.[1088]

ee) Sonderfälle bei der Tötung durch Tiere

Es gab noch einige besondere Regelungen über Schadensersatz bei der Tötung durch Tiere. Wenn eine Person durch ein Kamel getötet wurde, welches gerade gehütet wurde, sollte der Hirte außer der öffentlichen Strafe den Verwandten des Opfers auch noch das Kamel als Schadensersatz zur Verfügung stellen. Hatte ein für dienstliche Zwecke genutztes Pferd außerhalb der Dienstzeit eine Person getötet, so musste auch das Pferd den Verwandten des Opfers als Schadensersatz überlassen werden. Der verantwortliche Beamte hatte außerdem als Ersatz für das Pferd, welches er selbst nun nicht mehr benutzen konnte, ein anderes Pferd zu kaufen.[1089]

ff) Private Rache

Die Dynastie Yuan war die einzige Dynastie in der chinesischen Geschichte, in der die private Rache nicht verboten war.[1090] Wenn ein Sohn an jemandem Rache genommen hatte, weil sein Vater getötet worden war, wurde der Sohn nicht bestraft. Die Familie des Täters, der seinen Vater getötet hatte, musste ihm jedoch die Begräbniskosten zahlen.[1091]

1087 Tian, Zhenhong, Forschungen zum traditionellen Schadensersatzrecht Chinas, S. 221.

1088 Song, Lian, Geschichte der Dynastie Yuan-Strafrecht III, S. 2678.

1089 Song, Lian, Geschichte der Dynastie Yuan-Strafrecht IV, S. 2678.

1090 Li, Longshien, An Analytical Study of Revenge and the Law from the Song to Qing Dynasties, in: Chinese Journal of National Cheng Kung University, 2014(03), S. 155, 165ff.

1091 Song, Lian, Geschichte der Dynastie Yuan-Strafrecht III, S. 2673; Zeng, Xianzi/Ma, Xiaohong, Li und Recht, S. 324.

IX. Ming (明) Dynastie (1368-1644)

1. Allgemeines

Im Jahre 1387 hatten die Bauern die Dynastie Yuan durch eine Revolution gestürzt. Der Führer der Revolution hatte die Dynastie Ming begründet. Aus den Erfahrungen, die man beim jeweiligen Sturze der Dynastien Tang, Song und Yuan gemacht hatte, zog er den Schluss, dass der Grund für die verschiedenen politischen Umstürze immer darin gelegen hatte, dass die Strafen zu locker waren. Wenn man einen Staat in unruhigen Zeiten regierte, mussten strengere Regeln gelten und entsprechend Strafen bestehen. Der König war der Ansicht, dass sich seine Dynastie in unruhigen Zeiten befände und er strengere Strafen zu benutzen habe.[1092] Wenn jemand zum Beispiel etwas geraubt hatte, sollte er gemäß den Gesetzen der Dynastie Ming getötet werden. Auch im Falle von dreifachem Diebstahl sollte der Täter getötet werden.[1093] Der König hatte bei seiner Rechtsauffassung außerdem den Rechtsgedanken des Konfuzianismus, nämlich „Moral vor Strafe", rezipiert.[1094]
Unter dem Einfluss des konfuzianistischen Rechtsgedankens „Sänftigung des Streits" fanden die Könige der Dynastie Ming auch, dass die Ursache für zivilrechtlichen Streit oft darin zu suchen sei, dass die Moral im gesellschaftlichen Miteinander nicht gut durchgesetzt worden war. Deswegen wurde bei Streitigkeiten zunächst vermittelt. In der Dynastie Ming sollten leichte Streitfälle zuerst von einem ortsansässigen, unoffiziellen Vermittler geschlichtet werden. Nur wenn dies nicht gelungen war, konnte man klagen.[1095]
1367 wurde das erste Gesetzbuch der Dynastie Ming veröffentlicht. Dieses Gesetzbuch wurde nach dem Vorbild des Gesetzbuches der Dynastie Yuan festgelegt und im Jahre 1373 nach dem Vorbild des Gesetzbuches der Dynastie Tang abgeändert. Es beinhaltet eine Mischung von Strafrecht, Zivilrecht und Verwaltungsrecht, wobei dem Strafrecht der größte Anteil zufällt.[1096]

2. Schadensersatzrecht

Bei Sachbeschädigungen bestehen drei zivilrechtliche Haftungsarten, nämlich: Rückgabe, Wiederherstellung und Schadensersatz.[1097]

a) Rückgabe

Nach dem Gesetz der Dynastie Ming musste im Falle von Raub oder Diebstahl die gestohlene Sache zurückgegeben werden, falls sie noch vorhanden und verfügbar war. Wenn jemand ein

---

1092 Zhan, Maohua, Rechtsgeschichte Chinas, S. 280.

1093 Ma, Zuowu, Rechtsgeschichte Chinas, S. 152.

1094 Zhan, Maohua, Rechtsgeschichte Chinas, S. 281.

1095 Zhan, Maohua, Rechtsgeschichte Chinas, S. 301f.

1096 Zeng, Xianzi/Zhao, Xiaogen, Rechtsgeschichte Chinas, S. 171.

1097 Kong, Qingming, Zivilrechtsgeschichte Chinas, S. 573ff;

Feld, einen See oder ein Bergwerk ohne Zustimmung des Eigentümers verpachtet oder sich selbst angeeignet hatte, sollte er dies an den Eigentümer zurückgeben. War ein Tier gestohlen oder geraubt worden, sollten auch die Früchte, die durch dieses Tier erzielt worden wären, zurückgegeben werden.[1098]

b) Wiederherstellung

Die Wiederherstellung kam nur in einigen bestimmten Fällen zur Anwendung. Zum Beispiel, wenn jemand ohne Zustimmung an der Strasse ein Haus oder einen Garten gebaut hatte, sollte er das Haus oder den Garten abbauen und das Grundstück wiederherstellen.[1099] Wenn man ein Haus oder eine Mauer rechtswidrig beschädigt hatte, sollte man das Haus oder die Mauer reparieren. Falls das entsprechende Haus oder die Mauer dem Staat gehörte, musste man mit einer noch strengeren Strafe rechnen.[1100]

c) Schadensersatz

In der Dynastie Ming trug der Schadensersatz auch einen pönalen Charakter.[1101] Im Gesetz Ming wurden sowohl die zivilrechtlichen Haftungen für die verschiedenen Delikte sowie die Strafen ausführlich bestimmt. Die zivirechtliche Haftung, die aufgrund eines Delikts zum Tragen kam, setzte ein rechtswidriges Handeln voraus.[1102] Schadensersatz bei Sachbeschädigung kam nur in Betracht, wenn er gesetzlich vorgeschrieben wurde. In einigen Deliktsfällen wurde der Täter nur bestraft, brauchte jedoch keinen Schadensersatz zu leisten.[1103] Hatte man zum Beispiel Obst, eine Melone oder eine Gurke auf dem Feld usw. ohne die Zustimmung des Eigentümers gegessen, war für den Täter laut Gesetz nur eine Strafe vorgeschrieben.[1104] Wenn man fahrlässig ein fremdes Gebäude in Brand gesetzt hatte, sollte der Täter nur bestraft werden. In diesen Fällen bestand keine zivilrechtliche Haftung.[1105]

Laut Gesetz Ming setzte eine zivilrechtliche Haftung einen Schaden voraus. Wenn es keinen Schaden gab, brauchte der Täter auch keinen Ersatz zu leisten.[1106] Beim Bemessen des Schadensersatzbetrags spielte der konkrete Schaden eine entscheidende Rolle,[1107] es wurden aber auch das Verschulden des Täters, sowie die Wirtschaftslage des Verletzten in Betracht gezogen. Als Auswirkung des Konfuzianismus wurde darüber hinaus auch die Beziehung

---

1098 Kong, Qingming, Zivilrechtsgeschichte Chinas, S. 577.

1099 Huai, Xiaofeng, Ming Gesetz, S. 220; Kong, Qingming, Zivilrechtsgeschichte Chinas, S. 577f.

1100 Kong, Qingming, Zivilrechtsgeschichte Chinas, S. 578.

1101 Kong, Qingming, Zivilrechtsgeschichte Chinas, S. 579.

1102 Kong, Qingming, Zivilrechtsgeschichte Chinas, S. 570.

1103 Kong, Qingming, Zivilrechtsgeschichte Chinas, S. 579.

1104 Huai, Xiaofeng, Ming Gesetz, S. 57.

1105 Huai, Xiaofeng, Ming Gesetz, S. 425.

1106 Kong, Qingming, Zivilrechtsgeschichte Chinas, S. 570.

1107 Vgl. Huai, Xiaofeng, Ming Gesetz, S. 124.

zwischen dem Verletzer und dem Verletzten in Betracht gezogen. In einigen Fällen brauchten nahe Verwandte keinen Schadensersatz zu leisten.[1108] Es sollte eine Kausalität zwischen der Handlung und der Folge bestehen. So gab es zum Beispiel eine Garantiefrist im Falle der Körperverletzung. Wenn eine Person körperlich verletzt worden war, sollte der Täter alle Verletzungsfolgen, die aufgrund der Verletzung auftraten, innerhalb einer bestimmten Garantiefrist tragen. Danach sollte er dafür die zivilrechtliche Haftung übernehmen.[1109]
Im Gesetz Ming wurde beim Verschulden in Vorsatz und Fahrlässigkeit unterschieden. Das Verschulden spielte eine große Rolle bei der Bestimmumg der zivilrechtlichen Haftung. Die Bestimmung der Fahrlässigkeit im Gesetz Ming hatte die Definition aus dem Gesetz Tang übergenommen. Danach galt Fahrlässigkeit in vier Fällen, genauer gesagt: (1) Wenn man etwas nicht sehen oder hören, bzw. nicht voraussehen konnte; (2) wenn man zusammen mit anderen einen schweren Gegenstand heben sollte, aber nicht dazu fähig war, derartige Lasten zu tragen; (3) wenn man sich in einer Gefahrensituation befand; (4) wenn man Tiere reizte und durch diese Tiere verletzt wurde.[1110]

3. Schadensersatz bei Sachbeschädigung

Wenn eine Sache wegen Pflichtwidrigkeit eines Beamters beschädigt worden war, sollte der Beamte nicht nur bestraft werden, sondern auch Ersatz für den konkreten Schaden leisten.[1111]
Wenn ein Beamter eine Sache des Staats rechtswidrig vermietet oder verliehen hatte, sollte er Ersatz für den konkreten Schaden leisten.[1112]
Wenn eine Sache des Staats verloren gegangen oder fahrlässig zerstört worden war, sollte der verantwortliche Beamte Ersatz für den konkreten Schaden leisten. Hatte er dabei aber vorsätzlich gehandelt, sollte er nach dem Gesetz wie ein Dieb behandelt werden.[1113]
Wenn etwas gestohlen oder geraubt worden und nicht mehr vorhanden war, sollte der Täter Schadensersatz leisten. Der Betrag des Schadensersatzes wurde nach dem Marktpreis einer gleichartigen Mittelklasseware berechnet.[1114] Der Marktpreis wurde nach dem zum Zeitpunkt der Ausübung des Delikts gültigen Marktpreis bestimmt. Der Grund dafür, dass man sich bei der Berechnung des Schadensersatzbetrags an einer gleichartigen Mittelklasseware orientierte, lag darin, dass sich der Geschädigte durch den Schadensersatz nicht bereichern und der Täter nicht über Gebühr belastet werden sollte.[1115]
Im Gewohnheitsrecht gab es noch den Strafschadensersatz bei der Zerstörung von Setzlingen. Nach diesem Gewohnheitsrecht sollte der Täter bei vorsätzlicher Beschädigung von Setzlin-

[1108] Kong, Qingming, Zivilrechtsgeschichte Chinas, S. 579ff.

[1109] Kong, Qingming, Zivilrechtsgeschichte Chinas, S. 571.

[1110] Kong, Qingming, Zivilrechtsgeschichte Chinas, S. 570.

[1111] Vgl. Huai, Xiaofeng, Ming Gesetz, S. 121.

[1112] Huai, Xiaofeng, Ming Gesetz, S. 71; Kong, Qingming, Zivilrechtsgeschichte Chinas, S. 573.

[1113] Huai, Xiaofeng, Ming Gesetz, S. 74; Kong, Qingming, Zivilrechtsgeschichte Chinas, S. 573.

[1114] Kong, Qingming, Zivilrechtsgeschichte Chinas, S. 577.

[1115] Tian, Zhenhong, Forschungen zum traditionellen Schadensersatzrecht Chinas, S. 295f.

gen den zehnfachen Schaden wiedergutmachen. In einem Fall hatte ein Rind von Z die Setzlinge von S zerstört. S hatte sich das Rind des Z angeeignet. Darauf wurde S von Z verklagt. Der Richter fand, dass beide das Eigentum der jeweils anderen Partei verletzt hätten und dass deswegen beide bestraft werden sollten. S brauchte jedoch das Rind nicht zurückzugeben.[1116]

Wenn man das Eigentum eines Anderen oder des Staates fahrlässig in Brand setzte, sollte man neben der Strafe noch einen Ersatz für den konkreten Schaden leisten. Wenn jemand vorsätzlich das Haus eines Anderen oder ein Gebäude oder Lager, welches dem Staate gehörte, in Brand setzte, sollte über den Täter die Todesstrafe verhängt werden und er mit seinem ganzen Vermögen für den entstandenen Schaden haften.[1117]

Wenn jemand ein Tier getötet hatte, als es ihn angriff, brauchte er keinen Schadensersatz zu leisten.[1118]

Da die Sachen, die öffentliches Eigentum waren, eine große Bedeutung für die gesamte Gesellschaft und für das Militär besaßen, wurde die zivilrechtliche Haftung für deren Beschädigung bei der Lagerung und beim Transport ausführlich bestimmt. Wenn bei der Lagerung oder beim Transport ein Schaden durch das Verschulden eines Beamten entstanden war, sollte der Verantwortliche Schadensersatz dafür leisten.[1119] Wenn das Silber, das als Steuer zu leisten war, nicht der erforderlichen Qualität entsprach, sollte der verantwortliche Beamte den entstandenen Schaden ersetzen. Wenn es mehrere Verantwortliche gab, sollten sie jeweils einen durchschnittlichen Schadensbetrag zahlen. Bei der Beschädigung während der Lagerung von Gütern konnte es auch zu Strafschadensersatz kommen. In der Dynastie Ming wurden bereits überall Banknoten benutzt. Die Steuern wurden schon durch Banknoten anstelle von Waren bezahlt. Wenn ein Beamter falsche Banknoten annahm, sollte er den Schaden doppelt ersetzen.[1120] Auch für den Transport von Gütern gab es eine besondere Regelung. Wenn ein Beamter während des Transports heimlich Eigentum des Staates verkauft hatte, sollte der Transporteur ein Drittel des Schadens ersetzen, wenn er den heimlichen Verkauf zur Kenntnis genommen und nicht zur Anzeige gebracht hatte.[1121]

4. Schadensersatz bei Verletzung von Tieren

Wenn ein Stück Vieh gestohlen oder geraubt wurde, sollte der Täter außer der Rückgabe noch eine Entschädigung für Benutzungskosten bezahlen.[1122] Die Benutzungskosten wurden nach dem Lohnbetrag für einen Mann berechnet. Der Gesamtpreis durfte jedoch nicht den Wert des

---

1116 Tian, Zhenhong, Forschungen zum traditionellen Schadensersatzrecht Chinas, S. 297.

1117 Kong, Qingming, Zivilrechtsgeschichte Chinas, S. 573f.

1118 Vgl. Huai, Xiaofeng, Ming Gesetz, S. 124f.

1119 Tian, Zhenhong, Forschungen zum traditionellen Schadensersatzrecht Chinas, S. 249.

1120 Tian, Zhenhong, Forschungen zum traditionellen Schadensersatzrecht Chinas, S. 244.

1121 Tian, Zhenhong, Forschungen zum traditionellen Schadensersatzrecht Chinas, S. 250.

1122 Vgl. Huai, Xiaofeng, Ming Gesetz, S. 121.

jeweiligen Tieres überschreiten. Wenn die Früchte des Viehs verbraucht worden waren, sollte der Verletzer nur dann Schadensersatz leisten, wenn der Verletzer gestorben wäre.[1123]
Wenn jemand ein Stück Vieh fahrlässig verletzt oder getötet hatte, sollte er den konkreten Schaden ersetzen.[1124] In einem bestimmten Falle benutzte S das Maultier von C zu einer Fahrt. Das Maultier verstarb unterwegs, weil S zu schnell mit ihm gefahren war. C forderte 8 Liang (≈400 g) Silber als Schadensersatz; dies fand S zu hoch. Der Richter war der Ansicht, dass das Maultier alt und schwach gewesen sei, weswegen 8 Liang Silber als Schadensersatz zu hoch wären. Das Maultier sollte nur 3 Liang (≈150 g) Silber kosten. Schließlich wurde S zur Leistung von lediglich 3 Liang (≈150 g) Silber als Schadensersatz verurteilt.[1125]
Wenn ein Stück Vieh vorsätzlich verletzt oder getötet wurde, sollte der Täter Schadensersatz leisten. Wenn dieses getötete oder verletzte Tier jedoch einem nahen Verwandten des Täters gehörte, sollte der Täter nur Ersatz für den konkreten Schaden leisten, er sollte aber nicht mehr bestraft werden. [1126]

5. Schadensersatz bei Persönlichkeitsverletzung

Das Schadensersatzrecht bei der Persönlichkeitsverletzung in der Dynastie Ming wurde aus der Dynastie Yuan übernommen. Allgemein gesagt, sollte der Täter aufgrund der von ihm zu verantwortenden Handlung dem Opfer gegenüber eine Entschädigung in Form eines Geldbetrags leisten. Auch im Falle der Verletzung des Lebens, egal ob fahrlässig oder vorsätzlich herbeigeführt, wurde dafür eine Entschädigung vorgeschrieben.[1127]

a) Sühnegeld

Wie schon zuvor sollte der Täter bei einer fahrlässigen Körperverletzung oder Tötung pönal bestraft werden. Aber von dieser ausgesprochenen Strafe konnte sich der Täter durch Sühnegeld „freikaufen", wenn er stattdessen Geld bezahlen wollte.[1128] Das vom Täter bezahlte Sühnegeld sollte in diesem Falle dem Opfer gehören. Im Gesetz der Dynastie Ming wurde vorgeschrieben, dass der Täter wegen der von ihm zu verantwortenden fahrlässigen Körperverletzung oder Tötung das zu zahlende Sühnegeld dem Opfer leisten sollte. Dieses Sühnegeld diente als Schadensersatz für die Begräbnis- oder Heilungskosten.[1129] Damit wurde erstmalig in der Rechtsgeschichte Chinas die Ersatzfunktion des Sühnegelds eindeutig im

---

[1123] Kong, Qingming, Zivilrechtsgeschichte Chinas, S. 577.

[1124] Vgl. Huai, Xiaofeng, Ming Gesetz, S. 124.

[1125] Tian, Zhenhong, Forschungen zum traditionellen Schadensersatzrecht Chinas, S. 296

[1126] Vgl. Huai, Xiaofeng, Ming Gesetz, S. 124; Kong, Qingming, Zivilrechtsgeschichte Chinas, S. 574.

[1127] Ye, Xiaoxin, Zivilrechtsgeschichte Chinas, S. 556; Tian, Zhenhong, Forschungen zum traditionellen Schadensersatzrecht Chinas, S. 276.

[1128] Huai, Xiaofeng, Ming Gesetz, S. 154; Zhang, Tingyu, Geschichte der Dynastie Ming · Strafrecht I, S. 2293.

[1129] Huai, Xiaofeng, Ming Gesetz, S. 154; Ye, Xiaoxin, Zivilrechtsgeschichte Chinas, S. 557f; Kong, Qingming, Zivilrechtsgeschichte Chinas, S. 572.

Gesetz vorgeschrieben.[1130] Der konkrete Betrag des Sühnegelds wurde genauso wie die Strafe für die jeweiligen konkreten Fälle vorgeschrieben. Wenn man zum Beispiel eine andere Person fahrlässig getötet hatte, betrug das Sühnegeld zum Ersatz für die pönale Strafe 12 Liang 4 Qian 2 Fen (≈600 g) Silber. Diese Regelung galt auch im Falle der Tötung bei der versuchten ärztlichen Heilung oder bei geistiger Krankheit des Täters.[1131]

b) Begräbniskosten

Zu Beginn der Dynastie Ming waren die Regelungen zu Begräbniskosten bei vorsätzlicher Tötung aus der Dynastie Yuan übernommen worden. Wenn jemand eine andere Person getötet hatte und über ihn die Todesstrafe verhängt worden war, sollte er dem Opfer noch 10 Liang (≈500 g) Silber zahlen.[1132] Wenn die ausgesprochene Todesstrafe nicht vollstreckt worden war, weil sie durch ein gezahltes Sühnegeld ersetzt wurde, sollte er dem Opfer 20 Liang (≈1,000 g) Silber zahlen. Dies galt auch in dem Falle, dass ihm die Todesstrafe erlassen worden war.[1133]

Später wurde die allgemeine Regelung zu den Begräbniskosten verändert. Diese neue Regelung kam nur in einigen bestimmten Fällen in Betracht - zum Beispiel bei Tötung durch Wagen oder Pferd; Tötung durch Bogen; Tötung durch Drohung; Tötung aufgrund der Übertretung des Gesetzes.[1134] Wenn man durch Wagen oder Pferd im Verkehr getötet worden war, sollte der Täter ungefähr 500 g Silber für die Begräbniskosten zahlen.[1135] Danach hatte sich die hauptsächliche Funktion der Begräbniskosten von einer Ersatzleistung für das Opfer zur Sanktion gegen den Täter verändert.[1136]

c) Heilungskosten innerhalb der Garantiefrist

Bezüglich der Regelungen zur Garantie für die Verletzungsfolge bei Körperverletzung hatte die Dynastie Ming auch die betreffenden Regelungen der Dynastien Tang und Song übernommen.[1137] In der Dynastie Ming galt die Garantie nur im Falle des Kampfes. Wenn eine Person im Kampf körperlich verletzt wurde, konnte der Täter dem Opfer innerhalb der Garantiefrist Heilungskosten bezahlen. Wenn das Opfer innerhalb dieser Garantiefrist aufgrund der Verletzung zu Tode kam oder verkrüppelt wurde, sollte der Täter dafür verant-

---

[1130] Tian, Zhenhong, Forschungen zum traditionellen Schadensersatzrecht Chinas, S. 276.

[1131] Zhang, Tingyu, Geschichte der Dynastie Ming · Strafrecht I, S. 2293ff; Tian, Zhenhong, Forschungen zum traditionellen Schadensersatzrecht Chinas, S. 276f.

[1132] Huai, Xiaofeng, Ming Gesetz, S. 156f.

[1133] Tian, Zhenhong, Forschungen zum traditionellen Schadensersatzrecht Chinas, S. 286.

[1134] Tian, Zhenhong, Forschungen zum traditionellen Schadensersatzrecht Chinas, S. 286f.

[1135] Kong, Qingming, Zivilrechtsgeschichte Chinas, S. 572.

[1136] Zhang, Qun: Begräbniskosten und Schadensersatz bei Lebensverletzung im alten China, in: Rechtstradition der westlichen und östlichen Welt, Band 4, S. 299.

[1137] Tian, Zhenhong, Forschungen zum traditionellen Schadensersatzrecht Chinas, S. 288.

wortlich sein. Wenn das Opfer innerhalb der Garantiefrist aus einem anderen Grund verstarb oder verkrüppelt wurde, wurde der Täter dafür nicht zur Verantwortung gezogen. Wenn das Opfer nach Ablauf der Garantiefrist wieder genesen wäre, sollte der Täter mild bestraft werden.[1138] Dem Gesetz der Dynastie Ming gemäß war der Täter im Falle des Kampfes verpflichtet, innerhalb einer bestimmten Frist für die Verletzungskosten, die zur Heilung und Pflege des Opfers anfielen, aufzukommen.[1139] Dies ist das erste Mal in der Rechtsgeschichte, dass die Bezahlungspflicht für Heilungskosten innerhalb der Garantiefrist im Gesetz vorgeschrieben wurden. Es konnte auch eine Änderung der Garantiefrist geben. Wenn das Opfer nach Ablauf der Garantiefrist nicht genesen war, sollte der Täter die Verantwortung für die Verletzungsfolgen außerhalb der Garantiefrist übernehmen. Wenn die Garantiefrist tatsächlich verlängert wurde, sollte der Täter dem Verletzten Heilungskosten bezahlen, um eine Strafmilderung zu erlangen.[1140]

d) Beschlagnahme des Vermögen

In der Dynastie Ming konnte das gesamte Vermögen des Täters, der eine andere Person getötet hatte, durch den Staat beschlagnahmt und der Familie des Opfers als Schadensersatz übereignet werden. Man unterschied dabei zwei Formen, nämlich die Beschlagnahme des Gesamtvermögens und die Beschlagnahme des halben Vermögens des Täters.[1141]
Eine Beschlagnahme des gesamten Vermögens eines Täters kam nur in zwei besonders schweren Fällen in Betracht, nämlich bei der erfolgten Tötung von mehr als 3 Mitgliedern einer Familie oder bei der Zergliederung eines getöteten Opfers.[1142] Zur Beschlagnahme des halben Vermögens des Täters kam es dann, wenn der Täter zum Beispiel weniger als 3 Personen einer Familie oder mehr als 3 Personen aus verschiedenen Familien getötet hatte, bei Verkrüppelung und anderen vergleichbaren Tötungsdelikten.[1143]

[1138] Huai, Xiaofeng, Ming Gesetz, S. 160; Lin, Ming/Zhou, Yuntao, Das System und der Gedanke der Garantie für die körperliche Verletzungsfolge im traditionellen chinesischen Recht, in: Law and Social Development, 2005(05), S. 138, 141; Tian, Zhenhong, Forschungen zum traditionellen Schadensersatzrecht Chinas, S. 288.

[1139] Huai, Xiaofeng, Ming Gesetz, S. 160.

[1140] Tian, Zhenhong, Forschungen zum traditionellen Schadensersatzrecht Chinas, S. 291.

[1141] Ye, Xiaoxin, Zivilrechtsgeschichte Chinas, S. 557; Kong, Qingming, Zivilrechtsgeschichte Chinas, S. 572; Tian, Zhenhong, Forschungen zum traditionellen Schadensersatzrecht Chinas, S. 279ff.

[1142] Huai, Xiaofeng, Ming Gesetz, S. 152; Tian, Zhenhong, Forschungen zum traditionellen Schadensersatzrecht Chinas, S. 279f.

[1143] Huai, Xiaofeng, Ming Gesetz, S. 154, 160; Kong, Qingming, Zivilrechtsgeschichte Chinas, S. 571f; Tian, Zhenhong, Forschungen zum traditionellen Schadensersatzrecht Chinas, S. 283.

e) Beleidigung

In der Dynastie Ming wurde die Beleidigung als ein Delikt betrachtet. Hatte jemand einen Anderen beschimpft, sollte er pönal bestraft werden.[1144] Wenn man eine andere Person fälschlich beschuldigt hatte und diese dadurch bestraft wurde, sollte der Beleidiger selbst mit der ursprünglich gegen den Beschuldigten verhängten Strafe büßen.[1145] In einem besonderen Falle hatte X zusammen mit zwei anderen Personen L zu Unrecht beschuldigt. L wurde deswegen zu einer Strafe verurteilt und verstarb später bei der Haftung dieser Strafe. Daraufhin wurde X zur Todesstrafe verurteilt. Sein gesamtes Vermögen wurde beschlagnahmt und den Angehörigen des Opfers ausgezahlt.[1146] Im Normalfalle sollte der Täter den dem Opfer entstandenen, konkreten Schaden ersetzen,[1147] welcher den unmittelbaren und mittelbaren Schaden umfasste. Der unmittelbare Schaden bezog sich auf die Verkehrskosten. Wenn das Land eines Beleidigten aufgrund einer ihm gegenüber verhängten, falschen Strafe verpachtet worden war, sollte der Beleidiger die Kosten für den Rückkauf bezahlen. Wenn der Beleidiger jedoch arm war und das nötige Geld dafür nicht bezahlen konnte, sollte er nur pönal bestraft werden. Für den Fall, dass der Beleidiger zur Todesstrafe verurteilt wurde, sollte dem Beleidigten sein ganzes Vermögen ausgezahlt werden.[1148]

f) Private Rache

Private Rache wurde durch die Gesetze der Dynastie Ming einschränkt. Prinzipiell wurde die private Rache bestraft. Streitfälle aufgrund von privater Rache durften nicht privat vermittelt werden; dies wäre strafbar gewesen. Eine Ausnahme war, dass man für den gewaltsamen Tod eines Eltern- oder Großelternteils privat Rache nehmen konnte. Dies musste jedoch zu dem Zeitpunkt erfolgen, da die gewaltsame Tötung der Verwandten erfolgte – im Nachhinein war jegliche Rache verboten.[1149]

6. Haftung

a) Leistung mit dem Vermögen der Familie

Wenn der Schuldner den geforderten Schadensersatz nicht innerhalb einer gesetzten Frist leistete, konnte die Regierung das dem Schadensbetrag entsprechend Vermögen der Familie des Verletzers verkaufen, sodass der entsprechende Schadensersatz geleistet werden konnte. Weil man in der Dynastie Ming, besonders unter dem Einfluss des Konfuzianismus, das

[1144] Huai, Xiaofeng, Ming Gesetz, S. 171.

[1145] Huai, Xiaofeng, Ming Gesetz, S. 176.

[1146] Tian, Zhenhong, Forschungen zum traditionellen Schadensersatzrecht Chinas, S. 285.

[1147] Huai, Xiaofeng, Ming Gesetz, S. 176.

[1148] Kong, Qingming, Zivilrechtsgeschichte Chinas, S. 572.

[1149] Huai, Xiaofeng, Ming Gesetz, S. 169; Li, Longshien, An Analytical Study of Revenge and the Law from the Song to Qing Dynasties, in: Chinese Journal of National Cheng Kung University, 2014(03), S. 155, 169ff.

Vermögen einer Familie als Einheit betrachtete und dieses, selbst wenn die Familie groß war, nicht trennen konnte, war es möglich, Vermögensanteile von anderen Angehörigen zu verkaufen.[1150]

b) Ersatz durch den Lohn

War man nicht in der Lage, den Schadensersatz zu leisten, konnte der betreffenden Person per Gesetz der Lohn als Schadensersatzleistung entzogen werden. Ferner konnten der Lohn des Sohnes, des Enkels oder anderer Verwandter eines Verurteilten ebenfalls als Schadensersatzleistung herangezogen werden. Diese Regelung galt hauptsächlich für Beamte und Soldaten.[1151]

c) Ersatz durch Verwandte

Wenn ein Schuldner nicht gefunden werden konnte, sollten die mit ihm zusammen wohnenden Verwandten den Schadensersatz für ihn leisten. Diese Regelung galt zunächst für die Beamten. Einer im Jahre 1500 in Kraft getretenen Vorschrift gemäß, sollte mit dem Vermögen der Verwandten, die mit einem Beamten zusammenwohnten, Schadensersatz geleistet werden, wenn sich dieser bei der Aufbewahrung sträflicherweise Staatseigentum angeeignet hatte, welches später nicht mehr vorhanden war.[1152]

d) Ersatz durch einen zuständigen Beamten

Wenn Staatseigentum von irgendwem beschädigt worden war und der Verletzer den Schaden nicht ersetzen konnte, sollte der vor Ort zuständige Beamte den verbleibenden Schaden übernehmen. Gab es dort mehrere verantwortliche Beamte, so sollten diese alle einen durchschnittlichen Schadensersatzbetrag zahlen, oder der oberste Beamte hatte den gesamten Schadensbetrag für seine Untergebenen zu ersetzen.[1153]

[1150] Tian, Zhenhong, Forschungen zum traditionellen Schadensersatzrecht Chinas, S. 297.

[1151] Tian, Zhenhong, Forschungen zum traditionellen Schadensersatzrecht Chinas, S. 301.

[1152] Tian, Zhenhong, Forschungen zum traditionellen Schadensersatzrecht Chinas, S. 302.

[1153] Tian, Zhenhong, Forschungen zum traditionellen Schadensersatzrecht Chinas, S. 303f.

X. Qing (清) Dynastie (1644-1911)

1. Allgemeines

Die Dynastie Qing wurde von der chinesischen nationalen Minderheit der Mandschu begründet, die im Norden Chinas angesiedelt und auf das Jagen und Hüten von Tieren angewiesen war. Aus diesem Grunde wurde zu Beginn der Dynastie Qing der Handel eingeschränkt. Nach der Begründung der Dynastie Qing wurden die Mandschu stark durch die Kultur des Han-Volks, welches innerhalb der verschiedenen chinesischen Nationalitäten eine Mehrheit darstellte, beeinflußt.[1154] Die Mandschu hatten vor der Begründung der Dynastie Qing kein geschriebenes Gesetz. Das erste Gesetzbuch der Dynastie Qing wurde nach dem Vorbild des Gesetzes Ming festgelegt. Ganz allgemein gesehen hatte die Dynastie Qing die Gesetze der Dynastie Ming rezipiert; dennoch gab es in den neuen Gesetzen viele Vorrechte für die Mandschu gegenüber dem Han-Volk.[1155]

2. Vermögensverletzung

a) Allgemeines

In Bezug auf Schadensersatzrecht hatte die Dynastie Qing die betreffenden Regelungen der Dynastie Ming rezipiert und auch ein Schadensersatzrecht, das der Gesellschaftsordnung entsprach, entwickelt. Das Schadensersatzrecht wurde genau wie beim Gesetz Ming zusammen mit der Strafe aufgrund ein- und desselben Delikts in einem Gesetz vorgeschrieben. Beim Schadensersatzrecht geht es nicht nur um die Lagerung von Gütern, um Tiere und Land, sondern auch um Bauwerke und Pfand.[1156] Die Tatbestände des Delikts umfassen Handlung, Rechtswidrigkeit, Verschulden, Verletzungsfolge und Kausalität. Verschulden spielte eine große Rolle beim Bemessen der Höhe des Schadensersatzes. Haftungsarten umfassen Rückgabe, Reparatur und Schadensersatz.[1157]

b) Rückgabe

Rückgabe kam hauptsächlich im Falle des Diebstahls und Raubs zur Anwendung. Wenn eine Sache gestohlen oder geraubt wurde, sollte der Täter diese Sache dem Opfer zurückgeben, wenn die Sache noch vorhanden war, auch wenn sie inzwischen verkauft worden war. Wenn

[1154] Zhan, Maohua, Rechtsgeschichte Chinas, S. 306; Zeng, Xianzi/Zhao, Xiaogen, The Legal History of China, S. 196.

[1155] Kong, Qingming, Zivilrechtsgeschichte Chinas, S. 579; Zhan, Maohua, Rechtsgeschichte Chinas, S. 307ff.

[1156] Tian, Tao/Zheng, Qin, Qing Gesetz und betreffende Fälle, S. 216f; Tian, Zhenhong, Forschungen zum traditionellen Schadensersatzrecht Chinas, S. 244ff.

[1157] Kong, Qingming, Zivilrechtsgeschichte Chinas, S. 689ff.

ein Tier zurückzugeben war, sollten die Früchte, die dasselbe Tier erbracht hätte, auch zurückgegeben werden.[1158]

c) Reparatur

In der Dynastie Qing war Reparatur nicht wie in der Dynastie Tang nur im Falle der Beschädigung oder Zerstörung eines religösen Symbols oder Gedenksteins erforderlich - sie kam auch im Falle der Beschädigung eines Gebäudes zur Anwendung. Wenn man ein Haus oder die Mauer einer anderen Person oder des Staates zerstört hatte, musste man es vor allen Dingen reparieren. Hatte man ein Grab einer anderen Person beschädigt oder zerstört, musste man es ebenfalls sogleich wiederherstellen.[1159]

e) Schadensersatz

aa) Sachbeschädigung

i. bei der Lagerung oder auf dem Transport

In den Gesetzen der Dynastie Qing war die zivilrechtliche Haftung für den Schaden der an staatlichen Waren bei deren Lagerung entstanden war, streng vorgeschrieben. Im Falle der Lagerung sollten mehrere Verantwortliche den Schadensersatz als Gesamtschuldner leisten. Darüber hinaus sollte der Schuldner innerhalb eines Jahres der Schadensersatzpflicht nachkommen.[1160]

Wenn ein Beamter eine Sache aus dem Lager stahl, sollte er den konkreten Schaden ersetzen. Hierbei gab es keinen Strafschadensersatz.[1161]

Ebenso wie die Strafe wurde auch die zivilrechtliche Haftung hinsichtlich des Schadensersatzes, der nach der Beschädigung einer staatlichen Sache auf deren Transport zu leisten war, ausführlich im Gesetz bestimmt. Wenn der Schaden auf einem nicht vorausgeplanten Weg entstand, sollte der Wächter den gesamten Schaden ersetzen. War der Schaden jedoch auf dem geplanten Weg entstanden und dem Wächter kein Verschulden daran nachzuweisen, sollte er für ein Zehntel des Schadens aufkommen. Außerdem sollten die zuständigen, örtlichen Beamten die Hälfte des Schadens ersetzen, die für den Transport verantwortlichen Beamten hatten drei Zehntel des Schadens zu übernehmen.[1162]

[1158] Tian, Tao/Zheng, Qin, Qing Gesetz und betreffende Fälle, S. 377ff; Tian, Zhenhong, Forschungen zum traditionellen Schadensersatzrecht Chinas, S. 272.

[1159] Tian, Tao/Zheng, Qin, Qing Gesetz und betreffende Fälle, S. 530; Tian, Zhenhong, Forschungen zum traditionellen Schadensersatzrecht Chinas, S. 264; Kong, Qingming, Zivilrechtsgeschichte Chins, S. 690.

[1160] Tian, Zhenhong, Forschungen zum traditionellen Schadensersatzrecht Chinas, S. 247ff; Tian, Tao/Zheng, Qin, Qing Gesetz und betreffende Fälle, S. 223, 230.

[1161] Tian, Tao/Zheng, Qin, Qing Gesetz und betreffende Fälle, S. 223, 241; Tian, Zhenhong, Forschungen zum traditionellen Schadensersatzrecht Chinas, S. 254.

[1162] Tian, Tao/Zheng, Qin, Qing Gesetz und betreffende Fälle, S. 242, 217; Tian, Zhenhong, Forschungen zum traditionellen Schadensersatzrecht Chinas, S. 250.

Wurden Geräte, Bäume oder Setzlinge usw. zerstört, sollte der Täter den konkreten Schaden ersetzen. Wenn Geräte, Bäume oder Setzlinge usw. Staatseigentum waren, sollte der Täter zusätzlich bestraft werden. Wenn die Sache Privateigentum war, sollte der Täter nur dann bestraft werden, wenn er vorsätzlich gehandelt hatte. Die Beschädigung von Setzlingen führte, wenn es sich um Privateigentum handelte, nicht zu Strafschadensersatz. [1163]

ii. Schadensersatz bei Diebstahl und Raub

Wenn eine Sache gestohlen und diese Sache nicht verbraucht war, sollte der Täter die gestohlene Sache zusammen mit ihren Früchte zurückgeben. Wenn die Sache gegen eine andere Sache eingetauscht worden war, sollte diese dem Geschädigten ausgehändigt werden. Wenn zum Beispiel ein Pferd gestohlen wurde und der Täter das Pferd schon gegen ein Maultier eingetauscht hatte, sollte der Täter dem Opfer nur das Maultier zurückgeben.[1164] Wenn die gestohlene Sache schon verbraucht war, galt folgende Regelung: Ob der Täter die Sache zurückgeben sollte, hing davon ab, ob er bereits tot war oder ob die Todesstrafe über ihn verhängt werden sollte. War dies der Fall, brauchte der Täter keinen Schadensersatz zu leisten, weil seine Schuld nicht seinen Verwandten zur Last gelegt werden durfte. Dieses Prinzip wurde jedoch später verändert. Wenn sich ein Beamter die von ihm verwaltete Sache unrechtmäßig angeeignet hatte, sollte er die angeeignete Sache zurückgeben, auch wenn er tot war oder die Todesstrafe über ihn verhängt werden sollte. Es gab noch eine weitere neue Regelung für den Beamten. Wenn ein Räuber aufgrund seines Vergehens zur Todesstrafe verurteilt werden sollte, sollte sein gesamtes Vermögen dem Opfer übergeben werden. Wenn die geraubte Sache nicht gefunden werden konnte und ihr Wert nicht 100 Liang (≈ 5 kg) Silber überschritt, sollte der örtliche Regierungsbeamte den konkreten Schaden des Opfers ersetzen. Wenn der Wert der geraubten Sache mehr als 200 Liang (≈ 10 kg) Silber betrug, sollte der örtliche Regierungsbeamte 10% oder 20% des konkreten Verlustes ersetzen.[1165] Wenn der Täter nicht tot war oder die Todesstrafe nicht über ihn verhängt werden sollte, konnte er den konkreten Schaden in Geld ersetzen. Dieser konkrete Schaden wurde nach dem mittleren Wert der Sache auf dem Markt des jeweiligen Tatortes bemessen. Auch der Strafschadenserstz wegen gestohlener oder geraubter Sachen wurde in der Dynastie Qing abgeschafft.[1166]

iii. Schadensersatz im Falle der Beschädigung von Pfand

Im Falle der Beschädigung eines Pfandes waren die Regelungen für den Schadensersatz besonders ausführlich. Wurde ein Pfand gestohlen, sollte der Pfandleiher Schadensersatz in Höhe des Betrags leisten, den er dafür als geliehenes Geld ausbezahlt hatte. Wurde ein Pfand geraubt, sollte der Pfandleiher Schadensersatz in Höhe des halben Betrags leisten, den er in

---

[1163] Tian, Tao/Zheng, Qin, Qing Gesetz und betreffende Fälle, S. 201, 612; Tian, Zhenhong, Forschungen zum traditionellen Schadensersatzrecht Chinas, S. 262.

[1164] Tian, Tao/Zheng, Qin, Qing Gesetz und betreffende Fälle, S. 200; Tian, Zhenhong, Forschungen zum traditionellen Schadensersatzrecht Chinas, S. 271f.

[1165] Tian, Tao/Zheng, Qin, Qing Gesetz und betreffende Fälle, S. 108; Tian, Zhenhong, Forschungen zum traditionellen Schadensersatzrecht Chinas, S. 272.

[1166] Tian, Zhenhong, Forschungen zum traditionellen Schadensersatzrecht Chinas, S. 272f.

Geld verliehen hatte. Wurde ein Pfand durch einen Brand zerstört, sollte die Summe so hoch sein wie das für dieses Pfand verliehene Geld, um den Schaden zu ersetzen. Wenn das Feuer ursprünglich im Nachbarhause ausgebrochen war, sollten nur 80 % des verliehenen Geldes ersetzt werden. Für den Fall, dass es sich bei dem Pfand um Getreide oder Baumwolle handelte und dieses schon ein Jahr lang gepfändet war, sollten nur 30% des ursprünglichen Preises ersetzt werden. In allen oben genannten Fällen sollte der Pfandleiher nicht mehr als das verliehene Geld zurückerstatten.[1167]

iv. Gebäudeschäden

Wenn ein Gebäude zerstört wurde und nicht repariert werden konnte, sollte der Täter einen entsprechenden Geldbetrag als Schadensersatz zahlen. Wenn sein Geld dazu nicht ausreichte, sollte er mit seinem gesamten Vermögen die Ersatzpflicht leisten.[1168]

v. Beschädigung von Bauwerken

Wie bei den Gesetzen der Dynastie Ming gab es bei den Gesetzen der Dynastie Qing viele Regelungen über den Schadensersatz in Bezug auf Bauwerke. Vorherrschend war auch hier das Prinzip, dass nur ein konkret hervorgerufener Schaden ersetzt werden sollte.[1169] Im Jahre 1728 traten einige neue Regelungen in Kraft. War ein Flußufer innerhalb einer bestimmten Frist eingefallen, sollte der Beamte, der für dessen Befestigung verantwortlich war, 40% der Reparaturkosten als Schadensersatz übernehmen, auch wenn er kein direktes Verschulden für den Einsturz trug. War das Ufer außerhalb einer bestimmten Frist eingefallen, brauchte der Beamte, der für den Bau verantwortlich war, keinen Schadensersatz zu leisten. Aber alle Beamten, die für die Organisation verantwortlich waren, sollten gemeinsam 40% der Reparaturkosten als Schadensersatz tragen. Die übrigen Reparaturkosten wurden vom Staat übernommen.[1170]

bb) Verletzung von Tieren

Derjenige, der fahrlässig oder vorsätzlich ein Tier verletzt hatte, sollte den Schaden, welcher nach der Differenzhypothese berechnet wurde, ersetzen. Nach der Differenzhypothese wurde der Schaden nach dem verminderten Wert im Vergleich zum Wert vor der Verletzung berechnet. Hierbei spielten Fahrlässigkeit oder Vorsatz des Täters keine Rolle.[1171]

Es gab auch einige Sonderfälle:

Im Vergleich zu den Gesetzen der Dynastien Tang und Song sollte jemand, der fahrlässig ein Tier eines nahen Verwandten verletzt oder getötet hatte, nicht bestraft werden, aber er sollte

---

[1167] Tian, Tao/Zheng, Qin, Qing Gesetz und betreffende Fälle, S. 265; Kong, Qingming, Zivilrechtsgeschichte Chinas, S. 690; Tian, Zhenhong, Forschungen zum traditionellen Schadensersatzrecht Chinas, S. 263.

[1168] Tian, Tao/Zheng, Qin, Qing Gesetz und betreffende Fälle, S. 537; Tian, Zhenhong, Forschungen zum traditionellen Schadensersatzrecht Chinas, S. 265.

[1169] Tian, Tao/Zheng, Qin, Qing Gesetz und betreffende Fälle, S. 603; Tian, Zhenhong, Forschungen zum traditionellen Schadensersatzrecht Chinas, S. 266ff.

[1170] Tian, Tao/Zheng, Qin, Qing Gesetz und betreffende Fälle, S. 614; Tian, Zhenhong, Forschungen zum traditionellen Schadensersatzrecht Chinas, S. 268.

[1171] Tian, Tao/Zheng, Qin, Qing Gesetz und betreffende Fälle, S. 347; Tian, Zhenhong, Forschungen zum traditionellen Schadensersatzrecht Chinas, S. 258.

den wirtschaftlichen Verlust ersetzen. Wenn er vorsätzlich ein Tier verletzt oder getötet hatte, sollte er nicht nur bestraft werden, sondern auch den wirtschaftlichen Verlust ersetzen.[1172] Wurde ein Tier verletzt oder getötet, während es gerade das Eigentum eines anderen zerstört oder fraß, sollte der Täter den Schaden ersetzen. Wurde durch das betreffende Tier jedoch eine Person angegriffen, brauchte der Täter keinen Schadensersatz zu leisten.[1173]

f) Persönlichkeitsverletzung

Auch in der Dynastie Qing entwickelte sich Schadensersatz wegen Persönlichkeitsverletzung. Einerseits wurde das Gesetz nach dem Vorbild der Gesetze der Dynastie Tang festgelegt, andererseits hatte das Schadensersatzrecht auch die Regelungen über Schadensersatz wegen Persönlichkeitsverletzung aus der Dynastie Yuan rezipiert. Ganz allgemein gesagt hatte der Täter wegen der Verletzung des Lebens oder der Gesundheit einer anderen Person Entschädigung in Geld zu leisten. [1174]

aa) Schadensersatz bei Körperverletzung durch Tiere

Ließ man seinen Hund die Tiere eines anderen angreifen, sollte der Besitzer des Hundes den konkreten Schaden ersetzen. In den Gesetzen der Dynastie Qing galt diese Regelung nur im Falle der Verletzung durch einen Hund.[1175] Außerdem gab es noch eine besondere Norm hinsichtlich Körperverletzung. Wenn jemand einen Anderen körperlich verletzte, während er mit einem Pferd unterwegs war, sollte er dem Opfer neben dem Sühnegeld auch das Pferd als Schadensersatz übereigenen, welches die Verletzung verursacht hatte. Wenn bei einem derartigen Unfall jemand getötet wurde, sollte das Pferd, welches die tödliche Verletzung verursacht hatte, dem Staat zufallen.[1176]

bb) Sühnegeld bei fahrlässiger Körperverletzung und Tötung

Wie schon zuvor sollte ein Täter wegen der von ihm begangenen fahrlässigen Körperverletzung oder Tötung pönal bestraft werden.[1177] In den Gesetzen der Dynastie Qing war es klar vorgeschrieben, dass im Falle von fahrlässiger Körperverletzung oder Tötung dem Opfer ein

[1172] Tian, Tao/Zheng, Qin, Qing Gesetz und betreffende Fälle, S. 349; Tian, Zhenhong, Forschungen zum traditionellen Schadensersatzrecht Chinas, S. 259.

[1173] Tian, Tao/Zheng, Qin, Qing Gesetz und betreffende Fälle, S. 349; Tian, Zhenhong, Forschungen zum traditionellen Schadensersatzrecht Chinas, S. 259.

[1174] Tian, Tao/Zheng, Qin, Qing Gesetz und betreffende Fälle, S. 108; Tian, Zhenhong, Forschungen zum traditionellen Schadensersatzrecht Chinas, S. 275.

[1175] Tian, Tao/Zheng, Qin, Qing Gesetz und betreffende Fälle, S. 349; Tian, Zhenhong, Forschungen zum traditionellen Schadensersatzrecht Chinas, S. 259.

[1176] Tian, Tao/Zheng, Qin, Qing Gesetz und betreffende Fälle, S. 437.

[1177] Tian, Tao/Zheng, Qin, Qing Gesetz und betreffende Fälle, S. 423ff; Zhao, Eryi, Geschichte der Dynastie Qing, Strafrecht II, S. 4193ff.

Sühnegeld als Begräbniskosten oder Heilkosten gezahlt werden sollte.[1178] Diese Regelung galt im Falle der fahrlässigen Körperverletzung und Tötung durch den Arzt, den Bogen, den Wagen, als Folge von Drohungen usw..[1179] Der Betrag des Sühnegeldes wurde im konkreten Fall gesetzlich vorgeschrieben. Im Vergleich zu den Gesetzen der Dynastie Ming hatten die Gesetze der Dynastie Qing den Anwendungsumfang vergrößert. Tötete ein Polizist im Zuge einer Verhaftung eine dritte Person, sollte der Verhaftete den Angehörigen der getöteten Person 12 Liang 4 Qian 4 Fen (≈600 g) Silber Sühnegeld zahlen, wenn er nicht wollte, dass die Strafe, zu der er verurteilt worden war, vollstreckt wurde. Das gezahlte Silber diente als Ersatz für die Begräbniskosten. [1180] In der 1771 veröffentlichten Ordnung sollte man dem Opfer gegenüber auch dann Sühnegeld bezahlen, wenn man in Folge einer Geisteskrankheit eine andere Person getötet hatte. Der Betrag wurde dann jedoch verringert.[1181]
Es gab auch Streit über die Frage, wieviel Entschädigungsgeld man bezahlen sollte, wenn man durch Fahrlässigkeit mehrere Personen getötet hatte. Dazu gab es einen konkreten Fall. W hatte am Grab einer verstorbenen Verwandten gedacht, währenddessen er Feuerwerke abbrannte. Dadurch kam es zu einem Brand, bei dem 4 Personen getötet wurden. W wurde zunächst zu 12 Liang 4 Qian 2 Fen (≈600 g) Silber als Sühnegeld verurteilt, dieses Urteil wurde jedoch im Berufungsprozess geändert. Das Berufungsurteil lautete dahingehend, dass es falsch war, nur einen Anteil Sühnegeld zu verlangen - hier sollten vier Anteile bezahlt werden, sodass jedes Opfer einen Anteil Sühnegeld erhielt.[1182]

cc) Beschlagnahme des Vermögens

Auch in der Dynastie Qing fand eine Beschlagnahme des gesamten Vermögen des Täters nur im Falle der schweren Tötung statt. Es gab zwei Formen: eine Beschlagnahme des gesamten Vermögens des Täters oder die Beschlagnahme des halben Vermögens des Täters.[1183] Der Unterschied zum Sühnegeld bestand darin, dass die Beschlagnahme des Vermögens des Täters neben anderen Strafen gleichzeitig in Anwendung kommen konnte.[1184]

i) Beschlagnahme des gesamten Vermögens

Die Beschlagnahme des gesamten Vermögens eines Täters kam nur in zwei äußerst schweren Fällen in Betracht, nämlich bei der Tötung von mehr als 3 Mitgliedern einer Familie oder bei der Zergliederung eines Getöteten.[1185]

[1178] Tian, Tao/Zheng, Qin, Qing Gesetz und betreffende Fälle, S. 433; Zhao, Eryi, Geschichte der Dynastie Qing, Strafrecht II, S. 4197; Tian, Zhenhong, Forschungen zum traditionellen Schadensersatzrecht Chinas, S. 276.

[1179] Tian, Tao/Zheng, Qin, Qing Gesetz und betreffende Fälle, S. 436ff.

[1180] Zhao, Eryi, Geschichte der Dynastie Qing, Strafrecht II, S. 4197; Tian, Zhenhong, Forschungen zum traditionellen Schadensersatzrecht Chinas, S. 276f; Tian, Tao/Zheng, Qin, Qing Gesetz und betreffende Fälle, S. 433.

[1181] Tian, Tao/Zheng, Qin, Qing Gesetz und betreffende Fälle, S. 434; Tian, Zhenhong, Forschungen zum traditionellen Schadensersatzrecht Chinas, S. 277.

[1182] Tian, Zhenhong, Forschungen zum traditionellen Schadensersatzrecht Chinas, S. 279.

[1183] Tian, Zhenhong, Forschungen zum traditionellen Schadensersatzrecht Chinas, S. 279.

[1184] Tian, Zhenhong, Forschungen zum traditionellen Schadensersatzrecht Chinas, S. 283.

[1185] Tian, Tao/Zheng, Qin, Qing Gesetz und betreffende Fälle, S. 426.

In Bezug auf die Tötung von mehr als 3 Mitgliedern einer Familie galt folgende Regelung: Erstens, wenn ein Angehöriger Familienmitglieder getötet hatte, die zu seinen direkten Ahnen zählten, sollte er unter dem Einfluß des Konfuzianismus strenger bestraft werden. Aber wenn er die Angehörigen einer nachfolgenden Generation getötet hatte, kam es auch zur Beschlagnahme seines gesamten Vermögens.[1186]

Zu einer zweiten neuen Regelung kam es im Jahre 1763. Danach sollte das gesamte Vermögen des Täters beschlagnahmt werden, wenn er zwei Angehörige einer Familie oder drei Personen aus verschiedenen Familien getötet hatte.[1187]

ii) Beschlagnahme des halben Vermögens

Zu Beginn der Dynastie Qing kam es zur Beschlagnahme des halben Vermögens des Täters dann, wenn beispielsweise weniger als 3 Personen einer Familie oder mehr als 3 Personen aus verschiedenen Familien getötet worden waren, bei Verkrüppelung oder im Falle von anderen Tötungsarten.[1188] Im Falle der Verkrüppelung diente diese Regelung dazu, den Verkrüppelten zu unterhalten, weil seine Arbeitskraft verlorengegangen war und er kein Geld mehr verdienen konnte. Im Wesentlichen diente die Beschlagnahme hier zur Geldentschädigung wegen Körperverletzung.[1189] War es unter Angehörigen einer Familien zum Kampf gekommen, fielen diese Regelungen unter dem Einfluss des Konfuzianismus unterschiedlich aus. Wenn die Eltern oder Großeltern nahe Angehörige der nachfolgenden Generation körperlich verletzt hatten, wurde ihr Vermögen nicht beschlagnahmt. In anderen Fällen konnte das Vermögen des Täters unter bestimmten Voraussetzungen beschlagnahmt werden.[1190]

dd) Begräbniskosten

Die Dynastie Qing hatte die Regelungen über die Begräbniskosten bei vorsätzlicher Tötung von der Dynastie Ming übergenommen. Wenn jemand eine andere Person getötet hatte und bereits die Todesstrafe über ihn verhängt worden war, brauchte er dem Opfer nur 10 Liang (≈500 g) Silber zu zahlen. Wenn die Todesstrafe nicht über ihn verhängt worden war oder das Todesurteil durch Zahlung eines Sühnegeldes umgangen wurde, sollte er dem Opfer 20 Liang (≈1,000 g) Silber bezahlen. Dies galt auch in solchen Fällen, in denen ihm seine Todesstrafe erlassen worden war.[1191]

[1186] Tian, Tao/Zheng, Qin, Qing Gesetz und betreffende Fälle, S. 426f; Tian, Zhenhong, Forschungen zum traditionellen Schadensersatzrecht Chinas, S. 280.

[1187] Tian, Tao/Zheng, Qin, Qing Gesetz und betreffende Fälle, S. 426f; Tian, Zhenhong, Forschungen zum traditionellen Schadensersatzrecht Chinas, S. 281.

[1188] Tian, Tao/Zheng, Qin, Qing Gesetz und betreffende Fälle, S. 432; Kong, Qingming, Zivilrechtsgeschichte Chinas, S. 571f; Tian, Zhenhong, Forschungen zum traditionellen Schadensersatzrecht Chinas, S. 283.

[1189] Tian, Tao/Zheng, Qin, Qing Gesetz und betreffende Fälle, S. 428; Tian, Zhenhong, Forschungen zum traditionellen Schadensersatzrecht Chinas, S. 283.

[1190] Tian, Tao/Zheng, Qin, Qing Gesetz und betreffende Fälle, S. 443ff; Tian, Zhenhong, Forschungen zum traditionellen Schadensersatzrecht Chinas, S. 284.

[1191] Tian, Tao/Zheng, Qin, Qing Gesetz und betreffende Fälle, S. 434ff; Tian, Zhenhong, Forschungen zum traditionellen Schadensersatzrecht Chinas, S. 286.

Zu Beginn der Regierungszeit der Dynastie Qing kam diese Regelung auch nur in einigen bestimmten Fällen in Betracht: zum Beispiel bei Tötung durch Wagen oder Pferd, bei Tötung durch Bogen, bei Tötung aufgrund der Folgen einer Drohung oder bei Tötung aufgrund einer andersartigen Gesetzesübertretung.[1192] Später wurde diese Regelung noch in einigen anderen Fällen angewandt. (1) Wenn man einen Stein in eine Menschenmenge geworfen und dadurch eine Person getötet hatte, sollte man neben der Strafe der Familie des Opfers noch 10 Liang (≈500 g) Silber zahlen. (2) Wenn jemand eine Person beim Hängen fahrlässig verletzt hatte, sollte er auch 10 Liang (≈500 g) Silber der Familie des Opfers leisten. (3) Wenn man auf einem menschenleeren Platz Gift ausgelegt hatte, um Mäuse oder andere Tiere zu töten, dabei aber eine Person fahrlässig vergiftet wurde, sollte der Täter auch 10 Liang (500 g) Silber als Begräbniskosten zahlen.[1193] Somit dienten die Begräbniskosten in diesem Falle als eine pönale Strafe.[1194]

ee) Heilungs- und Pflegekosten als Garantie

In Bezug auf die Regelungen zur Garantie für die Verletzunsfolgen bei Körperverletzung war die Dynastie Qing den betreffenden Regelungen der Dynastie Ming gefolgt.[1195] In der Dynastie Qing galt diese Garantie auch nur im Falle eines Kampfes. Wenn eine Person im Kampfe körperlich verletzt worden war, sollte der Täter dem Opfer innerhalb der Garantiefrist die Heilungskosten bezahlen. Wenn das Opfer innerhalb der Garantiefrist aufgrund seiner Verletzung verstarb oder verkrüppelt wurde, sollte der Täter dafür verantwortlich gemacht werden. Wenn das Opfer inzwischen aufgrund einer anderen Ursache verstarb oder verkrüppelt worden war, brauchte er die Verantwortung dafür nicht zu übernehmen. Wenn das Opfer nach Ablauf der Garantiefrist gesund wurde, sollte der Täter eine Strafmilderung erhalten.[1196] Dem Gesetz der Dynastie Qing gemäß, sollte der Täter im Falle eines Kampfes die Verpflichtung zur Übernahme der Heilkosten aufgrund der Verletzungsfolgen innerhalb einer bestimmten Frist garantieren. Er hatte diese Heilkosten zu bezahlen. Es gab auch die Möglichkeit, die Garantiefrist zu verlängern. Wenn das Opfer nach Ablauf der Garantiefrist nicht genesen war, sollte sich der Täter für die Verletzungsfolgen auch außerhalb der Garantiefrist verantworten. Wenn die Garantiefrist tatsächlich verlängert wurde, konnte der Täter dem Verletzten weitere Heilkosten bezahlen, damit es dem Verletzen besser ging und er selbst dadurch milder betraft werden konnte.[1197]

1192 Tian, Zhenhong, Forschungen zum traditionellen Schadensersatzrecht Chinas, S. 286f.

1193 Tian, Zhenhong, Forschungen zum traditionellen Schadensersatzrecht Chinas, S. 288.

1194 Zhang, Qun: Begräbniskosten und Schadensersatz bei Lebensverletzung im alten China, in: Rechtstradition der westlichen und östlichen Welt, Band 4, S. 299.

1195 Tian, Tao/Zheng, Qin, Qing Gesetz und betreffende Fälle, S. 446; Tian, Zhenhong, Forschungen zum traditionellen Schadensersatzrecht Chinas, S. 288.

1196 Tian, Tao/Zheng, Qin, Qing Gesetz und betreffende Fälle, S. 446f; Dai, Yanhui, China´s Traditional System of Civil and Criminal Law, 517ff.

1197 Tian, Tao/Zheng, Qin, Qing Gesetz und betreffende Fälle, S. 446; Dai, Yanhui, China´s Traditional System of Civil and Criminal Law, 517; Tian, Zhenhong, Forschungen zum traditionellen Schadensersatzrecht Chinas, S. 291.

ff) Beleidigung

Wenn jemand einen Anderen beleidigte, wurde er pönal bestraft.[1198] Wenn man eine andere, unschuldige Person fälschlicherweise beschuldigte und gegen diese deswegen bereits eine Strafe verhängt worden war, sollte der Beleidiger mit der gegen den Beleidigten verhängten Strafe bestraft werden. Außerdem sollte er dem Opfer noch den konkreten Schaden ersetzen, darüber hinaus sollte er dem Beleidigten die Hälfte seines Vermögens bezahlen. Der konkrete Schaden umfasst sowohl den unmittelbaren als auch den mittelbaren Schaden. Der unmittelbare Schaden umfasst die Verkehrskosten. Wenn das Land des Beleidigten aufgrund der fälschlicherweise über ihn ausgesprochenen Strafe verpachtet worden war, sollte der Beleidiger die Kosten für den Rückkauf desselben bezahlen. Aber wenn der Beleidiger nicht in der Lage war, das Geld zu bezahlen , sollte er pönal bestraft werden. Wenn über den Beleidiger die Todesstrafe verhängt worden war, sollte er dem Beleidigten gegenüber sein gesamtes Vermögen als Schadensersatz bezahlen.[1199]

gg) Private Rache

In der Dynastie Qing wurde man genauso wie in der Dynastie Ming bestraft, wenn man sich für Mitglieder seiner Familie rächte. Aber die Strafe für ein- und dasselbe Vergehen wurde leichter, wenn man sich bereits am Orte des Vergehens verteidigte. Derjenige, dessen Vater oder Großvater getötet worden war, durfte sich auch nicht mit dem Täter privat über den Schadensersatz einigen.[1200]

g) Haftung

aa) Leistung mit dem Vermögen der Familie

Die Gesetze der Dynastie Qing hatten zu Beginn die entsprechende Regelung der Dynastie Ming übernommen. Wenn der Schuldner den Schadensersatz nicht innerhalb der erforderlichen Frist leistete, konnte die Regierung das dem Schaden entsprechende Vermögen der Familie des Verletzers verkaufen, damit dieser Schadensersatz geleistet werden konnte.[1201]
Diese Regelung wurde später noch weiterentwickelt. Zuerst ging es dabei um die Bestimmung des Vermögensumfangs der Familie des Täters. Einer Vorschrift aus dem Jahre 1714 nach brauchte der Täter nur mit dem Vermögen seiner eigenen Familie zu haften. Bei der Haftung sollte zuerst der Vermögensumfang der engeren Familie des Täters bestimmt werden.

[1198] Tian, Tao/Zheng, Qin, Qing Gesetz und betreffende Fälle, S. 469ff.

[1199] Tian, Tao/Zheng, Qin, Qing Gesetz und betreffende Fälle, S. 481ff; Kong, Qingming, Zivilrechtsgeschichte Chinas, S. 572; Tian, Zhenhong, Forschungen zum traditionellen Schadensersatzrecht Chinas, S. 285.

[1200] Li, Longshien, An Analytical Study of Revenge and the Law from the Song to Qing Dynasties, in: Chinese Journal of National Cheng Kung University, 2014(03), S. 155, 177ff; Tian, Tao/Zheng, Qin, Qing Gesetz und betreffende Fälle, S. 468.

[1201] Tian, Zhenhong, Forschungen zum traditionellen Schadensersatzrecht Chinas, S. 297.

Der Vermögensumfang durfte sich nicht auf das Vermögen der entfernteren Verwandten des Täters erstrecken.[1202]

bb) Ersatz mit eigenem Lohn

War man nicht in der Lage, den Schadensersatz zu leisten, konnte dem Verurteilten nach dem Gesetz der Lohn als Schadensersatz entzogen werden. Ferner konnte der Lohn des Sohnes, des Enkels oder anderer Verwandter des Beschuldigten ebenfalls als Schadensersatz entzogen werden. Diese Regelung galt hauptsächlich für Beamte und Soldaten. Aber dem Recht der Dynastie Qing gemäß durfte unter Berücksichtigung des Lebensunterhalts der Familie des Täters der Umfang des entzogenen Lohnes zur Begleichung des Schadensersatzes pro Jahr die Hälfte des entsprechenden Lohnes nicht übersteigen.[1203]

cc) Ersatz von Verwandten des Täters

Für den Fall, dass ein Schuldner nicht gefunden werden konnte, sollten, ebenso wie in der Dynastie Ming, die mit diesem zusammenwohnenden Verwandten für ihn den Schadensersatz leisten. Diese Regelung galt hauptsächlich für die Beamten. In einem Fall hatte sich ein Beamter staatliches Silber angeeignet und war entflohen. Um den Schaden zu ersetzen, wurde der Schadensersatz von seinen nahen Verwandten verlangt.[1204]

dd) Ersatz durch einen zuständigen Beamten

In der Dynastie Qing wurde diese Regelung umfangreich im Falle der Beschädigung von Staatseigentum angewandt. Wenn staatliches Eigentum beschädigt worden war und der Beschädiger den Schaden nicht ersetzen konnte, sollte der Beamte, der dieses Eigentum verwahrt hatte, den übrigen Schaden begleichen. Wenn es mehrere verantwortliche Beamte gab, sollten alle verantwortlichen Beamten eine durchschnittliche Schadensersatzleistung erbringen oder der oberste Beamte alles für seine Untergebenen ersetzen.[1205]

ee) Strafe

Wenn der Verletzer nicht in der Lage war, den ihm auferlegten Schadensersatz zu leisten und es keine andere geeignete Ersatzmöglichkeit gab, dann wurde der Verletzer bestraft. Diese Regelung kam jedoch nur im Falle der fahrlässigen Tötung zur Anwendung. Das zuständige Ministerium für Strafangelegenheit der Dynastie Qing hatte eine Vorschrift festgelegt, die wie folgt aussah: Wenn es dem Täter im Falle einer fahrlässigen Tötung nicht möglich war, die Begräbniskosten zu übernehmen, konnte er sogenannte Remissionen beantragen; dann wurde er mit Stockstrafe bestraft und brauchte keine Begräbniskosten mehr zu leisten.[1206]

[1202] Tian, Zhenhong, Forschungen zum traditionellen Schadensersatzrecht Chinas, S. 298f.

[1203] Tian, Zhenhong, Forschungen zum traditionellen Schadensersatzrecht Chinas, S. 301.

[1204] Tian, Zhenhong, Forschungen zum traditionellen Schadensersatzrecht Chinas, S. 302.

[1205] Tian, Zhenhong, Forschungen zum traditionellen Schadensersatzrecht Chinas, S. 303f.

[1206] Tian, Zhenhong, Forschungen zum traditionellen Schadensersatzrecht Chinas, S. 303.

B. Modernisierung des Zivilrechts am Ende der Qing-Dynastie

I. Allgemeines

Mit der Niederlage im Opiumkrieg gegen Großbritannien wurde China allmählich zu einem halbkolonialen und halbfeudalen Land.

Einerseits veränderte der Eingriff westlichen Kapitals die feudale chinesische Landwirtschaft nachhaltig. Es kam zu Industriereformen. Andererseits errichteten viele Staaten in ihren chinesischen Kolonien Gerichte. Gemäß dem Vertrag mit Großbritannien aus dem Jahre 1902 sollte China seine Gesetze an diejenigen der westlichen Mächte anpassen.[1207]

Die Niederlage im Japanisch-Chinesischen Krieg führte den chinesischen Eliten die Erfolge der Meiji-Reform in Japan vor Augen. Sie sahen ein, dass die Politik, die Gesetze und das Bildungssystem der Qing-Dynastie ebenfalls Reformen bedurften. 1902 befahl der Kaiser, die japanischen und deutschen Gesetze zu studieren und die traditionellen chinesischen Gesetze zu reformieren. 1903 trat das Strafgesetz der Qing-Dynastie in Kraft. 1907 begann die Qing-Dynastie, ein Zivilgesetzbuch zu verfassen, dessen Entwurf 1911 vollendet wurde. Weil die Qing-Dynastie Ende des Jahres durch Revolution gestürzt wurde, konnte dieser Entwurf nicht mehr verabschiedet werden.[1208]

[1207] Ye, Xiaoxin, Zivilrechtsgeschichte, S. 600f.

[1208] Ye, Xiaoxin, Zivilrechtsgeschichte, S. 601f.

II. Der Entwurf des Zivilgesetzbuches der Qing-Dynastie (EZGQ)

1.Überblick

Ziel der Kodifikation sollt es sein, dass das kommende Gesetzbuch einerseits die grundlegendsten Regelungen und neuesten Theorien aus der Welt aufnähme und sie andererseits dem Leben der Chinesen anpasse, um die traditionellen chinesischen Regelungen mit westlichem Recht in Einklang zu bringen. Allerdings scheiterte der Entwurf an dieser Zielsetzung.[1209]
Um das japanische Zivilrecht zu erlernen, engagierte die Qing-Dynastie zum einen viele japanische Juristen, welche die chinesischen Gesetzgeber im japanischen Zivilrecht unterwiesen. Zum anderen wurden viele Studierende für dessen Studium nach Japan gesandt.
Da das japanische Zivilrecht ab den 90ern des 19. Jahrhunderts stark von deutschem Zivilrecht beeinflusst wurde, lernte China mittelbar über Japan deutsches Zivilrecht.[1210] Beim Verfassen des Entwurfs wurden zwei japanische Juristen engagiert, den Allgemeinen Teil, das Schuldrecht und das Sachenrecht auszuarbeiten. Diese drei Teile wurden nach dem Vorbild Deutschlands, Japans und der Schweiz verfasst. Das Schuldrecht wurde nach dem Vorbild des deutschen Bürgerlichen Gesetzbuches (BGB) in Vertrag, Werbung, Wertpapier, Geschäftsführung, Bereicherung und Delikt unterteilt.[1211]

2. Schadensersatzrecht

Schadensersatz wegen Delikts wurde in zwei kurzen Generalklauseln kodifiziert. § 945 EZGQ lautet: „Verletzt eine Person vorsätzlich oder fahrlässig die Rechte eines anderen widerrechtlich, hat sie die Pflicht, den Schaden zu ersetzen."[1212] In § 947 EZGQ heißt es: „Fügt eine Person in einer gegen die guten Sitten verstoßenden Weise einem anderen vorsätzlich Schaden zu, wird sie als Verletzer im Sinne des § 945 betrachtet."[1213]

a) Materieller Schadensersatz

Beim materiellen Schadensersatz sieht der Entwurf zwei Haftungsarten vor, nämlich Restitution und Schadensersatz.[1214] Wenn eine Sache beschädigt würde, sollte der verminderte Wert an der Sache ersetzt werden.[1215]

[1209] Ye, Xiaoxin, Zivilrechtsgeschichte, S. 606f.

[1210] Wang, Limin, Chinas Aufnahme des deutschen Zivilrechts über das japanische Zivilrecht am Ende der Qing-Dynastie, in: Law Science, 1997(01), S. 53f.

[1211] Ye, Xiaoxin, Zivilrechtsgeschichte, S. 617.

[1212] § 945 EZGQ, siehe: Yang, Lixin, Die Entwürfe des Zivilgesetzbuches der Qing-Dynastie und der Republik China, S. 123.

[1213] § 947 EZGQ, siehe: Yang, Lixin, Die Entwürfe des Zivilgesetzbuches der Qing-Dynastie und der Republik China, S. 123f.

[1214] Wang, Zejian, Theorie des Zivilrechts und Forschungen zu den Fällen VI, S. 24, Fn. 1.

[1215] § 967 EZGQ, siehe: Yang, Lixin, Die Entwürfe des Zivilgesetzbuches der Qing-Dynastie und der Republik

b) Immaterieller Schadensersatz

§§ 960 ff. EZGQ befassen sich mit dem immateriellen Schadensersatz. Wenn der Körper, die Freiheit oder die Ehre einer Person verletzt würde, könnte sie entsprechende Entschädigung in Geld verlangen. Diese Geldentschädigung könnte nicht veräußert oder vererbt werden.[1216] Wenn man verkrüppelt würde, sollte der Schädiger über einen bestimmten Zeitraum hinweg Zahlungen leisten. Aber aus besonderem Grund könnte der Verkrüppelte die Gesamtsumme verlangen.[1217] Wenn eine Person getötet würde, sollte der Täter die Begräbniskosten tragen. Außerdem sollte er über einen bestimmten Zeitraum hinweg Unterhaltskosten für die Personen zahlen, die von dem Getöteten versorgt worden wären.[1218]

China, S. 126.

[1216] § 960 EZGQ, siehe: Yang, Lixin, Die Entwürfe des Zivilgesetzbuches der Qing-Dynastie und der Republik China, S. 125f.

[1217] § 958 EZGQ, siehe: Yang, Lixin, Die Entwürfe des Zivilgesetzbuches der Qing-Dynastie und der Republik China, S. 125.

[1218] § 968 EZGQ, siehe: Yang, Lixin, Die Entwürfe des Zivilgesetzbuches der Qing-Dynastie und der Republik China, S. 126f.

C. Entwicklung in der Republik China (1911-)

I. Allgemeines

1911 wurde die Qing-Dynastie durch die Xinhai-Revolution gestürzt und die Republik China begründet. Zunächst wurden die Gesetze der Qing-Dynastie übernommen. Im Jahre 1928, kurz nach Beseitigung des nach der Revolution ausgebrochenen Chaos, entschied sich die Republik China, eigene Gesetze zu erlassen. Am 10. Oktober 1929 trat der Allgemeine Teil des Zivilgesetzbuches in Kraft. Am 5. Mai 1930 folgten das Schuldrecht und das Sachenrecht des Zivilgesetzbuches. Am 26. Dezember wurde das Zivilgesetzbuch mit dem Inkrafttreten des Familienrechts und des Erbrechts vollendet.[1219]

Das Zivilgesetzbuch der Republik China (ZGBRC) wurde nach dem Vorbild des deutschen BGB und des schweizerischen Zivilgesetzbuches (ZGB) verfasst. Nach Meinung von Wu Jingxiong wurde 95% des Inhalts aus deutschem oder schweizerischem Recht übernommen, nach Meinung von Mei Zhongxie 60% bis 70% des Inhalts aus deutschem Recht und 30% bis 40% des Inhalts aus schweizerischem Recht. Außerdem stammten etwa 1-3% des Inhalts aus Japan, Frankreich oder der Sowjetunion. [1220] Dieses Zivilgesetzbuch gilt bis heute noch auf der Insel Taiwan, wohin die Republikaner 1948 ihre Hauptstadt verlegten.[1221]

Das Zivilgesetzbuch der Republik China ist das erste moderne Zivilgesetzbuch Chinas.[1222] Das westliche Wertesystem im Zivilgesetzbuch veränderte das Wertesystem des traditionellen chinesischen Zivilrechts. Ideale wie Freiheit und Gleichheit ersetzten den durch Diktatur und die feudale Klassengesellschaft geprägten traditionellen chinesischen Rechtsgeist.[1223]

[1219] Li, Xiuqing, Die Zivilrechtswelle am Anfang des 20. Jahrhunderts und das Zivilgesetzbuch der Republik China, in: Tribune of Political Science and Law, S. 124f.

[1220] Ye, Xiaoxin, Zivilrechtsgeschichte II, S. 615; Chen, Chuanfa/Li, Suzhen/Song, Baoren, Die Unterschiede des Wertesystems des Zivilgesetzbuches der Republik China und traditionellen chinesischen Zivilrechts, in: Hebei Law Review, 2000(06), S. 18.

[1221] Zhang, Xinbao/Zhang, Hong, Hundertjähriger Wandel des chinesischen Zivilrechts, in: Social Sciences in China, 2011(06), S. 67, 68f.

[1222] Zhang, Xinbao/Zhang, Hong, Hundertjähriger Wandel des chinesischen Zivilrechts, in: Social Sciences in China, 2011(06), S. 67, 70.

[1223] Chen, Chuanfa/Li, Suzhen/Song, Baoren, Die Unterschiede des Wertesystems des Zivilgesetzbuches der Republik China und traditionellen chinesischen Zivilrechts, in: Hebei Law Review, 2000(06), S. 18 ff.

II. Schadensersatz im Zivilgesetzbuch

1. Funktionen des Schadensersatzes

Allgemein niedergelegt wurde der Schadensersatz in § 184 ZGBRC. Der Schadensersatz im ZGBRC richtet sich darauf, dem Opfer seinen durch ein Delikt entstandenen Schaden zu ersetzen. Motive des Täters bleiben bei der Bestimmung des Schadensersatzes unberücksichtigt. Der Betrag des Schadensersatzes ändert sich nicht mit dem Verschuldensgrad des Täters. Ausgleichender Schadensersatz basiert auf der Idee von Gerechtigkeit, die sich auf die konkrete Ausgleichung des Schadens des Opfers richtet.[1224]

Die zweite Funktion des Schadensersatzes sollte Abschreckung sein. Seit 1970 wird Zivilrecht stark durch ökonomische Analysen beeinflusst, insbesondere im Bereich des Schadensersatzrechts. Die Funktionen und Zwecke des Schadensersatzes werden anhand von Nutzen-Kosten-Analysen diskutiert.[1225]

Abschreckung – nicht traditionelle Theorie, sondern Theorie der ökonomischen Analyse[1226]

2. Materieller Schadensersatz

Beim materiellen Schadensersatz unterscheidet das ZGBRC zwei Haftungsarten, nämlich Restitution und Geldersatz.[1227] Materieller Schadensersatz sei ausgleichender Schadensersatz. Hier gilt das Totalprinzip.[1228]

3. Immaterieller Schadensersatz

Wenn die eigene Persönlichkeit verletzt wurde, konnte das Opfer Beseitigung der Verletzung in Anspruch nehmen. Wenn es besonders im Gesetz vorgeschrieben war, konnte das Opfer Schadensersatz oder Genugtuungsgeld verlangen. Diese Regelung wurde nach dem Vorbild des ZGB der Schweiz verfasst.[1229] Im Gesetz gibt es zwei deutlich vorgeschriebene Fälle. Nach § 194 ZGBRC konnten die Eltern, der Ehepartner oder die Kinder eines Getöteten entsprechenden Geldersatz für ihren immateriellen Schaden in Anspruch nehmen. § 195 I ZGBRC gemäß konnte das Opfer entsprechenden Geldersatz für immateriellen Schaden verlangen, wenn sein Körper, seine Gesundheit, seine Ehre oder seine Freiheit widerrechtlich

---

1224 Wang, Zejian, Deliktsrecht, S. 7f.

1225 Wang, Zejian, Deliktsrecht, S. 6.

1226 Wang, Zejian, Deliktsrecht, S. 10f.

1227 Zen, Shixiong, Die Theorie des Schadensersatzrechts, S. 136; Wang, Zejian, Theorie des Zivilrechts und Forschungen zu den Fällen VI, S. 20ff.

1228 Zen, Shixiong, Die Theorie des Schadensersatzrechts, S. 159; Wang, Zejian, Theorie des Zivilrechts und Forschungen zu den Fällen VI, S. 22.

1229 Wang, Zejian, Theorie des Zivilrechts und Forschungen zu den Fällen VIII, S. 93.

verletzt wurde.[1230] Immaterieller Schadensersatz wurde restriktiv gehandhabt, weil immaterieller Schaden schwer mit Geld zu beziffern ist. Durch Beschränkung konnte die Kommerzialisierung der Persönlichkeit vermieden werden.[1231] In der Praxis wird Genugtuungsgeld durch Richterrecht in drei Fallgruppen erweitert: die Störung der Ehe, die Verletzung des privaten Geheimnisses und der Entführungsversuch.[1232]

Immaterieller Schadensersatz hatte zwei Funktionen: Genugtuung und Ausgleich. Die Ausgleichsfunktion bedeutet, dass die durch Geldersatz erzeugte Freude den durch Schaden hervorgerufenen Schmerz decken könne.[1233]

Der Betrag des immateriellen Schadensersatzes konnte mittels dreier Methoden berechnet werden. Die erste Methode wird als subjektive Regel bezeichnet. Der Betrag des immateriellen Schadensersatzes wird nach dem entstandenen Schaden des Opfers berechnet. Die zweite Methode wird ebenfalls subjektive Regel genannt. Laut ihr wird der Betrag des immateriellen Schadensersatzes nach dem vom Täter vorausgesehenen Schaden berechnet. Die dritte Methode heißt objektive Regel. Ihr zufolge wird der Betrag des immateriellen Schadensersatzes nach dem allgemeinen Fall berechnet, d.h. unabhängig vom konkreten Fall des Opfers und des Täters. Der Betrag wird objektiviert. In der Praxis wurde der Betrag prinzipiell mit der ersten Methode berechnet.[1234]

4. Strafschadensersatz im Verbraucherschutzgesetz (VBS)

Strafschadensersatz wurde in § 51 Verbraucherschutzgesetz vorgeschrieben. Danach könnte ein Verbraucher fünffachen Schaden als Strafschadensersatz in Anspruch nehmen, wenn der Schaden durch einen Unternehmer vorsätzlich verursacht worden wäre. Wenn ein Unternehmer bei einem Verbraucher grob fahrlässig einen Schaden hervorgerufen hätte, könnte der Verbraucher dreifachen Schaden als Strafschadensersatz verlangen, im Fall der fahrlässigen Verletzung nur einfachen Schaden.[1235]

[1230] Wang, Zejian, Theorie des Zivilrechts und Forschungen zu den Fällen VIII, S. 94.

[1231] Wang, Zejian, Theorie des Zivilrechts und Forschungen zu den Fällen VIII, S. 94.

[1232] Wang, Zejian, Theorie des Zivilrechts und Forschungen zu den Fällen VIII, S. 94ff.

[1233] Zen, Shixiong, Die Theorie des Schadensersatzrechts, S. 311f.

[1234] Zen, Shixiong, Die Theorie des Schadensersatzrechts, S. 408ff.

[1235] § 51 VBS.

D. Gesetzgebung in der Volksrepublik China (1949-)

I. Die erste Kodifikation des Zivilrechts (1954)

1. Allgemeines

Kurz vor der Gründung der Volksrepublik China hob die kommunistische Partei alle Gesetze der Republik China auf. Ab 1954 wurde ein erstes Zivilgesetzbuch verfasst. Im Dezember 1956 wurde dessen Entwurf fertig gestellt. Aber mit dem Beginn der Anti-Rechts-Bewegung 1956 wurde die Kodifikation des Zivilrechts gehindert.[1236] Dieser Entwurf wurde nach dem Vorbild des sowjetischen Zivilgesetzbuches verfasst. Er gliedert sich in insgesamt vier Kapitel, genauer gesagt: Allgemeiner Teil, Eigentum, Schuld und Erbe. Da das Zivilgesetzbuch der Sowjetunion in seiner Kodifizierung durch das BGB beeinflusst worden war, folgte China in gewisser Weise der zivilrechtlichen Kodifikationstradition seit Ende der Qing-Dynastie. Allerdings wurde der Inhalt des Entwurfs stark durch den Sozialismus beeinflusst.[1237]

2. Schadensersatz im Entwurf

Im ersten Entwurf zum Schadensersatz wurde Haftung wegen Delikts in Bezug auf Person und Vermögen erfasst.[1238]

Bei der Körperverletzung sollte der Verletzer die Heilungskosten und den fehlenden Arbeitslohn ersetzen. Im Todesfall sollte der Verletzer neben den Heilungskosten noch den Unterhalt, der vom Getöteten einer anderen Person gezahlt worden wäre, ersetzen. Im Entwurf ist kein Schadensersatz wegen seelichen Schadens vorgesehen.[1239]

Im ersten Entwurf zum Schadensersatz wurden zwei Haftungsarten in Bezug auf Vermögensschaden kodifiziert: Restitution und Schadensersatz. Schaden umfasst nur unmittelbaren Schaden. Bei der Berechnung konnte der Richter den Ersatzbeitrag gemäß der konkreten Wirtschaftslage der Parteien festlegen.[1240]

Den Bestimmungen im ersten Entwurf wurde prinzipiell im zweiten und dritten Entwurf gefolgt.[1241]

[1236] Ran, Hao/ Du, Lihong, The Way to Rule-of-Law in New China: A Review of Civil Law in a History of 56 Years, in: Journal of Nanjing University (Philosophy, Humanities and Social Sciences), 2005(04), S. 66f.

[1237] Zhang, Xinbao/Zhang, Hong, Hundertjähriger Wandel des chinesischen Zivilrechts, in: Social Sciences in China, 2011(06), S. 67, 68.

[1238] He, Qinhua/Li, Xiuqing/Chen, Yi, Sammlung der Zivilgesetzentwürfe der Volksrepublik China I, S. 180ff.

[1239] He, Qinhua/Li, Xiuqing/Chen, Yi, Sammlung der Zivilgesetzentwürfe der Volksrepublik China I, S. 182.

[1240] He, Qinhua/Li, Xiuqing/Chen, Yi, Sammlung der Zivilgesetzentwürfe der Volksrepublik China I, S. 182.

[1241] He, Qinhua/Li, Xiuqing/Chen, Yi, Sammlung der Zivilgesetzentwürfe der Volksrepublik China I, S. 203, 243.

II. Die zweite Kodifikation des Zivilrechts (1964)

1. Allgemeines

Anfang der 1960er befand Mao Zedong, dass China doch Gesetze benötige, und ein Strafgesetz und ein Zivilgesetz ausgearbeitet werden sollten. Es wurde ein zweites Mal begonnen, Zivilrecht zu kodifizieren. Im Jahr 1964 wurde der Entwurf zum Zivilgesetzbuch fertig gestellt. Er umfasst insgesamt drei Teile: den Allgemeinen Teil, Eigentum und Schuld. Jedoch wurde die zweite Kodifikation des Zivilrechts kurz darauf wegen des Ausbruchs der Kulturrevolution eingestellt.[1242]

2. Schadensersatz im Entwurf

Hinsichtlich des privaten Vermögensschadens sieht der erste Entwurf zwei Haftungsarten vor: Rückgabe und Schadensersatz. Diese Haftungsarten finden sich im Kapitel Eigentum.[1243] Im zweiten Entwurf wurde die Haftung für die Verletzung des Staatseigentums ergänzt. Hier musste der Verletzer allerdings nur die Sache zurückgeben.[1244] Im dritten Entwurf wurde Ersatz bei Verletzung des Staatseigentums hinzugefügt.[1245] Hier waren überdies Schadensersatz in den Fällen des Bauwerks, Transports und Mietens vorgesehen. Für den Schadensersatz gilt nur das Ausgleichungsprinzip.[1246]

Schadensersatz wegen Körperverletzung im Allgemeinen wurde in den Entwürfen nicht vorgeschrieben, lediglich wegen Körperverletzung bei Beförderung. Hier sollte der materielle Schaden ersetzt werden.[1247]

[1242] Ran, Hao/ Du, Lihong, The Way to Rule-of-Law in New China: A Review of Civil Law in a History of 56 Years, in: Journal of Nanjing University (Philosophy, Humanities and Social Sciences), 2005(04), S. 67.

[1243] He, Qinhua/Li, Xiuqing/Chen, Yi, Sammlung der Zivilgesetzentwürfe der Volksrepublik China II, S. 31.

[1244] He, Qinhua/Li, Xiuqing/Chen, Yi, Sammlung der Zivilgesetzentwürfe der Volksrepublik China II, S. 54.

[1245] He, Qinhua/Li, Xiuqing/Chen, Yi, Sammlung der Zivilgesetzentwürfe der Volksrepublik China II, S. 104.

[1246] He, Qinhua/Li, Xiuqing/Chen, Yi, Sammlung der Zivilgesetzentwürfe der Volksrepublik China II, S. 126ff, 130f, 133f.

[1247] He, Qinhua/Li, Xiuqing/Chen, Yi, Sammlung der Zivilgesetzentwürfe der Volksrepublik China II, S. 200.

III. Die dritte Kodifikation des Zivilrechts (1979-2001)

Nach Ende der Kulturrevolution und mit Beginn der Politik der Reform und Öffnung im Jahr 1978 verlagerte das Zentralkomitee der Kommunistischen Partei der VR China (KPCh) den Schwerpunkt vom Klassenkampf auf die Entwicklung der Wirtschaft. Um die Entwicklung der Wirtschaft zu gewährleisten, erließ China zahlreiche marktwirtschaftliche Gesetze.[1248] Zum dritten Mal entschloss man sich zur Kodifikation eines chinesischen Zivilgesetzbuches. Allerdings befand sich China zu Beginn der Reform nicht in der Lage dazu. Daher wollte man zuerst Einzelgesetze verfassen und so Schritt für Schritt ein ganzes Zivilgesetzbuch erstellen. Zu den Einzelgesetzen zählten das Erbgesetz, die Allgemeinen Grundsätze des Zivilrechts der VR China (AGZ), das Sicherungsgesetz und das Vertragsgesetz (1999).[1249]

1. Allgemeine Grundsätze des Zivilrechts der Volksrepublik China (AGZ)

a) Allgemeines

Die Allgemeinen Grundsätze des Zivilrechts (AGZ) wurden am 12. April 1986 verabschiedet und traten am 1. Januar 1987 in Kraft. Damals befand sich die chinesische Wirtschaft im Übergang von der Planwirtschaft zur Marktwirtschaft. Kurz nach der Kulturrevolution war China noch nicht fähig, ein Zivilgesetzbuch auszuarbeiten. Die AGZ waren zunächst als Provisorium bis zu dessen Vollendung geplant.[1250] Wegen ihrer Bedeutung wurden sie später als „Meilenstein“ der Zivilgesetzgebung ab 1978 betrachtet und als das „chinesische Zivilgesetzbuch“ angesehen. Vor dem Inkrafttreten des Allgemeinen Teils zum Chinesischen Zivilgesetzbuch der Volksrepublik China im Jahr 2017 waren die AGZ das einzige Gesetz, das allgemeine Grundsätze in Bezug auf Zivilsachen vorschrieb.[1251] Die AGZ umfassen acht Kapitel, nämlich Grundprinzipien, natürliche Personen, juristische Personen, Rechtsgeschäftslehre und Stellvertretung, subjektive Rechte, Haftungsrecht, Verjährung und internationales Privatrecht.[1252] § 4 AGZ regelt die vier wichtigsten Prinzipien: die Gleichberechtigung, die Freiwilligkeit, die Gerechtigkeit, die wertentsprechende Entgeltlichkeit und Treu und Glauben.[1253] In Bezug auf die Haftung bedeutet die wertentsprechende Entgeltlichkeit einen äquivalenten Schadensersatz. Wenn jemand einem anderen Schaden zufügt, hat der Schädiger dem Opfer dem Wert des Schadens entsprechend Ersatz zu leisten, um den Zustand vor der

---

1248 Binding, Das Gesetz der VR China über die deliktische Haftung, S. 2.

1249 Shi, Hong, ATZGBC, S. 1.

1250 Bu, Yuanshi, Einführung in das Recht Chinas, S. 77.

1251 Vgl. Bu, Yuanshi, Einführung in das Recht Chinas, S. 77f; Binding, Das Gesetz der VR China über die deliktische Haftung, S. 30f.

1252 Vgl. Bu, Yuanshi, Einführung in das Recht Chinas, S. 80f; Wang, Yanfeng, AGZ und BGB, S. 56.

1253 Binding/Pißler/Xu, Chinesisches Zivil- und Wirtschaftsrecht, S. 37ff.

Verletzung wieder herzustellen.[1254] Angesichts des nicht vollendeten Deliktsgesetzes sollte das Gericht unter dem Gerechtigkeitsprinzip nach seinem Ermessen urteilen.[1255]

b) Schadensersatzrecht

aa) Allgemeines

§ 134 AGZ schreibt zehn Haftungsarten vor. Hier geht es hauptsächlich um Restitution und Schadensersatz. Restitution umfasst Unterlassung der Rechtsverletzung, Beseitigung von Beeinträchtigungen, Beseitigung von Gefahren, Beseitigung nachfolgender Auswirkungen und Wiederherstellung des Rufes, Rückgabe von Vermögenswerten, Wiederherstellung des ursprünglichen Zustandes, Reparatur, Neuanfertigung und Umtausch, öffentliche Entschuldigung. Schadensersatz umfasst Schadensersatz in Geld und Zahlung einer Vertragsstrafe.[1256] Die AGZ legen keinen Vorrang von Restitution oder Schadensersatz fest. Der Verletzte kann nach seinem Willen auswählen.

bb) Materieller Schaden

In Hinsicht auf den materiellen Schaden gibt es drei Haftungsarten: Rückgabe, Wiederherstellung und Schadensersatz.[1257] Beim Schadensersatz in Geld handelt es sich um die Haftung auf den finanziellen Ausgleich des tatsächlich erlittenen Schadens.[1258] Hier gilt das Totalprinzip. Alle durch die Verletzung verursachten Vermögensschäden sollen ersetzt werden. Deswegen sollen nicht nur unmittelbare, sondern auch mittelbare Schäden erstattet werden. Das Totalprinzip basiert auf der Funktion des Schadensersatzes, nämlich Entschädigung für Vermögensverluste.[1259] Mittelbare Schäden umfassen Gewinn, Gehalt, Lohn usw.[1260]

Der Umfang des Schadensersatzes wird in §§ 117ff AGZ festgelegt. Diese Regelungen sind jedoch sehr allgemein gehalten.[1261] Das oberste Volksgericht ergänzte sie im Jahr 1988 in seiner Interpretation des Obersten Volksgerichts zu einigen Fragen der Anwendung der AGZ (OVG-Interpretation zu den AGZ) um einige Regelungen hinsichtlich der Rechtspraxis.[1262] Die Betragshöhe des Schadensersatzes soll nicht nach dem Verschulden des Verletzers und dem Grad der Gefährlichkeit, sondern nach dem tatsächlichen Verlust berechnet werden. Vorsatz oder Fahrlässigkeit spielen keine Rolle beim Ermessen des materiellen Schadenser-

---

1254 Tong, Rou, Allgemeiner Teil der chinesischen Zivilrechts, S. 18.

1255 Tong, Rou, Allgemeiner Teil der chinesischen Zivilrechts, S. 18.

1256 Vgl. Bu, Yuanshi, Einführung in das Recht Chinas, S. 89.

1257 Yang, Lixin, Deliktsrecht, Band I, S. 224ff.

1258 Vgl. Bu, Yuanshi, Einführung in das Recht Chinas, S. 89.

1259 Yang, Lixin, Deliktsrecht, Band II, S. 588; Zhang, Xinbao, Chinesisches Deliktsrecht, 1998, S. 98: Das Totalprinzip kommt nur bei den unmittelbaren Schäden zur Anwendung.

1260 Zhang, Xinbao, Chinesisches Deliktsrecht, 1998, S. 98.

1261 Yang, Lixin, Deliktsrecht, Band II, S. 588.

1262 Yang, Lixin, Deliktsrecht, Band II, S. 588.

satzes. Strafschadensersatz für den Fall des vorsätzlichen Delikts wird in den AGZ nicht anerkannt.[1263]

cc) Immaterieller Schadensersatz

(a) Meinungsstreit vor den AGZ

Nach der traditionellen Zivilrechtstheorie seit 1949 (1) war unter seelischem Schaden die Folge der Verletzung der Persönlichkeit zu verstehen, nämlich seelischer Schmerz. Im kapitalistischen Zivilrecht, zum Beispiel in Frankreich, Deutschland und der Schweiz, gibt es seelischen Schadensersatz aufgrund Verletzung der Persönlichkeit, weil dies der Wirtschaftsgrundlage der kapitalistischen Gesellschaft entspricht. Kapitalistische Gesellschaften seien solche, in denen die Warenproduktion hoch entwickelt ist. Die Ware beherrsche alle Aspekte der Gesellschaft. Dieser Charakter zeigt sich auch in den Menschenbeziehungen. Selbst das Persönlichkeitsrecht würde kommerzialisiert. Seelischer Schaden könnte in Geld ersetzt werden. Die herrschende Meinung dazu sei, dass in kapitalistischen Gesellschaften alle Werte und seelische Aktivitäten heutzutage mit Geld bewertet werden könnten. Seelischer Schadensersatz verringere nicht den Wert der Persönlichkeit, im Gegenteil könne er die individuelle Würde erhöhen. Seine Äußerung zeigt, dass die Menschen in der kapitalistischen Gesellschaft das Geld als Abgötter betrachten.[1264]

(2) Hingegen konnte der Beleidigte gemäß § 7 des Zivilgesetzbuches der Sowjetunion wegen Persönlichkeitsverletzung keinen immateriellen Schadensersatz in Anspruch nehmen. Wenn der Beleidigte erfolgreich klagte und der Beleidiger dem Urteil des Gerichts nicht nachfolgte, konnte ihm das Gericht eine Geldbuße auferlegen, die dem Staat zufloss. Trotz des Ausbaus ihrer Warenwirtschaft müsste die Volksrepublik China als sozialistischer Staat die Kommerzialisierung aller gesellschaftlichen Bereiche ablehnen. Der Beleidigte konnte die Einstellung der Verletzung, die Wiederherstellung seines Rufes, die Beseitigung der Auswirkungen und eine Entschuldigung einfordern, allerdings keinen immateriellen Schadensersatz. Reiner seelischer Schadensersatz erscheint im chinesischen System fehlplatziert. Entstandener materieller Schaden, zum Beispiel der Schaden aufgrund von Arbeitslosigkeit oder Behandlungskosten, sollte hingegen ersetzt werden.[1265]

(1) Außerdem stehe seelischer Schadensersatz nicht im Einklang mit der traditionellen Kultur Chinas und der Entwicklung der sozialistischen geistigen Zivilisation.[1266]

[1263] Yang, Lixin, Deliktsrecht, Band II, S. 596f.

[1264] Gu, Jiang, Lernen und Studieren der Rechtswissenschaft, S. 69ff; Cao, Kang, Tribune of Political Science and Law (1987/04), S. 30, 31f; Shu, Lian, Law Review (1988/01), S. 66, 67.

[1265] Gu, Jiang, Lernen und Studieren der Rechtswissenschaft, S. 69ff; Cao, Kang, Tribune of Political Science and Law (1987/04), S. 30, 31f; Shu, Lian, Law Review (1988/01), S. 66, 67.

[1266] Gu, Jiang, Lernen und Studieren der Rechtswissenschaft, S. 69ff; Cao, Kang, Tribune of Political Science and Law (1987/04), S. 30, 31f; Shu, Lian, Law Review (1988/01), S. 66, 67.

Einer anderen Meinung nach (1) hängt der seelische Schadensersatz nicht davon, ob ein Staat sozialistisch oder kapitalistisch ist. Zwar sei es wahr, dass Persönlichkeit, Gewissen und Moral in kapitalistischen Staaten als Ware betrachtet werden. Aber es gebe in den kapitalistischen Staaten keinen Juristen, der Körper, Persönlichkeit, Gewissen und Moral der Menschen genau mit Geld bewerten könnte. Wie andere zivilrechtliche Haftung könnte diese Regelung sowohl in kapitalistischen als auch sozialistischen Staaten verwendet werden.[1267]

(2) Der Grund für die Einführung des seelischen Schadensersatzes besteht nicht darin, Persönlichkeit, Gewissen und Moral als Ware zu behandeln, sondern das Opfer unter dem Gesichtspunkt des Rechts- und Interessenschutzes durch einen bestimmten Geldbetrag zu entschädigen und den Verletzer entsprechend zu sanktionieren. Als Teil des modernen Deliktsrechts wurde seelischer Schadensersatz in vielen Staaten anerkannt, zum Beispiel in der Schweiz, der Tschechoslowakei, Jugoslawien und in Deutschland. Für die konkrete Rechtspraxis erscheint dies insofern gerechtfertigt, da viele Delikte keinen materiellen Schaden verursacht haben und nicht sanktioniert werden können, gleichzeitig aber immaterielle Rechtsgüter, zum Beispiel die Persönlichkeit oder den guten Ruf verletzt haben, und in dem Opfer Schmerzen oder Hass hervorgerufen haben.[1268] Wenn dem Schädiger kein seelischer Schadensersatz auferlegt würde, wäre er frei von Haftung. In einigen Extremfällen habe die Beleidigung aber gar zur Rache oder zum Selbstmord geführt.[1269] Um alle Rechtsgüter eines Bürgers zu schützen, sei der seelische Schadensersatz durchzusetzen. Insbesondere gab es schon immer Genugtuungsgeld für den Verwandten des Getöteten bei Verkehrsunfällen.[1270]

(b) Regelung in den AGZ

§ 120 AGZ legt fest, dass ein Bürger, wenn das Recht an seinem Namen oder seinem Bildnis, auf seinen Ruf oder seine Ehre verletzt wird, das Recht hat, die Einstellung der Verletzung, die Wiederherstellung seines Rufes, die Beseitigung der Auswirkungen und eine Entschuldigung, aber auch Schadensersatz zu verlangen.[1271] Strittig ist, ob die AGZ damit bereits seelischen Schadensersatz anerkennen.[1272] Einer Meinung nach handelt es sich bei dem Schadensersatz hier nur um materiellen Schadensersatz. Die AGZ schrieben keinen seelischen Schadensersatz vor.[1273] Der zweiten Meinung zufolge bezieht sich der Schadensersatz hier

---

[1267] Pan, Xuekui, Present Day Law Science (1986/04), S. 81; Wei, Zhengying, Journal of Politics and Law (1987/06), S. 24ff.

[1268] Pan, Xuekui, Present Day Law Science (1986/04), S. 81; Wei, Zhengying, Journal of Politics and Law (1987/06), S. 24ff.

[1269] Wei, Zhengying, Journal of Politics and Law (1987/06), S. 24ff.

[1270] Pan, Xuekui, Present Day Law Science (1986/04), S. 81; Wei, Zhengying, Journal of Politics and Law (1987/06), S. 24ff.

[1271] § 120 AGZ.

[1272] Cao, Kang, Tribune of Political Science and Law (1987/04), S. 30, 34.

[1273] Yu, Yanman, Law Review (1992/03), S. 25.

nicht nur auf materiellen, sondern auch auf immateriellen Schaden. Nach der dritten Meinung ist ausschließlich immaterieller Schadensersatz gemeint. Dies wird damit begründet, dass materieller Schadensersatz schon in §§ 106, 119 vorgeschrieben wird. § 120 stelle eine besondere Regelung dar, die sich insbesondere auf den immateriellen Schadensersatz wegen Verletzung der Persönlichkeit beziehe. Laut der vierten Meinung sei die gesetzliche Regelung unklar. Es bedürfe noch einer Interpretation der Amtsbefugnisse.[1274] Die herrschende Meinung ist, dass der Schadensersatz hier nicht nur materiellen, sondern auch immateriellen Schadensersatz umfasst.[1275]

(c) OVG-Interpretation zu den AGZ

Die OVG-Interpretation zu den AGZ wurde am 26.1.1988 von der Urteilskommission des Obersten Volksgerichts (OVG) verabschiedet und am 2.4.1988 verkündet.

Ihr zufolge kann das Gericht nach dem Grad des Verschuldens, den konkreten Umständen der Handlung, den Folgen und dem Einfluss der Verletzung die Betragshöhe des Schadens bemessen.[1276] Das Verschulden des Täters ist von großer Bedeutung beim Ermessen der Höhe des immateriellen Schadensersatzes.[1277] Wenn der Schädiger durch die Verletzung einen Gewinn gemacht hat, soll dieser eingezogen werden.[1278]

Die OVG-Interpretation zu den AGZ regelt detailliert den Ersatzumfang bei Persönlichkeitsverletzung. Danach soll der Schädiger dem Geschädigten die Kosten für die Behandlung und Rehabilitationsmaßnahmen ersetzen. Dazu zählen medizinische Behandlungskosten, Pflege- und Verkehrskosten und entgangenes Gehalt.[1279]

Wenn die Körperverletzung eine Behinderung zur Folge hat, soll der Schädiger dem Behinderten nicht nur die infolge der Behinderung erforderlichen Hilfsmittel und den Lebensunterhalt bezahlen, sondern auch eine Behindertenentschädigung leisten. Die Höhe der Lebensunterhaltszahlung soll nicht niedriger als der durchschnittliche örtliche Lebensunterhalt sein.[1280]

Hat die Verletzung zum Tod oder vollkommenen Verlust der Arbeitsfähigkeit geführt, soll der Verletzer den Personen, die vom Verletzten ernährt worden wären, Lebensunterhalt nach den konkreten Umständen zahlen.[1281]

(d) Rechtsnatur des seelischen Schadensersatzes

Einer Meinung nach stellt seelischer Schadensersatz eine Strafe dar. Als Grund wird angeführt, dass durch die Verletzung der Persönlichkeit zwei Arten von Schäden verursacht

---

1274 Cao, Kang, Tribune of Political Science and Law (1987/04), S. 30, 34.

1275 Shu, Lian, Law Review (1988/01), S. 66.

1276 § 150 OVG-Interpretation AGZ.

1277 Yang, Lixin, Deliktsrecht, Band II, S. 596.

1278 § 151 OVG-Interpretation AGZ.

1279 §§ 143 ff OVG-Interpretation AGZ.

1280 § 146 OVG-Interpretation AGZ.

1281 § 147 OVG-Interpretation AGZ.

werden, nämlich reiner materieller Schaden und reiner seelischer Schaden. Der Ersatz für den reinen materiellen Schaden sei ein zivilrechtlicher Ersatz. Wenn jedoch seelischer Schaden mit Geld ersetzt würde, könnte der Schadensersatz hier nicht nach der Äquivalenzrelation bemessen werden. Deswegen erwiese der seelische Schadensersatz sich als Strafe.[1282]

Nach einer zweiten Meinung handelt es sich beim seelischen Schadensersatz nicht nur um Strafe, sondern auch um Schadensersatz. [1283]

Einer dritten Meinung zufolge stellt der seelische Schadensersatz nur Schadensersatz dar. [1284]

Einer vierten Meinung nach bezieht sich der seelische Schadensersatz auf Schadensersatz, Genugtuung und Strafe. Erstens unterscheide sich der seelische Schadensersatz nicht wesentlich vom materiellen Schadensersatz. Voraussetzung sei jeweils Vorliegen des Schadens. Zweitens liege sein Zweck darin, den seelischen Schmerz des Verletzten zu stillen und seine Rachegelüste zu beseitigen. Drittens soll der Verletzer durch ihn bestraft werden, um solche Körperverletzungen zu verhindern.[1285]

Laut einer fünften Meinung handelt es sich beim seelischen Schadensersatz sowohl um Bestrafung des Verletzers als auch um Genugtuung für den Verletzten. Solcher Schadensersatz stelle eine zivilrechtliche Sanktion mit Strafcharakter dar. Seine Funktionen lägen darin, den seelischen Schmerz des Verletzten zu stillen, ähnlichen Verletzungen in der Zukunft vorzubeugen, Frieden der Gesellschaft und die sozialistische Geisteszivilisation zu fördern.[1286]

(e) Der Umfang des seelischen Schadensersatzes

Zum Umfang des seelischen Schadensersatzes wurden zwei verschiedene Meinungen vertreten.

Der ersten Meinung nach beschränkt sich seelischer Schadensersatz auf die in § 120 normierten vier Rechtsgüter, nämlich: das Recht des Bürgers an seinem Namen oder seinem Bildnis, auf seinen Ruf oder seine Ehre.[1287]

Der anderen Meinung nach bezieht sich seelischer Schadensersatz darüberhinaus auch auf die Verletzung des Lebens und der Gesundheit. Schließlich schreibe § 119 vor, dass, wenn die Verletzung des Körpers eines Bürgers zu Verletzungen geführt hat, Aufwendungen wie die Kosten der medizinischen Behandlung, die Einkommensminderung durch Arbeitsversäumnis und Kosten zur Unterstützung der Lebenshaltung von Versehrten und andere Kosten erstattet werden müssen; wenn sie zum Tode geführt hat, auch Aufwendungen wie die Begräbniskosten und der notwendige Lebensunterhalt für die von dem Toten zu Lebzeiten unterhaltenen

---

1282 Gu, Jiang, Lernen und Studieren der Rechtswissenschaft (1986/01), S. 71.

1283 Cao, Kang, Tribune of Political Science and Law (1987/04), S. 30, 34.

1284 Pan, Xuekui, Present Day Law Science (1986/04), S. 81.

1285 Wei, Zhengying, Journal of Politics and Law (1987/06), S. 24, 25.

1286 Shu, Lian, Law Review (1988/01), S. 66, 68; Xu, Guodong, Hebei Law Science (1989/06), S. 20ff.

1287 Shu, Lian, Law Review (1988/01), S. 66, 68.

Personen und andere Kosten gezahlt werden müssen. Die anderen Kosten hier sollten seelischen Schadensersatz umfassen.[1288]

(f) Die Betragshöhe des seelischen Schadensersatzes

Auf die Frage, wie man die Betragshöhe des seelischen Schadensersatzes bestimmen kann, gibt es ebenfalls keine einhellige Antwort. Nach Meinung von Dai, Xuekui sollte die Betragshöhe eines seelischen Schadensersatzes nach dem Schmerzensgrad des Opfers und dem Verschulden des Verletzers mit Rücksicht auf die örtlichen konkreten finanziellen Umstände bemessen werden.[1289] Laut Cao, Kang sollte die Betragshöhe nach der Größe des Einflusses auf die Gesellschaft, dem Verschulden des Täters und dem Billigkeitsprinzip bestimmt werden.[1290] Nach Wei, Zhengzing spielen der konkrete Schaden, der Verschuldensgrad des Verletzers und Genugtuung für den Verletzten beim Bemessen eine entscheidende Rolle. Die konkreten finanziellen Umstände der beiden Parteien seien beim Schadensersatz von keinerlei Bedeutung, weil es hier nur um zivilrechtliche Haftung, nicht um Sozialhilfe gehe. Auch der Gewinn des Verletzers solle beim Bemessen unberücksichtigt bleiben.[1291] Laut Shu, Lian sollte beim Bemessen des Schadensersatzes die Natur und der Grad des Verschuldens, die Schwere des Schadens, die finanziellen Umstände der beiden Parteien und der Einfluss auf die Gesellschaft Beachtung finden.[1292] Der Meinung von Peng, Wangming nach sollte beim Ermessen das Verschulden des Verletzers, die Schwere der Verletzungsfolgen, der Einfluss auf die Gesellschaft, das Verlangen des Opfers, die Wirtschaftslage vor Ort und die finanziellen Umstände des Täters berücksichtigt werden.[1293]

(g) Entwicklung in der Praxis

(aa) OVG-Interpretation zum seelischen Schadensersatz

Die Interpretation des Obersten Volksgerichts zu einigen Fragen der Haftung auf Ersatz seelischer Schäden bei zivilrechtlichen Rechtsverletzungen (OVG-Interpretation zum seelischen Schadensersatz) wurde am 26.2.2001 durch das Gerichtskomitee des Obersten Volksgerichts verabschiedet. Sie trat am 10.3.2001 in Kraft.

Zunächst behandelt die Interpretation den Umfang des seelischen Schadensersatzes. Bei Verletzung der Rechte auf Leben, Gesundheit und Körper, den Namen, das Bild, den Ruf und die Ehre, die Achtung der Persönlichkeit und auf körperliche Freiheit kann eine natürliche Person mit einer Klage beim Volksgericht Ersatz des seelischen Schadens verlangen.[1294] Wenn jemand den öffentlichen Interessen oder der gesellschaftlichen Moral zuwider die

[1288] Peng, Wangming, Law Forum (1988/02), S. 67, 68.

[1289] Pan, Xuekui, Present Day Law Science (1986/04), S. 81.

[1290] Cao, Kang, Tribune of Political Science and Law (1987/04), S. 30, 36.

[1291] Wei, Zhengying, Journal of Politics and Law (1987/06), S. 24, 25.

[1292] Shu, Lian, Law Review (1988/01), S. 66, 69.

[1293] Peng, Wangming, Law Forum (1988/02), S. 67, 69.

[1294] § 1 I OVG-Interpretation zum seelischen Schadensersatz.

Privatsphäre oder andere Persönlichkeitsinteressen eines anderen verletzt, kann der Geschädigte wegen Rechtsverletzung mit einer Klage beim Volksgericht Ersatz des seelischen Schadens beanspruchen.[1295]

Der Anspruch auf seelischen Schadensersatz setzt schwere Verletzungsfolgen voraus. Wenn keine schwerwiegenden Folgen verursacht wurden, kann der Verletzte vom Verletzer verlangen, die Schädigung einzustellen, seinen Ruf wiederherzustellen, die Auswirkungen der Schädigung zu beseitigen und sich zu entschuldigen.[1296]

Zum Genugtuungsgeld für seelische Schäden(精神损害抚慰金) zählen: 1) Behindertenentschädigung(残疾赔偿金) im Fall der Behinderung; 2) Schadensersatz bei Tötung(死亡赔偿金); 3) Genugtuungsgeld für andere seelische Schäden.[1297]

Beim Bemessen der Betragshöhe des seelischen Schadensersatzes sollen folgende Faktoren berücksichtigt werden: der Grad des Verschuldens des Rechtsverletzers; die konkreten Umstände, insbesondere Methoden, Ort und Form der rechtsverletzenden Handlung; die konkreten Folgen der rechtsverletzenden Handlung; den Nutzen, den der Rechtsverletzer erlangt hat; die wirtschaftliche Fähigkeit des Rechtsverletzers, Haftung zu übernehmen; das Lebenshaltungsniveau am Orte des Gerichts, das die Klage angenommen hat.[1298]

Wenn Gesetze und Verwaltungsrechtsnormen klare Vorschriften für den Behindertenschadensersatz und das Genugtuungsgeld für Tötung enthalten, gelten diese.[1299]

(bb) OVG-Interpretation zum Schadensersatz für Körperschäden

Die „Interpretation des Obersten Volksgerichts zu einigen Fragen der Anwendung des Rechts bei der Behandlung von Fällen des Ersatzes von Körperschäden (OVG-Interpretation zum Schadensersatz für Körperschäden)" wurde am 04.12.2003 auf der 1299. Sitzung des Rechtsprechungsausschusses des Obersten Volksgerichts verabschiedet. Am 01.05.2004 trat sie in Kraft.

i. Schadensersatz bei Körperverletzung

Bei Körperverletzung hat der Täter dem Opfer alle Arten von ärztlichen Behandlungskosten und auf das Arbeitsversäumnis zurückzuführende Verdienstausfälle, wie etwa Behandlungsgebühren, Arbeitsversäumniskosten, Pflegekosten, Fahrtkosten, Kosten für die auswärtige Unterbringung, Krankenhausverpflegungskosten sowie die Kosten für notwendige therapeutische Lebensmittel zu ersetzen.[1300]

[1295] § 1 II OVG-Interpretation zum seelischen Schadensersatz.

[1296] § 8 OVG-Interpretation zum seelischen Schadensersatz.

[1297] § 9 OVG-Interpretation zum seelischen Schadensersatz.

[1298] § 10 I OVG-Interpretation zum seelischen Schadensersatz.

[1299] § 10 II OVG-Interpretation zum seelischen Schadensersatz.

[1300] §17 I OVG-Interpretation zum Schadensersatz für Körperschäden; Übersetzung siehe: Pißler, ZChinR 2004, S. 287, 291.

Führt die Verletzung zur Behinderung des Geschädigten, hat der Ersatzpflichtige die dadurch verursachte Erhöhung der Lebenshaltungskosten und durch den Verlust der Arbeitskraft verursachte Verdienstausfälle zu ersetzen. Dazu gehören eine Entschädigung für die Behinderung, die Kosten für Hilfsmittel für Behinderte, die Lebenshaltungskosten der Unterhaltsberechtigten sowie Rehabilitations- und Pflegemaßnahmen und tatsächlich entstandene Kosten für Rehabilitations- und Pflegemaßnahmen im Rahmen einer fortgesetzten Behandlung.[1301]

Bei der Tötung des Geschädigten hat der Ersatzpflichtige außerdem die Bestattungskosten, die Lebenshaltungskosten der Unterhaltsberechtigten, eine Kompensation für die Tötung sowie die den Angehörigen des Geschädigten im Zusammenhang mit den Begräbnisvorbereitungen entstandenen Fahrtkosten, Kosten für die Unterbringung, Verdienstausfall und andere angemessene Kosten zu ersetzen.[1302]

Beerdigungskosten werden gemäß des durchschnittlichen Monatsgehalts von Angestellten und Arbeitern im vergangenen Jahr am Sitz des Gerichts, das die Klage zugelassen hat, aus der Summe der Gehälter von sechs Monaten berechnet.[1303]

Die Lebenshaltungskosten der Unterhaltsberechtigten werden nach dem Grad der verlorenen Arbeitskraft des Unterhaltsverpflichteten gemäß dem Standard der gesamten Verbraucherausgaben von Bürgern in Städten und der gesamten Ausgaben für Lebenshaltung und Verbrauch der Bürger in ländlichen Gebieten im vorangegangenen Jahr am Sitz des Gerichts berechnet.[1304]

ii. Behindertenentschädigung

Die Behindertenentschädigung wird nach dem Grad der verlorenen Arbeitskraft des Verletzten oder seinem Behinderungsgrad und auf Grund des Standards des Einkommens, über das Bürger in Städten im vergangenen Jahr durchschnittlich insgesamt verfügen konnten, oder des durchschnittlichen reinen Einkommens der Bürger in ländlichen Gebieten am Sitz des Gerichts, von dem Tag der Feststellung der Behinderung für zwanzig Jahre berechnet.[1305]

1301 §17 II OVG-Interpretation zum Schadensersatz für Körperschäden; Übersetzung siehe: Pißler,ZChinR 2004, S. 287, 291f.

1302 §17 III OVG-Interpretation zum Schadensersatz für Körperschäden; Übersetzung siehe: Pißler, ZChinR 2004, S. 287, 292.

1303 §25 I OVG-Interpretation zum Schadensersatz für Körperschäden; Übersetzung siehe: Pißler, ZChinR 2004, S. 287, 294.

1304 §28 I 1 OVG-Interpretation zum Schadensersatz für Körperschäden; Übersetzung siehe: Pißler, ZChinR 2004, S. 287, 294.

1305 §27 OVG-Interpretation zum Schadensersatz für Körperschäden; Übersetzung siehe: Pißler, ZChinR 2004, S. 287, 294.

Wird das Einkommen des Behinderten tatsächlich jedoch nicht verringert, so kann die Behindertenentschädigung entsprechend verändert werden.[1306] Wenn das Einkommen, über das Bürger in Städten durchschnittlich insgesamt verfügen konnten, oder das durchschnittliche reine Einkommen der Bürger in ländlichen Gebieten an seinem Wohnsitz oder gewöhnlichen Aufenthaltsort höher ist als am Sitz des Gerichts, das die Klage zugelassen hat, so kann die Behindertenentschädigung nach dem höherem Niveau bemessen werden.[1307]

iii. Schadensersatz bei Tötung

Schadensersatz bei Tötung wird nach dem Standard des Einkommens, über das Bürger in Städten im vergangenen Jahr durchschnittlich insgesamt verfügen konnten, oder des durchschnittlichen reinen Einkommens der Bürger in ländlichen Gebieten am Sitz des Gerichts, welches die Klage zugelassen hat, für zwanzig Jahre bemessen.[1308] Wenn das Einkommen, über das Bürger in Städten durchschnittlich insgesamt verfügen konnten, oder das durchschnittliche reine Einkommen der Bürger in ländlichen Gebieten am Wohnsitz oder gewöhnlichen Aufenthaltsort des Ersatzberechtigten höher ist als am Sitz des Gerichts, das die Klage zugelassen hat, so kann der Schadensersatz nach dem höherem Niveau bemessen werden.[1309] Die Rechnungsmethode führt zu großen Differenzen zwischen den Schadensersatzbeträgen bei Tötung, weil sich die Wirtschaftslage an verschiedenen Orten stark unterscheidet.[1310]

2. Vertragsgesetz

2001 hat das OVG eine Interpretation zum Kaufvertrag über Immobilien verabschiedet. In §§ 8, 9 wurde Strafschadensersatz vorgeschrieben.

Gemäß § 8 ist der Käufer unter bestimmten Umständen berechtigt, den Kaufvertrag zu kündigen, Rückzahlung des Kaufpreises und des betreffenden Zinses zu fordern, Schadensersatz in Anspruch zu nehmen und darüber hinaus Strafschadensersatz zu fordern, der nicht über den bezahlten Kaufpreis hinausgeht. In der Interpretation wurden zwei Situationen festgelegt: (1) Nach dem Abschluss des Kaufvertrags hat der Verkäufer die Immobilie an

---

[1306] §27 OVG-Interpretation zum Schadensersatz für Körperschäden; Übersetzung siehe: Pißler, ZChinR 2004, S. 287, 294.

[1307] §30 OVG-Interpretation zum Schadensersatz für Körperschäden; Übersetzung siehe: Pißler, ZChinR 2004, S. 287, 295.

[1308] §29 S. 1 OVG-Interpretation zum Schadensersatz für Körperschäden; Übersetzung siehe: Pißler, ZChinR 2004, S. 287, 295.

[1309] §30 OVG-Interpretation zum Schadensersatz für Körperschäden; Übersetzung siehe: Pißler, ZChinR 2004, S. 287, 295.

[1310] Ran, Yanhui, Der Schadensersatzbetrag bei der Tötung soll nach dem Wert des individuellen Lebens berechnet werden, in: ECUPL Journal, 2009(09), S. 60ff.

einen Dritten verpachtet, ohne vorher den Käufer zu informieren. (2) Nach dem Abschluss des Kaufvertrags hat der Verkäufer einem Dritten das Haus verkauft.[1311]

§ 9 zufolge ist der Käufer unter bestimmten Umständen berechtigt, über den bezahlten Kaufpreis, entsprechenden Zins und den Schadensersatz hinaus noch den bezahlten Kaufpreis als Strafschadensersatz in Anspruch zu nehmen, wenn der Kaufvertrag aufgrund eines der folgenden Umstände angefochten oder gekündigt wurde: (1) Der Verkäufer dem Käufer bewusst verschwiegen hat, dass er keine Vorverkaufserlaubnis oder die Vorverkaufserlaubnis verfälscht hat; (2) Der Verkäufer dem Käufer vorsätzlich verschwiegen hat, dass das verkaufte Haus schon verpachtet ist; (3) Der Verkäufer dem Käufer vorsätzlich verschwiegen hat, dass er das Haus schon einem Dritten verkauft hat.[1312]

[1311] Wang, Shengming, Interpretation und legislativer Hintergrund zum GdH, S. 191.

[1312] Wang, Shengming, Interpretation und legislativer Hintergrund zum GdH, S. 191.

IV. Gesetzgebung im Wirtschaftsrecht

1. Hintergrund: Entwicklung der Wirtschaftsrechtswissenschaft seit 1978

Allgemein gesagt, lassen sich drei Phasen der Entwicklung der Wirtschaftsrechtswissenschaft unterscheiden. Die erste Phase war von 1978 bis 1983. Es ist die Entstehungsphase der Wirtschaftsrechtswissenschaft. In dieser Phase wurde die Wirtschaftsrechtswissenschaft stark durch die Planwirtschaft und die sowjetische Rechtswissenschaft beeinflusst.[1313]

Im Rahmen der Öffnungspolitik wurde der Arbeitsschwerpunkt in der VR China von politischem Konflikt auf die Wirtschaftsentwicklung verlagert.[1314] Wie in anderen sozialistischen Staaten herrschte in China die Meinung, dass Wirtschaftsrecht mit der Entwicklung des Monopolkapitals in kapitalistischen Staaten entstände, wie der Sherman Antitrust Act von 1890 in den USA oder das Anti-Kartell-Gesetz von 1923 in Deutschland. Dem Wirtschaftsrecht in den sozialistischen Staaten liege die Theorie des Marktversagens und der Marktkontrolle durch die Regierung zugrunde. In der sozialistischen Planwirtschaft gäbe es kein Marktversagen, da die Wirtschaft durch die Regierung umfassend kontrolliert würde. Deswegen stellte sich der Charakter des Wirtschaftsrechts hier ganz anders dar.[1315] Anfangs entschied sich die Regierung dafür, Wirtschaftsrecht nach dem Vorbild der sozialistischen Staaten, besonders der Sowjetunion, der Tschechoslowakei und der Bundesrepublik Jugoslawien, weiter zu entwickeln.[1316] Wie in den anderen sozialistischen Staaten habe es schon vor der Öffnungspolitik Wirtschaftsrecht gegeben. Es lagen schon ungefähr 1200 Wirtschaftsgesetze oder Verordnungen vor, zum Beispiel Verordnungen über Genossenschaften, Bergwerke und über Betriebe des Staats usw.[1317] Aber Wirtschaftsrecht als eine Wissenschaft erschien erst nach der Öffnungspolitik im Jahr 1978.[1318]

Die zweite Phase ist die Übergangsphase von 1984 bis 1991. 1984 beschloss die Regierung, die Warenwirtschaft zu entwickeln. In dieser Phase wurde die sowjetische Rechtswissenschaft allmählich aufgegeben. Die herrschende Meinung in dieser Phase sah den Gegenstand des Wirtschaftsrechts in den Marktregulierungsbeziehungen, einigen horizontalen Wirtschaftsbeziehungen, die durch den Staat reguliert werden sollten, und den Wirtschaftsbeziehungen innerhalb eines Betriebs.[1319]

[1313] Xu, Mengzhou, Wirtschaftsrecht, S. 22.

[1314] Pan, Nianzhi, Wirtschaftssystemreform und Wirtschaftsrecht, in: Journal of Politics and Law, 1985(04), S. 1ff.

[1315] Liu, Longheng/Zhang, Lin, Die Geburt des Wirtschaftsrechts und sein Charakter, in: Ausländische Rechtswissenschaft, 1984(03), S. 12ff.

[1316] Tao, Heqian, Überblick der Entwicklung des Wirtschaftsrechts und sein Begriff, in: Tribune of Political Science and Law, 1982(03), S. 67ff.

[1317] Jiang, Ping/Tao, Heqian, Die Teilung des Wirtschaftsrechts und Zivilrechts, in: Tribune of Political Science and Law, 1979(1), S. 42ff..

[1318] Xu, Mengzhou, Wirtschaftsrecht, S. 22.

[1319] Xu, Mengzhou, Wirtschaftsrecht, S. 23.

Die dritte Phase dauert von 1992 bis heute an. 1992 wurde die Reform durchgeführt, eine sozialistische Marktwirtschaft aufzubauen. Im Vergleich zum Wirtschaftsrecht der Planwirtschaft zielte sie darauf ab, die Wirtschaft durch Gesetze nach dem Marktmechanismus zu regulieren.[1320] Viele wichtige Gesetze, zum Beispiel das Verbraucherschutzgesetz, das Produktqualitätsgesetz, das Lebensmittelsicherheitsgesetz, das Gesetz über den Kampf gegen unlauteren Wettbewerb und das Anti-Monopol-Gesetz wurden in dieser Phase verabschiedet. Vor diesem Hintergrund entwickelt sich die Wirtschaftsrechtswissenschaft in China schnell, obgleich der Streit um sie fortdauert.[1321]

2. Dritter Rechtsbereich?

Zu der Frage, ob Wirtschaftsrecht ein selbständiger Rechtsbereich ist, gibt es in China ständig heftige Diskussionen.[1322]

a) Wirtschaftsrecht und privates Recht

Weil Privatrecht in der Theorie der sozialistischen Staaten nicht existierte, wurde die Beziehung zwischen Wirtschaftsrecht und privatem Recht zuerst unter dem Aspekt der Beziehung mit dem Zivilrecht diskutiert.[1323] Unter dem Einfluss der sozialistischen Rechtswissenschaft wurde Wirtschaftsrecht zu Beginn als ein selbständiger Rechtsbereich betrachtet. Als Grund wurde angeführt, dass das Zivilrecht mit der Entwicklung der Warenmarktwirtschaft nicht funktioniere und deswegen das Handelsrecht entstanden sei. Mit der Entstehung der Monopolmarktwirtschaft entstände Wirtschaftsrecht.[1324] Wirtschaftsrecht stelle einen selbständigen Rechtsbereich gegenüber dem Zivilrecht dar. Das Wirtschaftsrecht regele nicht nur horizontale Rechtsverhältnisse, sondern auch vertikale.[1325] In der Erklärung zum Entwurf der AGZ hieß es: Zivilrecht reguliert hauptsächlich die horizontalen Wirtschaftsbeziehung zwischen gleichgestellten Personen. Die Regelung der vertikalen Wirtschaftsbeziehungen zwischen den nicht gleichgestellten Subjekten, zum Beispiel die Kontrolle der Regierung über die Wirtschaft, ist Aufgabe des Wirtschafts- und Verwaltungsrechts. Damit wurde Wirtschaftsrecht

---

[1320] Xu, Mengzhou, Wirtschaftsrecht, S. 24; Pan, Nianzhi, Wirtschaftssystemreform und Wirtschaftsrecht, in: Journal of Politics and Law, 1985(04), S. 1ff.

[1321] Xu, Mengzhou, Wirtschaftsrecht, S. 23.

[1322] Zhang, Shouwen, Wirtschaftsrecht, S. 21ff.

[1323] Cheng, Xinhe, Privates Recht, öffentliches Recht und Wirtschaftsrecht, in: Peking University Law Journal, 1997(01), S. 11f.

[1324] Liu, Longheng/Zhang, Lin, Die Geburt des Wirtschaftsrechts und sein Charakter, in: Ausländische Rechtswissenschaft, 1984(03), S. 12, 13.

[1325] Jiang, Ping/Tao, Heqian, Die Teilung des Wirtschaftsrechts und Zivilrechts, in: Tribune of Political Science and Law, 1979(1), S. 42ff.

aus dem Zivilrecht ausgeschlossen. Aber die Beziehung zwischen Wirtschaftsrecht und Verwaltungsrecht blieb noch unklar.[1326]

b) Wirtschaftsrecht und öffentliches Recht

Einer Meinung nach sollte Wirtschaftsrecht grundsätzlich zum öffentlichen Recht gehören. Es sollte als Wirtschaftsverwaltungsrecht bezeichnet werden.[1327]

Der zweiten Meinung nach sollte Wirtschaftsrecht zum öffentlichen Recht zählen. Aber es sei selbständig gegenüber dem Verwaltungsrecht. Der Grund hierfür lautete, dass der Gegenstand des Verwaltungsrechts die Verteilung und Beschränkung der Verwaltungsmacht sei. Der Gegenstand des Wirtschaftsrechts seien die Wirtschaftsbeziehungen, genauer gesagt makroökonomische und mikroökonomische Beziehungen. Die Aufgabe des Verwaltungsrechts sei es, die Probleme in der Verwaltung, insbesondere Staatsversagen, zu lösen. Die Aufgabe des Wirtschaftsrechts sei es, die Probleme in der Wirtschaft, insbesondere Marktversagen, zu lösen.[1328]

Der dritten Meinung zufolge ist Wirtschaftsrecht in der Marktwirtschaft völlig anders als in der Planwirtschaft. In der Planwirtschaft sei Wirtschaftsrecht reines Verwaltungsrecht. In der Marktwirtschaft hingegen könne Wirtschaftsrecht nicht einfach als Verwaltungsrecht betrachtet werden. Denn die durch Wirtschaftsrecht geregelten Verhältnisse beträfen nicht nur den Staatswillen, sondern auch den privaten Willen. Es beziehe sich auf die gesamte soziale Ordnung. Ein Teil der Wirtschaftsgesetze gehöre zum Wirtschaftsverwaltungsrecht, zum Beispiel Steuergesetze, das Gesetz über die Zentralbank und das Budgetgesetz. Aber einige Wirtschaftsgesetze, zum Beispiel das Produktqualitätsgesetz, das Verbraucherschutzgesetz, das Werbungsgesetz, das Gesetz gegen den unerlaubten Wettbewerb usw., hätten nicht nur öffentlichen, sondern auch privaten Charakter.[1329]

c) Herrschende Meinung in China

Der herrschenden Meinung in China nach ist Wirtschaftsrecht ein selbständiger Rechtsbereich gegenüber dem Zivilrecht und Verwaltungsrecht, während die Frage, ob Wirtschaftsrecht zum öffentlichen Recht zählt, noch offen ist. Wirtschaftsrecht wird nach der Theorie der Mak-

---

1326 Xie, Cicang, Die Beziehung zwischen Wirtschaftsrecht und Verwaltungsrecht in der Gegenwart, in: Law Review, 1987(04), S. 11; Xu, Mengzhou, Wirtschaftsrecht, S. 23.

1327 Cheng, Xinhe, Privates Recht, öffentliches Recht und Wirtschaftsrecht, in: Peking University Law Journal, 1997(01), S. 11ff.

1328 Zhang, Shouwen, Wirtschaftsrecht, S. 25.

1329 Cheng, Xinhe, Privates Recht, öffentliches Recht und Wirtschaftsrecht, in: Peking University Law Journal, 1997(01), S. 11, 14f.

roökonomie und Mikroökonomie zweigeteilt: Makrosteuerungsrecht und Marktregulierungsrecht.[1330]

Der Meinung von Xu, Mengzhou nach umfasst das Makrosteuerungsrecht Wirtschaftssektorrecht, Finanzrecht und Steuerrecht. Zum Marktregulierungsrecht zählen Produktqualitätsrecht, Preisrecht, Wettbewerbsrecht (Anti-Monopol und Kampf gegen den unerlaubten Wettbewerb), staatliches Einkaufsrecht, Staatseigentumsrecht, Finanzregulierungsrecht, Industrierecht, Agrarrecht und Außenhandelsrecht.[1331]

Zhang, Shouwen zufolge beinhaltet das Makrosteuerungsrecht Haushaltsrecht, Finanzrecht, Steuerrecht und Planrecht. Zum Marktregulierungsrecht gehören Wettbewerbsrecht (Anti-Monopol und Kampf gegen den unerlaubten Wettbewerb), Verbraucherschutzrecht, Bankrecht und Inhaberpapierrecht.[1332]

3. Rechtsfolge im Wirtschaftsrecht

a) Überblick

Zu der Frage, ob selbständige Rechtsfolgen im Wirtschaftsrecht gegenüber dem Zivilrecht, Verwaltungsrecht und Strafrecht existieren, gibt es ebenfalls Meinungsstreitigkeiten.

Einer Meinung nach gebe es selbständige Rechtsfolgen im Wirtschaftsrecht. Die wirtschaftsrechtliche Rechtsfolge umfasse zwei Arten. Die eine Art sei die den Charakter des Wirtschaftsrechts bestimmende wirtschaftliche Verantwortung. Eine andere Art sei die Verweisung aus einem Wirtschaftsgesetz zum Beispiel zu Rechtsfolgen im Strafrecht oder Verwaltungsrecht.[1333]

Der zweiten Meinung zufolge gebe es selbständige Rechtsfolgen im Vergleich zum Zivilrecht, Strafrecht und Verwaltungsrecht, allerdings keine selbständigen Formen der Rechtsfolge. Die Rechtsfolgen im Wirtschaftsrecht seien nur eine Vermischung der herkömmlichen Rechtsfolgen im Zivilrecht, Strafrecht und Verwaltungsrecht.[1334] Diese Meinung ist in China am einflussreichsten.[1335]

Der dritten Meinung nach gebe es im Wirtschaftsrecht gegenüber dem Zivilrecht, Strafrecht und Verwaltungsrecht völlig selbständige Rechtsfolgen. Diese seien keine einfache Mischung der herkömmlichen Rechtsfolgen im Zivilrecht, Strafrecht und Verwaltungsrecht.[1336]

[1330] Zhang, Shouwen, Wirtschaftsrecht, S. 119ff, 257ff; Xu, Mengzhou, Wirtschaftsrecht, S. 59ff, 427ff.

[1331] Xu, Mengzhou, Wirtschaftsrecht, 59ff.

[1332] Zhang, Shouwen, Wirtschaftsrecht, S. 2ff.

[1333] Liu, Ruifu, Die Theorie des Wirtschaftsrechts, S. 36.

[1334] Yang, Zixuan/Xu, Jie, Wirtschaftsrecht, S. 34.

[1335] Xu, Mengzhou, Wirtschaftsrecht, S. 21.

[1336] Qi, Duojun, Grundkenntnisse des Wirtschaftsrechts, S. 191ff; Xu, Mengzhou, Wirtschaftsrecht, S. 21f;

b) Arten der Rechtsfolgen

Die Arten der Rechtsfolgen im Wirtschaftsrecht sind umfassend. Sie können zivilrechtlich, pönal oder politisch sein. Die Rechtsfolge hinsichtlich des Schadensersatzes könnte ausgleichend oder pönal sein. Eine Art Schadensersatz ist derjenige durch den Staat. Dies wäre Ersatz des Schadens durch die Exekutive, Judikative oder Legislative. Eine andere Art Schadensersatzes ist Schadensersatz zwischen den Parteien auf dem Markt, zum Beispiel Verbraucher, Unternehmer usw.[1337]

c) Stellungnahme zum Strafschadensersatz

aa) Forschung in China über punitive damages der USA

Die Forschungen über Strafschadensersatz in China basiert auf den punitive damages der USA. Nach dem Forschungsergebnis in China entwickelten sich punitive damages im 21. Jahrhundert entsprechend der Entwicklung des Verbraucherschutzes schnell. Zu Beginn des 21. Jahrhunderts hätten viele große Firmen fehlerhafte Produkte hergestellt, durch die Verbraucher verletzt wurden. Diese Konzerne oder andere große Firmen verfügten über so viel Vermögen, dass sie keine Angst vor Kompensationszahlungen aufgrund von Verbraucherrechtsverletzungen hätten. Ausgleichender Schadensersatz konnte nicht weitere Rechtsverletzungen verhindern. Um die Verbraucher zu schützen, mussten punitive damages durchgesetzt werden. Daher fänden punitive damages im Bereich der Produkthaftung zunehmend Anwendung. Heutzutage hätten sich punitive damages in den meisten Bundesstaaten der USA durchgesetzt.[1338]

Die haftungsbegründenden Tatbestände von punitve damages in den USA seien folgende:

Erstens subjektive Tatbestände: (1) Vorsatz oder grobe Fahrlässigkeit. Grobe Fahrlässigkeit genüge nur in einigen bestimmten Fällen. (2) Böses Motiv. Neben dem Vorsatz brauche der Täter ein böses Motiv. Dies bedeutet, dass der Täter moralisch kritisiert werden sollte. (3) Außerachtlassung. Dies meint, dass der Täter sich um die Rechte einer anderen Person nicht kümmert.

Zweitens objektive Tatbestände: (1) Verletzungsfolge. (2) Kausalität.[1339]

Punitive damages stellen einen pönalen Schadensersatz dar. Dessen Betragshöhe gehe über den von ausgleichendem Schadensersatz hinaus. Ihre Funktion beinhaltet Ausgleichung, Sanktion und Abschreckung.[1340] Beim Bemessen des Ersatzbetrags sollen folgende Faktoren

---

Zhang, Shouwen, Wirtschaftsrecht, S. 85f.

1337 Zhang, Shouwen, Wirtschaftsrecht, S. 92ff.

1338 Wang, Shengming, Interpretation und legislativer Hintergrund zum GdH, S. 189; Wang, Liming, Forschungen zu den amerikanischen punitive damages, in: Journal of Comparative Law, 2003(05), S. 1f.

1339 Wang, Shengming, Interpretation und legislativer Hintergrund zum GdH, S. 190.

1340 Wang, Shengming, Interpretation und legislativer Hintergrund zum GdH, S. 189.

berücksichtigt werden: (1) die wirtschaftliche Situation des Täters; (2) die Auswirkungen der Handlung des Täters; (3) das Verhältnis zwischen dem Täter und dem Opfer; (4) die Dauerhaftigkeit der Verletzung; (5) der Gewinn des Täters; (6) die Aufwendungen, die zur Vermeidung des Verlustes zu machen sind.[1341]

Aus prozessualer Sicht sollten punitive damages zusammen mit dem ausgleichenden Schadensersatz bemessen werden, weil sie keinen selbständigen Anspruch darstellen.[1342]

bb) Meinungszustand in China zu punitive damages

In China gibt es immer Meinungszustand, ob punitive damages nach Vorbild der USA eingeführt werden sollten.

(a) Befürworter

Der Meinung von He, Shan nach sollten punitive damages rezipiert werden, weil in der Marktwirtschaftsordnung in China zu Beginn der Öffnungspolitik Chaos herrsche. Viele kopierten, fehlerhafte oder mangelhafte Produkte wurden hergestellt und auf den Markt gebracht. Kompensatorischer Schadensersatz konnte die chaotische Wirtschaft nicht in Ordnung bringen. Nur strengere Sanktionen konnten dieses Problem lösen. Außerdem knüpfe das Konzept an den traditionellen Rechtsgeist an, nämlich vervielfachter Schadensersatz bei arglistigen Verkäufen, zum Beispiel doppelter Schadensersatz, dreifacher Schadensersatz und zehnfacher Schadensersatz.[1343]

Der Meinung von Wang, Liming nach seien die punitive damages der USA fortschrittlich. Punitive damages hätten die Schwächen des kompensatorischen Schadensersatzes behoben, zum Beispiel im Bereich des seelischen Schadensersatzes und Verbraucherschutzes. Punitive damages hätten die Grundlage des kompensatorischen Schadensersatzes nicht verneint, sondern ein selbständiges System entwickelt. Seine Funktionen, nämlich Kompensation, Sanktion und Abschreckung, hätten besondere soziale Aufgaben erfüllt und die Lücke zwischen Zivilrecht und Strafrecht geschlossen.[1344]

Die Meinung, welche die Rezeption der punitive damages in China unterstützt, wird allmählich zur herrschenden Meinung.[1345]

1341 Wang, Shengming, Interpretation und legislativer Hintergrund zum GdH, S. 190.

1342 Wang, Shengming, Interpretation und legislativer Hintergrund zum GdH, S. 190.

1343 He, Shan, Die Idee über traditionellen zehnfachen Schadensersatz, in: Rechtsanwendung, 1993(08), S. 12f.

1344 Wang, Liming, Forschungen zu den amerikanischen punitive damages, in: Journal of Comparative Law, 2003 (05), S. 1ff.

1345 Zhang, Xinbao/Li, Qian, Legislative Entscheidung über Strafschadensersatz, in: Tsing Hua Law Journal, 2009(04), S. 5ff; Ye, Weiping, The Institutional Analysis on Punitive Damages of Antitrust Law, in: Journal of Shanghai University of Finance and Economics, 2009(05), S. 37ff; Zhu, Kai, Die Grundlage des Strafschadensersatzes im Deliktsrecht und ihre Anwendung, in: China Law Journal, 2003(03), S. 87ff; Li, Yougen, Forschungen zum chinesischen Modell des Strafschadensersatzes, in: Law and social development, 2015(06), S. 109ff;

(b) Gegner

Es gibt nur wenige Juristen, die zu den punitive damages negativ Stellung nehmen. Der Kritik liegt die ausgleichende Schadensersatztheorie zugrunde. Erstens gehe es hier um Bereicherung. Zweitens vertrügen sich die Funktionen des Strafschadensersatzes mit dem System des Privatrechts nicht.[1346]

4. Verbraucherschutzgesetz (VSG)

a) Hintergrund

Seit der Begründung der Marktwirtschaft wurden immer mehr fehlerhafte Produkte hergestellt. Die Marktwirtschaftsordnung wurde dadurch gefährdet. Im Vergleich zur Planwirtschaft spielten Verbraucher in der Marktwirtschaft eine große Rolle.[1347] Seit der Begründung der sozialistischen Marktwirtschaft wurden immer mehr Verbraucher in ihren Rechten verletzt. 1984 wurde ein Verbraucherschutzverein gegründet. Allerdings gab es noch nicht genügend Regelungen, die Verbraucherrechte ausreichend schützen konnten.[1348]

b) Strafschadensersatz im Verbraucherschutzgesetz 1993

Es war immer umstritten, ob Strafschadensersatz im Gesetz vorgeschrieben werden sollte. Im ersten Entwurf des Verbraucherschutzgesetzes gab es keine Regelung über Strafschadensersatz. Erst im letzten Entwurf wurde Strafschadensersatz erfasst.[1349] Das Verbraucherschutzgesetz wurde am 31. Okt. 1993 durch den Ständigen Ausschuss des Nationalen Volkskongresses verabschiedet und trat am 1. Jan. 1994 in Kraft. In § 49 hieß es: Wenn ein Unternehmer betrügerisch eine Ware verkauft oder eine Dienstleistung erbringt, ist der Verbraucher berechtigt, neben dem ausgleichenden Schadensersatz noch Strafschadensersatz, aber nicht höher als der Kaufpreis, für die Ware oder Dienstleistung in Anspruch zu nehmen. Dies war das erste Gesetz der VR China, in dem Strafschadensersatz vorgeschrieben wurde.[1350]

Wang, Shengming, Interpretation und legislativer Hintergrund zum GdH, S. 189.

[1346] Sun, Xiaoming/Zhang, Bing, Questions on Punishment Damages———Comments on Article 47 of Tort Law, in: Legal Forum, 2015(03), S. 70f.

[1347] He, Shan, Die Idee über traditionellen zehnfachen Schadensersatz, in: Rechtsanwendung, 1993(08), S. 12.

[1348] Liu, Rongjun, Strafschadensersatz und Verbraucherschutz, in: Modern Law Science, 1996(05), S. 33, 36ff..

[1349] Yang, Lixin, Die Vorteile und Nachteile des Strafschadensersatzes im Verbraucherschutzgesetz, in: Tsing Hua Law Journal, 2010(3), S. 7, 9.

[1350] Dong, Wenjun, On the Punitive Indemnity by the Consumer Protection Law, in: Contemporary Law Review, 2006(03), S. 69.

Die Voraussetzungen für den Strafschadensersatz im Verbraucherschutzgesetz sind wie folgt:

Strafschadensersatz findet nur bei der Vertragsverletzung Anwendung, nicht im Fall des Delikts.[1351]

Die zweite Voraussetzung ist Betrug bei der Vertragserfüllung, durch den der Verbraucher getäuscht wurde. Es gibt zwei Fälle. Der erste Fall ist Betrug hinsichtlich der Ware. Dies bezieht sich auf gefälschte oder mangelhafte Ware. Der zweite Fall betrifft den Betrug bei der Dienstleistung.[1352]

Die Folgen der Vertragsverletzung spielen weder bei den Voraussetzungen noch bei der Bemessung des Strafersatzbetrags eine Rolle. Der Strafersatzbetrag wird nach dem Kaufpreis berechnet.[1353]

Die Funktionen des Strafschadensersatz im Verbraucherschutzgesetz umfassen Sanktion, Abschreckung und Belohnung. Die Sanktion besteht darin, dass Betrüger eine Geldstrafe zahlen müssen. Die Abschreckung bezieht sich darauf, zukünftige ähnliche Handlungen zu verhindern. Die Belohnung ist darin zu sehen, dass der Verbraucher durch seine Klage gegen den Unternehmer dessen Strafzahlung erhält. Dadurch sollte zu Klagen gegen betrügerische Unternehmer motiviert werden. Dies betrifft die soziale Aufgabe des Privatrechts. Wenn Verbraucher immer mehr solche Klagen erheben, wird die Marktordnung verbessert. Das ist auch ein Ziel, das der Gesetzgeber erstrebte.[1354]

c) Kritik

Kurz nach Inkrafttreten des VSG wurde Strafschadensersatz kritisiert. Die Gründe sind: (1) Es fehle eine dogmatische Grundlage. Er widerspreche der Theorie der zivilrechtlichen Haftung. Überschießender Schadensersatz zu Lasten des Unternehmers entspreche nicht der Gerechtigkeit im Sinne des Zivilrechts. (2) Dieser Paragraph könne missbraucht werden und würde nicht sein Ziel erreichen.[1355] In der Praxis würden wenige Verbraucher aufgrund dieses Paragraphen Klage erheben.[1356]

[1351] Yang, Lixin, Die Vorteile und Nachteile des Strafschadensersatzes im Verbraucherschutzgesetz, in: Tsing Hua Law Journal, 2010(3), S. 7, 9.

[1352] Yang, Lixin, Die Vorteile und Nachteile des Strafschadensersatzes im Verbraucherschutzgesetz, in: Tsing Hua Law Journal, 2010(3), S. 7, 10.

[1353] Yang, Lixin, Die Vorteile und Nachteile des Strafschadensersatzes im Verbraucherschutzgesetz, in: Tsing Hua Law Journal, 2010(3), S. 7, 10.

[1354] Yang, Lixin, Die Vorteile und Nachteile des Strafschadensersatzes im Verbraucherschutzgesetz, in: Tsing Hua Law Journal, 2010(3), S. 7, 11f.

[1355] Hou, Xianglei, Über die Modifikation des § 49 VSG, in: Law Science, 1998(02), S. 41.

[1356] Yang, Lixin, Neue Entwicklung des Strafschadensersatzes im Verbraucherschutzgesetz, in: Jurists Review, 2014(02), S. 78, 81.

5. Produktqualitätsgesetz (PQG)

a) Schadensersatz im PQG

Am 1. Sept. 1993 wurde das Produktqualitätsgesetz (PQG) durch den Ständigen Ausschuss des Nationalen Volkskongresses verabschiedet.

In §§ 28ff PQG wurde zivilrechtliche Haftung hinsichtlich Produktqualität vorgeschrieben. Schadensersatz wurde in § 32 (a.F.) PQG in Bezug auf körperliche Schäden und Vermögensschäden geregelt.

§ 32 I (a.F.) PQG schreibt Schadensersatz für körperliche Schäden vor. Wenn ein Mangel des Produkts zu den körperlichen Schäden geführt habe, sollten dem Opfer Heilungskosten, Pflegekosten, entgangener Lohn usw. ersetzt werden. Verkrüppelten sollte der Schädiger noch Behindertengeld zahlen. Im Fall des Todes des Opfers sollte der Schädiger Begräbniskosten, Sühnegeld und Unterhaltskosten für die vom Opfer unterhaltenen Personen zahlen.[1357]

§ 32 II (a.F.) PQG normiert Schadensersatz für Vermögenschäden. Danach gibt es zwei Haftungsarten: Restitution und Schadensersatz.[1358]

Im PQG wird keine besondere Regelung in Bezug auf Strafschadensersatz vorgeschrieben. Allerdings würde, wenn der Tatbestand des Strafschadensersatzes im VSG erfüllt wäre, ebenfalls Strafschadensersatz in Bezug auf Produktfehler oder Mängel zur Anwendung kommen.[1359]

b) Meinungszustand um den Strafschadensersatz

Bei der Gesetzgebung und nach dem Inkrafttreten des PQG gab es ebenfalls Auseinandersetzungen darum, ob Strafschadensersatz im PQG vorgeschrieben werden sollte.

Den Befürwortern nach sollte Strafschadensersatz im PQG vorgeschrieben werden. Die Gründe sind: (1) Strafschadensersatz könne Rechtsverletzung durch Produkte verhindern und die Wirtschaftsentwicklung fördern. Mit Hilfe des Strafschadensersatzes sollten die Kosten der Rechtsverletzung erhöht werden. Der Hersteller würde unter Berücksichtigung der Kosten die Produktqualität verbessern. (2) Strafschadensersatz könne auch die Verbraucherrechte schützen und die Lücken in der chinesischen Rechtsordnung schließen.[1360]

Der Gegenmeinung nach sollte das Opfer keinen Strafschadensersatz erhalten. Denn die Grundlage des Strafschadensersatzes sei weiterhin umstritten. Da die Marktwirtschaft in der

1357 § 32 I (a.F.) PQG.

1358 § 32 II (a.F.) PQG.

1359 Wang, Liming, Tort Law, S. 545.

1360 Wang, Liming, Tort Law, S. 544.

VR China noch nicht entwickelt sei, würde Strafschadensersatz mehr Nachteile als Vorteile für die Produktentwicklung in der chinesischen Marktwirtschaft mit sich bringen.[1361]

c) Modifizierung des PQG

2000 und 2009 wurde das Produkthaftungsgesetz modifiziert. In §§ 40 PQG wurde eine zivilrechtliche Haftung hinsichtlich Produktqualität vorgeschrieben. Schadensersatz wurde in § 44 (n.F.) PQG in Bezug auf körperliche Schäden und Vermögensschäden geregelt. Es gibt keine besondere Regelung zu Strafschadensersatz im modifizierten PQG.[1362]

§ 44 I (n.F.) PQG schreibt Schadensersatz für körperliche Schäden vor. Wenn ein Mangel des Produkts zu den körperlichen Schäden geführt habe, sollten dem Opfer Heilungskosten, Pflegekosten, entgangener Lohn usw. ersetzt werden. Verkrüppelten sollte der Schädiger noch Behindertengeld zahlen. Im Fall des Todes des Opfers sollte der Schädiger Begräbniskosten, Sühnegeld und Unterhaltskosten für die vom Opfer unterhaltenen Personen zahlen.[1363]

§ 44 II (n.F.) PQG normiert Schadensersatz für Vermögenschäden. Danach gibt es zwei Haftungsarten: Restitution und Schadensersatz.[1364]

6. Lebensmittelsicherheitsgesetz (LSG)

a) Allgemeines

1995 wurde das Ernährungshygienegesetz verabschiedet. In diesem Gesetz wurde jedoch keine zivilrechtliche Haftung vorgeschrieben. Mit Entwicklung der Technik waren seit 2000 massive Rechtsverletzungen durch Lebensmittel angestiegen. Der herrschenden Meinung nach sei Strafschadensersatz im Verbraucherschutzgesetz nicht im Stande, Verbraucher vor Rechtsverletzung durch Lebensmittel zu schützen.[1365]

Nach dem Melamin-Skandal 2008 hatte sich China entschieden, ein strengeres Gesetz gegen Rechtsverletzung durch Ernährung zu verfassen. Bei der Verfassung des Entwurfs zum Lebensmittelsicherheitsgesetz wurde zivilrechtliche Haftung ergänzt. Ziel des Gesetzgebers war es, eine Anspruchsgrundlage zu schaffen, damit verletzte Verbraucher Schadensersatz bei Rechtsverletzung durch unsichere Lebensmittel fordern konnten.[1366] Am 28. Februar 2009

1361 Wang, Liming, Tort Law, S. 544.

1362 Wang, Liming, Tort Law, S. 541.

1363 § 44 I (n.F.) PQG.

1364 § 44 II (n.F.) PQG.

1365 Ye, Zhinian/Liu, Xiaochuan, Zur Verbesserung des Strafschadensersatzes im Ernährungssicherheitsgesetz, in: Cross-strait Legal Science, S. 65f.

1366 Siehe: Erklärung zum Entwurf des Ernährungssicherheitsgesetzes; vgl. Yang, Mingliang/Liu, Jin, True Comprehension on Food Safety Law of China, in: Chinese Journal of food hygiene, S. 193ff.

wurde das Lebensmittelsicherheitsgesetz durch den Ständigen Ausschuss des Nationalen Volkskongresses verabschiedet und trat am 1. Juni 2009 in Kraft. Das Lebensmittelhygienegesetz wurde aufgehoben.[1367]

b) Strafschadensersatz im LSG 2009

§ 96 LSG schreibt Strafschadensersatz hinsichtlich der Rechtsverletzung aufgrund eines Lebensmittels vor. Danach konnte ein Verbraucher von dem Hersteller oder Verkäufer über den konkreten Schaden hinaus noch eine Summe vom bis zu zehnfachen Betrag des Kaufpreises als Strafschadensersatz verlangen, wenn der Hersteller bei der Herstellung nicht die Sicherheitsnormen einhielt oder der Verkäufer in Kenntnis davon solche Nahrung verkaufte.[1368]

Neuerungen sind erstens, dass Strafschadensersatz hinsichtlich der Rechtsverletzung durch Lebensmittel nicht nur im Vertragsbereich, sondern auch im Bereich des Delikts gilt. Damit hat der Verbraucher das Recht, zu wählen, auf welche Weise er Strafschadensersatz begehren will. Die Regelung wurde zugunsten des Verbrauchers verändert.[1369] Zweitens wird der Betrag des Strafschadensersatzes von dem einfachen Kaufpreises auf den zehnfachen Kaufpreis erhöht.[1370] Das Motiv dahinter besteht darin, dass der Kaufpreis für Lebensmittel häufig nicht hoch sei. Der Strafschadensersatz erscheint hier nicht durchsetzbar, weil der Verbraucher wegen des geringen Ersatzbetrags nicht Klage erheben wolle.[1371] Drittens wird die subjektive Voraussetzung im Verbraucherschutzgesetz, nämlich der Betrug des Unternehmers, abgeschafft. Damit wird die Beweislast im Prozess zugunsten des Verbrauchers erleichtert.[1372]

Der herrschenden Meinung nach hat der Strafschadensersatz folgende Funktionen: Entschädigung, Genugtuung, Sanktion und Abschreckung.[1373] Die Bedeutung der Entschädigung besteht besonders darin, Folgeschaden und Gerichtskosten zu ersetzen. Genugtuung bedeutet, dass der leichte seelische Schmerz des Verbrauchers infolge des mangelhaften Lebensmittels gestillt werde. Sanktion meint die private Strafe gegen den Unternehmer, der die nicht den Sicherheitsnormen entsprechenden Lebensmittel hergestellt oder verkauft hat. Abschreckung zeigt sich darin, dass zukünftige ähnliche Rechtsverletzungen dadurch vermieden werden.[1374]

[1367] § 104 LSG.

[1368] § 96 (a.F.) LSG.

[1369] Xu, Haiyan, On the new types of civil liabilities created by the food security law, in: Legal Forum, S. 11, 17.

[1370] Ye, Zhinian/Liu, Xiaochuan, Zur Verbesserung des Strafschadensersatzes im Ernährungssicherheitsgesetz, in: Cross-strait Legal Science, S. 65, 66.

[1371] Xu, Haiyan, On the new types of civil liabilities created by the food security law, in: Legal Forum, S. 11, 17.

[1372] Xu, Haiyan, On the new types of civil liabilities created by the food security law, in: Legal Forum, S. 11, 17.

[1373] Xu, Haiyan, On the new types of civil liabilities created by the food security law, in: Legal Forum, S. 11, 15.

[1374] Xu, Haiyan, On the new types of civil liabilities created by the food security law, in: Legal Forum, S. 11, 15ff.

V. Die vierte Kodifikation des Zivilrechts (2001-2014)

1997 beschloss die KPCh, bis 2010 ein sozialistisches Rechtssystem chinesischer Prägung aufzubauen. Dazu gehört auch ein einheitliches Zivilgesetzbuch. Zuerst wurde geplant, bis 2010 das gesamte Zivilgesetzbuch fertigzustellen.[1375] Seit 2001 hatte der Ständige Ausschuss des neunten Nationalen Volkskongresses die Erarbeitung des Entwurfs des Zivilgesetzbuches organisiert. In der Diskussion 2002 hatten die Mitglieder des Ständigen Ausschusses entschieden, noch einmal Einzelgesetze zu erlassen. Seit 2003 wurden das Sachengesetz (2007), das Gesetz über die deliktische Haftung (2010) und Gesetzesanwendungsgesetz hinsichtlich internationaler Rechtsverhältnisse (2010) verabschiedet.[1376]

1. Das Gesetz über die deliktische Haftung (GdH)

a) Allgemeines

Das Gesetz der VR China über die deliktische Haftung trat am 1.7.2010 in Kraft. Einerseits folgt es der gesellschaftlichen und wirtschaftlichen Entwicklung in China. Andererseits wurde es durch die politische Ideologie geprägt, zum Beispiel die „harmonische Gesellschaft".[1377] Die Entwürfe wurden durch das anglo-amerikanische Recht und die deutsche Dogmatik beeinflusst.[1378] § 1 GdH schreibt die vielseitige Zielsetzung des GdH vor, nämlich die deliktische Haftung klarzustellen, unerlaubte Handlungen vorzubeugen und zu bestrafen, die Harmonie und Stabilität der Gesellschaft zu fördern.[1379] Hier zeigt sich nicht nur ein doppelter Schutzzweck, sondern ein dreifacher Schutzzweck, genauer gesagt: Ausgleichsfunktion, Abschreckungs- oder Schadenspräventionsfunktion und Straffunktion. Doch spielt die Kompensationsfunktion eine zentrale Rolle, während Abschreckungs- und Straffunktion auf wenige Ausnahmetatbestände beschränkt sind.[1380]

b) deliktische Haftung

aa) Die Arten der deliktischen Haftung

§ 15 I GdH schreibt acht unterschiedliche Formen der deliktischen Haftung vor: Einstellung der Verletzung; Behebung der Behinderung; Beseitigung der Gefahr; Rückerstattung der Vermögensgüter; Wiederherstellung des ursprünglichen Zustandes; Schadensersatz; Ent-

[1375] Binding, Das Gesetz der VR China über die deliktische Haftung, S. 2.

[1376] Shi, Hong, ATZGBC, S. 1.

[1377] Binding, Das Gesetz der VR China über die deliktische Haftung, S. 1.

[1378] Binding, Das Gesetz der VR China über die deliktische Haftung, S. 4.

[1379] Yao, Hong, GdH, S. 1f; § 1 GdH. Übersetzung siehe: Binding, Das Gesetz der VR China über die deliktische Haftung, S. 115f.

[1380] Binding, Das Gesetz der VR China über die deliktische Haftung, S. 5.

schuldigung und Beseitigung von Auswirkungen, Wiederherstellung des guten Rufes. Gemäß § 15 II können die acht Formen der deliktischen Haftung allein oder kombiniert zur Anwendung kommen. Darüber hinaus gibt es noch das Schmerzensgeld (§ 22 GdH) und Strafschadensersatz (§ 47 GdH). In der Praxis spielt der Schadensersatz eine zentrale Rolle. Das GdH unterscheidet zwischen materiellen und immateriellen Schäden.[1381]

bb) Totalprinzip

Hinsichtlich des Umfangs des Schadens gilt hauptsächlich das Totalprinzip. Dieses Prinzip wird nicht im Gesetz vorgeschrieben. Aber es kann aus den Regelungen zur Kausalität abgeleitet werden.[1382] Dem Umfang des zu erfüllenden Schadens sollte der ganze durch Delikt verursachte Schaden zugrunde gelegt werden.[1383] Subjektive Faktoren werden beim Bemessen des Schadensumfangs nicht betrachtet. Hier findet das Alles-oder-Nichts-Prinzip Anwendung. Solange Kausalität zwischen dem Handeln und Schaden besteht, soll der Täter für den ganzen Schaden haften. Deliktische Haftung unterscheidet sich hier von der pönalen Strafe.[1384] Zweitens umfasst der ganze Schaden sowohl unmittelbaren Schaden als auch mittelbaren Schaden. Zum unmittelbaren Schaden gehören Heilungskosten, Verkehrskosten usw. Zwischen unmittelbarem und mittelbarem Schaden wird nur formell differenziert. Im Wesentlichen gibt es keine Unterschiede. Deswegen gehört der mittelbare Schaden auch zum zu ersetzenden Schaden.[1385] Drittens findet das Totalprinzip nur im Bereich des materiellen Schadens Anwendung, nicht beim immateriellen Schaden. Da immaterieller Schaden schwer zu bestimmen ist, sollte Totalprinzip nicht ganz durchgesetzt werden.[1386]

Im GdH werden auch einige Ausnahmen vorgeschrieben: Erstens hinsichtlich der Haftung beim Mitverschulden des Verletzten.[1387] Zweitens sind gesetzliche Beschränkungen der Schadensersatzhöhe bei Haftung für besonders große Gefahren vorgesehen, zum Beispiel sollen einem Fahrgast, der in einem Verkehrsunfall körperlich verletzt oder getötet wird, höchstens 150.000 Yuan als Schadensersatz geleistet werden.[1388] Drittens in Hinblick auf den Strafschadensersatz. Strafschadensersatz wurde nur in § 47 vorgeschrieben. Wird ein Produkt in positiver Kenntnis eines Fehlers produziert oder verkauft und verursacht es den Tod oder einen Gesundheitsschaden eines anderen, konnte der Verletzte entsprechenden Strafschadensersatz in Anspruch nehmen.[1389] Die letzte Ausnahme bezieht sich auf die Abschöpfung des

1381 Yao, Hong, GdH, S. 55.

1382 Wang, Liming, Tort Liability Law, S. 327.

1383 Yang, Lixin, Deliktischer Schadensersatz, S. 238.

1384 Wang, Liming, Tort Liability Law, S. 327.

1385 Yang, Lixin, Deliktischer Schadensersatz, S. 242f.

1386 Wang, Liming, Tort Liability Law, S. 327.

1387 Wang, Liming, Tort Liability Law, S. 328.

1388 Yao, Hong, GdH, S. 310ff.

1389 Wang, Liming, Tort Liability Law, S. 329.

Gewinns. Diese Haftung setzt voraus, dass sich der Schaden des Verletzten schwer bestimmen lässt und der Verletzer durch die Verletzung einen Gewinn erzielt.[1390]

cc) Materieller Schadensersatz (物质损害)

Der materielle Schadensersatz kann sowohl bei der Verletzung von Vermögensrechten als auch bei der Verletzung von Persönlichkeitsrechten in Anspruch genommen werden. Hier gilt das Totalprinzip. Im Prinzip soll nicht nur der unmittelbare, sondern auch der mittelbare Schaden ersetzt werden.[1391]

Der Verlust an Vermögen wird nach dem Marktwert zum Zeitpunkt der Schädigung oder nach einer anderen Methode berechnet.[1392] Der materielle Schadensersatz im Fall der Körperverletzung umfasst die medizinischen Behandlungskosten, die Pflegekosten, die Transportkosten und andere angemessenen Ausgaben, sowie das infolge des Arbeitsausfalls ausgebliebene Einkommen und gegebenenfalls die Kosten für Behindertenhilfsmittel. Im Todesfall sollen zusätzlich die Beerdigungskosten ersetzt werden.[1393]

dd) Immaterieller Schaden (非物质损害)

Der Schadensersatz bei Verletzung von Persönlichkeitsrechten wird durch den sogenannten Kommerzialisierungsgedanken ermöglicht. Wenn der Vermögensschaden bei der Verletzung der Persönlichkeitsrechte entstanden ist, soll der Schadensersatz nach Maßgabe des Schadens des Geschädigten berechnet werden. Aber wenn der Schaden des Verletzten schwer zu bestimmen ist und der Schädiger durch die Verletzung einen Gewinn erzielt hat, soll der Schadensersatz nach Maßgabe des Gewinns berechnet werden.[1394] In der Gewinnabschöpfung hier zeigt sich schon eine Generalpräventionsfunktion.[1395] Wenn die oben genannten Methoden leerlaufen, soll das Volksgericht den Schadensersatz nach den tatsächlichen Umständen bestimmen.[1396] Beim Bemessen werden der Grad des Verschuldens, die Vorgehensweise des Schädigers und die Schwere der Verletzung berücksichtigt.[1397]

(a) Seelischer Schadensersatz (精神损害赔偿)

Wem ein erheblicher seelischer Schaden durch die Verletzung seiner persönlichen Rechte und Interessen zugefügt wird, der kann Schmerzensgeld verlangen.[1398] Hier wird ein erheblicher

---

1390 Wang, Liming, Tort Liability Law, S. 329.

1391 Binding, Das Gesetz der VR China über die deliktische Haftung, S. 47.

1392 § 19 GdH.

1393 § 16 GdH.

1394 § 20 GdH.

1395 Binding, Das Gesetz der VR China über die deliktische Haftung, S. 49.

1396 § 20 GdH; Binding, Das Gesetz der VR China über die deliktische Haftung, S. 48.

1397 Binding, Das Gesetz der VR China über die deliktische Haftung, S. 48f.

1398 § 22 GdH.

seelischer Schaden vorausgesetzt. Erheblichkeit solle so ausgelegt werden, dass Ersatz für leichten seelischen Schaden gesetzlich ausgeschlossen ist.[1399]

(b) Behindertenschadensersatz (残疾赔偿金)

Wenn die Körperverletzung zu einer Behinderung führt, kann der Behinderte Behindertenschadensersatz fordern. Der Gesetzgeber erkennt mit dem Behindertenschadensersatz als Ausgleich für die Behinderung einen immateriellen Schaden an. Dazu zählt auch der künftige Lebensunterhalt des Geschädigten.[1400]

(c) Schadensersatz bei der Tötung(死亡赔偿金)

Im Todesfall können Angehörige des Getöteten Schadensersatz in Anspruch nehmen. Das Wergeld gewährt eine Kompensation für den Vermögensverlust nahe Angehöriger des Getöteten.[1401]

(aa) Die Rechtsnatur des Schadensersatzes bei der Tötung

Die Rechtsnatur des Wergeldes war immer umstritten. Einer Meinung nach handelt es sich um einen materiellen Anspruch, dessen Höhe nach dem entgangenen Unterhalt der Angehörigen berechnet werden solle.[1402] Einer anderen Meinung zufolge stellt es einen „Schadensersatz" für die seelischen Schmerzen dar. Der herrschenden Meinung nach ist es ein immaterieller Schadensersatzanspruch für nahe Angehörige zur Entschädigung des Verlustes des Lebenswertes, nämlich ein sogenanntes „Angehörigenschmerzensgeld". Dieser Anspruch unterscheidet sich von den Unterhaltskosten für Hinterbliebene.[1403]

(bb) Die Betragshöhe des Schadensersatzes bei Tötung

Zuvor war die Höhe des Schadensersatzes bei Tötung nach dem durchschnittlichen Pro-Kopf-Nettoeinkommen am Ort des verhandelnden Volksgerichts im Vorjahr und den gemäß durchschnittlicher Lebenserwartung für einen Zeitraum von 20 Jahren eigentlich zu verbleibenden Lebensjahren berechnet worden. Diese Berechnungsmethode wurde bei Massenschadensfällen, z.B. Verkehrsunfällen oder Grubenunglücken, wegen der Einkommensunterschiede in der Stadt und auf dem Land als eine Diskriminierung der Land- gegen-

---

[1399] Ye, Jingqiang, Auslegungsregelung zum seelischen Schadensersatz, in: Jurists Review, 2011(05), S. 87, 90.

[1400] Wang, Liming/Zhou, Youjun/Gao, Shengping, Textbook on the tort law of China, S. 339f.

[1401] § 16, S. 3 GdH.

[1402] Ran, Yanhui, Der Schadensersatzbetrag bei der Tötung soll nach dem Wert des individuellen Lebens berechnet werden, in: ECUPL Journal, 2009(09), S. 60, 63.

[1403] Liang, Xiaoping/Chen, Zhiwei, Über die Rechtsnatur der Abfindung und des Schadensersatzes bei der Tötung, in: Tribune of Political Science and Law, 2010(05), S. 179, 180; Zhang, Xinbao/Guo, Minglong, On Moral Damage For Death Infringement, in: Law Science Magazine, 2009(01), S. 21ff; Tian, Shaohua, Über die Bildung eines Strafschadensersatzes bei der Tötung, in: Northern Legal Science, 2007(05), S. 55ff; Wang, Shengming, Interpretation und legislativer Hintergrund zum GdH, S. 73.

über der Stadtbevölkerung betrachtet. Einige Autoren plädierten für die Vereinheitlichung der Höhe des Wergelds. [1404] Der Neuregelung im GdH gemäß kann das Wergeld bei Massenschadensfällen ohne Berücksichtigung auf die individuellen Umstände berechnet werden. Ein einheitliches Wergeld kann bestimmt werden. Aus der rechtsdogmatischen Sicht entspricht diese Regelung nicht der Ausgleichsfunktion des Schadensersatzes, der sich nach den individuellen Umständen bemisst. Hier handelt es sich um eine Abschreckungsfunktion, weil das einheitliche Wergeld hinsichtlich des Einkommensgefälles zwischen Stadt und Land zu sozialverträglichen Ergebnissen führt.[1405]

c) Strafschadensersatz

Strafschadensersatz kommt bei Produkthaftung in Betracht. Wenn durch einen Produktfehler der Tod oder schwere Gesundheitsschäden verursacht werden und der Produzent oder Verkäufer sich dieses Fehlers bewusst war, kann Strafschadensersatz verlangt werden.[1406]

Bei der Gesetzgebung kam es auch zu Streit hinsichtlich Strafschadensersatzes. Einer Meinung nach sollte deliktische Haftung eine zivilrechtliche Haftung darstellen und auf dem Ausgleichsprinzip basieren. Das Deliktsrecht sollte keinen Strafschadensersatz vorschreiben. Der anderen Meinung nach sollte die deliktische Haftung der deliktischen Handlung entsprechen. Über den Täter, der mit böser Absicht gehandelt hätte, sollte Strafschadensersatz verhängt werden. Dies widerspreche dem Zweck des Deliktsrechts nicht.[1407] Der Gesetzgeber ging davon aus, dass in China heutzutage viele böse Rechtsverletzungen erfolgen. Viele Kranke sind wegen minderwertiger Arzneimittel ums Leben gekommen. Viele Kinder starben durch schlechtes Milchpulver. Über die Täter sollte Strafschadensersatz verhängt werden, um solche bösen Handlungen zu verhindern.[1408]

Zuvor gab es Strafschadensersatz im Bereich der Vertragshaftung. Im GdH erscheint Strafschadensersatz erstmals im Bereich der deliktischen Haftung.[1409] Allerdings wird Strafschadensersatz gesetzlich beschränkt. Zunächst schreibt § 47 GdH einige Voraussetzungen für Strafschadensersatz vor. Auf der subjektiven Ebene muss der Täter vorsätzlich gehandelt haben. Er hat den Fehler zur Kenntnis genommen und vorsätzlich das fehlerhafte Produkt

---

1404 Wang, Liming/Zhou, Youjun/Gao, Shengping, Textbook on the tort law of China, S. 341; Liang, Xiaoping/Chen, Zhiwei, Über die Rechtsnatur der Abfindung und des Schadensersatzes bei der Tötung, in: Tribune of Political Science and Law, 2010(05), S. 179, 181.

1405 Ran, Yanhui, Der Schadensersatzbetrag bei der Tötung soll nach dem Wert des individuellen Lebens berechnet werden, in: ECUPL Journal, 2009(09), S. 60ff; Wang, Shengming, Interpretation und legislativer Hintergrund zum GdH, S. 74; Liang, Xiaoping/Chen, Zhiwei, Über die Rechtsnatur der Abfindung und des Schadensersatzes bei der Tötung, in: Tribune of Political Science and Law, 2010(05), S. 179ff.

1406 Yao, Hong, GdH, S. 196.

1407 Wang, Shengming, Interpretation und legislativer Hintergrund zum GdH, S. 188.

1408 Wang, Shengming, Interpretation und legislativer Hintergrund zum GdH, S. 188.

1409 Wang, Liming, Tort Law, S. 545.

hergestellt. Auf der objektiven Ebene muss eine schwere Verletzungsfolge vorliegen, nämlich Tod oder schwere Gesundheitsschäden. Außer bei einem dieser beiden Schäden kann Strafschadensersatz nicht zur Anwendung kommen.[1410]

Gemäß § 47 kann das Opfer entsprechenden Strafschadensersatz in Anspruch nehmen. Beim Bemessen der Betragshöhe sollen folgende Faktoren berücksichtigt werden: die böse Absicht des Täters, die Verletzungsfolge und die Abschreckungswirkung. Die Betragshöhe wird vom Richter im konkreten Fall bestimmt.[1411]

Der Zweck des Strafschadensersatzes besteht nicht darin, den Schaden des Opfers zu kompensieren, sondern den bösen Täter zu bestrafen. Seine Funktion stellt deswegen nicht Ausgleichung dar, sondern Abschreckung. Aus der Perspektive des Täters erscheint es vorteilhaft, die eigene Verkehrspflicht zu beachten und künftige Verletzungen zu vermeiden.[1412]

[1410] Yao, Hong, GdH 197.

[1411] Wang, Shengming, Interpretation und legislativer Hintergrund zum GdH, S. 189.

[1412] Wang, Shengming, Interpretation und legislativer Hintergrund zum GdH, S. 189.

VI. Weiterentwicklung des Wirtschaftsrechts seit 2010

1. Verbraucherschutzgesetz 2013

Am 23. Okt. 2013 wurde das Verbraucherschutzgesetz modifiziert. Strafschadensersatz in § 49 (a.F.) wurde abgeschafft und in § 55 (n.F.) vorgeschrieben. Danach kommt Strafschadensersatz sowohl vertraglich als auch deliktisch in Betracht.[1413]

a) Meinungszustand zur Reform

Bei der Modifikation des Gesetzes gab es auch Streit darüber, ob Strafschadensersatz im Verbraucherschutzgesetz noch vorgeschrieben werden sollte und ob der Strafschadensersatzbetrag erhöht werden sollte.[1414]

Zum Streit, ob Strafschadensersatz im Verbraucherschutzgesetz vorgeschrieben werden sollte, wurden zwei Meinungen vertreten. [1415]

Der einen Meinung nach sollte im VSG kein Strafschadensersatz vorgeschrieben werden. Erstens stimmten seine Funktion, sein Charakter und sein Zweck nicht mit dem Privatrecht überein. Auch die punitive damages im Common Law sind umstritten. Die Forschung zu punitive damages ist in China noch nicht ausreichend. Viele Fragen sind noch offen. Es fehle an theoretischen Grundlagen, um diese Regelung im VSG festzulegen.[1416]

Der anderen Meinung nach sei es nicht ganz richtig, wenn man im Privatrecht immer auf den ausgleichenden Schadensersatz bestehen wolle. Der Schaden des Verbrauchers durch Betrug des Unternehmers stellt häufig mittelbaren oder immateriellen Schaden dar. Wenn man nur auf den ausgleichenden Schadensersatz bestehe, könnten viele böse Handlungen des Unternehmers nicht verhindert werden. Wegen der hohen Prozesskosten würden nur wenige Verbraucher um ihr Recht kämpfen wollen. Nur wenn die Kosten für den Unternehmer höher als sein Gewinn bei der Rechtsverletzung seien, könnte die Rechtsverletzung verhindert werden.[1417]

1413 Yang, Lixin, Neue Entwicklung des Strafschadensersatzes im Verbraucherschutzgesetz, in: Jurists Review, 2014(02), S. 78.

1414 Yang, Lixin, Neue Entwicklung des Strafschadensersatzes im Verbraucherschutzgesetz, in: Jurists Review, 2014(02), S. 78, 81.

1415 Yang, Lixin, Neue Entwicklung des Strafschadensersatzes im Verbraucherschutzgesetz, in: Jurists Review, 2014(02), S. 78, 81.

1416 Yang, Lixin, Neue Entwicklung des Strafschadensersatzes im Verbraucherschutzgesetz, in: Jurists Review, 2014(02), S. 78, 82.

1417 Yang, Lixin, Neue Entwicklung des Strafschadensersatzes im Verbraucherschutzgesetz, in: Jurists Review, 2014(02), S. 78, 81f.

b) Strafschadensersatz im VSG

Bei der vertraglichen Haftung kann ein Verbraucher neben dem ausgleichenden Schadensersatz noch Strafschadensersatz in Höhe des dreifachen Kaufpreises in Anspruch nehmen, wenn ihm ein Unternehmer betrügerisch eine Ware verkauft oder Dienstleistung erbracht hat. Wenn der Strafschadensersatzbetrag unter 500 Yuan RMB liegt, kann der Verbraucher 500 Yuan RMB fordern.[1418]

Strafschadensersatz in Bezug auf deliktische Haftung wurde in § 55 II vorgeschrieben. Danach kann ein Verbraucher wegen Verletzung durch eine Ware oder eine Dienstleistung, die von einem Unternehmer betrügerisch verkauft bzw. erbracht wurde, über den in §§ 49, 51 normierten Schadensersatz hinaus noch Strafschadensersatz in bis zu zweifacher Höhe des Schadens in Anspruch nehmen.[1419]

§ 49 (n.F.) VSG gemäß kann ein Verbraucher Heilungskosten, Pflegekosten, Verkehrskosten, Genesungskosten und seinen Lohnverlust beanspruchen, wenn er durch die Ware oder Dienstleistung des Unternehmers verletzt wurde. Im Fall der Verkrüppelung kann der Verbraucher überdies Behindertengeld verlangen. Im Fall der Tötung können nahe Verwandte des Opfers noch Begräbniskosten und Wergeld in Anspruch nehmen.[1420]

Wenn ein Verbraucher durch Beleidigung, Verleumdung, Leibesvisitation oder Freiheitsbeschränkung usw. in seinen Gütern oder Rechten verletzt wurde und schwere seelichen Schäden davongetragen hat, kann er noch einen seelischen Schadensersatz in Anspruch nehmen.[1421]

2. LSG 2015

a) Kritik am Strafschadensersatz im LSG 2009

Der Strafschadensersatz im LSG 2009 wurde nach seinem Inkrafttreten kritisiert.[1422]

Der Meinung von Xu Haiyan nach sei der zehnfache Kaufpreis als Strafschadensersatz in Bezug auf Lebensmittel zu niedrig, weil der Kaufpreis für Lebensmittel meistens nicht hoch ist. Der niedrige Betrag des Strafschadensersatzes könne nicht zukünftige Rechtsverletzung verhindern. Der Betrag des Strafschadensersatzes sollte nicht nach dem Kaufpreis kalkuliert

---

[1418] § 55 (n.F.) I VSG; vgl. Ma, Qiang, Analyse zu den Problemen hinsichtlich der Rechtsanwendung des Strafschadensersatzes im Verbraucherschutzgesetz, in: Journal of Politics and Law, 2016(03), S. 140ff.

[1419] § 55 (n.F.) II VSG; vgl. Ma, Qiang, Analyse zu den Problemen hinsichtlich der Rechtsanwendung des Strafschadensersatzes im Verbraucherschutzgesetz, in: Journal of Politics and Law, 2016(03), S. 140, 147.

[1420] § 49 (n.F.) VSG.

[1421] § 51 (n.F.) VSG:

[1422] Ye, Zhinian/Liu, Xiaochuan, Zur Verbesserung des Strafschadensersatzes im Ernährungssicherheitsgesetz, in: Cross-strait Legal Science, S. 65ff.

werden. Hieran sollte nur ein Mindestbetrag bestimmt werden. Der Höchstbetrag sollte nicht vorgeschrieben werden. Der Grund dafür liegt darin, dass, wenn die Vertragsparteien mehr als den zehnfachen Kaufpreis als Strafschadensersatz vereinbart hätten, der vereinbarte Betrag nicht abgelehnt werden könne. Der Richter sollte ihn im konkreten Umstand nach seinem Ermessen berechnen.[1423]

Der Meinung von Ye Zhinian und Liu Xiaochuan nach seien die Gerichtskosten in der Praxis zu hoch, wenn man nur den zehnfachen Kaufpreis bekommen würde. Der zehnfache Kaufpreis könne nicht die Gerichtskosten decken. § 96 II nach sollte der Verbraucher beweisen, dass die von ihm gekauften Lebensmittel nicht der Sicherheitsnorm entsprächen. Dies bedarf eines fachlichen Gutachtens. Der Verbraucher musste das Risiko für die Gutachtengebühr übernehmen. Außerdem musste er wie im chinesischen Prozessrecht üblich die Anwaltsgebühr tragen. Deswegen könne diese Regelung nicht ihre Ziele erreichen.[1424] Zudem wurde der Betrag des Strafschadensersatzes auf Basis des Kaufpreises berechnet. Der Schaden beim Verbraucher spielt hier keine Rolle. Wenn Lebensmittel nicht gekauft wurden, konnte der Verbraucher keinen Strafschadensersatz verlangen, weil es keinen Kaufpreis für die Lebensmittel gibt.[1425] Subjektive Faktoren sind bei der Berechnung des Betrags bedeutungslos. Der Betrag des Strafschadensersatzes konnte nur nach einer Methode ausgerechnet werden. Es sei ungerecht für die Verletzten, weil der Betrag bei fahrlässiger und vorsätzlicher Handlung unterschiedlich bemessen werden sollte.[1426]

b) Reform

Der Strafschadensersatz im LSG wurde im Jahr 2015 modifiziert. Er wurde in § 148 LSG 2015 neu gefasst. Danach kann ein Verbraucher vom Hersteller oder Verkäufer neben dem konkreten Schaden noch Geld bis zum zehnfachen Kaufpreis oder in Höhe vom dreifachen konkreten Schaden als Strafschadensersatz in Anspruch nehmen, wenn die Lebensmittel nicht entsprechend der Sicherheitsnormen hergestellt wurden oder bewusst mit solchen Lebensmitteln gewirtschaftet wurde. Wenn der Betrag des erhöhten Schadensersatzes unter 1000 Yuan liegt, kann der Verbraucher 1000 Yuan in Anspruch nehmen.[1427]

1423 Xu, Haiyan, On the new types of civil liabilities created by the food security law, in: Legal Forum, S. 11, 17f.

1424 Ye, Zhinian/Liu, Xiaochuan, Zur Verbesserung des Strafschadensersatzes im Ernährungssicherheitsgesetz, in: Cross-strait Legal Science, S. 65, 67.

1425 Ye, Zhinian/Liu, Xiaochuan, Zur Verbesserung des Strafschadensersatzes im Ernährungssicherheitsgesetz, in: Cross-strait Legal Science, S. 65, 68.

1426 Ye, Zhinian/Liu, Xiaochuan, Zur Verbesserung des Strafschadensersatzes im Ernährungssicherheitsgesetz, in: Cross-strait Legal Science, S. 65, 68ff.

1427 § 148 (n.F.) LSG.

VII. Die fünfte Kodifikation des Zivilrechts (2014-)

1. Überblick

2014 entschied sich die KPCh, ein Zivilgesetzbuch zu schaffen. Daraufhin wurde die Kodifikation des Zivilrechts auf die Gesetzgebungsliste des Ständigen Ausschusses des Nationalen Volkskongresses gesetzt. Geplant wurde, bis 2016 den Allgemeinen Teil des Zivilgesetzbuches fertigzustellen.[1428]

Die Aufgabe der Kodifikation besteht darin, die geltenden zivilrechtlichen Normen systematisch und vollständig zu ordnen, um ein koordinierendes und logisches Zivilgesetzbuch zu erstellen.[1429] In der vorläufigen Planung wurde das zukünftige Zivilgesetzbuch in einen Allgemeinen Teil und Besondere Teile gegliedert. Da Kodifikation eine schwierige und komplizierte Aufgabe sei, wurde die Gesetzgebung Schritt für Schritt geplant. Allgemein gesagt, gibt es zwei Schritte. Der erste Schritt sei es, den Allgemeinen Teil zu schaffen. Danach werden die Besonderen Teile kodifiziert.[1430]

Es gibt vier Grundprinzipien, die bei der Gesetzgebung befolgt werden sollten. Erstens solle der richtigen politischen Richtung gefolgt werden. Dies bedeutet, die Partei solle bei der Kodifikation eine leitende Rolle spielen. Die Gesetzgebung solle auf dem Weg des sozialistischen Rechtsstaats bestehen.

Zweitens solle die Gesetzgebung zeitgemäß sein. Das künftige Gesetz solle die Entwicklung der Gesellschaft führen und fördern. Es solle das soziale Interesse besser balancieren, die sozialen Verhältnisse besser regeln, das soziale Verhalten besser regulieren. Drittens solle das zukünftige Gesetzbuch die sozialistischen Kernwerte reflektieren, die traditionelle chinesische Kultur fördern und die guten Sitten bewahren. Viertens solle das Volk beachtet werden. Die Gesetzgebung solle auf der Lage des Staats basieren. Die allgemeine Ordnung im zivilen Leben solle vervollkommnet werden, damit Schutz von Persönlichkeit und Eigentum des Bürgers gewährleistet werden könne.[1431]

2. Allgemeiner Teil des Zivilgesetzbuches der VRC (ZGBC) 2017

a) Überblick

Der Konzeption nach schreibt der Allgemeine Teil die Grundprinzipien und allgemeinen Regelungen vor. Er dient als führender Teil. Der Allgemeine Teil sollte auf den Regelungen in den AGZ basieren. Durch Abstraktion sollten die allgemeinen Regeln herauskristallisiert

---

[1428] Shen, Deyong, AT des Zivilgesetzbuches der VRC I, S. 48.

[1429] Shen, Deyong, AT des Zivilgesetzbuches der VRC I, S. 48.

[1430] Shen, Deyong, AT des Zivilgesetzbuches der VRC I, S. 50f.

[1431] Shen, Deyong, AT des Zivilgesetzbuches der VRC I, S. 50.

und im Entwurf niedergelegt werden. Der Entwurf sollte sich auf die konkreten Probleme in China konzentrieren. Einerseits sollte an die traditionelle Kultur Chinas angeknüpft werden, andererseits sollte die Erfahrung des Auslands aufgenommen werden.[1432]

Der Allgemeine Teil des Zivilgesetzbuches wurde am 15. März 2017 durch den Volkskongress verabschiedet und trat am 1.10.2017 in Kraft. Er umfasst insgesamt elf Kapitel, und zwar: allgemeine Regelungen, natürliche Personen, juristische Personen, nicht-juristische Organisationen, bürgerliche Rechte, Rechtsgeschäfte, Vertretung, zivilrechtliche Haftung, Verjährung, Frist und sonstige Regelungen.[1433]

c) Die zivile Haftung

aa) Meinungszustand

Bei der Gesetzgebung kam es zu Streit, ob im Allgemeinen Teil die zivile Haftung vorgeschrieben werden sollte.

Einer Meinung nach zeige sich die Haftung im Vertragsrecht und im Deliktsrecht unterschiedlich. Es sei schwer, daraus allgemeine Regeln zu abstrahieren. Außerdem sei zivile Haftung im traditionellen Zivilrecht auch nicht im Allgemeinen Teil verankert. Nur in wenigen Staaten werde zivile Haftung im Allgemeinen Teil vorgeschrieben. Deswegen sollte die vertragliche und deliktische Haftung getrennt in Besonderen Teilen normiert werden.[1434]

Der anderen Meinung nach stelle die zivilrechtliche Haftung eine Rechtsfolge der Verletzung der zivilen Pflichten dar. Der abstrakte Oberbegriff „zivile Haftung" spiele eine führende Rolle in der konkreten Haftung in den Besonderen Teilen. Schon die AGZ haben die zivile Haftung in einem speziellen Kapitel vorgeschrieben. Dies hat ein Vorbild geschaffen. Nach der 30-jährigen Praxis ist das in den AGZ vorgeschriebene Vorbild schon von der Bevölkerung und den Juristen anerkannt. Rationeller sei die Einordnung der zivilen Haftung neben den zivilen Rechten und Pflichten in den Allgemeinen Teil.[1435]

bb) Die Haftung

Dem Vorbild der AGZ nach wird die zivile Haftung im 8. Kapitel geregelt. Die Haftungsarten werden in § 179 genannt. § 179 I gemäß gibt es folgende zivile Haftungsarten: 1. Einstellung von Verletzungen; 2. Beseitigung von Behinderungen; 3. Beseitigung von Gefahren; 4. Rückgabe von Vermögensgütern; 5. Wiederherstellung des ursprünglichen Zustandes; 6. Reparatur, erneute Herstellung, Austausch; 7. Weite Leistungen; 8. Schadensersatz; 9. Zahlung von Vertragsstrafe; 10. Beseitigung von Auswirkungen, Wiederherstellung des Rufes; 11. Entschuldigung. Die hier aufgezählten Haftungsarten stimmen nahezu mit denjenigen in §

[1432] Shen, Deyong, AT des Zivilgesetzbuches der VRC I, S. 52.

[1433] Shi, Hong, ATZGBC, S. 4.

[1434] Shi, Hong, ATZGBC, S. 411.

[1435] Shi, Hong, ATZGBC, S. 411; Shen, Deyong, AT des Zivilgesetzbuches der VRC II, S. 1159.

134 AGZ überein. Hier wird eine neue Haftungsart eingeführt, nämlich weite Leistung. Die weite Leistung ist eine Haftungsart, die im Vertragsgesetz geregelt worden ist. ZGBC hat nur diese aus dem Vertragsgesetz rezipiert.[1436]

Der in § 179 I normierte Schadensersatz bezieht sich nur auf die Ausgleichung des materiellen und immateriellen Schadens. Der immaterielle Schaden beinhaltet den seelischen Schaden.[1437]

cc) Strafschadensersatz

(a) Kritik

Obwohl bereits Paragraphen über Strafschadensersatz im Zivilrecht existieren, wird er bei der Kodifikation des Zivilrechts weiterhin kritisiert.[1438]

Die Kritik bezieht sich zunächst auf die Gerechtigkeit beim zivilrechtlichen Schadensersatz. Mehr Ersatz als konkreter Schaden bedeutet eine Bereicherung. Daneben wurde der Strafschadensersatz hinsichtlich seiner Funktionen kritisiert, nämlich der Abschreckung, der Sanktion. Strafschadensersatz solle gemäß der kulturellen Tradition eine Strafe darstellen. Er solle eine Befugnis des Staats sein. Solche Funktionen sollten in die öffentliche Hand fallen. Als dritter Kritikpunkt wird angeführt, dass die Probleme auf dem Markt durch die öffentliche Macht gelöst werden sollten. Mittels Strafschadensersatz könnte dies nicht gelingen.[1439]

(b) Regelungen

§ 179 II schreibt eindeutig Strafschadensersatz vor. Danach findet Strafschadensersatz Anwendung, wenn er in anderen Gesetzen vorgeschrieben wird. Die Motive seien die folgenden: Strafschadensersatz wird schon eindeutig im Verbraucherschutzgesetz, GdH usw. vorgeschrieben. Das ATZGBC hat nur die geltenden Regeln aufgenommen, damit die zivilen Haftungsarten umfassend in ihm erscheinen.[1440] Strafschadensersatz bedeutet einen Ersatz, der über den konkreten Schaden hinausgeht. Neben der Ausgleichungsfunktion hat er noch Sanktionsfunktion, Abschreckungsfunktion und andere Funktionen. Er kann im Bereich des Vertragsrechts und Deliktsrechts Anwendung finden.[1441]

1436 Shen, Deyong, AT des Zivilgesetzbuches der VRC II, S. 1177f.

1437 Shen, Deyong, AT des Zivilgesetzbuches der VRC II, S. 1183.

1438 Song, Yixin, Darf Strafschadensersatz nicht ins Zivilgesetzbuch eingreifen, in: Journal of Heilongjiang Administrative Cadre College of Politics And Law, 2017(02), S. 61ff.

1439 Song, Yixin, Darf Strafschadensersatz nicht ins Zivilgesetzbuch eingreifen, in: Journal of Heilongjiang Administrative Cadre College of Politics And Law, 2017(02), S. 61ff.

1440 Shen, Deyong, AT des Zivilgesetzbuches der VRC II, S. 1160.

1441 Shen, Deyong, AT des Zivilgesetzbuches der VRC II, S. 1184.

3. Das Zivilgesetzbuch der VR China (ZGBC) 2020

a) Überblick

ZGBC wurde am 28. Mai 2020 durch den Nationalen Volks Kongress der VR China verabschiedet und tritt am 1. Januar 2021 in Kraft. Darin gibt es insgesamt sieben Teilen, nämlich: 1. Allgemein Teil; 2. Sachenrecht; 3. Vertrag; 4. Persönliches Recht; 5. Ehe und Familie; 6. Erbe; 7. Delikt und Haftung.[1442] Der 7. Teil des ZGBC hat das GdH rezipiert. Das Schadensersatzrecht im ZGBC ist fast gleich wie im GdH vorgeschrieben. In Bezug auf Strafschadensersatz gibt es insgesamt drei spezialen Paragraphen im 7. Teil vom ZGBC. Genauer gesagt: § 1185 ZGBC normiert den Strafschadensersatz im Falle der Verletzung des geistigen Eigentums. § 1207 ZGBC schreibt den Strafschadensersatz bei der Produktshaftung vor. § 1232 ZGBC regelt den Strafschadensersatz bei der Verletzung der Umwelt und des Ökosystems. Das ZGBC has evident den Anwendungsbereich des Strafschadensersatz vergrößert. Im Vergleich zum früheren Recht schreibt das ZGBC keinen bestimmten Maßstab für den Betrag des Strafschadensersatzes, sondern nur "entsprechenden Strafschadensersatz". Sanktion und Prävention seien die Hauptfunktion, die der Gesetzgeber bei der Einführung des Strafschadensersatzes verfolgt.[1443]

b) § 1185 ZGBC

§ 1185 ZGBC schreibt vor, wenn das geistige Eigentum von einem anderen vorsätzlich und schwer verletzt wird, kann der Verletzte von dem entsprechenden Strafschadensersatz in Anspruch nehmen. Die Verletzung des geistigen Eigentums ist ein großer Problem in China. Sie hat die Entwicklung des geistigen Eigentums in China verhindert. Der Strafschadensersatz wurde schon 2013 bei der Modifizierung des Markengesetzes der VR China (MGC) eingeführt. § 63 MGC schreibt vor, wer bösartig das Markenrecht eines anderen verletzt, soll er eine Summe vom biszu dreifachen Schadensbetrag als Strafschadensersatz haften. 2019 wird die Summe des Strafschadensersatzes bei der Modifizierung des MGC auf biszu fünffachen Schadensbetrag erhöhert. [1444]Bei der Gesetzgebung des ZGBC wird das Schlagen gegen das Verletzen des geistigen Eigentums als eine Politik angesehen. Um das geistige Eigentum zu schützen, wird das Strafschadensersatz als Maßnahmen gegen die Verletzung des geistigen Eigentums gemacht. Das geistige Eigentum hier umfasst Markenrecht, Patentrecht und Urheberrecht usw..[1445]

[1442] Gazette of the NPC standing comitee of PRC, Juni 15. 2020, S. 1ff.

[1443] Wei, Huang(Hrsg.), Erklärung zum Delikts- und Haftungsrecht des ZGBC, S. 84.

[1444] Wei, Huang(Hrsg.), Erklärung zum Delikts- und Haftungsrecht des ZGBC, S. 85.

[1445] Gazette of the NPC standing comitee of PRC, Juni 15. 2020, S. 196.

c) § 1207 ZGBC

Dem § 1207 ZGBC gemäß kommt der Strafschadensersatz bei der Produkthaftung in den zwei Fallen in Betracht: 1.Wenn durch einen Produktfehler der Tod oder schwere Gesundheitsschäden verursacht werden und der Produzent oder Verkäufer sich dieses Fehlers bewusst war, kann entsprechenden Strafschadensersatz verlangt werden. Diese Regelung ist ähnlich wie in § 47 Produkthaftungsgesetz. 2. Wenn ein Produktfehler entsteht, nachdem ein Produkt im Umlauf gebracht wurde, soll der Produzent und der Verkäufe entsprechende Hilfmaßnahme treffen, zum Beispiel Widerruf des betreffenden Produkts. Wenn sie nicht entsprechende Hilfemaßmahme treffen, kann der Verletzte von ihnen entsprechenden Strafschadensersatz verlangen.[1446]

d) § 1232 ZGBC

Dem § 1232 ZGBC nach, wenn der Täter widerrechtlich vorsätzlich die Umwelt verschmutzt, oder das Ökosystem zerstört, kann der Verletzte von ihm entsprechenden Strafschadensersatz verlangen. Es is eine neue Regel im Deliktsrecht in China. Der Hintergrund ist, mit der hohen Entwicklung der Industrie in China wird die Umwelt schwer verschmutzt und das Ökosystem zerstört. Der Ausgleich des entstandenen Schadens kann nicht die Verschmutzung der Umwelt und die Zerstörung des Ökosystems verhindern. Aus diesem Grund kommt der Strafschadensersatz als Rechtspolitik gegen die Verschmutzung der Umwelt und die Zerstörung des Ökosystems im ZGBC in Anwendung.[1447]

[1446] Wei, Huang(Hrsg.), Erklärung zum Delikts- und Haftungsrecht des ZGBC, S. 166ff.

[1447] Wei, Huang(Hrsg.), Erklärung zum Delikts- und Haftungsrecht des ZGBC, S. 250ff.

E. Zusammenfassung des chinesischen Rechts

Das Schadensersatzrecht könnte auf die Zhou-Dynastie zurückgehen. Aus den überlieferten Quellen ergibt sich, dass beim Schadensersatz wegen Sachverletzung hauptsächlich das Ausgleichsprinzip verwendet wurde. Der Ersatz basierte auf dem konkreten Schaden. Daneben existierten pönale Elemente im Schadensersatzrecht. Auch die subjektiven Faktoren spielten eine große Rolle. Der Grad des Verschuldens hatte Einfluss auf den Betrag des Schadensersatzes. Wer seine Schuld nicht fristgemäß leistete, sollte noch Strafschadensersatz zahlen.

Das Recht der Qin-Dynastie wurde durch die Rechtsgedanken der Juristen beeinflusst. Haftungsarten im Deliktsrecht waren hauptsächlich Restitution und Schadensersatz. Bei Schadensersatz galt normalweise das Ausgleichsprinzip. Nur der unmittelbare, konkrete Schaden wurde beim Bemessen der Betragshöhe in Betracht gezogen. Dabei galt die Differenzhypothese. Die Betragshöhe des Schadens sollte nach dem normalen Marktpreis berechnet werden. Das Verschulden des Täters spielte eine bestimmte Rolle beim Bemessen der Betragshöhe. Strafe konnte unter bestimmten Voraussetzungen Schadensersatz ersetzen. Wegen Körperverletzung wurde der Täter normalerweise pönal bestraft, wohingegen ein Schadensersatz entfiel. Immaterieller Schadensersatz existierte nicht. Wer einen anderen beleidigte, wurde pönal bestraft.

Zu Beginn der Han-Dynastie war der Taoismus als Kerngedanke des Staats anerkannt. Unter der Regierung des Kaisers Wu (156–87 v.Chr.) und seinen Nachfolgern setzte sich jedoch Schritt für Schritt der Konfuzianismus durch. Ab Kaiser Yuan wurde Konfuzianismus als die einzige Theorie für die Regierung anerkannt. Der Konfuzianismus hatte seine herrschende Stellung in China eingenommen und beeinflusste die Entwicklung des traditionellen Rechts stark. Sein Einfluss auf den Schadensersatz besteht in Folgendem: 1) Unter dem Einfluss des Konfuzianismus kam zum ersten Mal Schadensersatz wegen Delikts auf. 2) Die Theorie des Konfuzianismus unterstützte auch die Anerkennung von Rache für die Angehörigen. 3) Die subjektiven Faktoren spielten eine entscheidende Rolle bei der Bestimmung des Schadensersatzes. 4) Die Schadensersatzleistung zwischen den Mitgliedern einer Familie wurde ebenfalls verändert.

In Bezug auf Staatsvermögen hatte die Han-Dynastie Rechtsgedanken der Qin-Dynastie übernommen. In den meisten Fällen fand das Ausgleichsprinzip Anwendung. Beim Bemessen eines Schadens am öffentlichen Vermögen sollte nur unmittelbarer und konkreter Schaden in Betracht gezogen werden. Hier galt ebenfalls die Differenzhypothese. Hinsichtlich des Schadensersatzes bei Verletzung privater Sachen galt das Totalprinzip. Die Höhe des Schadensersatzes konnte nach dem normalem Marktpreis und dem entgangenen Gewinn berechnet werden. Wenn der Verpflichtete nicht den Schadensersatz zahlte, sollte er Reallast leisten. Strafschadensersatz galt in einigen besonderen Fällen, zum Beispiel bei der Verletzung der Setzlinge und des Hauses.

Der Konfuzianismus manifestierte sich in den Gesetzen der Tang-Dynastie. Die Deliktshaftungsarten aufgrund Verletzung von Tieren und Sachen umfassten Restitution und Schadensersatz. Dabei fand hauptsächlich Schadensersatz Anwendung. Im Schadensersatzrecht galt das Ausgleichsprinzip. Bei Diebstahl und Raub sollte der Täter wegen seiner Motive darüberhinaus Strafschadensersatz leisten. Zudem fand Strafschadensersatz noch in den folgenden Fällen Anwendung: (1) Wenn man privates Vermögen gegen Vermögen des Staats wechselte, aber der Wert des privaten Vermögens niedriger als der des Staatsvermögens war. (2) Wenn man Sklaven raubte oder sich durch Betrug aneignete. Allerdings wurde der doppelte Schadensersatz in einigen konkreten Fällen beschränkt: (1) Der Täter war zum Tode oder Verbannung verurteilt worden; (2) Dem Täter wurde seine Strafe erlassen; (3) Der Täter hatte die Sache eines Verwandten gestohlen oder geraubt; (4) Der Täter stellte sich; (5) Nach dem Charakter der Sache war ein doppelter Schadensersatz nicht angebracht, zum Beispiel: öffentliche Papiere, Schlüße, verbotene Bücher.

Zivilrechtliche Haftung hinsichtlich der Verletzung des Körpers oder Lebens war kompliziert. Das „Li“ (礼) hatte noch Einfluss auf die Rache. Schadensersatz unter den Mitgliedern einer Familie wurde auch durch das Li beeinflusst. Die zivilrechtliche Haftung fand nur in bestimmten Fällen Anwendung. Bei der zivilrechtlichen Haftung handelt es sich zuerst um sogenanntes Sühnegeld. Es galt als Kaufpreis für die dem Täter erteilte Strafe. Das Sühnegeld sollte bei fahrlässiger Körperverletzung der Familie des Opfers zustehen. Das dafür bezahlte Geld stellt hauptsächlich eine Strafe dar. Daneben hat es noch Schadensersatzcharakter. Auf einer zweiten Ebene geht es um Aufkommen für die Verletzungsfolgen. Die so geleisteten Heilungskosten können als Schadensersatz bei Körperverletzung betrachtet werden. Wer durch ein falsches Urteil seiner Freiheit beraubt wurde, sollte vom Staat Schadensersatz erhalten. Der Schaden sollte nicht in Geld ausgezahlt werden. Stattdessen wurde die künftige Steuer oder das als Strafe zu zahlende Geld entsprechend reduziert.

In der Tang-Dynastie wurden Sklaven im Gesetz wie Vieh behandelt. Wenn ein Sklave verletzt wurde, sollte der Täter Schadensersatz leisten. Wer einen Sklaven geraubt oder durch Betrug in Besitz genommen oder einen entlaufenen Sklaven in seine Gewalt gebracht hatte, sollte doppelten Schadensersatz leisten.

Das Strafgesetzbuch der Song-Dynastie wurde nach dem Vorbild des Tang-Gesetzbuches festgelegt. Es schrieb nicht nur die öffentliche Strafe, sondern auch zivilrechtliche Haftung wegen Delikts vor. Es gab auch keine Generalklausel zur zivilrechtlichen Haftung wegen Delikts. Sie wurde wie pönale Strafe in den konkreten Fällen angeordnet. Es gab drei Arten zivilrechtlicher Haftung, genauer gesagt: Wiederherstellung, Zurückgabe und Schadensersatz.

Im Schadensersatzrecht gab es kaum Neuerungen. Eine ergab sich jedoch hinsichtlich des Sühnegeldes. Seit der Song-Dynastie sollte das Sühnegeld bei fahrlässiger Körperverletzung, Verleumdung und zwei gesetzlich bestimmten Tötungsfällen dem Opfer gehören. Eine andere Neuerung bestand darin, dass der Täter nun in einigen Fällen für die Beerdigung des Getöteten aufkommen musste, zum Beispiel, wenn die Verwandten des Getöteten dazu nicht fähig waren oder der Getötete keine Verwandten hatte. Diese neue Regelung ist bedeutsam für die Entwicklung des Schadensersatzes im Todesfall.

Die Gesetze der Yuan-Dynastie stellten eine Mischung der Ordnungen der Mongolen und der Han dar. Die Haftungsarten umfassten Reparatur, Rückgabe und Schadensersatz. Normalweise galt beim Schadensersatz nur das Ausgleichsprinzip bezogen auf den unmittelbaren Schaden. Aber wenn Setzlinge beschädigt wurden, sollte noch mittelbarer Schaden geleistet werden. Es gab auch Strafschadensersatz bei Sachverletzung, insbesondere wenn der Täter vorsätzlich handelte. Der Betrag des Strafschadensersatzes wurde normalerweise als Zweifaches des Schadens bemessen.

Die Yuan-Dynastie Yuan entwickelte Schadensersatz wegen Körperverletzung weiter. Sie vergrößerte den Umfang des Schadensersatzes. Nicht nur Sühnegeld statt der verhängten Strafe und Heilungskosten für eine bestimmte Frist, sondern auch Heilungskosten, Unterhaltszahlung und Beerdigungskosten waren vorgesehen.

Die Höhe der Heilungskosten wurde nicht nach den konkret angefallenen Heilungskosten berechnet, sondern nach einer im Gesetz bestimmten Geldsumme. Ein solches Heilungsgeld kam nur im Falle der Verletzung in Betracht.

Wurde eine Person verkrüppelt, sollte der Täter ihr zudem Unterhaltsgeld zahlen. Die Summe des Unterhaltsgeldes wurde wie die Strafe gesetzlich festgelegt.

In der Yuan-Dynastie sollte der Täter bei vorsätzlicher oder fahrlässiger Tötung den Verwandten des Opfers Beerdigungsgeld zahlen. Beim Bemessen der Summe des Beerdigungsgeldes spielte das Verschulden des Täters eine entscheidende Rolle. Die Summe war viel höher als die tatsächlichen Beerdigungskosten. Deswegen stellte sie letztlich einen Schadensersatz für das Leben dar. Wenn die verhängte Strafe später erlassen wurde, sollte der Täter das Doppelte des Beerdigungsgeldes zahlen, um die Verwandten des Opfers zu besänftigen. Hier hatte der Betrag daher auch eine Genugtuungsfunktion. Wer seinen Bruder getötet hatte, sollte eineinhalbfaches Beerdigungsgeld zahlen. Wer eine Person, die bestraft werden sollte, getötet hatte, brauchte kein Beerdigungsgeld zu zahlen. In der Yuan-Dynastie war private Rache nicht verboten. Wenn ein Sohn sich für die Tötung seines Vaters rächte, wurde er nicht bestraft und die Familie des Täters sollte für die Beerdigung des Vaters zahlen.

Unter dem Einfluss des konfuzianistischen Rechtsgedankens „Besänftigung des Streits“ befanden die Kaiser der Ming-Dynastie, dass die Ursache für die zivilrechtlichen Streitigkeiten darin lag, dass die Moral in der Gesellschaft schlecht sei. Bei leichten Delikten sollte nun zunächst durch einen inoffiziellen lokalen Schlichter zwischen den Parteien vermittelt werden. Nur wenn dies misslang, konnte der Geschädigte klagen.

Bei Sachverletzung gab es drei zivilrechtliche Haftungsarten: Rückgabe, Wiederherstellung und Schadensersatz. Im Schadensersatzrecht hinsichtlich Sachverletzung galt ebenfalls das Ausgleichsprinzip. Der Verletzer sollte den konkret entstandenen Schaden ersetzen. Der Ersatzbetrag wurde nach der Differenzhypothese bemessen.

Im Gewohnheitsrecht gab es Strafschadensersatz bei Zerstörung von Setzlingen. Bei vorsätzlicher Verletzung der Setzlinge sollte der Verletzer den zehnfachen Schaden ersetzen. Wer vorsätzlich das Haus eines anderen oder ein Gebäude oder Lager des Staates angezündet hatte, sollte getötet werden und der Schaden sollte mit seinem gesamten Vermögen ersetzt werden.

Grundsätzlich sollte der Täter dem Opfer aufgrund von Körperverletzung Entschädigung in Geld leisten. Im Falle der Verletzung des Lebens, gleich ob fahrlässig oder vorsätzlich, galten die Regelungen für Entschädigung ebenfalls.

Wie früher konnte der Täter aufgrund fahrlässiger Körperverletzung oder Tötung nur Sühnegeld bezahlen. Das von dem Täter gezahlte Sühnegeld sollte dem Opfer gehören. Dieses Sühnegeld diente gesetzlich als Schadensersatz für die Beerdigungs- oder Heilungskosten. Erstmals in der Rechtsgeschichte Chinas wurde die Ersatzfunktion des Sühnegeldes eindeutig vorgeschrieben. Die konkrete Summe des Sühnegeldes wurde wie die Strafe für die konkreten Fälle geregelt.

Die Wegnahme des ganzen Vermögens des Täters erfolgte nur im Fall der schweren Tötung. Es gab zwei Formen: Wegnahme des ganzen und Wegnahme des halben Vermögens des Täters.

Zu Beginn der Ming-Dynastie wurden Regelungen zu den Beerdigungskosten bei vorsätzlicher Tötung vorgenommen. Später wurden die Beerdigungskosten verändert. Diese Regelung kam nur in einigen bestimmten Fällen in Betracht, zum Beispiel bei Tötung durch Wagen oder Pferd; Tötung durch Bogen; Tötung durch Drohung; Tötung aufgrund der Übertretung des Gesetzes. Wenn man durch Wagen oder Pferd im Verkehr getötet wurde, sollte der Täter ungefähr 500 g Silber als Beerdigungskosten leisten. Damit hatte sich die Hauptfunktion des Beerdigungsgeldes von Ersatz zu Strafe gewandelt.

Die Ming-Dynastie hatte auch die Regelungen der Tang- und der Song-Dynastie zur Garantie bei Körperverletzung übernommen. In der Ming-Dynastie galt die Garantie nur im Fall des Kampfes. Dem Gesetz der Ming-Dynastie gemäß war der Täter im Fall des Kampfes verpflichtet, für Verletzungsfolgen während einer bestimmten Frist aufzukommen. Er sollte die Heilungskosten bezahlen. Dies war das erste Mal in der Rechtsgeschichte, dass die Bezahlungspflicht für Heilungskosten innerhalb der Garantiefrist im Gesetz festgehalten wurde.

In der Ming-Dynastie wurde Verleumdung als Delikt betrachtet. Wer eine andere Person falsch beschuldigt hatte, sollte, wenn diese schon bestraft worden war, ebenso bestraft werden. Normalerweise sollte der Täter den konkreten Schaden des Opfers ersetzen. Darüber hinaus sollte er dem Verleumdeten die Hälfte seines Vermögens zahlen. Der konkrete Schaden umfasste unmittelbaren und mittelbaren Schaden. Der unmittelbare Schaden beinhaltete die Verkehrskosten. Wenn das Land des Verleumdeten aufgrund der falschen Strafe verpachtet worden war, sollte der Verleumder die Kosten des Rückkaufs zahlen. Wenn der Verleumder arm war und daher nicht bezahlen konnte, sollte er nur pönal bestraft werden. Wenn über den Verleumder Todesstrafe verhängt worden war, sollte sein gesamtes Vermögen an den Verleumdeten gehen.

Insgesamt gesehen rezipierte die Qing-Dynastie die Gesetze der Ming-Dynastie. Trotzdem gab es in den Gesetzen viele Vorrechte für die Mandschu gegenüber dem Han-Volk.

In Bezug auf das Schadensersatzrecht hatte die Qing-Dynastie die betreffenden Regelungen der Ming-Dynastie übernommen. Zugleich hatte die Qing-Dynastie auch entsprechend den gesellschaftlichen Bedürfnissen Schadensersatzrecht entwickelt. Wie bei den Ming wurde das

Schadensersatzrecht gemeinsam mit der jeweiligen Strafe für das Delikt in einem Gesetz geregelt. Es bezog sich nicht nur auf Lagerung, Tiere und Land, sondern auch auf Bauwerk und Pfand. Die Tatbestandsmerkmale des Delikts umfassten Handlung, Rechtswidrigkeit, Verschulden, Verletzungsfolge und Kausalität. Verschulden spielte eine große Rolle beim Bemessen der Höhe des Schadensersatzes. Die Haftungsarten umfassten Rückgabe, Reparatur und Schadensersatz. Bei Verletzung von Setzlingen gab es keinen Strafschadensersatz mehr. Der Strafschadensersatz wegen gestohlenen oder geraubten Sachen wurde in der Qing-Dynastie ebenfalls abgeschafft. Wer fahrlässig oder vorsätzlich Tiere verletzt hatte, sollte den Schaden ersetzen. Der Schaden wurde nach der Differenzhypothese berechnet. Hier spielte es keine Rolle, ob der Täter fahrlässig oder vorsätzlich gehandelt hatte.

Auch der Schadensersatz wegen Körperverletzung entwickelte sich in der Qing-Dynastie. Einerseits wurde das Gesetz nach dem Vorbild der Gesetze der Tang-Dynastie Tang festgelegt. Andererseits rezipierte das Schadensersatzrecht auch die Regelungen zum Schadensersatz wegen Körperverletzung aus der Yuan-Dynastie. Allgemein gesagt, hatte der Täter wegen Verletzung des Lebens oder der Gesundheit einer anderen Person Entschädigung in Geld zu leisten.

Wie früher sollte der Täter wegen fahrlässiger Körperverletzung oder Tötung pönal bestraft werden. In den Gesetzen der Qing-Dynastie wurde klar vorgeschrieben, dass im Fall der fahrlässigen Körperverletzung oder Tötung dem Opfer das gesamte Sühnegeld als Beerdigungs- oder Heilungskosten gezahlt werden sollte. Im Vergleich zu den Gesetzen der Ming-Dynastie vergrößerte sich der Anwendungsumfang der Gesetze.

In der Qing-Dynastie fand die Wegnahme des gesamten oder halben Vermögens des Täters auch nur im Fall der schweren Tötung statt. Der Unterschied zum Sühnegeld wurde darin gesehen, dass die Wegnahme des Vermögens des Täters gleichzeitig neben den anderen Strafen Anwendung finden konnte.

Die Qing-Dynastie übernahm für den Fall der vorsätzlichen Tötung die Regelungen der Ming-Dynastie zu den Beerdigungskosten. Zu Beginn der Qing-Dynastie kam diese Regelung auch nur in einigen bestimmten Fällen in Betracht (Bsp. s.o.). Später wurde diese Regelung noch in einigen anderen Fällen angewandt.

In Bezug auf die Regelungen zur Garantie bei Körperverletzung folgte die Qing-Dynastie den betreffenden Regelungen der Ming-Dynastien. Garantie galt ebenfalls nur im Fall des Kampfes.

In der Qing-Dynastie wurde Verleumdung wie in der Ming-Dynastie behandelt.

Nach der Niederlage im Opiumkrieg 1840 gegen England wurde China allmählich ein halbkoloniales und halbfeudales Land. Das traditionelle chinesische Recht wurde Schritt für Schritt verändert. Der Entwurf des Zivilgesetzbuches der Qing-Dynastie (EZGQ) wurde nach dem Vorbild des deutschen, japanischen und schweizerischen Zivilrechts verfasst. Dem EZGQ liegt das Ausgleichsprinzip zugrunde. Das Strafschadensersatzrecht wurde im Grunde abgeschafft.

Das Zivilgesetzbuch der Republik China (ZGBRC) wurde hauptsächlich nach dem Vorbild des deutschen BGB und des schweizerischen ZGB verfasst. Das Zivilgesetzbuch der Republik China ist das erste moderne Zivilgesetzbuch Chinas. Das westliche Wertesystem im Zivilgesetzbuch veränderte das Wertesystem des traditionellen chinesischen Zivilrechts. Ideale wie Freiheit und Gleichheit ersetzten den durch Diktatur und die feudale Klassengesellschaft geprägten traditionellen chinesischen Rechtsgeist.

Allgemein niedergelegt wurde der Schadensersatz in § 184 ZGBRC.
Der Schadensersatz im ZGBRC richtet sich darauf, dem Opfer sein durch ein Delikt entstandenen Schaden zu ersetzen. Ausgleichender Schadensersatz basiert auf der Idee von Gerechtigkeit, die sich auf die konkrete Ausgleichung des Schadens des Opfers richtet.
Wenn es besonders im Gesetz vorgeschrieben war, konnte das Opfer hinsichtlich des immateriellen Schadens Ersatz oder Genugtuungsgeld verlangen. Diese Regelung wurde nach dem Vorbild des ZGB der Schweiz verfasst. Immaterieller Schadensersatz hatte zwei Funktionen: Genugtuung und Ausgleich. Strafschadensersatz wurde in § 51 Verbraucherschutzgesetz 1993 eindeutig vorgeschrieben.

In der Volksrepublik China gab es bis 1986 kein Zivilgesetz. Die Allgemeinen Grundsätze des Zivilrechts (AGZ) wurden am 12. April 1986 verabschiedet und traten am 1. Januar 1987 in Kraft. Nach dem Vorbild des sowjetischen Zivilgesetzbuchs wurden die Haftungsarten allgemein gehalten. Sie bezogen sich hauptsächlich auf Restitution und Schadensersatz.

Die OVG-Interpretation zu den AGZ wurde am 26.1.1988 von der Urteilskommission des Obersten Volksgerichts verabschiedet und am 2.4.1988 verkündet. Ihr zufolge kann das Gericht nach dem Grad des Verschuldens, den konkreten Umständen der Handlung, den Folgen und dem Einfluss der Verletzung die Betragshöhe des Schadens bemessen. Das Verschulden des Täters ist von großer Bedeutung beim Ermessen der Höhe des immateriellen Schadensersatzes. Zum Genugtuungsgeld für seelische Schäden (精神损害抚慰金) zählen: 1) Behindertenentschädigung (残疾赔偿金) im Fall der Behinderung; 2) Genugtuungsgeld bei Tötung (死亡赔偿金); 3) Genugtuungsgeld für andere seelische Schäden. Alle beinhalten pönale Elemente.

Das Wirtschaftsrecht entwickelte sich selbständig vom Zivilrecht und Verwaltungsrecht. Die punitive damages der USA hatten großen Einfluss im Wirtschaftsrecht. Sie wurden 1993 ins Verbraucherschutzgesetz aufgenommen. Strafschadensersatz fand nur bei Vertragsverletzung Anwendung, nicht im Fall des Delikts. Nach dem Melamin-Skandal 2008 wurde Strafschadensersatz im Lebensmittelsicherheitsgesetz (LSG) vorgeschrieben. Der Strafschadensersatz gilt hier nicht nur im Vertragsbereich, sondern auch im Bereich des Delikts.

Das Gesetz der VR China über die deliktische Haftung trat am 1.7.2010 in Kraft. Hinsichtlich des Umfangs des Schadens galt hauptsächlich das Totalprinzip. Die subjektiven Faktoren werden beim Bemessen des Schadensumfangs nicht berücksichtigt. Hier findet ein Alles-oder-Nichts-Prinzip Anwendung. Strafschadensersatz kommt bei Produkthaftung in Betracht.

Am 23. Okt. 2013 wurde das Verbraucherschutzgesetz modifiziert. Strafschadensersatz in § 49 (a.F.) wurde abgeschafft und in § 55 (n.F.) vorgeschrieben. Danach kommt Strafschadensersatz sowohl vertraglich als auch deliktisch in Betracht. Im Jahr 2015 wurde Strafschadensersatz auch im LSG modifiziert.

Die fünfte Kodifikation des Zivilrechts begann im Jahr 2014. Der Allgemeine Teil des Zivilgesetzbuchs wurde am 15. März 2017 durch den Volkskongress verabschiedet und trat am 1.10.2017 in Kraft. Obwohl bereits Paragraphen über Strafschadensersatz im Zivilrecht existieren, wird er bei der Kodifikation des Zivilrechts weiterhin kritisiert. § 179 II ATZGBC schreibt eindeutig Strafschadensersatz vor.

§ 4. Ergebnis

A. Vergleich der Entwicklungswege

I. Die Epoche rein traditionellen Rechts

Der deutsche Strafschadensersatz kann auf die germanischen Stammesrechte zurückgeführt werden. Im Sanktions- oder Kompensationssystem wurden Fehde- und Sühneleistungen vor allem als Unrechtsfolge angesehen, die sowohl strafrechtlich als auch privatrechtlich galten. Wegen der Vermischung von Straf- und Zivilrecht können Strafe und Schadensersatz nicht voneinander getrennt werden. Mit der Kriminalisierung des Strafrechts wurde das Delikt als Friedensbruch auch mit „peinlicher" Strafe geahndet. Bis zum Hochmittelalter wurde die Fehde als Mittel zur Abwehr von Unrecht und Rechtswahrung im Wege der Selbsthilfe betrachtet. Ihr Ziel war es, durch Vergeltung, Genugtuung oder Sühne eine Wiederherstellung des Rechts zu erreichen. Im Hochmittelalter gewann die Buße keinen pönalen Charakter und der Gesichtspunkt des Schadensersatzes blieb noch erhalten.

Das traditionelle chinesische Recht hat eine lange Geschichte. Im Gegensatz zum germanischen Recht formte sich das Strafrecht bereits am Anfang der chinesischen Rechtsgeschichte schnell aus und stellte einen Hauptteil des traditionellen Rechts dar, obwohl Straf- und Zivilrecht nicht klar getrennt waren.

In der Zhou-Dynastie wurde Schadensersatz wegen Sachverletzung bei öffentlichen und bei privaten Sachen unterschieden. Beim Schadensersatz wegen Sachverletzung herrschte hauptsächlich das ausgleichende Prinzip. Dieses Prinzip wurde ein Eckpfeiler des traditionellen Schadensersatzrechts. Die Ausnahme bildet vielfacher Schadensersatz. Dieser erschien erstmals eindeutig in der Han-Dynastie. Bei der Verletzung der Setzlinge und von Bauwerken gab es diesen Strafschadensersatz. Später spielte Strafschadensersatz auch in einigen anderen Fällen eine besondere Rolle, zum Beispiel bei der Verletzung öffentlicher Sachen und von Tieren.

Auf objektiver Ebene lag der Bemessung der konkrete Schaden zugrunde. Aber auch die subjektiven Faktoren spielten eine große Rolle. Der Grad des Verschuldens hatte Einfluss auf den Betrag des Schadensersatzes. Diese Charakteristik wurde ab der Han-Dynastie durch den Konfuzianismus verstärkt.

Wegen Körperverletzung wurde der Täter normalerweise pönal bestraft. Wer eine Person beleidigte, sollte ebenfalls pönal bestraft werden. Schadensersatz wegen Körperverletzung kam in der Tang-Dynastie auf. Bei der zivilrechtlichen Haftung handelte es sich zunächst um sogenanntes Sühnegeld oder die Garantie für die Verletzungsfolge. In der Song-Dynastie erschienen Beerdigungskosten im Fall der Tötung. Diese neue Regelung ist bedeutend für die Entwicklung des Schadensersatzes im Tötungsfall. Sowohl Sühnegelder, Garantiekosten als auch Beerdigungskosten beinhalten pönale Elemente. Sie können als Strafschadensersatz betrachtet werden.

II. Erneuerung durch ausländisches Recht

Ab dem 13. Jahrhundert begann in Deutschland die Frührezeption des römischen Rechts. Im älteren römischen Recht stand der Gedanke der Buße im Vordergrund. Die Buße im klassischen Recht diente dazu, als Strafleistung das Unrecht zu sühnen, das der Täter dem Opfer beigebracht hat. Mit der Entwicklung des öffentlichen Strafrechts verschwanden im nachklassischen Recht die reinen Strafklagen. Die gemischten Klagen wurden dagegen in Ersatzklagen umgewandelt oder umgedeutet. Die öffentliche Strafe wurde in der Kaiserzeit zuerst insbesondere auf den Diebstahl und die Iniurie angewandt. Der Kriminalrichter hatte den Ersatz des zugefügten Schadens zu verschaffen. Daneben sollte er nach Ermessen die öffentliche Strafe verhängen. Der Weg der Strafklage vor den Zivilrichter wurde nunmehr verweigert. Die neben der Privatstrafe zur Wahl stehende öffentliche Strafe entspräche dem Bedürfnis dieser neueren Zeit mehr.

Durch die Kodifikationen wurde das überlieferte Recht in naturrechtlicher Systematik neugefasst. Die zivilrechtliche Verbindlichkeit bezog sich im CMBC und ALR zunächst auf die Restitution dessen, was durch das Verbrechen vermindert worden war. Wenn der Schaden nicht durch die Restitution vergütet werden konnte, waren der erlittene Schaden und die Kosten zu ersetzen. Die actio poenalis bezieht sich auf eine pönale Strafe, die actio persecutoria auf Schadensersatz. Die Injuria im CMBC wurde fast vollständig der gemeinrechtlichen Rechtsprechung entsprechend behandelt. Sie wurde als Straftatbestand im ALR normiert. Die Rechtsfolgen von Injurien betrafen hauptsächlich den rein ausgleichsorientierten Schadensersatz für Vermögensschäden, die öffentliche Strafe und Privatgenugtuung.

Die deliktische Haftung für materielle Schäden des Sächsischen BGB rezipierte die im gemeinen Recht entwickelten Grundsätze zur actio legis Aquiliae. Beim Schadensersatz ging es nur um den Ausgleichsgedanken nach dem Alles-oder-Nichts-Prinzip. Die römische actio furti, welche eine Strafklage darstellte und zur Zahlung des vierfachen Sachwertes führen konnte, wurde völlig abgeschafft. Ein Geldanspruch aufgrund der Injurien entfiel schon mit dem Duellmandat 1712. Durch das sächsische Criminalgesetzbuch 1838 wurde der Anspruch des Beleidigten oder Verleumdeten auf Abbitte, Ehrenerklärung und Widerruf nicht mehr anerkannt. Bei Körperverletzung konnte das Opfer nicht nur den Ersatz des materiellen Schadens (Heilungskosten), sondern wie in der herrschenden gemeinrechtlichen Praxis auch eine Entschädigung für die Schmerzen in Anspruch nehmen. Im Vergleich zum gemeinen Sachsenrecht wurde Schmerzensgeld unabhängig vom Verschuldensgrad des Täters anerkannt. Das Schmerzensgeld stellte hier keine Strafe dar. Das so genannte Wergeld wurde stillschweigend abgeschafft. Bei Freiheitsberaubung sollte jedoch die Sachsenbuße als Entschädigung für das Gefühl des Gefangenseins bezahlt werden. Die einheitlich pauschalierte Höhe des zu zahlenden Betrags und die unwiderlegliche Vermutung des Bestehens eines Schadens zeigt schon pönale Elemente in dieser Zahlungspflicht, obwohl diese nicht hoch war. Bei dem Dotationsanspruch ging es nicht um Ausstattung, sondern um Entschädigung.

Der Entwicklungsweg in China in diesem Zeitraum war nicht so kompliziert wie in Deutschland. Eigentlich übernahm China die Entwicklungsfolgen dieser Phase in Deutschland einfach.

Nach der Niederlage im Opiumkrieg 1840 gegen Großbritannien wurde China allmählich ein halbkoloniales und halbfeudales Land. Das traditionelle chinesische Recht wurde Schritt für Schritt verändert. Der Entwurf des Zivilgesetzbuches der Qing-Dynastie (EZGQ) wurde nach dem Vorbild des deutschen, japanischen und schweizerischen Zivilrechts verfasst. Dem EZGQ lag das Ausgleichsprinzip zugrunde. Das Strafschadensersatzrecht wurde im Grunde abgeschafft.

Das Zivilgesetzbuch der Republik China (ZGBRC) wurde hauptsächlich nach dem Vorbild des deutschen BGB und des schweizerischen ZGB verfasst. Es ist das erste moderne Zivilgesetzbuch Chinas. Das westliche Wertesystem im Zivilgesetzbuch veränderte das Wertesystem des traditionellen chinesischen Zivilrechts. Ideale wie Freiheit und Gleichheit ersetzten den durch Diktatur und die feudale Klassengesellschaft geprägten traditionellen chinesischen Rechtsgeist.

Allgemein niedergelegt wurde der Schadensersatz in § 184 ZGBRC.
Der Schadensersatz im ZGBRC zielte darauf ab, dem Opfer seinen durch ein Delikt entstandenen Schaden zu ersetzen. Ausgleichender Schadensersatz basiert auf der Idee von Gerechtigkeit, die sich auf die konkrete Ausgleichung des Schadens des Opfers richtet.
Wenn es besonders im Gesetz vorgeschrieben war, konnte das Opfer hinsichtlich des immateriellen Schadens Ersatz oder Genugtuungsgeld verlangen. Diese Regelung wurde nach dem Vorbild des ZGB der Schweiz verfasst. Immaterieller Schadensersatz hatte zwei Funktionen: Genugtuung und Ausgleich.

III. Phase des heute geltenden Rechts

Mit dem Inkrafttreten der Reichsjustizgesetze am 1.1.1879 wurde die Injurienklage durch § 11 I EGStPO schließlich im ganzen Deutschen Reich abgeschafft. Obwohl es diese eindeutige Regelung in der StPO gab, wurde die actio injuriarum dennoch von einigen deutschen Gerichten nach 1879 noch als geltendes Recht betrachtet. Allerdings wandelte sich ihre Rechtsnatur von einer Privatstrafe zur Entschädigung für erlittene ideelle Nachteile. Die Regelungen zur Buße wurden später in § 188 und § 231 StGB niedergelegt. In beiden Vorschriften wird die Geltendmachung eines weiteren Entschädigungsanspruchs durch eine erkannte Buße ausgeschlossen. Die Höhe der Buße konnte nicht über den vom Verletzten verlangten Betrag hinausgehen.

Die Entpönalisierung im BGB war deutliches Ziel des BGB-Gesetzgebers. Es handelt sich um die Entwicklung der folgenden Eckpfeiler im Schuldrecht: Beim Umfang der Haftungszurechnung wurde das Proportionalitätsprinzip moralisierend und strafrechtlich charakterisiert. Hier wurde das Alles-oder-Nichts-Prinzip für den Schadensersatz eingerichtet. Danach geht es um die Art der Haftungszurechnung. Dies betrifft die Zuordnung der Naturalrestitution im Schadensersatzrecht.

In Bezug auf die Rechtsnatur des Schmerzensgeldes gibt es fortwährend Streit. Nach dem Wortlaut des § 253 n.F. und der systematischen Einordnung in §§ 249 ff. wird die allgemeine Funktion privater Ersatzleistung, der Schadensausgleich hervorgehoben. Daneben gibt es noch eine Genugtuungsfunktion. Genugtuungs- und Ausgleichsfunktion zeigen sich hier wie zwei Seiten derselben Medaille.

Die Entschädigung wegen Verletzung der allgemeinen Persönlichkeit, die vom Gesetzgeber des Bürgerlichen Gesetzbuchs abgelehnt worden war, wurde durch das Bundesverfassungsgericht entwickelt. Bei den Funktionen einer solchen Geldentschädigung bezieht man sich auf Genugtuungsfunktion und Präventionsfunktion. Aber sie stelle keine strafrechtliche Sanktion dar. Es habe auch nichts mit punitive damages in den USA zu tun. Das Eindringen der punitive damages ins deutsche Recht wurde auch durch den BGH verwehrt.

Dennoch gebe es vier Herausforderungen im heutigen deutschen Schadensersatzrecht: der Wettbewerb der Schadensersatzrechtsordnungen, die europäische Rechtsvereinheitlichung, die Judikatur des EuGH in Bezug auf Rechtsdurchsetzung durch Schadensersatz und die ökonomische Analyse des Rechts. Die Empfehlung, dass für Einzelfälle Strafschadensersatz vorzusehen sei, wurde abgelehnt.

In der Volksrepublik China gab es bis zum Inkrafttreten der AGZ 1987 kein Zivilgesetz. Nach dem Vorbild des sowjetischen Zivilgesetzbuchs wurden die Haftungsarten allgemein gehalten. Sie bezogen sich hauptsächlich auf Restitution und Schadensersatz.

Den OVG-Interpretation zu den AGZ 1988 gemäß kann das Gericht nach dem Grad des Verschuldens, den konkreten Umständen der Handlung, den Folgen und dem Einfluss der Verletzung die Betragshöhe des Schadens bemessen. Das Verschulden des Täters ist von großer Bedeutung beim Ermessen der Höhe des immateriellen Schadensersatzes. Zum

Genugtuungsgeld für seelische Schäden zählen: 1) Behindertenentschädigung im Fall der Behinderung; 2) Wergeld bei Tötung; 3) Genugtuungsgeld für andere seelische Schäden. Alle beinhalten pönale Elemente.

Unter dem Einfluss des common law hat China punitive damages im Wirtschaftsrecht eingeführt. Strafschadensersatz wurde im Verbraucherschutzgesetz und Ernährungssicherheitsgesetz vorgeschrieben. Das GdH 2010 schrieb Strafschadensersatz auch im Fall der Produkthaftung vor. Der Allgemeine Teil des Zivilgesetzbuchs wurde am 15. März 2017 durch den Volkskongress verabschiedet und trat am 1.10.2017 in Kraft. § 179 II ATZGBC schreibt unter Außerachtlassen des Meinungsstreits eindeutig Strafschadensersatz vor.

B. Zivilrecht und Strafrecht

Zivilrecht und Strafrecht waren in beiden Staaten miteinander vermischt. Im germanischen Stammesrecht wurden die beiden Bereiche des Rechts nicht klar differenziert. Sanktionen waren sowohl privat als auch pönal. Sühneleistung war eine Kombination von Strafe und Schadensersatz. Erst durch den Einfluss der deutschen „Friedensbewegung“ im Mittelalter entstanden viele Gesetze, die hauptsächlich das alte Sanktionssystem bekämpften, wodurch dieses allmählich ausgelöscht wurde. Das auf Basis der peinlichen Gesetze entstehende neue Sanktionssystem, Verstaatlichung der peinlichen Strafe, Subjektivierung der Strafe usw. charakterisieren die „Geburt der Strafe“ in Deutschland. Mit der im Hoch- und Spätmittelalter erfolgten „Geburt der Strafe“ entstand die Trennung der strafrechtlichen und zivilrechtlichen Sanktion. Seit den Kodifikationen im 19. Jahrhundert wurden Zivilrecht und Strafrecht getrennt, obwohl sie noch in einem Gesetzbuch vorgeschrieben wurden. Das Zivilrecht wurde im BGB entpönalisiert. Strafschadensersatz wurde bewusst abgeschafft.

In China entstand die pönale Strafe wegen der Bildung des zentralen Staatssystems sehr früh. Das Strafrecht entwickelte sich schneller als das Zivilrecht. Bei den Kodifikationen im alten China handelte es sich überwiegend um Strafrecht. Die Gesetzbücher waren hauptsächlich Strafgesetzbücher, obwohl darin auch einige zivilrechtliche Regelungen enthalten waren. Strafe und Schadensersatz wurden als Rechtsfolgen des Delikts in den Gesetzbüchern vorgeschrieben. Beim Ersatz für Sachverletzung galt im Wesentlichen das ausgleichende Prinzip. In einigen besonderen Fällen gab es überdies Strafschadensersatz. Bei Ersatz für Körperverletzung erschienen allmählich Sühnegeld, Garantie, Beerdigungskosten usw. Obwohl in solchen Regelungen auch pönale Elemente enthalten waren, wurden sie in erster Linie als Schadensersatz betrachtet. Die erste Kodifikation des Zivilrechts in China, die stark durch das BGB beeinflusst war, erfolgte erst zu Beginn des 20. Jahrhunderts.

C. Traditionelles Recht und ausländisches Recht

Rein traditionelles Recht in Deutschland war sogenanntes germanisches Recht, das vor der Rezeption anderen Rechts in den germanischen Stämmen galt. Das Sanktions- und Kompensationssystem war primitiv. Ab der fränkischen Zeit wurde Stammesrecht durch römisches und kanonisches Recht beeinflusst. Die verschiedenen Rechte in Deutschland entwickelten sich zum sogenannten Gemeinen Recht. Bei dem usus modernus wurde römisches Recht in Deutschland schnell entwickelt. Dabei entstand die sogenannte Pandektistik, welche die deutsche Zivilrechtswissenschaft des 19. Jahrhunderts prägte und die Kodifikation des BGB stark beeinflusste.

Anders als das deutsche Recht hat das traditionelle chinesische Recht eine lange Geschichte, in der es sich fast ohne Einfluss ausländischen Rechts entwickelte. Erst zu Beginn des 20. Jahrhunderts wurde es durch Reform verändert. Das einflussreichste ausländische Recht ist das deutsche Recht. Die Aufnahme des deutschen Rechts war nicht wie die Rezeption des römischen Rechts in Deutschland. Vielmehr erfolgte sie in kurzer Zeit quasi als direkte Kopie. Sie schaffte den Einfluss des Konfuzianismus auf den Schadensersatz ab. Aber sie veränderte das Schadensersatzrecht nicht wesentlich, da das ausgleichende Prinzip auch schon im traditionellen Recht Chinas vorgeherrscht hatte. Durch die Rezeption wurde jedoch vielfacher Schadensersatz beseitigt. Ab der Gründung der VR China wurde das Zivilrecht stark durch den Sozialismus beeinflusst. Seit der Reform- und Öffnungspolitik übten das BGB und das common law Einfluss auf das chinesische Zivilrecht aus. Einerseits bildet das Ausgleichungsprinzip den Kern des Schadensersatzrechts. Andererseits findet in einigen speziellen Fällen Strafschadensersatz Anwendung. Obwohl die punitive damages die Einführung des Strafschadensersatzes beeinflussten, wurde die Regelung des Strafschadensersatzes nach dem Vorbild des traditionellen vielfachen Schadensersatzes konstruiert. Wie im traditionellen Recht wird Strafschadensersatzes vor allem auf bestimmte Delikten bezogen. Das traditionelle Recht Chinas hat noch Einfluss auf die Körperverletzung, zum Beispiel im Fall der Entschädigung bei Verkrüppelung und Tötung.

D. Dogmatik und Funktionalismus

Deutsches Schadensersatzrecht im BGB wurde streng nach der Methodik der Dogmatik entwickelt. Die Trennung von Strafrecht und Zivilrecht wurde als Grundsatz angesehen. Es ist schwer für eine ausländische Methodik des Zivilrechts in die deutsche Zivilrechtsdogmatik über Schadensersatzrecht einzudringen. Das chinesische Zivilrecht wurde im Gegenteil am Ende der Qing-Dynastie neu geschaffen und im Zeitraum der Kulturrevolution völlig zerschlagen. Nach der Reform- und Öffnungspolitik wurde chinesisches Recht stark durch ausländisches Recht beeinflusst. In Folge der Wirtschaftspolitik der letzten 30 Jahre hielt Utilitarismus in China Einzug. Die zivilrechtlichen Regelungen wurden neu gefasst. Es gibt nur ein lockeres, uneinheitliches Zivilrechtssystem in China. Der Funktionalismus spielt eine entscheidende Rolle bei der Gesetzgebung. Viele neue Regelungen, die der Anpassung an die Marktwirtschaft dienen konnten, wurden durch Rechtsvergleichung und Rechtsrezeption aus dem Ausland, insbesondere aus Deutschland und den USA, aufgenommen. Punitive damages wurden vor diesem Hintergrund zuerst im Wirtschaftsrecht wieder eingeführt, um gegen die immer schwerere Fälschung und Lebensmittelsgefährdung auf der Markt zu kämpfen.[1448]

[1448] Liu, Dahong/Duan, Honglei, Die Wandlung und künftige Entwicklung des Strafschadensersatzes im Bereich des Verbraucherschutzes, in: Science of Law, 2016(04), S. 114, 122f; vgl. Li, Yougen, Wege zum Finden der chinesischen Fragen im Wirtschaftsrecht, in: Economic Law Review, 2018(01).

E. Wirtschaftsrecht und die ökonomische Analyse des Rechts

Das BGB wurde 1896 verabschiedet. Bei der Kodifikation wurde das Schuldrecht stark durch die Pandektistik beeinflusst. Die ökonomische Analyse des Rechts wurde damals nicht in der Rechtswissenschaft entwickelt.[1449] Wirtschaftsrecht entwickelte sich in Deutschland nach der privaten und öffentlichen Rechtstheorie. Weil die Verbraucherschutzpolitik der EU später Einfluss auf Deutschland ausübte, wurden entsprechende Regelungen ins System des BGB aufgenommen. Die punitive damages des common law wurden auch aufgrund des Widerspruchs zur privatrechtlichen Dogmatik abgelehnt.

Seit der Begründung der Marktwirtschaft entwickelte sich das Wirtschaftsrecht in der VR China rasant. Einerseits war die Entwicklung der Rechtswissenschaft von 1949 bis zum Ende der Kulturrevolution fast 30 Jahre lang verhindert worden. Traditionelle Zivilrechtstheorie hatte nicht so starken Einfluss wie in Deutschland. Andererseits wollte China die Marktwirtschaft schnell entwickeln. Das Wirtschaftsrecht wird durch die ökonomische Analyse beeinflusst. Viele Regelungen wurde unter der Fahne des rechtwissenschaftlichen Pragmatismus festgelegt. Deswegen entwickelt sich Wirtschaftsrecht abhängig vom Zivilrecht. Im Vergleich zum deutschen Recht hatten die punitive damages der USA einen großen Einfluss auf das Wirtschaftsrecht in China. Sie wurden in das Verbraucherschutzgesetz 1993 aufgenommen. Strafschadensersatz fand nur bei Vertragsverletzung Anwendung. Es galt nicht im Falle des Delikts. Nach dem Melamin-Skandal 2008 wurde Strafschadensersatz im LSG vorgeschrieben. Der Strafschadensersatz galt hier nicht nur im Vertragsbereich, sondern auch im Bereich des Delikts. Am 23. Okt. 2013 wurde das Verbraucherschutzgesetz modifiziert. Strafschadensersatz in § 49 VSG (a.F.) wurde abgeschafft und in § 55 VSG (n.F.) vorgeschrieben. Danach wurde Strafschadensersatz sowohl vertraglich als auch deliktisch vorgeschrieben. Im Jahr 2015 wurde Strafschadensersatz auch im LSG modifiziert.

1449 Rückert/Seinecke, Methodik des Zivilrechts – von Savigny bis Teubner, S. 471.

F. Soziologische Kritik und Sozialismus

Die soziale Aufgabe wurde im BGB nicht eindeutig vorgeschrieben. Obwohl Otto von Gierke in seiner Kritik gegen den ersten BGB-Entwurf die soziale Aufgabe aufgestellt hatte, bezog er sich hierbei nicht auf das Schadensersatzrecht.[1450] Beim Schadensersatzrecht im BGB herrscht noch die pandektische Dogmatik.

Unter dem Einfluss des Sozialismus wurden viele soziale Aufgaben eindeutig in den Privatgesetzen Chinas vorgeschrieben. § 1 AGZ schreibt vor, dass dieses Gesetz entsprechend den Erfordernissen der Entwicklung des Aufbaus der sozialistischen Modernisierung festgelegt werde, um die legalen zivilen Rechte und Interessen der Bürger und juristischen Personen zu gewährleisten und um die Zivilbeziehungen korrekt zu regeln. § 1 GdH schreibt vor, dass sich dieses Gesetz darauf beziehe, die legalen Rechte und Interessen der zivilen Subjekte zu schützen, die zivile Haftung klarzustellen, Rechtsverletzung vorzubeugen und zu sanktionieren, und die Harmonie und Stabilität der Gesellschaft zu fördern. Die sozialen Aufgaben im AT des ZGB wurden ebenfalls in § 1 niedergelegt. Folgende soziale Aufgaben werden aufgeführt: die soziale und wirtschaftliche Ordnung zu gewährleisten, den Erfordernissen der chinesischen sozialistischen Entwicklung zu entsprechen und die zentralen sozialistischen Wertanschauungen zu fördern. Solche sozialen Aufgaben haben Einfluss auf die Abfassung der Regelungen. Die Dogmatik konnte durch die sozialen Aufgaben verändert werden. Insbesondere im Bereich des Delikts wurden der Haftung soziale Aufgaben hinzugefügt, zum Beispiel Rechtsverletzung vorzubeugen und zu sanktionieren, die Harmonie und Stabilität der Gesellschaft zu fördern. Strafschadensersatz wurde als Instrument zur Erfüllung der sozialen Aufgabe genutzt.[1451] Bei der Kodifikation des ZGBC wurden die Funktionen des Strafschadensersatzes noch einmal ausdrücklich betont.[1452] Strafschadensersatz wird heute unter dem Einfluss des Rechtsrealismus weiter entwickelt.

[1450] Von Gierke, Die soziale Aufgabe des Privatrechts, 3ff.

[1451] Vgl. Binding, GdH, S. 5.

[1452] Shi, Hong, ATZGBC, S. 421.

Literaturverzeichnis

Deutsch- und englischsprachige Literatur

Achter, Viktor	Geburt der Strafe, Frankfurt am Main: Vittorio Klostermann, 1951.
Alonso-Lasheras, Diego	Luis de Molina's De Iustitia et Iure – Justice as Virtue in an Economic Context, Lriden/Boston: Brill, 2011.
Armason, Ulrich	Schaden und abgestufte Haftung (Proportionalitätsprinzip) im Preussischen Allgemeinen Landrecht von 1791 unter Beschränkung hauptsächlich auf die unerlaubten Handlungen, Dissertation, Ruprecht-Karl-Universität Heidelberg, 1975 (zitiert als Schaden und abgestufte Haftung im ALP).
Amelung, Knut/ Beulke, Werner/ Lilie, Hans/ Rosenau, Henning/ Rüping, Hinrich/ Wolfslast, Gabriele (Hrsg.)	Strafrecht, Biorecht, Rechtsphilosophie – Festschrift für Hans-Ludwig Schreiber zum 70. Geburtstag am 10. Mai 2003, Heidelberg: C. F. Müller Verlag, Hüthig GmbH & Co. KG, 2003.
Aymans, Winfried	Kanonisches Recht – Lehrbuch aufgrund des Codex Iuris Canonici, Band I, Paderborn, München, Wien, Zürich: Ferdinand Schöningh, 1991.
Aymans, Winfried/ Müller, Ludger	Kanonisches Recht – Lehrbuch aufgrund des Codex Iuris Canonici, Band IV, Paderborn, München, Wien, Zürich, Ferdinand Schöningh, 2013.
Baumstark, Anton,	Die Germania des Tacitus, Freiburg: Herder'sche Buchhandlung, 1876.

Behrends, Okko/Knütel, Rolf/ Kupisch, Berthold/Seiler, Hans Hermann Corpus Iuris Civilis – Text und Übersetzung, I, Digesten 1-10, Heidelberg: C. F. Müller Verlag, 1995.

Behrends, Okko/Knütel, Rolf/ Kupisch, Berthold/Seiler, Hans Hermann Corpus Iuris Civilis – Text und Übersetzung, I, Institutionen, Heidelberg: C. F. Müller Verlag, 2. Verbesserte und erweiterte Auflage, 1997.

Binding, Jörg Das Gesetz der VR China über die deliktische Haftung, Berlin/Boston, de Gruyter, 2012.

Binding, Jörg/Pißler, Knut Benjamin/Xu, Lan Chinesisches Zivil- und Wirtschaftsrecht, Frankfurt am Main: Fachmedien Recht und Wirtschaft, 2015.

Bornemann, Wilhelm Systematische Darstellung des Preußischen Zivilrechts mit Benutzung der Materialien des Allgemeinen Landrechts, Zweiter Band, Berlin: Jonas Verlagsbuchhandlung, zweite, vermehrte und verbesserte Ausgabe, 1842 (Zitiert als: Bornemann, Systematische Darstellung des Preußischen Civilrechts).

Bötticher, Eduard Die Einschränkung des Ersatzes immateriellen Schadens und der Genugtungsanspruch wegen Persönlichkeitsminderung, MRD, S. 353-360

Brauneder, Wilhelm Europäische Privatrechtsgeschichte, Wien, Köln, Weimar: Böhlau Verlag, 2014.

Bring, Alois Lehrbuch der Pandekten, zweiter Band, erste Abteilung, zweite, veränderte Auflage, Erlangen: Verlag von Andreas Deichert, 1879.

Bu, Yuanshi Einführung in das Recht Chinas, München: C. H. Beck, 2009.

Bu, Yuanshi (Hrsg.) Recht und Rechtswirklichkeit in Deutschland und China, Tübingen: Mohr Siebeck, 2011.

Clasen, Mülheim Zur rechtlichen Natur des Schmerzensgeldanspruches, NJW 1957, S. 697-698.

Coing, Helmut Handbuch der Quellen und Literatur der neueren Europäischen Privatrechtsgeschichte, I. Band, München: C.H. Beck´sche Verlagsbuchhanglung, 1973.

Daniel, Andreas Gemeines Recht: Eine systematische Einordnung der Rechtsfigur und ihrer Funktion sowie die Bestimmung der inhaltlichen Probleme aus der Sicht des 18. Jahrhunderts, Berlin: Duncker&Humbolt, 2003.

D. Clarke, Peter/ J. Duggan, Anne Pope Alexander III (1159-81) – The Art of Survival, England: Ashgate Publishing, 2012.

Deutsch, Erwin Die Medizinhaftung nach dem neuen Schuldrecht und dem neuen Schadensrecht, JZ 2002, S. 588-593.

Deutsch, Erwin, Schmerzensgeld und Genugtuung, JuS 1969, S. 197-204.

Deutsch, Erwin/ Ahrens, Hans-Jürgen Deliktsrecht – Unerlaubte Handlungen · Schadensersatz · Schmerzensgeld, München: Verlag Franz Vahlen, 6., vollständig überbearbeitete und erweiterte Auflage, 2014.

Ebert, Ina Pönale Elemente im deutschen Privatrecht – von der Renaissance der Privatstrafe im deutschen Privatrecht, Tübingen: Mohr Siebeck, 2004

Ehrig, Otto Der Grundsatz der Naturalrestitution im Bürgerlichen Gesetzbuch und seine Durchbrechung zugunsten des Geldsatzes, Dissertations-Druckrei Düren, 1933.

Erler, Adalbert/ Kaufmann, Ekkehard Handwörterbuch zur deutschen Rechtsgeschichte, I. Band, Berlin: Erich Schmidt Verlag, 1971 (zitiert als: HRG, Band I).

Erler, Adalbert/ Kaufmann, Ekkehard Handwörterbuch zur deutschen Rechtsgeschichte, II. Band, Berlin: Erich Schmidt Verlag, 1978 (zitiert als:HRG, Band II).

Erler, Adalbert/ Kaufmann, Ekkehard Handwörterbuch zur deutschen Rechtsgeschichte, III. Band, Berlin: Erich Schmidt Verlag, 1984 (zitiert als: HRG, Band III).

Erler, Adalbert/ Kaufmann, Ekkehard Handwörterbuch zur deutschen Rechtsgeschichte, IV. Band, Berlin: Erich Schmidt Verlag, 1990 (zitiert als: HRG, Band IV).

Erler, Adalbert/ Kaufmann, Ekkehard Handwörterbuch zur deutschen Rechtsgeschichte, V. Band, Berlin: Erich Schmidt Verlag, 1998 (zitiert als: HRG, Band V).

Coing, Helmut Europäisches Privatrecht, Band I. Älteres Gemeines Recht (1500 bis 1800), München: C. H. Beck´sche Verlagsbuchhandlung, 1985.

Coing, Helmut Europäisches Privatrecht, Band I. 19. Jahrhundert: Überblick über die Entwicklung des Privatrechts in den ehemals gemeinrechtlichen Ländern, München: C. H. Beck´sche Verlagsbuchhandlung, 1985.

Frank, Reinhard Das Strafgesetzbuch für das Deutsche Reich nebst dem Einführungsgesetze, Tübingen: Verlag von J. C. D. Mohr, achte bis zehnte, neu bearbeitete Auflage, 1911.

Franken, Alex Lehrbuch des Deutschen Privatrechts, Leipzig: Verlag von Duncker & Humbolt, 1894.

Fried, Johannes (Hrsg.) Träger und Instrumentarien des Friedens im hohen und späten Mittelalter, Band XLIII, Sigmaringen: Jan Thorbecke Verlag, 1996.

Fuchs, Maximilian/ Pauker, Werner Delikts- und Schadensersatzrecht, Heidelberg/Dordrecht/London/New York: Springer, 8., aktualisierte und erweiterte Auflage, 2012.

Friedl, Hans Codex Maximilianeus Bavaricus Civilis von X. W. A. Freiherrn v. Kreittmayr, Dissertation, Friedrich – Alexanders – Universität Erlangen, 1934.

Fürster, Franz/Grrins, M. G. Theorie und Praxis des heutigen gemeinen preußischen Privatrechts, II. Band, Berlin: Druck und Verlag von Georg Reimer, fünfte Auflage, 1887.

Gernhuber, Joachim Die Landfriedensbewegung in Deutschland bis zum Mainzer Reichslandfrieden von 1235, Bonn: Röhrscheid, 1952.

Grossfeld, Bernhard Die Privatstrafe: Ein Beitrag zum Schutz des allgemeinen Persönlichkeitsrechts, Frankfurt/M./Berlin: Alfred Metzner Verlag, 1961.

Gratian The Treatise on Laws with the Ordinary Gloss, tanslated by Augustine Thompson and James Gordley, Washington: The Catholic University of America Press, 1993.

Grützmann, Paul Lehrbuch des königlich Sächsischen Privatrechts, 1. Band, Allgemeine Lehren und Sachenrecht, Leipzig: Druck und Verlag von Breitkopf und Härtel, 1887.

Grützmann, Paul Lehrbuch des königlich Sächsischen Privatrechts, 2. Band, Recht der Forderungen, Familienrecht, Erbschaftsrecht, Leipzig: Druck und Verlag von Breitkopf und Härtel, 1889.

Haering, Stephan/ Rees, Wilhelm/ Schmitz, Heribert Handbuch des katholischen Kirchenrechts, Regensburg: Verlag Friedrich Pustet, 3. Vollständig neubearbeitete Auflage, 2015.

Hahn, Carl. (Hrsg.) Die gesammten Materialien zur Strafprozeßordnung und dem Einführungsgesetz zu derselben vom 1. Februar 1877, Berlin: R. v. Decker´s Verlag, zweite Auflage, 1885 (zitiert als: Hahn, die gesammten Materialien zur StPO, S. ...).

Hähnchen, Susanne Rechtsgeschichte – von der Römischen Antike bis zur Neuzeit, Heidelberg, München, Landsberg, Frechen, Hamburg: C. F. Müller, 2012.

Hagemann, Matthias Iniuria – von den XII-Tafeln bis zur Justinianischen Kodifikation, Köln/Weimar/Wien: Böhlau Verlag, 1998.

Hänsel, Philipp Heinrich Friedrich Lehrbuch des Königlich-Sächsischen Privatrechts, erste Abteilung. Dritte vermehrte Auflage, Leipzig: in der Hahn´schen Verlags-Buchhandlung, 1847.

Harke, Jan-Dirk Römisches Recht – von der klassischen Zeit bis zu der modernen Kodifikation, München: C. H. Beck Verlag, 2008.

Hartung, Hansrudolf Haftpflichtsicherung und Schmerzensgeld, NJW 1957, S. 125-127.

Hattenhauer, Hans Die Bedeutung der Gottes- und Landfrieden für die Gesetzgebung in Deutschland, Dissertation, Marburg, 1958/60.

Hattenhauer, Hans/ Bernert, Günther Allgemeines Landrecht für die Preußischen Staaten von 1794, Neuwied, Kriftel, Berlin: Hermann Luchterhand Verlag GmbH, 1994.

Haubold, Christian Gottlieb Lehrbuch des Königlich-Sächsischen Privatrechts, Leipzig: in der Hahn´schen Verlagshandlung, 1820.

Hausmaninger, Herbert Das Schadensersatzrecht der lex Auilian, Wien: Manzsche Verlags- und Universitätsbuchhandlung, 5., durchgesehene und ergänzte Auflage, 1996.

Hausmaninger, Herbert/ Selb, Walter Römisches Privatrecht, Wien, Köln, Weimar: Böhlau Verlag, 9., völlig neu bearbeitete Auflage, 2001.

Heimbach, Carl Wilhelm Ernst Nachträge zu dem Lehrbuche des particulären Privatrechts, Jena: in der Gröterschen Buchhandlung, 1853.

Held, G. F./Siebdrat, G. A. Criminalgsetzbuch und forststrafrechtliche Bestimmungen für das Königreich Sachsen nebst einem durchlaufenden Commentar zum Handgebrauche bei jeder Art des gerichtlichen Verfahrens, sowie für Universitätsstudien, Leipzig: Verlag der J. C. Hinrichs´schen Buchhandlung, 1848.

Helml, Ewald Die geschichtliche Entwicklung der bayerischen Erbrechtsnormen – vom oberbayerischen Landrecht des Jahres 1346 zum Codex Maximilianeus Bavaricus Civilis, Dissertation, Universität Passau, 1985 (zitiert als: Die geschichtliche Entwicklung der bayerischen Erbrechtsnormen).

Herrmann, Manfred Der Schutz der Persönlichkeit in der Rechtslehre des 16. – 17. Jahrhunderts – Dargestellt an Hand der Quellen des Humanismus, des aufgeklärten Naturrechts und des Usus modernus, Stuttgart/Berlin/Köln/Mainz: W. Kohlhammer Verlag, 1968.

Holzhauer, Heinz „Geburt der Strafe“, in: Acta Universitatis Szegediensis de Attila József Nominatae, Acta Juridica et Politica, Tomus XLII, Fasciculus 2, Szeged, 1992.

Honsell, Heinrich Die Funktion des Schmerzensgeldes, VersR 1974, S. 205-207.

Honsell, Heinrich Römisches Recht, Berlin/Heidelberg: Springer Verlag, 8. Auflage, 2015.

Horter, Carsten Der Strafgedanke im Bürgerlichen Recht – Zugleich ein Versuch der Neubewertung der Rechtsfolgen missbilligter Rechtsgeschäfte sowie Verletzungen des Körpers und des Persönlichkeitsrechts, Hamburg: Druck von Verlag Dr. Kovac, 2013.

Hübner, Rudolf Grundzüge des Deutschen Privatrechts, Leipzig: A. Deichertsche Verlagsbuchhandlung Dr. Werner Scholl, fünfte, durchgesehene Auflage, 1930.

Jüping, Hinrich/ Jerpuschek, Günter Grundriss der Strafrechtsgeschichte, München: C. H. Beck, 6. Auflage, 2011.

Kaser, Max/ Knütel, Rolf Römisches Privatrecht, München: C. H. Beck Verlag, 20., überarbeitete und erweiterte Auflage, 2014.

Katzenmeier, Christian Die Neuregelung des Anspruchs auf Schmerzensgeld, JZ 2002, S. 1029-1036.

Kiefer, Thomas Die Aquilische Haftung im „Allgemeinen Landrecht für die Preußischen Staaten“ von 1794, Pfaffenweiler: Gentaurus-Verlagsgesellschaft, 1989 (zitiert als: Die Aquilische Haftung im ALP von 1794).

Klumpp, Steffen Die Privatstrafe – eine Untersuchung privater Strafzwecke (Zivilrechtlicher Schutz vor Zwangskommerzialisierung), Berlin: Dunker & Humblot, 2002

Köbler, Bernhard Geschichte des Römischen Rechts, Aalen: Scientia Verlag, 1979.

Köbler, Gerhard Deutsche Rechtsgeschichte, München: Franz Vahlen, 6. Auflage, 2005.

Koch, C. K.(Hrsg.) Allgemeines Landrecht für die Preußischen Staaten, Erster Band, Berlin und Leipzig: Verlag von J. Guttentag, 1884.

Kötz, Hein/ Wagner, Gerhard Deliktsrecht, München: Verlag Franz Vahlen, 12., neu bearbeitete Aufgabe, 2013.

Kroeschell, Karl Deutsche Rechtsgeschichte, 11. Auflage, Opladen/Wiesbaden: Westdeutscher Verlag GmbH, 1999

.

Krüger, Wolfgang (Redakteur) Münchener Kommentar zum Bürgerlichen Gesetzbuch, Band 2: Schuldrecht – Allgemeiner Teil, München: Verlag C. H. Beck oHG, 7. Auflage, 2016 (Zitiert als: MüKoBGB/Bearbeiter § ... Rn ...).

Landau, Peter Neuere Forschung zu Quellen und Institutionen des klassischen kanonischen Rechts bis zum Liber Sexus. Ergebnisse und Zukunfsperspektiven, in: Linehan, Peter, Proceedings of the Seventh International Congress of Medieval Canon Law, Citta Del Caticano, 1988, S. 26-47.

Lange, Hermann Gutachten für den 43. Deutschen Juristentag, Tübingen: J.C.B. Mohr (Paul Siebeck), 1960.

Lange, Hermann Schadensersatz und Privatstrafe in der mittelalterlichen Rechtstheorie, Dissertation, Münster, 1955.

Lange, Hermann/ Schiemann, Gottfried Schadensersatz, Tübingen: Mohr Siebeck, 3., neubearbeitete Auflage, 2003.

Laufs, Adolf Rechtsentwicklung in Deutschland, Berlin: De Gruyter Recht, 6. Auflage, 2006.

Lepa, Manfred Die Wandlungen des Schmerzensgeldanspruchs und ihre Folgen, in: Neminem laedere: Aspekte des Haftungsrechts, Festschrift für Gerda Müller, Köln: Carl Heymanns Verlag, 2009.

Lipp, Martin Die Bedeutung des Naturrechts für die Ausbildung der Allgemeinen Lehren des deutschen Privatrechts, Berlin: Duncker&Humblot, 1980.

Lippert, Stefan Recht und Gerechtigkeit bei Thomas von Aquin – Eine rationale Rekonstruktion im Kontext der Summa Theologiae, Marburg: N. G. Elwert Verlag, 2000.

Löwe, Ewald (Hrsg.) Strafprozeßordnung für das Deutsche Reich nebst dem Gerichtsverfassungsgesetz und den das Strafverfahren betreffenden Bestimmungen der übrigen Reichsgesetze. Dritte, verbesserte und vermehrte Auflage, Berlin und Leipzig: Verlag von J. Guttentag (D. Collin), 1882.

Looschelders, Dirk Schuldrecht-Allgemeiner Teil, München: Verlag Franz Vahlen, 13., neu bearbeitete Auflage, 2015.

Mainzer, Robert Die ästimatorische Injurienklage in ihrer geschichtlichen Entwicklung, Stuttgart: Druck von Strecker & Schröder, 1908.

Manthe, Ulrich Geschichte des römischen Rechts, München: C. H. Beck Verlag, 4. Auflage, 2011.

Rückert, Joachim/ Schmoeckel, Mathias/ Zimmerman, Reinhard (Hrsg.) Historisch-kritischer Kommentar zum BGB, Band III Schuldrecht Besonderer Teil, Tübingen: Mohr Siebeck 2013 (zitiert als: HKK/Bearbeiter, §..., Rn.).

Senn, Marcel Rechtsgeschichte – ein kulturhistorischer Grundriss, Zürich • Basel • Genf: Schulthess 4. Auflage 2007 (zitiert als Senn, Rechtsgeschichte, 4. A.).

Senn Marcel/ Gschwend, Lukas/ Mortanges, Rene Pahud De Rechtsgeschichte – auf kulturgeschichtlicher Grundlage, Zürich • Basel • Genf: Schulthess, 2. Auflage, 2007. (zitiert als: Senn/Geschwend/Pahua, Rechtsgeschichte, 2. A. 2007).

Maurenbrecher, Romeo Lehrbuch des heutigen gemeinen deutschen Rechts, zweite Abteilung, Bonn: Ebuard Weber, 1834.

Stephan, Meder Rechtsgeschichte – Eine Einführung, Köln • Weimar • Wien: Böhlau Verlag, 5., durchgesehene Auflage, 2014.

Medicus, Dieter/ Lorenz, Stephan Schuldrecht I: Allgemeiner Tein, München: C. H. Beck Verlag, 21., neu bearbeitete Auflage, 2015.

Medicus, Dieter/ Mertens, Hans-Joachim/ Nörr, Knut Wolfgang/ Zöllner, Wolfgang (Hrsg.) Festschrift für Hermann Lange zum 70. Geburtstag am 24. Januar 1992, Stuttgart/Berlin/Köln: Verlag W. Kohlhammer, 1992.

Mugdan, Benno Die gesammten Materialien zum Bürgerlichen Gesetzbuch für das Deutsche Reich, II. Band, Berlin: R. v. Becker´s Verlag, 1899.

Müller, Klaus/ Soell, Hermann (Hrsg.) Rechtswissenschaft und Gesetzgebung – Festschrift für Eduard Wahl zum siebzigsten Geburtstag am 29. März 1973, Heidelberg: Carl Winter Universitätsverlag, 1973.

Niemeyer, Jürgen BGB § 847 (Funktion und Bemessung des Schmerzensgeldes), NJW 1976, S. 1792.

Oertmann, Paul Das Recht der Schuldverhältnisse, Berlin Carl Hezmanns Verlag, zweite, völlig umgearbeitete Auflage, 1906.

Oestmann, Peter Wege zur Rechtsgeschichte: Gerichtsbarkeit und Verfahren, Köln, Weimar und Wien: Böhlau Verlag, 2015.

Oppenhoff, Friedrich Das Strafgesetzbuch für das Deutsche Reich, fünfte Ausgabe, Berlin: Druck und Verlag von Georg Reimer, 1876.

Oppenhoff, Friedrich Das Strafgesetzbuch für das Deutsche Reich, vierzehnte verbesserte und bereicherte Ausgabe, Berlin: Druck und Verlag von Georg Reimer, 1901.

Ottenwälder, Paul Zur Naturrechtslehre des Hugo Grotius, Tübingen: Verlag J. C. B. Mohr (Paul Siebeck), 1950.

Otto, Carl Ed/ Schilling, Bruno Das Corpus Juris Civilis ins Deutsche übersetzt von einem Vereine Rechtsgelehrter, Vierter Band, Leipzis: Verlag von Carl Focke, 1832.

Otto, Gerhard Das Privatrecht bei Francisco de Vitoria, Köln/Graz: Böhlau Verlag, 1964.

Pecher, Hans-Peter Anspruch auf Genugtuung als Vermögenswert, AcP 171 (1971), S. 44-81.

Pennrich, Walter Der Inhalt des Schadensersatzes im Naturrecht des 17. Und 18. Jahrhunderts, Dissertation, Georg – August Universität Göttingen, 1952.

Pieper, Josef Über die Gerechtigkeit, München: Kösel Verlag, 1953.

Plöchl, Willibald M. Geschichte des Kirchenrechts, Band II, München, Wien: Verlag Herold, 1954.

Pöpperl, Peter Quellen und System des Codex Maximilianeus Bavaricus Civilis, Dissertation, Julius – Maximilians – Universität zu Würzburg, 1967.

Pöschmann, Karl Magnus Commentar zu dem bürgerlichen Gesetzbuche für das Königreich Sachsen, Zweiter Band, Das Recht der Forderungen, Leipzig: J. C. Hinrich´sche Buchhandlung, 1865.

Prutz, Hans Die Friedensidee – Ihr Ursprung, anfänglicher Sinn und allmählicher Wandel, München und Leipzig: Verlag von Dunder & Humblot, 1917.

Raber, Fritz Grundlagen klassischer Injurienansprüche, Wien/Köln/Graz: Hermann Böhlaus Nachf., 1969.

Riedl, Eckhard Die Bilderhandschriften des Sachsenspiegels und das Bürgerliche Gesetzbuch, Oldenburg: Isensee Verlag, 1998.

Roth, Paul/ von Meibom, Victor, Kurhessisches Privatrecht, erster Band, Marburg: R. G. Elwert´sche Universitätsbuchhandlung, 1858.

Roßhirt, Conrad Franz Gemeines Deutsches Civilrecht, zweiter Theil, Heidelberg: Druck und Verlag von Karl Groos, 1840.

Rückert, Joachin/ Seinecke, Ralf (Hrsg.) Methodik des Zivilrechts – von Savigny bis Teubner, 3., erweiterte Aufgabe, Baden-Baden: Nomos Verlagsgesellschaft, 2017.

Rüdorff, Hans Strafgesetzbuch für das Deutsche Reich, Berlin und Leipzig: Verlag von J. Guttentag (D. Collin), 1871.

Rüdorff, Hans Strafgesetzbuch für das Deutsche Reich. Dritte, mit besonderer Berücksichtigung der Praxis des Reichsgerichts bearbeitete Auflage, Berlin und Leipzig: Verlag von J. Guttentag (D. Collin), 1881.

Scattola, Merio Das Naturrecht vor dem Naturrecht – zur Geschichte des „ius naturae" im 16. Jahrhundert, Tübingen: Max Niemeyer Verlag, 1999.

Schäfer, Carsten Strafe und Prävention im Bürgerlichen Recht, AcP 202(2002), 397-434.

Schärfer, Hans-Bernd/ Ott, Claus Lehrbuch der ökonomischen Analyse des Zivilrechts, Berlin/Heidelberg/New York, 4. Auflage, 2005.

Schelle, Arno Das Problem des Zinsnehmens in der Theologie und Wirtschaft – Geschichte, Gegenwart und mögliche Zukunft eines alten Konstruktionsfehlers im Geld- und Währungssystem, Hannover-Fredelsloh, 2001.

Schiitt, G. L. (Hrsg.) J. A. Seuffert's Archiv für Entscheidungen der obersten Gerichte in den deutschen Staaten, neue Folge, einundzwanzigster Band, der ganzen Reihe einundfünfzigster Band, München und Leipzig: Druck und Verlag von R. Oldenbourg, 1896.

Schlosser, Hans/ Sprangel, Rolf/ Willoweit, Dietmar Herrschaftliches Strafen seit dem Hochmittelalter, Köln/Weimar/Wien: Böhlau Verlag, 2002.

Schmidt, Eberhard Einfürung in die Geschichte der deutschen Strafrechtspflege, Göttingen: Vandenhoeck & Ruprecht, 3. Auflage, 1995.

Schmoeckel, Mathias Auf der Suche nach der verlorenen Ordnung – 2000 Jahre Recht in Europa - Ein Überblick, Köln, Weimar, Wien: Böhlau Verlag, 2005.

Clausdieter, Schott (Hrsg.) Lex Alamannorum, Text–Übersetzung-Kommentar, Augsburg: Schwäbische Forschungsgemeinschaft, 1993.

Schultz, Fritz Classical Roman Law, Oxford: Clarendon Press, 1951.

Schubert, Claudia Die Wiedergutmachung immaterieller Schäden im Privatrecht, Tübingen: Mohr Siebeck, 2013.

Schubert, Werner Gesetzrevision (1825-1848), II. Abteilung: Öffentliches Recht, Zivilrecht und Zivilprozeßrecht, Band 3: Obligationenrecht, Vaduz/Liechtenstein: Topos Verlag AG, 1983 (zitiert als: Schubert, Gesetzrevision, II, 3, S.).

Schubert, Werner/ Vormbaum, Thomas (Hrsg.), Entstehung des Strafgesetzbuchs, Kommissionsprotokolle und Entwürfe, Band 1: 1869, Baden-Baden: Nomos Verlagsgesellschaft, 2002 (Zitiert als: Schubert/Vormbaum, Entstehung des Strafgesetzbuchs, Band 1, S.).

Schubert, Werner/ Vormbaum, Thomas (Hrsg.) Entstehung des Strafgesetzbuchs, Kommissionsprotokolle und Entwürfe, Band 1: 1870, Baden-Baden: Nomos Verlagsgesellschaft, 2004 (Zitiert als: Schubert/Vormbaum, Entstehung des Strafgesetzbuchs, Band 2, S.).

Schuld, Wolfgang Alte Gerichtsbarkeit: Vom Gottesurteil bis zum Beginn der modernen Rechtsprechung, München: Georg D. W. Callwey Verlag, 1980.

Schulte, Joh. Friederich Die Geschichte der Quellen und Literatur des canonischen Rechts, Band I, Graz: Akademische Druck- U. Verlagsanstalt. 1956.

Schuppenies, Peter Die Bürgschaft in der Bayerischen Landschaft, Baustein zu Kreittmayr – Forschung und zur Geschichte eines konkreten Rechtsinstituts, Dissertation, Universität Mannheim, 1975.

Schwardtner, Peter Der zivilrechtliche Persönlichkeitsschutz, JuS 1978, S. 289-299.

Schwarze, Friedrich Oscar Commentar zum Strafgesetzbuch für das Deutsche Reich vom 31. Mai 1870 – mit dem Gesetze, betreffend die Redaktion des Strafgesetzbuchs für den Norddeutschen Bund als Strafgesetzbuch für das Deutsche Reich, Leipzig: Fues´s Verlag (R. Reisland), 1871.

Senn, Marcel Rechtsgeschichte – ein kulturhistorischer Grundriss, 4. neubearbeitete und erweiterte Auflage, Zürich: Schulthess Verlag, 2007.

Seuffert, Johann Adam (Hrsg.) Seuffert´s Archiv für Entscheidungen der obersten Gerichte in den deutschen Staaten, zweiter Band (Bd. 6-10 der ersten Abdrucks), München: Literarisch-artistische Unstalt der J. G. Cotta´schen Buchhandlung, neuer unveränderter Abdruck, 1867.

Seuffert, Johann Adam. (Hrsg.) Seuffert´s Archiv für Entscheidungen der obersten Gerichte in den deutschen Staaten, dritter Band (Bd. 11-15 der ersten Abdrucks), München: Literarisch-artistische Unstalt der J. G. Cotta´schen Buchhandlung, neuer unveränderter Abdruck, 1867.

Seuffert, Johann Adam (Hrsg.) Seuffert´s Archiv für Entscheidungen der obersten Gerichte in den deutschen Staaten, zweiter Band (Bd. 6-10 der ersten Abdrucks), München: Literarisch-artistische Unstalt der J. G. Cotta´schen Buchhandlung, neuer unveränderter Abdruck, 1868.

Seuffert, Johann Adam (Hrsg.) Seuffert´s Archiv für Entscheidungen der obersten Gerichte in den deutschen Staaten, fünfter Band (Bd. 21-25 der ersten Abdrucks), München: Verlag von R. Oldenbourg, neuer unveränderter Abdruck, 1870.

Seuffert, Johann Adam (Hrsg.) Seuffert´s Archiv für Entscheidungen der obersten Gerichte in den deutschen Staaten, zweiunddreißigster Band, München: Druck und Verlag von Rudolf Oldenbourg, neuer unveränderter Abdruck, 1877.

Siebenhaar, Eduard Lehrbuch des Sächsischen Privatrechts, Leipzig: Druck und Verlag der Roßberg´schen Buchhandlungen, 1872.

Soergel, Hans-Theodor(Hrsg.)/ Spickhoff, Andreas, Bürgerliches Gesetzbuch mit Einfürungsgesetz und Nebengesetzen, Band12, Schuldrecht 10, §§823-853, ProdHG, UmweltHG, Stuttgart: W. Kohlhammer GmbH, 13. Auflage, 2005.

Soergel, Hans-Theodor(Hrsg.)/ Ekkenga, Jens Bürgerliches Gesetzbuch mit Einfürungsgesetz und Nebengesetzen, Band3/2, Schuldrecht 1/2, §§243-304, Stuttgart: W. Kohlhammer GmbH, 13. Auflage, 2014.

Steinglein, Melchior Kommentar zur Strafprozessordnung für das Deutsche Reich vom 1. Februar 1877 nebst dem Gerichtsverfassungsgesetz vom 27. Januar 1877 und den Einführungsgesetzen zu beiden Gesetzen, München: C. H. Beck´sche Verlagsbuchhandlung, dritte, neubearbeitete Auflage, 1898 (zitiert als: Steinglein, Kommentar zur StPO 1877, S.).

Stobbe, Otto Handbuch des Deutschen Privatrechts, erster Band, zweite Auflage, Berlin: Verlag von Wilhelm Hertz, 1882.

Stobbe, Otto Handbuch des Deutschen Privatrechts, zweiter Band, zweite Auflage, Berlin: Verlag von Wilhelm Hertz, 1882.

Strauss, Isidor Friedrich Die Buße des deutschen Strafrechts und der Ersatz des nichtvermögensrechtlichen Schadens im Bürgerlichen Gesetzbuch, Dissertation, Albert-Ludwigs-Universität zu Freibug im Breisgau, Druck des Ulmer Volksboten, 1901.

Striethorst, Theodor Archiv für Rechtsfälle, die zur Entscheidung des Königlichen Ober-Tribunals gelangt sind, 32 Band, Berlin: Verlag von J. Guttentag, 1859.

Sturm, Fritz Das Preußische Allgemeine Landrecht – Geist und Ausstrahlung einer großen Kodifikation, Karlsruhe: Verlag der Gesellschaft für Kulturhistorische Dokumentation e. V. Karlsruhe, 2014.

Their, Andreas Corpus Iuris Canonici, in: HRG, Band I, 2. Auflage, Sp. 894-907.

Thomas, J. A. C. The Institutes of Justinian – Text, Translation and Commentary, Amsterdam/Oxford: North-Holland Publishing Company, 1975.

Utz, Arthur Fridolin Kommentar zu Thomas v. Aquin, Recht und Gerechtigkeit, in: Thomas v. Aquin, Summa theologica, deutsch-lateinische Ausgabe, Band 18, Heidelberg 1953.

Voitus, C. A. Kommentar zu der Strafprozessordnung für das Deutsche Reich und den dieselbe ergänzenden Vorschriften des Gerichtsverfassungsgesetzes, Berlin: Druck und Verlag von G. Reimer, 1877 (zitiert als: Votius, Kommentar zu der StPO, S.).

von Aquin, Thomas summa theologiale - vollständige ungekürtzte deutsch-lateinische Ausgabe, Band 18, Herausgegeben von Albertus – Magnus – Akademie Walberberg bei Köln, Heidelberg, München, Graz, Wien, Salzburg: Gemeinschaftsverlag von F. H. Kerle und Anton Pustet, 1953.

von Amira, Karl Germanisches Recht, Band II, Berlin: Walter de Gruyter & Co, 1967.

von Bitter, Albrecht Das Strafrecht des Preußischen Allgemeinen Landrechts von 1794 vor dem ideengeschichtlichen Hintergrund seiner Zeit, Baden-Baden: Nomos Verlagsgesellschaft, 2013.

von Gierke, Otto Das Wesen der menschlichen Verbände, Berlin: Buchdruckerei von Gustav Schade (Otto Franke) in Berlin N., 1902.

von Gierke, Otto Die soziale Aufgabe des Privatrechts, Frankfurt a/M: Vittorio Klostermann, 2. Aufgabe, 1948.

von Gierke, Otto Naturrecht und Deutsches Rechts, Frankfurt a/M: Literarische Anstalt Rütten & Loening, 1883.

von Lübtow, Ulrich Schriften zur Römischen Geschichte, Band 5: Streifzüge durch das Privatrecht, Rheinfelden/Berlin: Schäuble Verlag, 1993.

von Roth, Paul System des Deutschen Privatrechts, zweiter Theil, Tübingen: Verlag der H. Laupp´schen Buchhandlung, 1880.

von Savigny, Friedrich Carl Das Obligationenrecht als Theil des heutigen Römischen Rechts, zweiter Band, Berlin: Bei Veit und Comp, 1853.

von Senger, Harro Einführung in das chinesische Recht, München: C. H. Beck, 1994.

von Juistorps, Johann Christian Edlen Grundsätze des deutschen peinlichen Rechts, erster Teil, sechste mit sechs Bogen vermehrte und von Fehlern gereinigte Auflage, Deutschland, 1796.

von Liszt, Franz Lehrbuch des Deutschen Strafrechts, achzehnte, völlig durchgearbeitete Auflage, Berlin: J. Guttentag Verlagsbuchhandlung GmbH, 1911.

von Staudinger, Julius Kommentar zum Bürgerlichen Gesetzbuch mit Einführungsgesetz und Nebengesetzen, II. Band: Recht der Schuldnerverhältnisse, a. Allgemeiner Teil, 2. Vollständig neubearbeitete Auflage, München: J. Schweitzer Verlag, 1906.

von Staudinger, Julius Kommentar zum Bürgerlichen Gesetzbuch mit Einführungsgesetz und Nebengesetzen, II. Band: Recht der Schuldnerverhältnisse, II. Teil, 3./4. neubearbeitete Auflage, München: J. Schweitzer Verlag, 1908.

von Staudinger, Julius Kommentar zum Bürgerlichen Gesetzbuch mit Einführungsgesetz und Nebengesetzen, II. Band: Recht der Schuldnerverhältnisse, II. Teil, §§ 581-853, 5./6. neubearbeitete Auflage, München: J. Schweitzer Verlag, 1910.

von Staudinger, Julius Kommentar zum Bürgerlichen Gesetzbuch mit Einführungsgesetz und Nebengesetzen, II. Band: Recht der Schuldnerverhältnisse, II. Teil, §§ 581-853, 7./8. neubearbeitete Auflage, München/Berlin: J. Schweitzer Verlag, 1912.

von Staudinger, Julius Kommentar zum Bürgerlichen Gesetzbuch mit Einführungsgesetz und Nebengesetzen, II. Band: Recht der Schuldnerverhältnisse, 3. Teil, §§ 631-853, 9. neubearbeitete Auflage, München/Berlin/Leipzig: J. Schweitzer Verlag, 1929.

von Staudinger, Julius Kommentar zum Bürgerlichen Gesetzbuch mit Einführungsgesetz und Nebengesetzen, II. Band: Recht der Schuldnerverhältnisse, 5. Teil, §§ 823-835, 10./11. neubearbeitete Auflage, Berlin: J. Schweitzer Verlag, 1975.

von Staudinger, Julius Kommentar zum Bürgerlichen Gesetzbuch mit Einführungsgesetz und Nebengesetzen, zweites Buch: Recht der Schuldnerverhältnisse, §§ 833-853, 12. neubearbeitete Auflage, Berlin: J. Schweitzer Verlag KG Walter de Gruyter & Co., 1986.

von Staudinger, Julius Kommentar zum Bürgerlichen Gesetzbuch mit Einführungsgesetz und Nebengesetzen, Buch 2: Recht der Schuldnerverhältnisse, §§ 249-254 (Schadensersatzrecht), Neubearbeitung 2005, Berlin: Sellier – de Gruyter, 2005.

von Staudinger, Julius Kommentar zum Bürgerlichen Gesetzbuch mit Einführungsgesetz und Nebengesetzen, Buch 2: Recht der Schuldnerverhältnisse, §§ 249-254 (Schadensersatzrecht), Neubearbeitung 2017, Berlin: Sellier – de Gruyter, 2017.

von Staudinger, Julius Kommentar zum Bürgerlichen Gesetzbuch mit Einführungsgesetz und Nebengesetzen, Buch 2: Recht der Schuldnerverhältnisse, §§ 328-345 (Vertrag zugunsten Dritter, Draufgabe, Vertragsstrafe), Neubearbeitung 2015, Berlin: Sellier – de Gruyter, 2015.

von Staudinger, Julius Kommentar zum Bürgerlichen Gesetzbuch mit Einführungsgesetz und Nebengesetzen, Buch 2: Recht der Schuldnerverhältnisse, § 823 A-D (Unerlaubte Handlungen 1 – Rechtsgüter und Rechte, Persönlichkeitsrecht, Gewerbebetrieb), Neubearbeitung 2017, Berlin: Sellier – de Gruyter, 2017.

von Staudinger, Julius Kommentar zum Bürgerlichen Gesetzbuch mit Einführungsgesetz und Nebengesetzen, Das Schuldrechtsmodernisierungsgesetz – seine Auswirkung auf J. von Staudinger Kommentar zum BGB, Berlin: Sellier - de Gruyter, 2002.

von Staudinger, Julius Kommentar zum Bürgerlichen Gesetzbuch mit Einführungsgesetz und Nebengesetzen, Eckpfeiler des Zivilrechts, Berlin: Sellier - de Gruyter, 2014.

von Ulrich, Jeinsen Der Concorde-Absturz – Aspekte einer vergleichsweisen Regulierung, VersR 2002, S. 30-34.

von Wächter, Carl Georg Die Buße bei Beleidigungen und Körperletzungen nach dem heutigen Gemeinen Recht, Leipzig: Verlag von Alexander Edelmannm, Universitäts-Buchhändler, 1874.

Völkl, Artur Die Verfolgung der Körperverletzung im frühen römischen Recht – Studium zum Verhältnis von Tötungsverbrechen und Injuriendelikt, Wien/Köln/Graz: Hermann Böhlaus Nachf., 1984.

Wadle, Elmar Landfrieden, Strafe, Recht, Zwölf Studien zum Mittelalter, Berlin: Dunker und Humblot, 2001.

Wadle, Elmar Zur Delegitimierung der Fehde durch die mittelalterliche Friedensbewegung, in:Herrschaftliches Strafen seit dem Hochmittelalter, S. 9-30.

Wagner, Gerhard Prävention und Verhaltenssteuerung durch Privatrecht – Anmaßung oder legitime Aufgabe?, AcP 206 (2006), S. 352-476.

Wang, Yanfeng Die "Allgemeinen Grundsätze des Zivilrechts der Volksrepublik China" vom 1. 1. 1987 und das Bürgerliche Gesetzbuch der Bundesrepublik Deutschland – Eine rechtsvergleichende Untersuchung, Dissertation, Westfälische Wilhelms-Universität zu Münster, 1989 (zitiert als: Wang, Yanfeng, AGZ und BGB, S.).

Watson, Alan Studies in Roman Private Law, London und Rio Grande: the Hambledon Press, 1991.

Weigand, Rudolf Glossatoren des Dekrets Gratians, Goldbach: Keip Verlag, 1997.

Weinzierl, Karl Die Restitutionslehre der Frühscholastik, München: Max Hueber Verlag, 1936.

Wesel, Uwe Geschichte des Rechts – von den Frühformen bis zur Gegenwart, München: C. H. Beck, 4. Verlag, 2014 (zitiert als: Uwe, Geschichte des Rechts, S....).

Wieacker, Franz Privatrechtsgeschichte der Neuzeit – unter besonderer Berücksichtigung der deutschen Entwicklung, 2. Unveränderter Nachdruck der 2., neubearb. Auflage von 1967, Göttingen: Vandenhoeck&Ruprecht, 1996.

Wieling, Hans-Josef Interesse und Privatstrafe vom Mittelalter bis zum BGB, Dissertation, Köln, 1970.

Wilda, Wilhelm Eduard Das Strafrecht der Germanen, Halle: C. A. Schwetschke und Sohn, 1842.

Wille, Klaus Arnold Vinnius Institutionenkommentar Schuldrecht – Text und Übersetzung, Heidelberg: C. F. Müller Verlag, 2005.

Winroth, Anders The Making of Gratian´s Decretum, Cambridge University Press, 2010.

Windscheid, Bernhard Lehrbuch des Pandektenrechts, zweiter Band, 7. Durchgesehene und vermehrte Ausgabe, Frankfurt am Mail: Literarische Anstalt Rütten & Loening, 1891.

Windscheid, Bernhard/ Kipp, Thoedor Lehrbuch des Pandektenrechts, zweiter Band, 9. Ausgabe, Frankfurt am Main: Literarische Anstalt Rütten & Loening, 1906.

Wittmann, Roland Die Körperverletzung an Freien im klassischen römischen Recht, München: C. H. Beck Verlag, 1972.

Wittmann, Roland Die Entwicklung der Klassischen Injurienklage, in: SZ 91(1974), S. 285-359.

Wunner, Sven Erik Christian Wolff und die Epoche des Naturrechts, Hamburg: Kriminalistik Verlag, 1968.

Zimmermann, Karl Philipp Die Monita zum Entwurf des Codex Maximilianeus Bavaricus Civilis, Baden-Baden: Nomos Verlag, 2008 (zitiert als: Die Monita zum Entwurf des CMBC).

Zimmermann, Reinhard/ Schmoeckel, Mathias/ Rückert, Joachim Historisch-kritischer Kommentar zum BGB, Band III Schuldrecht Allgemeiner Teil, Tübingen: Mohr Siebeck 2007 (zitiert als: HKK/Bearbeiter, §..., Rn.).

Chinesischsprachige Literatur

Ban, Gu

班固

Han Buch (汉书), modifizierte Auflage, Beijing: Zhonghua book company (中华书局), 1997.

Chen, Chuanfa/ Li, Suzhen/Song, Baoren

陈传法、李素贞、宋保仁

Die Unterschiede des Wertesystems des Zivilgesetzbuches der Republik China und des traditionellen chinesischen Zivilrechts （“民国民法”的价值观与中国传统价值观的差异), in: Hebei Law Review (河北法学), 2000(06), S. 18-21.

Cheng, Xinhe

程信和

Privates Recht, öffentliches Recht und Wirtschaftsrecht (私法、公法和经济法), in: Peking University Law Journal (北大法律评论), 1997(01), S. 11-15.

Dai, Jianguo

戴建国

Überblick über Sühnegeld in der Dynastie Song (宋代赎刑制度略论), in: Chinese Journal of Law (法学研究), 1994(01), S. 83-88.

Dai, Yanhui

戴炎辉

China´s Traditional System of Civil and Criminal Law (中国民法和刑法的传统体系), Taibei: The Tai Yen-Hui Cultural and Educational Foundation (戴炎辉文化和教育基金), 1998.

Dong, Wenjun

董文军

On the Punitive Indemnity by the Consumer Protection Law (论我国《消费者权益保护法》中的惩罚性赔偿), in: Contemporary Law Review (当代法学), 2006(23) , S. 69-74.

Dou, Yi/ Yue, Chunzhi

窦仪、岳纯之

Song Criminal Code (宋刑统), Beijing: Peking University Press (北京大学出版社), 2015.

Gu, Jiang

古江

Analysieren des seelichen Schadensersatzes (精神损害赔偿问题试析), in: Lernen und Studieren der Rechtswissenschaft (法律学习与研究), 1986(01), S. 69-72.

He, Qinhua/ Li, Xiuqing/Chen, Yi

何勤华、李秀清、陈颐

Sammlung der Zivilgesetzentwürfe der Volksrepublik China I (新中国民法典草案总览(上卷)), Law Press (法律出版社), 2003.

He, Qinhua/ Li, Xiuqing/Chen, Yi

何勤华、李秀清、陈颐

Sammlung der Zivilgesetzentwürfe der Volksrepublik China II (新中国民法典草案总览(中卷)), Law Press (法律出版社), 2003.

He, Qinhua/ Li, Xiuqing/Chen, Yi

何勤华、李秀清、陈颐

Sammlung der Zivilgesetzentwürfe der Volksrepublik China III (新中国民法典草案总览(下卷)), Law Press (法律出版社), 2003.

He, Shan

河山

Die Idee über traditionellen, zehnfachen Schadensersatz (论“缺一赔十”的惩罚性赔偿思想), in: Rechtsanwendung (法律适用), 1993(08), S. 12-13.

Hou, Xianglei

候向磊

Über die Modifikation des § 49 VSG (《消费者权益保护法》第 49 条亟待改革), in: Law Science (法律科学), 1998(02), S. 41.

Huai, Xiaofeng (Hrsg.)

怀效锋

Ming Gesetz (大明律), Beijing: Law Press (法律出版社), 1999.

Huang, Wei

黄薇

Erklärung zum Delikts- und Haftungsrecht des ZGBC (中华人民共和国侵权责任法侵权责任编解读), Beijing: Law Press (法律出版社), 2020.

Jiang, Ping/ Tao, Heqian

江平、陶和谦

Die Teilung des Wirtschaftsrechts und Zivilrechts (论经济法和民法的划分问题), in: Tribune of Political Sience and Law (政法论坛), 1979(1), S. 42-48, 54.

Kong, Qinming/ Hu, Liuyuan/ Sun, Jiping

孔庆明、胡留元、孙季平

Zivilrechtsgeschichte Chinas (中国民法史), Band I, Jilin: Volksverlag Jilin (吉林人民出版社), 1994

Kong, Qinming/ Hu, Liuyuan/ Sun, Jiping

孔庆明、胡留元、孙季平

Zivilrechtsgeschichte Chinas (中国民法史), Band II, Jilin: Volksverlag Jilin (吉林人民出版社), 1994

Li, Changqi /Dai, Dakui

李昌麒、代大奎

Wirtschaftsrecht ist ein selbständiger Rechtsbereich (经济法应当是一个独立的法律部门), in: Modern Law Science (现代法学), 1981(01), S. 31-33.

Li, Guilian

李贵连

Die chinesische Rechtswissenschaft im 20. Jahrhundert (二十世纪的中国法学), Beijing: Peking University Press (北京大学出版社), 1998.

Li, Guilian/ Li, Qicheng

李贵连、李启成

Die Geschichte der chinesischen Rechtsgedanken (中国法律思想史), 2. Auflage, Beijing: Peking University Press (北京大学出版社), 2010

Li, Longshien

李隆献

An Analytical Study of Revenge and the Law during the Sui and Tang Dynasties (隋唐时期复仇与法律互涉的省察与诠释), in: Chinese Journal of National Cheng Kung University (成大中文学报), 2008(04), S. 79-110.

Li, Longshien

李隆献

An Analytical Study of Revenge and the Law from the Han Dynastie to the Southern and Northern Dynasties (两汉与魏晋南北朝复仇与法律互涉的省察与诠释), in: Humanitas Taiwanica (台大文史哲学报), 2008(05), S. 39-78.

Li, Longshien
李隆献
An Analytical Study of Revenge and the Law from the Song to Qing Dynasties (宋元明清复仇与法律的互涉), in: Chinese Journal of National Cheng Kung University (成大中文学报), 2014(03), S. 155-206.

Li, Xiuqing
李秀清
Die Zivilrechtswelle am Anfang des 20. Jahrhunderts und Zivilgesetzbuch der Republik China (20 世纪前期民法新潮流与《中华民国民法》), in: Tribune of Political Sience and Law (政法论坛), 2002(01), S. 124-136.

Li, Yijun
李毅君
Rechtsanwenung des Strafschadensersatzes im Verbraucherschutzgesetz (消费者权益保护法中惩罚性赔偿条款的适用), in: Judikatur des Volkes (人民司法), 2015(23), S. 82-86.

Li, Yougen
李友根
Forschungen zum chinesischen Modell des Strafschadensersatzes (惩罚性赔偿的中国模式研究), in: Law and Social Development (法制与社会发展), 2015(06), S. 109-126.

Li, Yougen
李友根
Wege zum Finden der chinesischen Fragen im Wirtschaftsrecht (经济法中国问题的发现路径), in: Economic Law Review (经济法论丛), 2018(01).

Li, Zhimin
李志敏
Zivilrecht im alten China (中国古代民法), Beijing: Law Press (法律出版社), 1986.

Liang, Xiaoping/ Chen, Zhiwei
梁小平、陈志伟
Über die Rechtsnatur der Abfindung und des Schadensersatzes bei der Tötung (再论死亡补偿费与死亡赔偿金的性质), in: Tribune of Political Sience and Law (政法论坛), 2010(05), S. 179-186.

Lin, Ming/ Zhu, Yuntao
林明、朱运涛
Das System und der Gedanke der Garantie für die körperliche Verletzungsfolge im traditionellen chinesischen Recht (保辜的制度与思想探析), in: Law and Social Development (法制与社会发展), 2005(05), S. 138-143.

Liu, Dahong/Duan, Honglei

刘大洪、段宏磊

Die Wandlung und künftige Entwicklung des Strafschadensersatzes im Bereich des Verbraucherschutzes (消费者保护领域惩罚性赔偿的制度嬗变与未来改进), in: Science of Law (法律科学), 2016(04), S. 114-123.

Liu, Ruifu

刘瑞复,

Die Theorie des Wirtschaftsrechts (经济法原理), Beijing: Peking University Press (北京大学出版社), 2. Auflage, 2002.

Liu Longheng/ Zhang, lin

刘隆亨、张玲

Die Geburt des Wirtschaftsrechts und sein Charakter (经济法的由来及其新特点), in: Ausländische Rechtswissenschaft (国外法学), 1984(03), S. 12-14.

Liu, Liyan (Hrsg.)

柳立言

Legal Concepts and Practice in Traditional China (传统中国法律的理念与实践), Taibei: Institute of History and Philology, Academia Sinica (中央研究院历史语言研究所), 2008

Liu, Rongjun

刘荣军

Strafschadensersatz und Verbraucherschutz (惩罚性损害赔偿与消费者保护), in: Modern Law Science (现代法学), 1996(05), S. 33-39.

Ma, Qiang

马强

Analyse zu den Problemen über die Rechtsanwenung des Strafschadensersatzes im Verbraucherschutzgesetz (消费者权益保护法惩罚性赔偿条款适用中

引发问题之探讨———以修订后的我国《消费者权益保护法》实施一年来之判决为中心), in: Journal of Politics and Law (政治与法律), 2016(03), S. 140-148.

Ma, Xiaohong / Jiang, Xiaomin

马小红、姜晓敏

History of Chinese Legal Thoughts (中国法律思想史), Beijing: China Renming University Press (中国人民大学出版社), 3. Auflage, 2016

Ma, Zuowu (Hrsg.)

马作武

Rechtsgeschichte Chinas (中国法制史), Beijing: China Renmin University Press (中国人民大学出版社), 4. Auflage, 2016

Pan, Nianzhi *潘念之* Wirtschaftssystemreform und Wirtschaftsrecht (从经济体制改革谈经济法), in: Journal of Politics and Law (政治与法律), 1985(04), S. 1-6.

Pan, Xuekui *潘雪奎* Zur Anerkennung des seelichen Schadensersatzes in China (我国民法应当承认精神损害赔偿), Present Day Law Science (现代法学), 1986(04), S. 81.

Peng, Wangming *彭旺明* Seelicher Schadensersatz und seine Betragshöhe (精神损害赔偿及其数额初探), in: Legal Forum (法学论坛), 1988(02), S. 67-69.

Qi, Duojun *漆多俊* Grundkenntnisse des Writschaftsrechts (经济法基础理论), Wuhan University Press (武汉大学出版社), 3. Auflage, 2000.

Qian, Daqun *钱大群* Kommentar zum Tang Gesetz und seiner Interpretation (唐律疏义), Nanjing: Nanjing Normal University Press (南京师范大学出版社), 2007 (zitiert als: Qian, Daqun, Kommentar, S.)

Ran, Hao/ Du, Lihong *冉昊、杜丽红* The Way to Rule-of-Law in New China: A Review of Civil Law in a History of 56 Years (新中国法治历程：民法 56 年), in: Journal of Nanjing University (Philosophy, Humanities and Social Sciences) (南京大学学报(哲学、人文科学、社会科学)), 2005(04), S. 66-75.

Ran, Yanhui *冉艳辉* Der Schadensersatzbetrag bei der Tötung soll nach dem Wert des individuellen Lebens berechnet werden (确定死亡赔偿金标准应以个体的生命价值为基准), in: ECUPL Journal (华东政法大学学报), 2009(09), S. 60-72.

Rechtsarbeitskom-mis-sion des Ständigen Ausschus-ses des NVK (全国人大常委会法制工作委员会) Erläuterungen, Gesetzgebungsgründe und relevante Bestimmungen des Gesetzes über die deliktische Haftung (《中华人民共和国侵权责任法》条文说明、立法理由及相关规定), Beijing: Peking Universtiy Press (北京大学出版社), 2010

Shen, Deyong
沈德咏
Allgemeiner Teil des Zivilgesetzbuches der Volksrepublik China – Erklärung und Anwendung I (《中华人民共和国民法总则》条文理解与适用), Beijing: People´s Court Press (人民法院出版社), 2017 (zitiert als: Shen, Deyong, AT des Zivilgesetzbuches der VRC I)

Shen, Deyong
沈德咏
Allgemeiner Teil des Zivilgesetzbuches der Volksrepublik China – Erklärung und Anwendung II (《中华人民共和国民法总则》条文理解与适用), Beijing: People´s Court Press (人民法院出版社), 2017 (zitiert als: Shen, Deyong, AT des Zivilgesetzbuches der VRC I)

Shen, Jiaben
沈家本
Forschungen zum Strafrecht der chinesischen Dynastien I (历代刑法考（上）), Beijing: The Commercial Press (商务出版社), 2011.

Shen, Jiaben
沈家本
Forschungen zum Strafrecht der chinesischen Dynastien II (历代刑法考（下）), Beijing: The Commercial Press (商务出版社), 2011.

Shi, Hong (Hrsg.)
石宏
Allgemeiner Teil des Zivilgesetzbuches der Volksrepublik China – Erklärung, Motive und betreffende Regelungen (《中华人民共和国民法总则》条文说明、立法理由及相关规定), Beijing: Peking University Press (北京大学出版社), 2017 (zitiert als: Shi, Hong, AT des Zivilgesetzbuches der VRC)

Shu, Lian
舒炼
Einige Frage zum seelichen Schadensersatz (关于精神损害赔偿的若干问题), in: Law Review (法学评论), 1988(01), S. 66-69.

Song, Lian (Hrsg.)
宋濂
Geschichte der Dynastie Yuan (元史), Beijing: Zhonghua Book Company (中华书局), 1976.

Song, Yixin
宋义欣
Strafschadensersatz darf nicht ins Zivilgesetzbuch eingreifen (惩罚性赔偿不宜纳入民法典的思考), in: Journal of Heilongjiang Administrative Cadre College of Politics and Law (黑龙江政法管理干部学院学报), 2017(02), S. 61-63.

Sun, Xiaoming/ Zhang, Bing,
孙效敏、张炳
Questions on Punishment Damages — Comments on Article 47 of Tort Law (惩罚性赔偿制度质疑——兼评《侵权责任法》第 47 条), in: Legal Forum (法学论坛), 2015(03), S. 70-83.

Tao, Heqian
陶和谦
Überblick der Entwicklung des Wirtschaftsrechts und sein Begriff (经济法的发展状况和经济法的概念), in: Tribune of Political Science and Law (政法论坛), 1982(03), S. 67-70.

Teng, Jian/ Wan, Chuan
滕健、万川
Charakter und Entwicklung des gesetzlichen Sühnegeldes in der Dynastie Song (宋代法定赎刑制度的演变及其特征), in: Journal of Chinese People´s Public Security University (Social Sciences Edition) (中国人民公安大学学报（社会科学版）), 2009(02), S. 68-75.

Tian, Shaohua
田韶华
Über die Bildung eines Strafschadensersatzes bei der Tötung (论惩罚性死亡赔偿金制度之构建——兼谈死者近亲属缺位情形下的死亡赔偿), in: Northern Legal Science (北方法学), 2007(05), S. 55-63.

Tian, Tao/ Zheng, Qin (Hrsg.)
田涛、郑秦
Qing Gesetz und betreffende Fälle (大清律例), Beijing: Law Press (法律出版社), 1999

Tian, Zhenhong
田振洪
Forschungen zum traditionellen Schadensersatzrecht Chinas (中国传统法律的损害赔偿制度研究), Beijing: Law Press (法律出版社), 2014.

Tong, Rou
佟柔
Allgemeiner Teil des chinesischen Zivilrechts (中国民法学-民法总论), Beijing: Verlag der Universität der Polizei des chinesischen Volkes (中国人民公安大学出版社), 1992.

Wang, Limin
王利民
Die Aufnahme des deutschen Zivilrechts durch japanisches Zivilrecht am Ende der Dynastie Qing (清末中国从日本民法中吸取德国民法), in: Law Science (法学), 1997(01), S. 53-55.

Wang, Liming *王利明* — Forschungen zu den amerikanischen punitive damages (美国惩罚性赔偿制度研究), in: Journal of Comparative Law (比较法研究), 2003 (05), S. 1-15.

Wang, Liming/ Zhou, Youjun/ Gao, Shengping *王利明、周友军、高圣平* — Textbook on the Tort Liability Law of China (中国侵权责任法教程), Beijing: People´s Court Press (人民法院出版社), 2010 (zitiert als: Wang, Liming, Tort Law).

Wang, Shengming （Hrsg.） *王胜明* — Interpretation und legislativer Hintergrund zum GdH (《中华人民共和国侵权责任法》条文解释与立法背景), Beijing: People´s Court Press (人民法院出版社), 2010

Wang, Shengming *王胜明* — Wirtschaftsrecht und Verwaltungsrecht (经济法和行政法), in: Law Science Magazine (法学杂志), 1984(03), S. 38-40.

Wang, Zejian *王泽鉴* — Deliktsrecht I – Allgemeine Theorie und allgemeine Delikte (侵权行为法 I: 基本理论、一般侵权行为), Beijing: CUPL Press (中国政法大学出版社), 2002

Wang, Zejian *王泽鉴* — Theorie des Zivilrechts und Forschungen zu den Fällen VI （民法学说和判例研究（六））, Beijing:CUPL Press (中国政法大学出版社), 1997

Wang, Zejian *王泽鉴* — Theorie des Zivilrechts und Forschungen zu den Fällen VIII (民法学说和判例研究（八）), Beijing: CUPL Press (中国政法大学出版社), 1997

Wei, Zhengying *魏振瀛* — Die Rechtsnatur und Rechtsanwendung des seelichen Schadensersatzes (精神损害赔偿责任的法律适用), Journal of Politics and Law (政治与法律), 1987(06), S. 24-27.

Xie, Cicang
谢次昌
Die Beziehung zwischen Wirschaftsrecht und Verwaltungsrecht in der Gegenwart (论新形势下经济法与行政法的关系), in: Law Review (法学评论), 1987(04), S. 11-15.

Xin, Chunying
信春鹰
Chinese Legal System & Current Legal Reform (中国法律制度及其改革), Beijing: Law Press (法律出版社), 1999.

Xu, Guodong
徐国栋
Zur Frage des seelichen Schadensersatzes (精神损害赔偿问题研究综述), in: Hebei Law Science (河北法学), 1989(06), S. 20-22.

Xu, Haiyan
徐海燕
On the New Types of Civil Liabilities Created by the Food Security Law (论《食品安全法》中的新型民事责任), in: Legal Forum (法学论坛), 2009(05), S. 11-18.

Xu, Mengzhou
徐孟洲
Wirtschaftsrecht (经济法), Beijing: China Renming University Press (中国人民大学出版社), 2006.

Xu, Shihong
徐世虹
Sanktionen außerhalb des Strafgesetzes in der Han Dynastie (汉代社会中的非刑法法律机制), in: Liu, Liyan: Legal Concepts and Practice in Traditional China (传统中国法律的理念与实践), S. 309-340.

Yang, Lixin
杨立新
Deliktischer Schadensersatz (侵权损害赔偿), Band I, Jilin: Volksverlag Jilin (吉林人民出版社), 2000.

Yang, Lixin
杨立新
Deliktischer Schadensersatz (侵权损害赔偿), Band II, Jilin: Volksverlag Jilin (吉林人民出版社), 2000.

Yang, Lixin
杨立新
Deliktischer Schadensersatz (侵权损害赔偿), Auflage 6., Beijing: Law Press (法律出版社), 2016.

Yang, Lixin

杨立新

Die Entwürfe des Zivilgesetzbuches der Qing-Dynastie und der Republik China (大清、民国法律草案), Changchun: Jilin Volksverlag (吉林人民出版社), 2002.

Yang, Lixin

杨立新

Die neue Entwicklung des Strafschadensersatzes im Verbraucherschutzgesetz (我国消费者保护惩罚性赔偿的新发展), in: Jurists´ Review (法学家), 2014(02), S. 78-90.

Yang, Lixin

杨立新

Die Vorteile und Nachteile für den Strafschadensersatz im Verbraucherschutzgesetz (《消费者权益保护法》中规定惩罚性赔偿制度的成功与不足及完善措施), in: Tsing Hua Law Journal (), 2010(3), S. 7-26.

Yang, Mingliang/ Liu, Jin

杨明亮、刘进

True Comprehension of Food Safety Law of China (正确理解《中华人民共和国食品安全法》), in: Chinese Journal of Food Hygiene (中国食品卫生杂志), 2009(03), S. 193-197.

Yang, Yifan

杨一凡

An Overview of China´s Legal History (中国法制史概要), China Social Sciences Press (中国社会科学出版社), 2014

Yang, Zixuan/ Xu, Jie

杨紫萱、徐杰

Wirtschaftsrecht (经济法), Beijing: Peking University Press (北京大学出版社), 2001.

Yao, Hong

姚红

Interpretataion, Gründe und betreffende Regelungen zum GdH (《中华人民共和国侵权责任法》条文说明、立法理由及相关规定), Beijing: Peking University Press (北京大学出版社), 2010 (zitiert als: Yao, Hong, GdH).

Ye, Weiping

叶卫平

The Institutional Analysis on Punitive Damages of Antitrust Law (惩罚性赔偿的制度思考), in: Journal of Shanghai University of Finance and Economics (上海财经大学学报), 2009(10), S. 37-43.

Ye, Xiaoxin *叶孝信*	Zivilrechtsgeschichte Chinas (中国民法史), Band I, Shanghai: Volksverlag Shanghai (上海人民出版社), 1993.
Ye, Xiaoxin *叶孝信*	Zivilrechtsgeschichte Chinas (中国民法史), Band II, Shanghai: Volksverlag Shanghai (上海人民出版社), 1993.
Ye, Zhinian/ Liu, Xiaochuan *叶知年、刘小川*	Zur Verbesserung des Strafschadensersatzes im Ernährungssicherheitsgesetz (我国食品侵权惩罚性赔偿制度的完善探讨), in: Cross-Strait Legal Science (海峡法学), 2011(12), S. 65-71.
Yin, Xiaohu *殷啸虎*	Der Spiegel der Dynastie Qin (秦镜高悬), Beijing: Peking University Press (北京大学出版社), 2015
Yu, Yanman *余延满*	Es gibt keinen seelichen Schadensersatz in der AGZ (我国《民法通则》并未规定精神损害赔偿制度), in: Law Review (法学评论), 1992(02), S. 25-30.
Zen, Shixiong *曾世雄*	Die Theorie des Schadensersatzrechts (损害赔偿原理), Beijing: CUPL Press (中国政法大学出版社) , 2001.
Zeng, Xianyi/ Ma, Xiaohong *曾宪义、马小红*	Li und Recht: Allgemeinteil der chinesischen traditionellen Rechtskultur (礼与法：中国传统法律文化总论), Beijing: China Renmin University Press (中国人民大学出版社), 2012.
Zeng, Xianyi/ Zhao, Xiaogen (Hrsg.) *曾宪义、赵晓耕*	The Legal History of China (中国法制史), Beijing: China Renmin University Press (中国人民大学出版社), 2000.
Zeng, Zhe *曾哲*	Die Quellen des chinesischen Rechtskreises (中华法系寻根), Beijing: China Renming University Press (中国人民大学出版社), 2015.

Zhan, Maohua

占茂华

Rechtsgeschichte Chinas (中国法制史), Beijing: CUPL Press (中国政法大学出版社), 2010.

Zhang, Shouwen

张守文

Wirtschaftsrecht (经济法), Beijing: Peking University Press (北京大学出版社), 2008.

Zhang, Jinfan/ Lin, Zhong/ Wang, Zhigang

张晋藩、林中、王志刚

Strafrechtsgeschichte China (中国刑法史新论), Beijing:Volksgerichts - Verlag (人民法院出版社), 1992.

Zhang, Tingyu (Hrsg.)

张廷玉

Geschichte der Dynastie Ming (明史), Beijing: Zhonghua Book Company (中华书局出版社), 1974.

Zhang, Xinbao/ Guo, Minglong

张新宝、郭明龙

On Moral Damage in Case of Death Infringement (论侵权死亡的损害赔偿), in: Law Science Magazine (法学杂志), 2009(01), S. 21-26.

Zhang, Xinbao/Li, Qian

张新宝、李倩

Legislative Entscheidung über Strafschadensersatz (惩罚性赔偿的立法选择), in: Tsing Hua Law Journal (清华法学), 2009(04), S. 5-20.

Zhang, Xinbao

张新宝

Chinesisches Deliktsrecht (中国侵权行为法), 2. Auflage, Beijing:China Social Science Press (中国社会科学出版社), 1998.

Zhang, Xinbao/ Zhang, Hong

张新宝、张红

Hundertjähriger Wandel des chinesischen Zivilrechts (中国民法发展百年变迁), in: Social Sciences in China (中国社会科学), 2011(06), S. 67-78.

Zhao, Eryi (Hrsg.)
赵尔巽
Geschichte der Dynastie Qing (清史稿), Beijing: Zhonghua Book Company (中华书局出版社), 1977.

Zheng, Xuan/ Jia, Gongyan
郑玄、贾公彦
Auslegung zur Zhou-Li (周礼注疏), Shanghai: Shanghai Ancient Works Publishing House (上海古籍出版社), 2010

Zhu, Kai
朱凯
Die Grundlage des Strafschadensersatzes im Deliktsrecht und ihre Anwendung (惩罚性赔偿制度在侵权法中的基础及其适用), in: China Law Journal (中国法学), 2003(03), S. 87-93.

Zhu, Yong (Hrsg.)
朱勇
Rechtsgeschichte Chinas (中国法制史), Beijing: Higher Education Press (高等教育出版社), 2017.